顾问题词

功以才成　世以才广
族以才兴　国以才强

罗俊

青年人才是国家的希望！

李言荣

2023.12.12.

青年人才迎到新的未来，
支持青年人才就是赢得未来。

李志刚
2024年元旦

青年兴则国家兴，青年强则国国强

长江之水 源远流长

大力弘扬追求真理勇攀高峰的科学精神

蒙曼教授题词：支持青年人才挑大梁，当主角

课题顾问

罗　俊　中山大学原校长，中国科学院院士

李言荣　西北工业大学党委书记，中国工程院院士

李志刚　中组部人才局原副局长、巡视员

王浦劬　北京大学教授，"长江学者"特聘教授

张福贵　吉林大学教授，"长江学者"特聘教授

康　震　北京师范大学副校长、教授，"长江学者"特聘教授

蒙　曼　中央民族大学教授，全国妇联兼职副主席

编委会

特邀编委

罗　俊　李言荣　瞿振元　张东刚　李志刚　王浦劬

张福贵　康　震　蒙　曼　廖祥忠　张树庭

编　委（以姓氏笔画为序）

王　晖　王云海　王亚杰　王保平　卢夏阳　李　明

刘　伟　毕明树　吕培明　华　毅　杨文超　沈壮海

张　强　周建庭　赵丹龄　荣命哲　胡　俊　徐小洲

徐干城　徐启飞　唐景莉　寇光涛　梅　兵　曹　坤

隋　熠　曾　嵘　谢保军　蔡立东

教育部哲学社会科学研究重大委托项目研究成果

高校青年人才发展报告

高校青年人才培养与选拔机制研究课题组 编

中国传媒大学出版社
·北京·

序

摆在我们面前的这本新著，是"高校青年人才培养与选拔机制研究"课题形成的研究报告。主持这一课题研究的赵丹龄女士，长期从事人才人事管理和研究，工作非常认真务实，具有丰富的人才选拔和管理经验。她和清华大学、北京大学、中国人民大学等十多所高校的专家学者、人才工作者，承担了教育部哲学社会科学研究重大委托项目"高等学校高层次人才发展若干重大问题研究"，并担任子课题"高校青年人才培养与选拔机制研究"课题组长，课题组开展了扎实的研究，取得了丰硕成果。

课题组以习近平总书记关于人才工作的一系列重要论述为指导，紧紧抓住"青年人才"这个主要研究对象，围绕"培养与选拔机制"这个关键问题，开展了有针对性、实证性的研究。研究从三个维度展开：一是通过调研60多所高校的人才工作，特别是青年人才培养和选拔的政策体系、运行机制、实践经验，总结和分析人才选拔和成长规律；二是通过问卷调查8000多位青年人才对人才培养选拔机制的意见建议，深入了解人才成长需求；三是通过面对面访谈20多个高校的优秀教学科研团队，揭示青年人才健康成长的关键因素、成长特点和共同规律。特别有意义的是，本书还邀请了40多位教育部"长江学者奖励计划"首届青年学者撰写笔谈文章，讲述他们自己的成长故事。可以说，"调研篇""访谈篇""笔谈篇"三个篇章多角度、立体化地展示了近年来高等学校实施人才强校战略取得的成效，也展示了广大青年人才为高等教育发展作出的努力和贡献。

人才是实现民族振兴、赢得国际竞争主动的战略资源。人才也是高等教育发展的根本，是大学发展的核心竞争力。观察当今中国大学的发展，可以肯定地说，每所大学对人才工作都十分重视，都认识到了学科专业的引领首先是人才引领。然而，实际工作的效果却不尽相同，影响要素也相当复杂。但是，有一点是共同的，那就是对人才选拔和培养的规律的认识和把握还有待深入。本课题从实际出发，分析了39所"双一流"建设高校和其他一些高校的人才工作状况，聚焦引才、育才、用才、留才等关键环节，凝练了八条基本经验，值得我们认真思考和学习体悟。

做好人才工作，需要用情、用心、用力。"用情"是做好人才工作的基础。我记得在一次调研中，一个大学的人事干部讲述如何克服多种困难引进人才的时候，曾当着我们几个人的面感慨万千、数次泪目，让我难以忘怀。做人才工作，一定要投入真挚的感情。"用心"是关键。在"用情"的基础上，需要用心去思考和谋划，包括对人才工作规律的把握、有针对性地解决实际问题。只有当我们真正花心思，才能找到问题的症结所在，提出有效的解决方案。在"用情"和"用心"的基础上，我们需要付诸实践，用可行的措施和办法去解决人才、特别是青年人才成长过程中的实际问题。这份研究报告的一些数据和案例对我们做好人才工作有重要参考价值。

党的二十届三中全会提出统筹推进教育人才体制机制一体改革，对深化人才发展体制机制改革进行了一系列部署，强调实施更加积极、更加开放、更加有效的人才政策。这些为我们进一步做好人才工作、特别是青年人才工作指明了方向。因此，本书的出版恰逢其时！特别是对国家教育行政部门和人才政策主管部门，以及高校，加快形成人才培养、使用、评价、服务、支持、激励的有效机制，提高人才工作水平，具有很好的借鉴意义和参考价值。

瞿振元

中国高等教育学会原会长

中国农业大学原党委书记

2024 年 7 月

前言

习近平总书记在中央人才工作会议的重要讲话中指出："党的十八大以来，党中央作出人才是实现民族振兴、赢得国际竞争主动的战略资源这一重大战略判断，作出全方位培养、引进、使用人才的重大部署，推动新时代人才工作取得历史性成就、发生历史性变革。"党的二十大报告提出，教育、科技、人才是全面建设社会主义现代化国家的基础性、战略性支撑，必须坚持科技是第一生产力、人才是第一资源、创新是第一动力。高等学校认真学习贯彻总书记关于人才工作重要论述和党的二十大报告精神，深入实施人才强校战略，为高等教育深化改革和高质量发展提供了坚实的人才支撑。

2018年，根据中共中央《关于深化人才发展体制机制改革的意见》的精神，为及时总结高校人才工作的情况、经验和存在的问题，进一步推进高校深入实施人才强校战略，经过立项申报和审批，清华大学、北京大学、中国人民大学等十几所高校的专家学者、人才工作者，共同承担了教育部哲学社会科学研究重大委托项目"高等学校高层次人才发展若干重大问题研究"（项目批准号18JZW01，简称"总课题"）。总课题组织有关力量就高校高层次人才的人才发展战略、思想政治标准、青年人才发展、人才合理流动、人才评价激励等问题开展深入研究。其中，"高校青年人才培养与选拔机制研究"（简称"青年人才课题"）紧紧围绕总课题研究目标，突出青年人才发展主体研究对象，独立研究、实证为主、有所侧重，注意与其他子课题互补支撑、相互观照，取得了预期成果，圆满完成了课题研究任务。

为进一步深入研究高校青年人才培养选拔问题，探讨青年人才成长规律，分享课题研究成果，青年人才课题组将上述主要成果修改完善为本书的第一部分"调研篇"和第二部分"访谈篇"。与此同时，为真切反映青年学者成长的情况，课题组邀请了教育部"长江学者奖励计划"首届（2015）青年学者群体的40多位青年才俊，撰写了自己的成长体会文章，形成了本书的第三部分"笔谈篇"。

正值本书计划出版之际，我们欣喜地迎来了党的二十届三中全会的胜利召开。三中全会关于统筹推进教育科技人才体制机制一体改革的战略部署，为高校人才工作指明了方向。本书作为高校青年人才发展研究的最新成果，具有鲜明的时代特色、多维的研究视角、客观真实的研究内容，深层次、多维度呈现高校人才工作特别是青年人才培养选拔机制的经验成就、存在问题、政策建议。希望本书对政策主管部门、高校领导、组织人事人才部门和人才工作者，以及高校人才理论研究者、高校青年教师乃至在校研究生提供一些有益的参考和借鉴。

由于编者水平有限，本书不足甚至错误之处在所难免，恳请大家批评指正。

编　者

2024 年 7 月

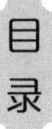

目录

调研篇

篇首语 　　002
高校青年人才培养选拔机制调研报告　　003
高校青年人才问卷调查分析报告　　016

访谈篇

篇首语 　　050
高校青年人才在优秀教学科研团队中成长成才　　051
培养新时代堪担大任的优秀法律人才
　　——北京大学法学院教学与科研团队访谈摘要　　059
以家国情怀引领世界一流团队建设
　　——西北大学早期生命与环境创新研究团队访谈摘要　　063
立足智慧信息　立志服务社会
　　——武汉大学信息管理学院教学科研团队访谈摘要　　067
吸引汇聚青年英才　聚焦人民健康研究
　　——东南大学生命科学与技术研究院团队访谈摘要　　071
根植红色基因　聚焦科学创新前沿
　　——大连理工大学仿生识别与荧光传感团队访谈摘要　　075

传承"西迁精神" 做顶天立地研究
　　——西安交通大学金属材料强度团队访谈摘要　　　　　　　　**078**

理论观照现实 讲好中国故事
　　——西安交通大学人口与发展团队访谈摘要　　　　　　　　**082**

公忠体国为追求 以人为本树根基
　　——华中科技大学机械科学与工程学院教学科研团队访谈摘要　　**086**

勤读力耕，把论文写在祖国大地上
　　——华中农业大学动物和园艺教学科研团队访谈摘要　　　　**090**

以高度文化自觉践行马克思主义中国化
　　——复旦大学新闻学院马克思主义新闻观团队访谈摘要　　　　**094**

强化中国学术话语 提升中国文化自信
　　——中山大学中国语言文学系教学科研团队访谈摘要　　　　**098**

在教学和研究中致力于中华优秀传统文化的赓续和传承
　　——华东师范大学中文系教学科研团队访谈摘要　　　　　　**102**

面向生命科学前沿 扛起饲料工业大旗
　　——中国农业大学饲料工业中心教学科研团队访谈摘要　　　　**106**

面向仿生科学与工程科学前沿 贡献吉大力量
　　——吉林大学仿生教学科研团队访谈摘要　　　　　　　　　**110**

构建具有中国气魄和国际视野的考古学殿堂
　　——吉林大学考古教学科研团队访谈摘要　　　　　　　　　**113**

矢志拱桥创新 逐梦交通强国
　　——重庆交通大学拱桥建造与维护技术团队访谈摘要　　　　**116**

育新农人才 促学科发展
　　——华南农业大学作物学科教学科研团队访谈摘要　　　　　**120**

面向国家战略的国际传播人才培养体系建构
——中国传媒大学国际新闻与传播教学团队经验介绍　　**123**

心怀"国之大者"　培育时代新人
——电子科技大学电磁辐射与散射教师团队经验介绍　　**127**

深耕有色领域　保障资源安全
——中南大学有色金属资源开发利用研究团队经验介绍　　**130**

提升人才培养质量　助力交通强国建设
——合肥工业大学智慧交通团队经验介绍　　**133**

培养新时代具有"美丽中国情怀"的优秀人才
——东北林业大学生态研究中心创新团队经验介绍　　**135**

用延安精神铸魂育人　为生态延安造就英才
——延安大学生态环境创新教师团队经验介绍　　**138**

笔 谈 篇

篇首语　　**142**

一曲"聚天下英才而用之"的时代之歌
——《高校青年人才发展报告·笔谈篇》述评　　康　震　**143**

点亮心中的愿景　以事业充盈人生　　吉林大学　蔡立东　**148**

培养大师当从青年人才开始　　辽宁大学　余淼杰　**154**

新发展格局下财经类高校人才队伍建设

首都经济贸易大学　吴卫星　**160**

厚植人才成长沃土　搭建人才进步阶梯　　山西师范大学　殷　杰　**166**

强化青年科技人才培养，建设高水平百年大学

　　　　　　　　　　　　　　　　　　东北石油大学　董宏丽　171

心怀"国之大者"，建设浙大创新学派　　浙江财经大学　魏　江　176

不忘初心担使命　守正创新共成长　　　杭州职业技术大学　黄兆信　182

在对标世界一流中成为世界标杆　　　　上海工程技术大学　娄永琪　188

青年法学教师如何做好教学与科研工作　上海政法学院　郑少华　194

青年人才成长需要具备的五种心态　　　天津师范大学　佟德志　199

拓展高校人才成长多元路径，培养高水平复合型人才

　　　　　　　　　　　　　　　　　　北京师范大学　康　震　205

浅析高校青年人才成长规律及时代机遇　海南大学　陈　骏　211

"三位一体"书写青年科技人才塑造新篇章

　　　　　　　　　　　　　　　　　　华北理工大学　孙良丹　217

服务国家战略，做有情怀的通信人　　　北京邮电大学　彭木根　223

高校教师如何做好科研工作的几点思考　辽宁大学　仇焕广　228

扎根中国大地，做接地气的经济学研究　中央财经大学　陈斌开　233

做好新时代人才工作，开创人才强院新局面　武汉大学　陆　伟　237

你中有我　我中有你　　　　　　　　　南开大学　李月琳　241

坚持面向人民生命健康　培养优秀青年医学人才

　　　　　　　　　　　　　　　　　　海军军医大学　廖　专　246

防灾减灾，为国奉献科技力量　　　　　清华大学　陆新征　251

建构中国自主知识体系，推动学科交叉研究和交叉学科建设

　　　　　　　　　　　　　　　　　　中国人民大学　杨　东　256

| 潜心治学　润物无声 | 武汉大学　李佃来 | 261 |

| 推进"中国梦"的审美文化战略 | 四川大学　傅其林 | 266 |

全球·全民·全媒：清华大学打造国际新闻传播教学科研团队的经验与展望

　　　　　　　　　　　　　　　　　　　　　　清华大学　史安斌　270

| 探索体现时代精神的文科人才培养模式 | 上海大学　曾　军 | 275 |

| 加强食品安全研究　保障人民生活健康 | 江南大学　匡　华 | 279 |

| 扛起饲料工业大旗，走在生命科学前沿 | 中国农业大学　王军军 | 284 |

| 加强政策倾斜，助力西部高校青年人才成长 | 重庆大学　曹华军 | 289 |

| 加强精准和转化医学研究，服务人民生命健康 | 中山大学　贝锦新 | 293 |

致力于精神影像科技创新与临床转化，为人民身心健康服务

　　　　　　　　　　　　　　　　　　　　　　四川大学　吕　粟　297

培养新时代学科交叉人才，引领数字孪生智造国际发展

　　　　　　　　　　　　　　　　　　北京航空航天大学　陶　飞　302

| 打造优秀马克思主义哲学研究团队 | 南京大学　胡大平 | 307 |

| 构筑两岸文教交流的桥头堡 | 福建师范大学　李小荣 | 311 |

| 成为首届"青年长江学者"的一点成长感悟 | 清华大学　邢　飞 | 316 |

与国家需求同频共振，在机器人化智能制造领域开展有组织科技创新

　　　　　　　　　　　　　　　　　　　　华中科技大学　陶　波　320

我和"微纳米纤维功能纺织品"团队在创新中成长

　　　　　　　　　　　　　　　　　　　　　　东华大学　覃小红　325

| 无私奉献　胸怀祖国 | 西北工业大学　索　涛 | 329 |

笃定前行　不负时代	上海交通大学	陈彩莲	333
人文社科旗帜下的自然科学青年教师成长之路	中国人民大学	季　威	337
"立德树人"是青年学者历史使命	北京大学	王兴军	342
道阻且长　行则将至	空军军医大学	王　琳	347
全方位培养具有国际竞争力的高端经济金融人才	厦门大学	周颖刚	351
立足四个面向，建设交叉科学一流国际化科研团队	复旦大学	梅永丰	356
见自己　见天地　见众生	北京大学	贺桂梅	360
以国际学术话语讲述中国宗教故事	中央民族大学	游　斌	365
胸怀巾帼志　绽放"她风采"	华南农业大学	王少奎	370
后　记			373

调研篇

篇首语

2019年3月,"高校青年人才培养与选拔机制研究"课题组成立之时,明确了课题研究以实证为主,从三个维度着手开展研究工作:一是面向学校层面,书面调研了解高校人才工作特别是青年人才培养与选拔的情况;二是面向青年教师个人层面,问卷调查了解青年人才发展现状;三是面向团队层面,深入高校面对面调研访谈教学和科研团队建设对青年人才成长的作用。本篇内容由两篇文章构成,即《高校青年人才培养选拔机制调研报告》和《高校青年人才问卷调查分析报告》,是前两个维度的研究成果。

2019年4—6月,课题组在自愿参加课题研究的60多所高校的支持下,完成了学校人才工作情况书面调研,以及8000多位青年教师的个人问卷调查。课题组统计分析了问卷调查相关数据,归纳总结了各高校青年人才培养与选拔政策体制机制情况、人才工作主要经验和特色做法,对青年人才培养和选拔过程中存在的问题进行了汇总分析,提出了加强和改进青年人才工作的政策建议。

课题组上述两方面的调查虽然过去了五年,但我们认为调查情况反映了各高校人才工作的普遍规律和特点,包括取得的成就、典型经验、存在的问题和意见建议,对进一步深化高校人才工作具有较好的参考价值。而青年人才问卷调查反映了青年教师的工作和生活状态、遇到的困难和提出的意见建议,对高校做好青年人才工作具有特殊的参考价值。为此,课题组在研究报告的基础上,进一步深入分析、修改形成了本篇内容,供大家参考借鉴、批评指正。

高校青年人才培养选拔机制调研报告[*]

高校青年人才培养与选拔机制研究课题组

本报告是"高校青年人才培养与选拔机制研究"的第一个研究维度。课题组对参加课题研究的60多所高校进行了书面调研,以突出目的性、逻辑性、客观性为原则,全面了解高校人才工作、人才现状,特别是青年人才培养与选拔情况。课题组统计分析了相关数据,重点归纳总结了各高校青年人才培养与选拔政策体制机制情况、青年人才工作主要经验和特色做法,对青年人才培养和选拔过程中存在的问题进行了汇总分析,对我国高校青年人才培养选拔体制机制改革提出了政策建议。参与课题研究的高校覆盖了东中西部各类型、各层次高校,具有显著代表性。

基本情况

课题组共回收了53所高校的书面调研问卷,其中数据有效问卷49份,包括世界一流大学建设高校(16所,简称"一流大学建设高校")、世界一流学科建设高校(23所,简称"一流学科建设高校")、其他普通高校(10所)。课题组对以上三种类型高校的相关人才数据比例进行了统计,主要包括以下五种类型人才数据占比情况(见表1)。

表1 三种类型高校相关人才数据比例(数据截至2018年年底)

相关人才比例	一流大学建设高校	一流学科建设高校	其他普通高校
青年教师占专职教师比例	54.1%	63.4%	67.8%
国家级高层次人才占专职教师比例	9.1%	2.8%	0.7%

---

[*] 执笔:王云海、卢夏阳(对外经济贸易大学)
赵丹龄(课题组长)

续表

相关人才比例	一流大学建设高校	一流学科建设高校	其他普通高校
国家级青年人才占青年教师比例	8.4%	1.5%	0.5%
省部级青年人才占青年教师比例	20.8%	11.0%	5.0%
校级青年人才占青年教师比例	23.0%	12.4%	10.0%

一、青年教师占专职教师比例

青年教师占比50%以上的调研高校有44所，占89.8%。从平均值来看，青年教师占专职教师比例最高的为其他普通高校（68.2%），其次为一流学科建设高校（63.4%），最低的为一流大学建设高校（54.1%），呈现出综合实力和办学水平越高的高校，青年教师比例越低的状况。这与高校"入职门槛"所形成的年龄阶段存在正相关，即综合实力越强的高校，对青年教师入职的学历、国外留学经历的要求越高，相对年龄也越大（见本文"青年人才准入性选拔机制"）。

二、国家级高层次人才占专职教师比例

国家级高层次人才（主要指国家和中央部门实施的重大人才项目，下同）占专职教师比例在5%以下的调研高校有34所，占69.3%。从平均值来看，国家级高层次人才占专职教师比例最高的为一流大学建设高校（9.1%），其次为一流学科建设高校（2.8%），最低的为其他普通高校（0.7%），差距比较明显。

三、国家级青年人才占青年教师比例

国家级青年人才占青年教师比例在5%以下的调研高校有41所，占83.7%。从平均值来看，国家级青年人才占青年教师比例最高的为一流大学建设高校（8.4%），其次为一流学科建设高校（1.5%），最低的为其他普通高校（0.5%），差距仍然比较明显。

四、省部级青年人才占青年教师比例

省部级青年人才占青年教师比例在10%以下的调研高校有28所，占57.1%。

从平均值来看,省部级青年人才占青年教师比例最高的为一流大学建设高校（20.8%）,其次为一流学科建设高校（11.0%）,最低的为其他普通高校（5.0%）,差距进一步拉大。

五、校级青年人才占青年教师比例

校级青年人才占青年教师比例在20%以下的调研高校有38所,占77.6%。从平均值来看,校级青年人才占青年教师比例最高的为一流大学建设高校（23.0%）,其次为一流学科建设高校（12.4%）,最低的为其他普通高校（10.0%）。

以上五类相关人才占比数据统计表明,其他普通高校的青年教师群体比例较大。国家级高层次人才、国家级青年人才、省部级青年人才、校级青年人才的比例,一流大学建设高校最高,一流学科建设高校居中,其他普通高校最低。其他普通高校与前两类高校相比,校级青年人才比例差距比国家级青年人才、省部级青年人才比例差距有所缩小。

主要经验和特色做法

各调研高校坚持党管人才原则,坚决贯彻落实党和国家的人才指导方针政策,大力实施人才强校战略,深入推进人才队伍建设,聚焦引才、育才、用才、留才等关键环节,着力建立和完善青年人才管理、培养、选拔、评价和使用等新机制、新体制。在国家、省、市人才战略的引领下,目标明确、定位清晰、各具特点、机制完善的人才培养与选拔系统性体制机制逐步形成,为学校教学科研、人才培养、学科建设、社会服务、事业发展等工作提供了坚强的人才队伍支撑。

一、主要经验

（一）坚持党管人才原则,高度重视青年人才的选拔和培养工作

调研高校坚持党委统一领导人才工作。越来越多高校在机构和编制方面做了重要调整,成立了党委人才工作办公室或党委教师工作部,加强对青年人才的政治引领和师德师风建设。在各类人才选拔过程中,学校党委高度重视政治把关审

核，健全人才工作决策机制，形成并完善了"院系推荐初审—职能部门复审—组织部门复核—党委集体审定"的程序，全面审核把关推荐人选的思想政治表现、师德师风表现、学术诚信情况、廉洁自律情况等，将党管人才的原则落到实处，确保推荐人选政治过硬、本领高强。一些高校认真落实党委联系专家制度，注重对青年人才政治上培养、工作上支持、生活上关心。

（二）坚持立德树人根本任务，不断提高青年人才的政治素养和家国情怀

高校将立德树人作为青年人才选拔和培养的根本导向与首要职责，并通过一系列规定和举措，强化育人职责，要求并督促青年人才积极参与本科教学，强化对人选的教育教学业绩评价，体现教育人才计划的选人导向；评价体系增加教学成果和效果、育人成果等多元化的评价方式；注重师德建设，落实教师评价第一标准，着力健全师德师风建设长效机制，将师德考核贯穿教师管理服务全过程。

（三）坚持国家重大战略导向，弘扬青年人才勇于奉献的科学家精神

各高校不断改进人才发展环境、激发人才创造活力，为培养造就战略人才队伍打下了坚实的基础。一些高校在国际科技前沿、引领科技自主创新、承担国家战略科技任务、支撑我国高水平科技自立自强等方面贡献突出，正在形成加快建设国家战略人才力量的排头兵；学习、弘扬和传承科学家精神、教育家精神，通过为国家重大需求服务来选拔和培养青年人才。

（四）坚持人才协同培养机制，全方位、全过程培养用好青年人才

高校协同、学科交叉、方向融合是高校全方位、全过程培养青年人才的重要创新举措。学科交叉融合是推动高水平科研、高质量创新的重要路径，是青年人才成长发展的创新之路。一些高校加大人才协同培养力度，建立学科交叉研究人才培养机制，打造学科交叉融合人才培养平台，加大对学科交叉融合人才的支持力度，支持青年人才在学科交叉融合发展中担当重任，取得了显著成效。

（五）坚持人才培育体系创新，深化青年人才发展体制机制改革

高校进一步强化对青年人才的培育支持，激发青年人才活力。一些高校下发专门加强青年人才建设的文件和项目，设立高层次人才专项资金，着力造就领军人才及高水平创新团队，大力培养青年英才；建立以学科领军人物、优秀学科带头人、中青年学术骨干为主的梯队化、多层次、全方位的人才培育体系；积极鼓励支持打造青年学术团队，邀请海内外名师作为顾问指导团队建设，进一步提升青年学术团队建设的质量与活力；畅通人才服务的"最后一公里"，努力营造良好氛围，让青年教师静心育人、潜心科研、幸福生活。

（六）坚持"传帮带"育才传统，加强青年人才精神引领

高校通过"传帮带""结对子"培养，一方面充分发挥高端人才"传帮带"作用和团队效应，不忘初心，精准协助青年教师制定发展目标和培养方案，促进其尽快"脱颖而出"；另一方面督促青年教师牢记使命，学习高端人才的高尚师德与拼搏精神，树立远大理想，尽快融入团队，积极进取，实现个人成长发展和学校事业进步的融合。

（七）坚持人才激励保障改革，激发青年人才干事创业活力

学校以"不求所有、但求所用，不求所在、但求所为"的方式，逐步做到"用伟大的事业凝聚人才，用崇高的精神鼓励人才，用真挚的感情关心人才，用适当的待遇吸引人才"；出台相关配套政策，建立合理的激励机制，在薪酬、科研启动金、住房、子女教育、医疗健康等多方面为青年人才提供支持，创造更加宽松和谐的环境条件，促进青年人才素质的提高和作用的发挥。

（八）坚持人才发展环境营造，打造聚天下英才而用之的文化环境

各高校进一步确立青年人才引领发展的战略地位，发挥青年人才工程牵引作用，深化青年人才发展体制机制改革，激发各类青年人才创新活力，积极主动抓青年人才工作，为青年人才营造事业发展和政策创新条件，让青年人才成为国家发展的支撑，让祖国大地成为各类人才大有可为、大有作为的热土。

二、特色做法

按照内涵和特点,课题组将当前高校青年人才选拔和培养机制归纳为两类,即准入性选拔机制和发展性培养机制,主要体现在人才的选拔和入职,入职后的发展、提高、成长等一系列吸引、使用、激励、提升、稳定、管理、服务等政策体系,展示和揭示了高校努力为青年人才营造爱才用才制度环境,为青年人才提供通畅的发展渠道。

(一)青年人才准入性选拔机制

"青年人才准入性选拔机制"是指青年人才达到一定的标准可以申请进入高校的青年人才培养体系。高校坚持党委对人选推荐、把关、培养等工作的全面领导,坚持政治素质和师德师风为首要条件,坚持立德树人和学术潜力为第一标准,坚持程序规范和公正公平为重要保障,努力克服"四唯"不良倾向,逐步改进评价方法,按照"四有"好老师的标准遴选人才。一流大学建设高校、一流学科建设高校与其他普通高校的准入性选拔标准和程序既有相同之处,又有区别,部分高校的选拔方式还具有各自的特色和创新点。其中,在学习经历、学术水平要求上,一流大学建设高校总的要求是向世界高水平大学看齐;一流学科建设高校在突出重点学科的同时,努力带动其他学科人才准入水平;普通高校因发展阶段和各方面条件限制,还不能要求太高,但也在努力追赶,寻求某些突破。

1. 坚持政治素质和师德师风为首要条件

各高校都高度重视在选拔青年人才时突出思想政治标准,并将其作为首要条件,将师德师风作为青年人才评选的重要标准,要求应聘者坚持正确政治方向,坚定政治立场、理想信念,自觉学习贯彻习近平新时代中国特色社会主义思想,牢固树立"四个意识",坚定"四个自信",自觉做到"两个维护";具有爱国奉献精神和高尚的道德情操,热爱祖国,热爱学校,遵纪守法,爱岗敬业,恪守高校教师师德行为规范和学术道德规范等职业操守,以"四有"好老师标准要求自己。有的还要求对师德师风、人才培养、科学研究、社会服务等情况进行综合评价。有的学校要求二级党委通过情况外调、面对面谈话等方式进行把关,并向校人事部门提供相关报告。

2. 坚持立德树人为第一标准

立德树人是新时代高校思想政治工作创新发展的中心环节，是高校思想政治工作的本质要求和价值追求，是当代高等教育的生命和灵魂。各高校在具体的人才计划和实施意见中，把坚持立德树人作为青年人才培养与选拔的关键标准，要求候选人必须把立德树人内化到教书育人、科学研究，以及大学建设和管理各领域、各方面、各环节，以树人为核心，以立德为根本，构建高水平人才培养体系，不断提升培养社会主义建设者和接班人的能力。

3. 坚持学术潜力为前提条件或重要标准

关于学术水平和潜力要求，一流大学建设高校在世界范围内选拔学术上有突出表现或明显潜力的优秀拔尖人才；一流学科建设高校往往聚焦一些重点或优势学科领域，选拔表现优良或露出端倪的青年才俊和苗子，寻找人才的重点领域比较聚焦；普通高校对人选的学术成果及科研能力要求比较宽泛，有的学校由于地处偏远的西部地区，对青年人才的学术水平要求首先是具备博士学位或海外留学经历。同时，各高校把学术诚信作为青年人才选拔的重要标准。

4. 坚持程序规范和公正公平为重要保障

各高校青年人才选拔程序设置比较完善，充分体现了选人用人的"公平、公正、公开"原则，将人才选拔作为"三重一大"重要内容，有的学校具体人选要上党委常委会审定，把党管人才的原则落实在选人用人的具体环节。有的学校选人的重心在院系等具体用人单位，实行院系党政联席会议审议、推荐机制。部分高校人才选拔方式有所探索创新，如对特别优秀的人才实行"绿色通道"制度，有的对看好的人才或苗子制定"一人一策"引进和培育方案，等等。一流大学建设高校对于入职申请者的年龄比一流学科建设高校和其他普通高校稍放宽，与对学术水平和海外经历要求较高、人才成长需要多花时间呈正相关。人文社科的年龄上限高于理工科的年龄上限。年龄限制的具体范围，一是体现青年人才的人生发展阶段，二是有利于聚焦选拔对象人群，提高选拔的精准度。

（二）青年人才发展性培养机制

"发展性培养机制"是指高校为保障青年人才得到全面发展，充分激励和发挥青年人才干事创业积极性和创新潜力而建立的所有机制的总称，包括政治培养、薪酬待遇、职务晋升、学术团队、学术平台、考核评价、研修提高、医疗保障以及家庭生活关怀等硬性和软性保障机制。调研发现，不同高校发展性培养与选拔机制的着眼点、重点有所不同。一流大学建设高校关于青年人才培养发展的措施机制更为具体，科研平台更为广阔，资源途径更为丰富，通过设置不同的岗位进行分类评价管理，采取绩效等薪酬制度促进青年人才不断发展；一流学科建设高校措施的力度和广度不如一流大学建设高校；部分一流学科建设高校和其他普通高校现阶段主要关注并重视解决青年人才的待遇和生活困难，青年教师和人才的发展措施和渠道还不够丰富、多元。

1. 重视发展晋升和人才待遇保障

近年来，随着高校实施"人才强校"以及"双一流大学"建设的推进，杰出优秀人才的稀缺性日益凸显，几乎所有高校的人才招聘甚至人才计划都标明了各类人才的待遇政策、工资水平甚至发展预期。有的高校根据人才的上述价值属性，对高层次人才实行"协议年薪制"；有的高校对人才团队实行薪酬总额或年终奖励制；有的高校明确"四青人才"的年收入水平区间总体上在学校属于中等偏上甚至较高水平。同时，高校进一步拓宽青年人才职务职称晋升渠道，在职称评定上也进行了改革，对优秀青年人才破格晋升、大胆启用，用多种方式切实解决青年教师的后顾之忧，全力支持青年教师成长。

2. 重视学术团队和学术平台搭建

高校重视并鼓励青年人才组建青年创新团队，支持研究方向明确、学术水平突出、发展布局稳定、学科方向位于国际前沿，且在优秀领军人才及后备人才培养方面取得了标志性成果的优秀青年人才，组建形成具备专业互补优势、较强发展潜力的青年创新团队，尝试推进学科间、学院间的交叉合作，并优先为青年人才配备科研助手或招收研究生。

3. 重视出国研修和制度文化营造

一些高校从学术研修和综合素质提升入手，进一步拓展青年人才海外研修和国内访问的深造平台，拓宽学术视野，促进青年人才学术能力提升；鼓励青年人才到国内外与专业研究密切相关的政府机关、企业、科研院所等单位挂职锻炼，促进研究领域融合，聚焦能力培养，提升工程实践等综合素质。其中，一流大学建设高校和一流学科建设高校有关教师出国培训的政策比较多元，包括进修访问、合作研究甚至学历提升等，其他普通高校主要以国家计划为主，对出国研修学习有明确政策举措的比例比较低。

4. 重视在大力推进人事制度改革创新的同时，为青年人才创造可以潜心学术研究的工作环境和氛围

在以用人、聘用、分配为重点的人事制度综合改革中，加强政策导向，改革评价办法，出台有针对性的倾斜政策，在加强青年教师思想政治、师德师风、立德树人素质和能力培养的同时，努力建立优秀青年人才脱颖而出的机制。

存在的主要问题

课题组在书面问卷调研和高校青年人才面对面访谈中，针对青年人才选拔和培养工作中遇到的问题也进行了总结和梳理，发现不同层次、不同类型的高校存在不同的问题，既有宏观政策的顶层设计和统筹部署问题，也有微观制度层面的执行和实施问题，归纳起来存在六个方面的问题。

一、青年人才项目需要加强系统设计和整体推进

课题组2019—2020年到高校调研时，大家反映国家级和省市级等各类青年人才项目计划总体数量不多，难以满足青年人才发展的需要；存在归口管理部门不同、申报条件类似、资助覆盖率相对较小等现象；有的项目偏重于经费支持，有的项目偏重于待遇支持，有的项目两者皆有。这几年，国家和各级政府加强了对青年人才项目的顶层设计和整体推进，更多的青年教师能够得到项目资助，情况已经有了较大改观，但一些地方高校或一般普通高校的青年教师还是缺少机会。

二、青年人才培养支持体系需要进一步完善

各高校普遍比较重视青年人才的培养和支持，也出台了很多效果不错的项目和制度。但从总体上来讲，对青年人才的激励支持力度还不够，比如有些学校在提供住房、子女教育、医疗等引才留才条件方面还比较困难，有些政策需要政府层面才能解决。有些学校的人事人才体制机制改革需进一步深化，院系的主体作用和主动性发挥不够。

三、青年人才评价机制需要进一步改革创新

目前，国家有关部门正在积极推进"破四唯"等评价改革。青年人才在早期学术发展阶段，发表高水平论文、晋升职务、入选人才计划、获得科研奖励、参加国际学术会议等，确实是一种必要的学术训练，也符合成长规律，但目前仍然存在评价指标比较单一、考核评价周期设置还不够科学等问题，评价机制的科学性、合理性有待提高。

四、青年人才区域布局需要进一步优化

近几年，国家和各部委出台了一系列政策措施，加大对中西部和东北地区高校人才工作的支持力度，取得了良好的效果，也在一定程度上遏制了高校的非理性人才竞争行为。但是，由于高层次人才的稀缺性，以及经济社会、高等教育发展的不平衡，中西部和东北地区高校包括青年人才在内的高层次人才仍然偏少，"孔雀东南飞""人才虹吸"现象仍然一定程度存在，需要进一步加大相关政策和计划的倾斜力度，引领人才合理流动，持续优化人才布局。

五、青年人才队伍总量需要进一步提升

目前，各高校青年人才数量虽然有所增长，但和国家事业的发展需求还存在一定差距，存在整体储备数量不足、人才分布不均、不同学科人才和师资水平不平衡、青年人才团队规模偏小、人才培养基础较为薄弱等现象。有的高校师资队伍总量不足，年龄分布不太合理，师资队伍国际化程度不高，具有海外学位的教师和外籍教师的比例较低，以学科博士后为主的科研流动人员比例过低。

六、青年人才交叉平台建设需要加强

现有国家青年人才计划和支持政策中，青年人才个人项目较多，支持科研团队的项目较少，学科覆盖面也不平衡，青年人才进行学科交叉研究、产学研合作研究缺乏国家级平台支持。要以青年重大项目驱动，建立和拓展青年人才的交流与合作渠道，培养学科交叉和复合型人才。

对策和建议

加强青年人才培养使用是加快建成人才强国的战略要求。面向 2035 年，我国要建成人才强国、成为世界重要人才中心和创新高地，必须拥有一大批在国际上有重要影响力、能有效解决国家重大需求的高水平科技人才。以发展的眼光看，当前 30—40 岁的青年人才，到 2035 年将成为我国科技创新的中坚和骨干力量，他们的专业能力和学术影响力决定了人才强国建设的基础。加强青年人才队伍建设，是实现 2035 年建成人才强国战略目标的长远之计、固本之策、战略之举。

一、进一步加强顶层设计和中长期规划，理顺各层级青年人才计划之间的关系

建立国家级、省部级各类人才计划和项目有序衔接和规范化管理机制，实施针对性更强的青年人才选拔机制；着眼于"四个面向"、基础性培养和战略性开发，对于国际前沿学科、交叉学科、潜力巨大的青年人才的支持力度需要进一步加大；建立我国高层次青年人才储备库，提升我国未来人才竞争力；增加国家级青年人才计划名额，扩大资助范围和资助力度，在国家级重大项目中增设青年重大项目，或在重大项目中设置青年子项目。

二、进一步加大青年人才项目的支持力度，加大对哲学社会科学类青年人才的支持

大力培养青年人才，改革完善青年人才管理体制，创新青年人才培养开发、评价发现、选拔任用、流动配置、激励保障机制；鼓励和支持青年人才参与国家重大战略和科技前沿领域研究，着力培养一批青年科技创新领军人才；进一步加大高校哲学社会科学人才的培养支持力度，国家级青年人才计划增加哲学社会科学人选指标、经费投入；注重对师范院校青年人才的支持；加强知识产权保护，鼓励青年人才创新创造。

三、进一步加大经费投入和政策倾斜力度，扶持中西部高校青年人才选拔培养工作

设立中西部、东北地区高校专项人才支持计划，增加西部、东北地区高校国家级项目青年人才项目指标；实施地区差异化的人才评选机制和经费投入机制，对西部、东北地区入选者给予更高的资助；设立针对西部地方高校青年人才培育的专项计划；支持中西部高校青年人才为主体的科研创新团队建设；设立西部地方高校青年人才出国访学专项计划；增加西部、东北地区和中部地区高校博士生招生指标；加强对西部、东北地区高校人才工作的培训。

四、进一步加强高校青年人才工作沟通机制建设，推动青年人才规范合理流动

构建高校青年人才工作沟通联系体系；坚持正确的人才流动导向，引导和鼓励高层次人才向中西部和东北地区高校流动；探索创新高层次人才柔性使用机制，促进高层次人才有序流动；探索重大项目集聚人才机制，淡化人才单位属性；支持地区高校人才工作联盟以公约形式建立自律机制和人才流动协商沟通机制；规范和引导高校间的合理竞争，对薪酬条件等做出大体规范，推动人才诚信体系建设；探索建立人才流失补偿制度，避免不计成本地高薪"挖人"和"一窝蜂"式的招聘，让人才的流动回归理性。

五、进一步加强本土和海外青年人才协同发展，营造"聚天下英才而用之"的用人环境

加强高校赴海外开展人才招聘的统一组织，扩大宣传力度，共建引才平台。政府在人才优惠政策落实和人才服务措施上应尽快配套实施细则和办法，让有效的政策尽快落地，惠及人才。对于地方高校，进一步建立健全高校编制动态调整机制，对引进"高精尖缺"人才，可突破编制约束，结合实际实施特聘制、年薪制、协议工资制、项目工资制等引进模式；加强对海外归国青年人才的关心和引领，融入国内研究环境；注重引进人才和本土人才的协调发展，保持人才支持计划的设置合理、执行连贯。

附：自愿参加课题研究高校名单（62所）

世界一流大学建设高校（24所）：

清华大学、中国农业大学、北京师范大学、吉林大学、大连理工大学、武汉大学、中山大学、西安交通大学、华中科技大学、复旦大学、同济大学、上海交通大学、华东师范大学、南京大学、东南大学、厦门大学、中南大学、四川大学、山东大学、兰州大学、电子科技大学、东北大学、西北工业大学、中国科学技术大学

世界一流学科建设高校（28所）：

北京科技大学、对外经济贸易大学、中央财经大学、中国传媒大学、西安电子科技大学、合肥工业大学、东北林业大学、中国石油大学（北京）、中国地质大学（北京）、华北电力大学、北京语言大学、东华大学、河海大学、南京农业大学、江南大学、中国石油大学（华东）、华中师范大学、华中农业大学、中国地质大学（武汉）、长安大学、西南财经大学、西南交通大学、西南大学、南京医科大学、大连海事大学、河北工业大学、贵州大学、西藏大学

其他普通高校（10所）：

浙江传媒学院、温州医科大学、华南农业大学、江西理工大学、湖北师范大学、西北师范大学、延安大学、成都大学、昆明医科大学、北华航天工业学院

注：排名不分先后，学校类型统计时间为2019年3月。

高校青年人才问卷调查分析报告*

高校青年人才培养与选拔机制研究课题组

本报告是"高校青年人才培养与选拔机制研究"课题的第二个研究维度。课题组对参与课题研究的高校进行了以 45 岁以下青年教师为主要对象的个人问卷调查，目的是调研新时代青年人才发展状况，了解他们的需求和期盼，探索青年人才成长规律，对创新高校青年人才培养模式、完善青年人才培养与选拔机制提出政策建议。

问卷调查基本情况

一、调研高校基本情况

60 所高校组织青年教师参与网络线上个人问卷调查，调查时间为 2019 年 4—5 月，共回收有效问卷 8019 份。受调查教师分布在全国 27 个省（自治区/直辖市），其中一流大学建设高校 22 所、一流学科建设高校 26 所，其他普通高校 12 所，分别占调研高校的 36.7%、43.3% 和 20.0%；68.0% 属于综合性研究型高校，26.7% 属于行业特色型高校，3.7% 属于应用型高校，1.6% 属于其他类型。

二、问卷对象基本情况

整体情况见表 1。数据表明，参与调查的青年教师以理工类学科为主，涵盖各类学科，专业技术职务以副高级、讲师为主，大部分已婚已育并在高校工作 3 年以上，过半具有海外经历或国际视野，7.1% 的教师获得国家级人才计划支持（含国家级高层次人才和国家级青年人才，下同）。

---

* 执笔：赵丹龄（课题组长）
　　　张远帆（中国农业大学）

表 1　青年人才基本情况统计

个人特征	特征描述	百分比（%）
性别	男性	65.2
	女性	34.8
年龄	30 岁及以下	11.9
	31—35 岁	42.7
	36—40 岁	31.0
	41—45 岁	13.5
	46 岁及以上	0.9
婚姻状况	已婚	81.9
	未婚	16.9
	其他	1.2
子女情况	一孩	48.8
	二孩	16.9
	三孩	0.2
	无	34.1
在本单位工作年限	小于 1 年	16.2
	大于等于 1 年，小于 3 年	26.0
	大于等于 3 年，小于 5 年	16.1
	大于等于 5 年，小于 7 年	11.1
	大于等于 7 年	30.6
职称	讲师（助理教授、助理研究员）	40.2
	副教授（副研究员）	39.2
	教授（研究员）	16.4
	未定级	3.3
	其他（如长聘副教授、长聘教授等）	0.9

续表

个人特征	特征描述	百分比（%）
政治面貌	中共党员	72.9
	民主党派	3.8
	共青团员	1.1
	群众	22.2
住房情况	无住房压力	13.6
	已购房正在还贷	61.3
	租房	21.7
	其他	3.4

（一）人口社会学特征描述

参与调查的青年教师中，中共党员 5844 人，占 72.9%。男女性别比约为 1.9∶1。年龄在 30 岁以下的青年教师占比为 11.9%，31—35 岁的占 42.7%，36—40 岁的占 31.0%，41—45 岁的占 13.5%，46 岁及以上的占 0.9%。81.9% 的青年教师已婚，48.8% 的人已有一孩，有二孩的比例为 16.9%，有三孩的比例为 0.2%。

住房情况方面，61.3% 的青年教师已购房正在还贷，21.7% 的人租房，13.6% 的人表示没有住房压力。各类支出占家庭收入的比重，排在前三位的是购房（或者租房）支出、日常开支和子女教育，分别占 31.1%、19.9% 和 11.8%，之后依次是赡养父母 8.6%、医疗保健 6.3%、文化消费 5.7%、旅游度假 5.2%。

（二）工作特征描述

青年教师所在的学科门类涵盖哲学、经济学、法学、教育学、文学、历史学、理学、工学、农学、医学、军事学、管理学和艺术学 13 大门类，其中，工学占 41.0%，理学占 20.7%，管理学占 6.8%，文学占 6.1%，医学占 5.5%，其余各学科门类占比都在 5% 以下。42.2% 的青年教师在本单位工作年限为 3 年以下，工作 4—7 年的比例为 27.2%，大于等于 7 年的占 30.6%。

专业技术职务方面，40.2%的青年教师为讲师（助理教授、助理研究员），39.2%的人为副教授（副研究员），16.3%的人为教授（研究员），4.2%的人未定级或者属于其他。

入选人才计划情况见图1。参与调查的8019名青年教师中，有68人次入选国家级人才计划（占0.8%），627人次入选国家级青年人才计划（占7.8%），1060人次入选省、市级人才计划（占13.2%），1602人次入选校级人才计划（占20.0%），357人次入选其他计划（占4.5%），4916位青年教师暂未入选人才计划（占61.3%）。这项问答是多选项（见后附调查问卷"基本情况"第13题），有部分教师入选两个及以上人才计划，至少入选一项人才计划的青年教师比例为38.6%。

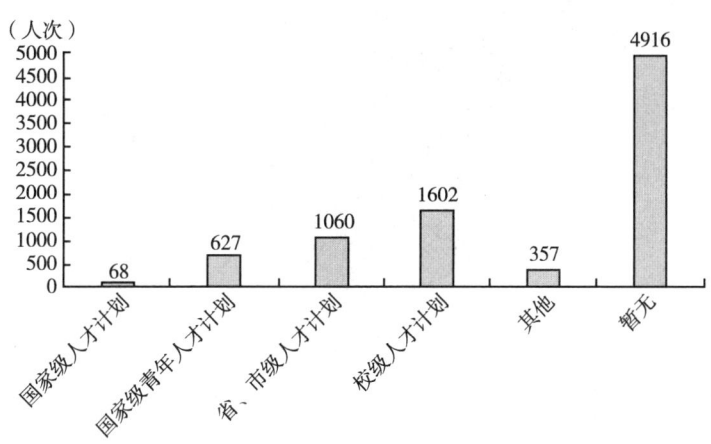

图1　青年教师入选人才计划情况

课题组对上述情况进行了问卷内容交叉分析，得出以下数据和情况：

（1）国家级人才共计569人，所在学校类别分布情况见图2。其中，一流大学建设高校（包括A类和B类）453人，占79.6%；一流学科建设高校104人，占18.3%；其他普通高校12人，占2.1%。统计数据体现出了不同类别高校的显著差距。

（2）国家级人才年龄分布情况见图3。近八成人才主要集中在31—40岁，其中，31—35岁占26.9%，36—40岁占52.9%，41—45岁占16.3%，30岁以下占2.1%。可以看出，年龄分布与国家级人才计划的年龄政策要求具有相关性。

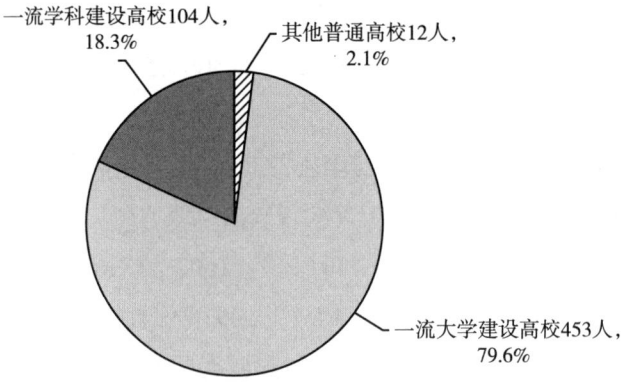

图 2　国家级人才所在学校类别分布

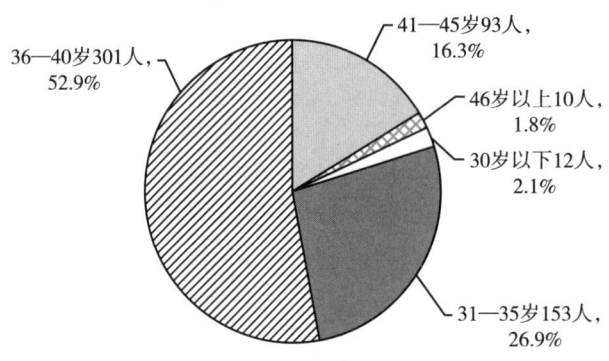

图 3　国家级人才年龄分布

海外经历与学缘结构方面，超过 55.0% 的青年人才具有海外学习经历，超过半数为非本校学缘（本、硕、博均不为所在高校，占 52.1%）。

（三）身心健康状况描述

78.1% 的青年教师对身心健康状况的自我评价为良好或者较好，18.4% 认为一般，3.4% 认为较差。94.2% 的青年教师表示近三年所在单位每年至少组织一次体检，其中，9.9% 的青年教师表示虽然单位组织但自己并未参加，3.5% 自己去体检，1.0% 从不参加体检。11.9% 的青年教师经常参加锻炼（每周三次及以上），28.1% 的人有一定时间参加锻炼（每周一至两次），36.2% 的人偶尔参加锻炼（两周一次或以下），23.8% 几乎不锻炼。以上情况表明，大部分青年教师身心健康状况良好，但也有少数人对体检还不够重视，同时仍需加强体育锻炼。

青年人才发展现状分析

青年教师总体积极向上，政治意识和进取心强，对国家与社会有强烈的责任感，崇尚追求真理，师德师风良好，热爱高校教师职业，喜欢与学生交流，积极投身教书育人事业。青年教师对高校人才发展整体氛围比较满意，同时也反映出面对新时代国家发展需要，青年人才培养和选拔体制要进一步理顺，要聚焦一些重点难点和青年教师关心的问题，出台有针对性的政策举措，加快促进青年人才成长和健康发展。课题组归纳分析了以下五个方面的情况。

一、青年教师具有正确的价值观和良好的政治素质、责任意识、担当精神

从调查问卷第二部分"问卷内容"第1—4题的调查结果来看，青年教师高度赞同良好的思想政治素养和师德师风是他们必备的基本素质，绝大部分表示会自觉加强并且努力做到为人师表。青年教师认为高校青年人才应该具备的最重要的六项基本素质为思想政治素质、师德师风、教学能力、学术水平、学术诚信和职业道德。青年教师赞同青年人才应该崇尚追求真理，具有良好师德师风，对国家和社会有强烈的责任感；绝大多数表示非常赞同或者比较赞同师德考核一票否决制度。

这表明，青年教师清楚地认识到立德树人是自己肩上应该担当的责任。综合优秀团队访谈和青年人才面对面座谈情况，课题组认为，包括优秀青年人才在内的广大青年教师勇于担当、积极进取，在实际工作中注重贯彻立德树人首要任务，开展科学研究、社会服务和国际交流，立足中国国情，矢志服务国家战略，推进文化传承创新，具有勇挑党和人民赋予的历史重任的决心，立志把个人的梦想融入实现中国梦的宏伟目标。

二、青年教师职业发展目标及面临的困难和挑战

青年教师"近期主要发展目标"见图4。排序前两位的分别是"在国际顶级或重要学术期刊发表高水平学术论文"（77.7%）、"提高教学水平，培养高素质

人才"（55.9%）；之后依次是"争取国家级科研项目"（45.2%）、"产出重大基础科研成果"（34.1%）、"加强科研成果转化"（25.8%）、"争取重要科研奖项"（23.3%）和"入选重要人才计划（如长江特聘、杰青等）"（22.9%），其他占2.8%。

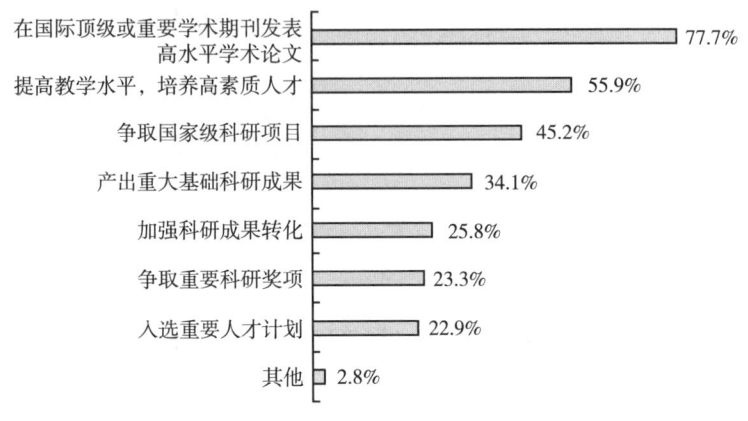

图4 青年教师"近期主要发展目标"

对"哪些因素能够影响获聘各级各类人才计划"的选择情况见图5。排在第一位的是"自身的学术成就"，比例高达89.9%，这与青年教师近期发展目标第一选择"在国际顶级或重要学术期刊发表高水平学术论文"存在内在联系。其他影响因素依次为"团队基础和资源条件"（66.0%）、"同行专家的支持"（59.8%）、"研究方向和领域"（58.0%）、"本单位本学科在全国的声誉"（53.5%）、"学科类别的名额分配"（47.3%）和"创新思想和投入"（44.9%），其他占1.8%。

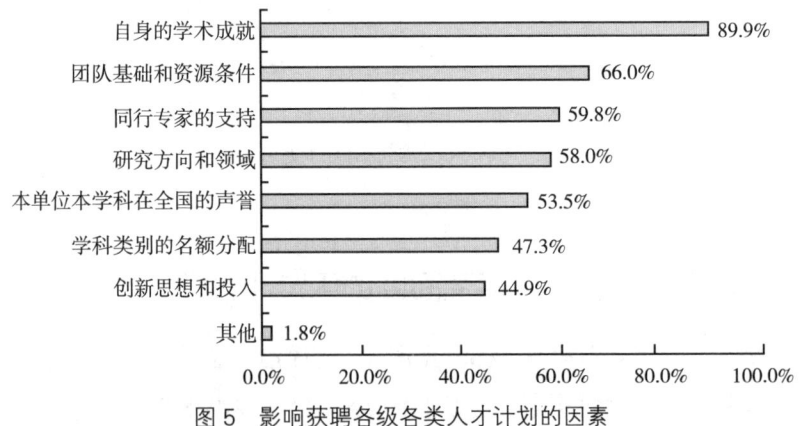

图5 影响获聘各级各类人才计划的因素

对于影响青年人才长期充分发展的重要因素，青年教师认为，首要因素为"稳定的经济保障"（83.4%），其次是"学校对青年人才政策上的大力支持"（78.0%）和"个人对学术和教学工作的真诚热爱及追求"（77.4%），紧随其后的是"充分自由和合理的学术竞争氛围"（73.1%），"家庭成员的支持"占47.0%，其他因素占1.5%。

以上情况表明，青年教师将学术成就和提高教学水平摆在近期主要发展目标的优先位置。在和青年人才面对面座谈中，他们表示，青年教师普遍看重发表高水平论文，除了人才评价导向之外，也有教师的内在追求。因为能够在高影响力期刊上发表论文，本质上也是科研能力和学术水平的一种体现。调查显示，"稳定的经济保障""学校对青年人才政策上的大力支持""个人对学术和教学工作的真诚热爱及追求""充分自由和合理的学术竞争氛围"是青年人才长期充分发展的重要因素。以上情况折射出高校教师的职业特点、经济地位、工作环境对青年教师职业选择的影响。

但同时，青年教师承受工作、生活等多方面压力，在实现自己职业发展目标的过程中面临着不少困难和挑战。

青年教师目前工作压力情况见图6。排在前三位的分别是"产出高水平科研成果"（33.8%）、"确保职称的顺利晋升"（25.6%）和"申请到足够的科研项目及经费"（20.5%）。

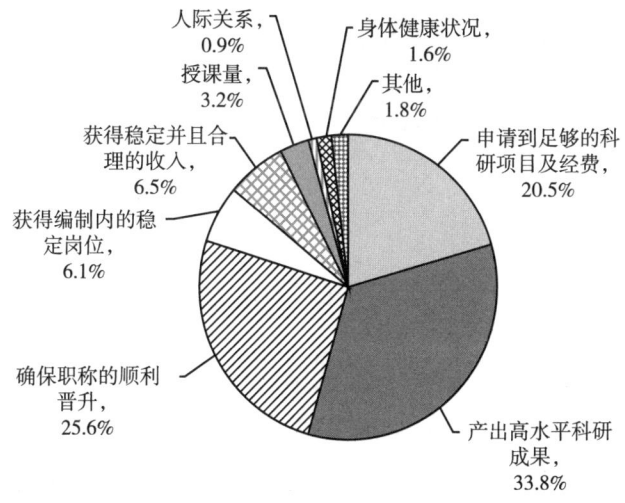

图6　青年教师目前工作压力情况

另外，青年教师工作时间长、强度高。如图 7 所示，40.0% 的青年教师每周工作 40—60 小时，40.2% 的人每周工作 60—80 小时，15.6% 的人每周工作 80 小时以上，每周工作 40 小时以下的仅占 4.2%。

与此同时，21.6% 的青年教师认为自己工作中真正用于教学和科研的时间大于 75%，46.5% 认为时间比例为 50%—75%，26.4% 认为时间比例为 25%—50%，还有 5.5% 认为只有 25% 的时间真正用于教学和科研（见图 8）。

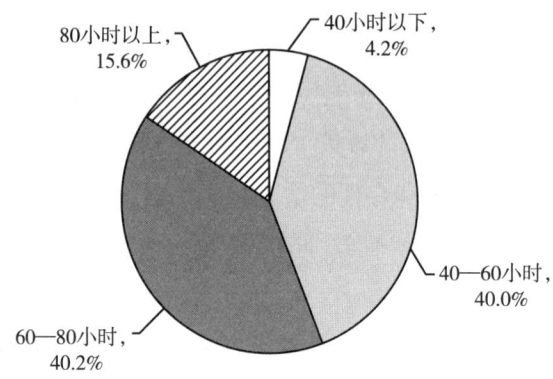

图 7　青年教师平均每周工作时间

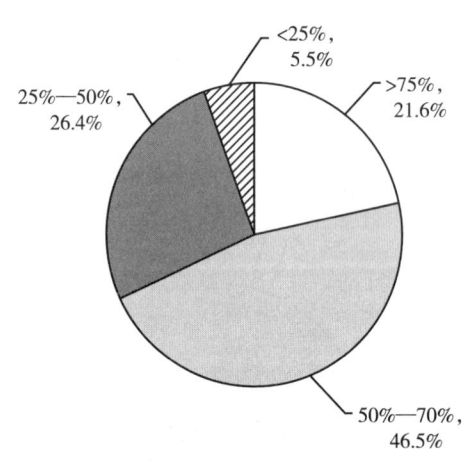

图 8　用于教学和科研的时间比例

关于当前最迫切需要解决的问题见图 9。调查显示，"工资待遇"（61.4%）、"课题经费支持"（53.1%）是前两个最迫切的问题，"发展机遇"（39.4%）和

"住房待遇"（39.1%）为基本并列第三的迫切问题，紧随其后的是"工作条件"（37.9%），"子女随迁与就业入学"（12.2%）、"获得荣誉奖励"（10.1%）、"获得激励奖金"（8.7%）、"税收等优惠政策"（3.3%）、"担任行政职务"（2.0%）、"其他生活困难"（1.8%），"其他"占2.5%。

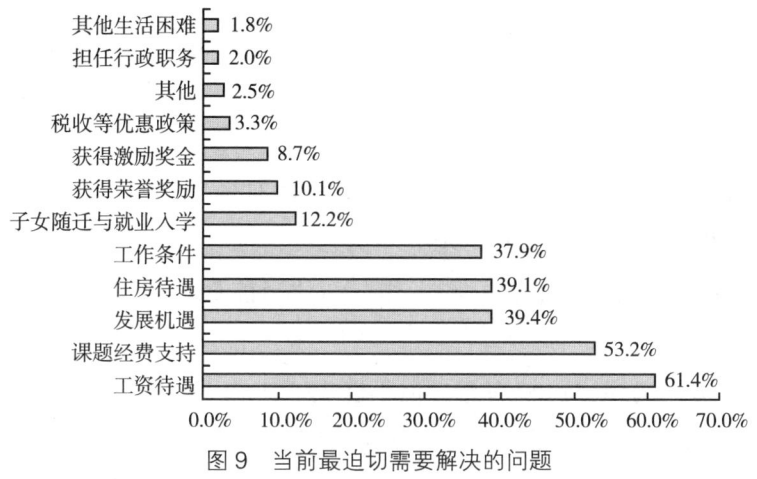

图9 当前最迫切需要解决的问题

薪酬待遇是吸引和稳定人才的重要因素，也是近年来高校吸引人才、留住人才、用好人才的重要措施。课题组设计了一项薪酬满意度问题，为避免一般的简单主观性印象，问卷选题表述为："您现在所在的学校提供的薪资待遇是否能够让您安心工作？"（"问卷内容"第18项，单选题），并列出了五个选项。调查结果显示，40.6%的青年教师表示"比较满意，可以安心工作"，28.3%表示"比较满意，但不能安心工作"，19.3%表示"不满意，不能安心工作"，6.7%表示"不满意，但通过学校申请得到人才计划，愿意安心工作"，其他占5.1%。

以上数据表明，对学校提供工资待遇"比较满意"的总比例为68.9%，但其中有一部分青年教师仍不能安心工作。课题组对上述情况进行了调查对象的专业技术职称、年龄、工作年限等相关性分析和比较。

（1）"比较满意，可以安心工作"与"不满意，不能安心工作"的比较。

从专业技术职务看，职称越高，"比较满意，可以安心工作"的比例越高；

比较满意和不满意人数相对集中在副教授和讲师层次，分别占75.0%和85.4%，其中副教授满意率高于讲师1.6个百分点，讲师不满意率比副教授高出4.4个百分点；教授"比较满意，可以安心工作"（51.3%）远高于"不满意，不能安心工作"（12.9%）。

从工作年限看，工作3年以内的青年教师，满意占比为43.1%，不满意占比为35.9%；工作年限大于7年的，满意占比为31.4%，不满意占比为34.7%；工作年限为5—7年的，满意占比为11.2%—14.2%，不满意占比为11.4%—18.0%。

从年龄上看，满意与不满意的最高比例都为31—35岁，其次是30—40岁；两个年龄段相加，满意占比为71.9%，不满意占比为75.6%。

（2）"比较满意，但不能安心工作"与"当前最迫切解决问题"相关性分析。

数据显示，选择"比较满意，但不能安心工作"的有2265位青年教师，占28.2%。他们在"当前最迫切需要解决的问题"中，选择"工资待遇"的比例为66.4%，其次是"课题经费支持"（52.5%）、"住房待遇"（43.6%），并列第三的是"发展机遇"（38.5%）和"工作条件"（38.4%），之后是"子女随迁与就业入学"（13.1%），其他包括"获得荣誉奖励""获得激励奖金""税收等优惠政策""担任行政职务""其他生活困难"等比例都在10%甚至3%以下。

结合青年教师的年龄、婚姻状况、家庭状况、住房情况、收入分配情况以及单位所在地来看，作为家庭的中流砥柱，加上高校所在的一二线城市相对较高的生活成本，他们面临着较大的家庭生活、购买（租住）住房、工作条件和发展机遇的压力。同时表明，工资待遇高低与否并不是吸引和稳定人才的唯一条件，青年教师更期盼多方面的支持和扶持。

以上情况表明，青年教师承受的压力具有社会普遍规律，是大多数从业者在年轻阶段常遇到的境况。综合其他问卷内容结果看，青年教师首先看重的还是如何发挥自身潜力、创新创造、作出育人和学术贡献。他们希望在全身心投入工作的同时，国家和学校能够提供适度偏优、中等偏上的生活保障，使他们过上知识分子"基本体面"的生活，解决后顾之忧。而高校青年教师具有知识层次高、平均受教育时间长、起薪时间晚、从事知识密集创新型劳动的特点，他们是高校培养学生的主力军，是创新型国家的有生力量，需要有较高的职业地位、稳定的经济地位。在他们努力拼搏奋斗的同时，要进一步提高他们工作的积极性、主动性和创新能力，提升工作满意度和职业幸福感，从而促进他们为国家作出更大的贡献。

三、青年教师科研工作状况及希望改善的软硬件条件

课题组就高校科研工作情况设计了 5 个相对独立又有内在关联的问卷题目（见"问卷内容"第 8—12 题）。青年教师对研究课题的选择倾向见图 10。调查显示，90.2% 的青年教师愿意承担具有挑战性的课题，其中，52.3% 的人"愿意多花一些时间，从事具有挑战性的课题"，37.9% 的人"选择能够出成果较快，也具有挑战性的课题"，7.0% 的人"选择用时少，出成果快，不一定有挑战性课题"，0.9% 的人"选择多花时间在不太具有挑战性的课题上"，"其他"占 1.9%。

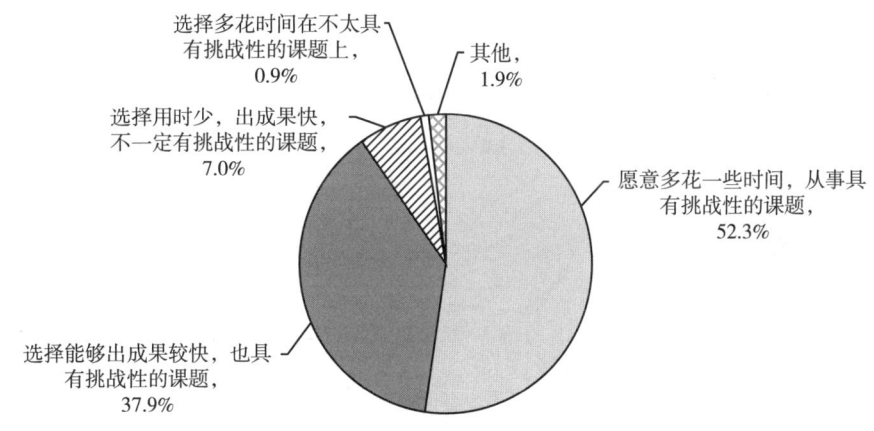

图 10　青年教师研究课题选择倾向

影响科研工作的因素和程度见图 11。青年教师认为，"学术团队"（47.1%）、"实验室条件"（35.3%）、"薪酬待遇"（33.7%）是影响最大的前三个因素；另外三个比较重要的影响因素分别是"研究生名额"（30.3%）、"重大科研项目"（29.2%）、"同事关系、工作氛围"（17.3%）。

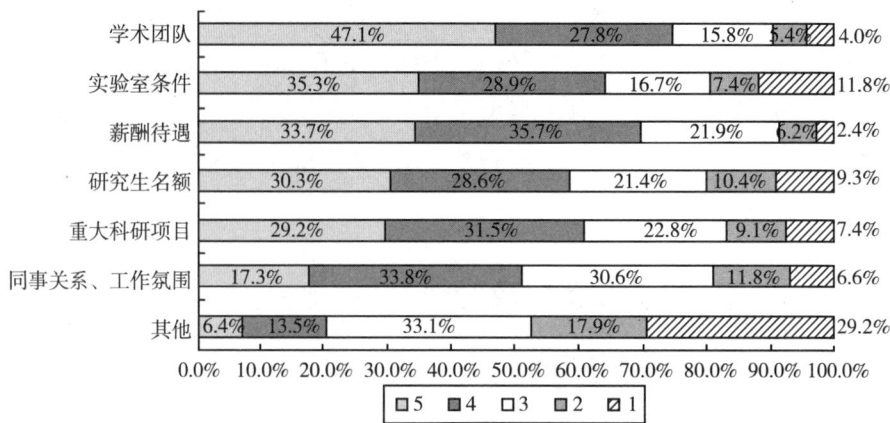

图 11 各种因素对科研工作影响程度

学术团队建设对青年人才的培养至关重要。图 12 为影响科研工作因素五项评价加权后的综合得分（5 影响最大，1 影响最小）。数据显示，"学术团队"均值为 4.1，排在第一位，充分表明了团队建设对青年人才的重要性。

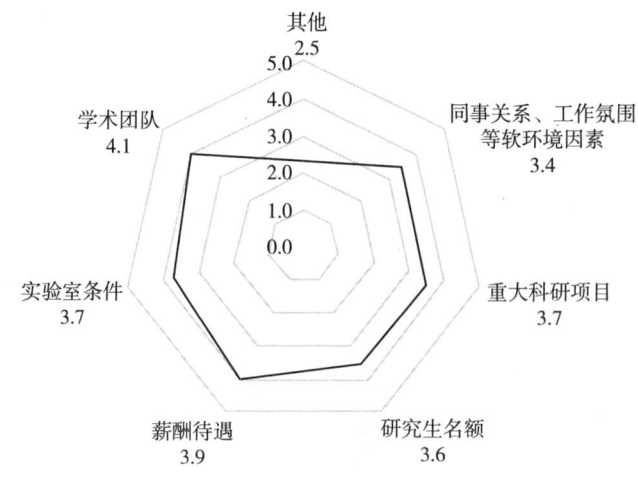

图 12 学术团队等因素对科研工作影响程度

关于"您是否满意现在的研究生招生情况"的问卷情况见图 13。14.3% 的青年教师表示"学校有专门给研究生招生名额支持，可以招到较好的博士生"，14.9% 表示"学校没有专门给研究生招生名额支持，靠大团队负责人支持博士生"，23.7% 表示"学校有专门给研究生招生名额支持，较难招到较好的博士生",而28.4%的青年教师表示"学校没有专门给研究生招生名额支持,招不了博士生"。

课题组对D选项即"学校没有专门给研究生招生名额支持,招不了博士生"与入选人才计划情况进行了相关分析。数据显示,在选择D选项的2276人中,国家级高层次人才5人,占比为0.2%;国家级青年人才25人,占比为1.1%;其他包括省市、校级和未入选人才计划者共2246人,占比为98.7%。

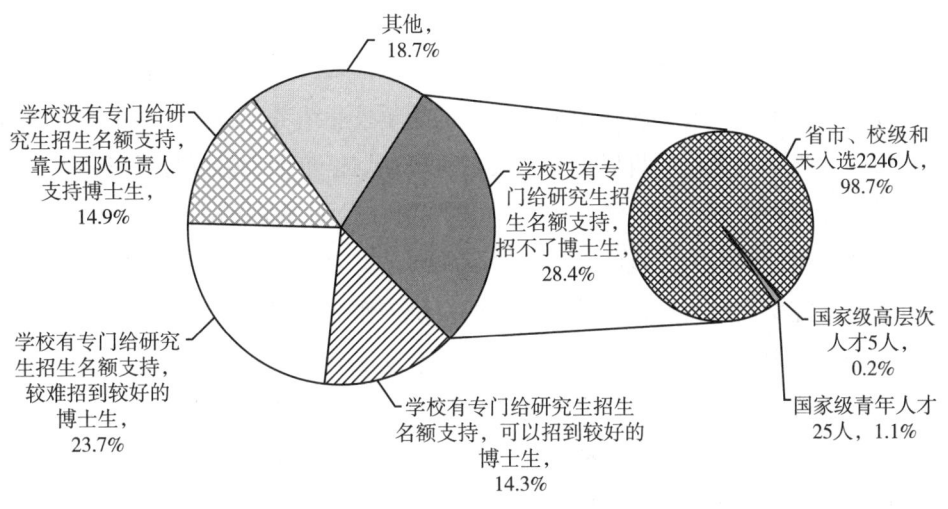

图13 研究生招生情况满意度

60.3%的青年教师表示,学校的科研和教学业绩考核方式严重或较大影响了自己的科研兴趣与长期的科研规划,33.9%表示"有一些影响",5.2%表示"没有影响"。

关于"您觉得现阶段科研评价体系,在以下哪些方面还急需进一步改进"的问卷情况见图14。高达83.1%的青年教师表示最急需改进是"科研成果质量与数量的平衡",50.0%表示"定性评价与定量评价的平衡"需要加强和改进,另外三项"大同行和小同行评价的权重"(44.0%)、"个人研究成果与团队研究成果的区分"(39.1%)、"原始创新和跟踪创新的区分"(38.2%)位列其后,"其他"占3.5%。

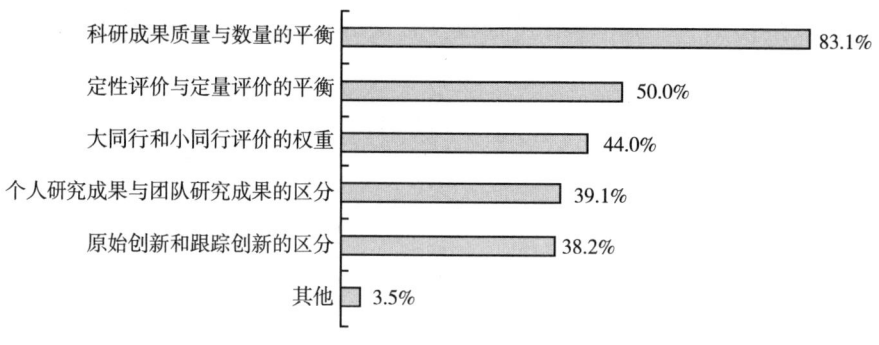

图 14　急需进一步改进的科研评价

以上情况表明，青年教师对科研工作热爱和投入，把科研工作和学术创新作为高校教师的重要任务和内在要求，同时认为学校业绩考核方式、学术团队、科研条件等因素影响自己的科研工作和长期科研规划，希望改进现行科研评价的做法和导向，强调注重科研质量，加强学术团队建设，优化科研工作软环境。

面对面座谈调研中，青年人才普遍反映缺乏实验室建设扶持、足够的课题经费，以及研究生数量支持，这给他们开展科研工作带来了较大的阻力和压力。另外，随着硬件设备的大幅改善，科技创新越来越依赖科研软环境建设。优化科研软环境，创造尊重知识、尊重人才的良好氛围，打造宽松自由的学术气氛，营造和谐的同事关系，有利于激活科研人员开展研究的内在动力，有利于创新思想不断涌现，有利于成果质量不断提升，有利于集体智慧的充分发挥。

另外，问卷调查中将近四分之一的青年教师表示，在有招生名额的情况下，很难招到好的博士研究生，而研究生是青年人才的科研帮手和合作者，研究生培养也是青年人才的一项重要工作，青年人才不太满意目前的招生数量或者质量，是值得重视和研究的现象。

四、青年教师对人才评价体系的看法和对评价方式改革的期盼

问卷调查列出了4个题目征求青年教师对人才评价改革的意见和建议（见"问卷内容"第13—16题）。

关于青年人才学术评价的主要标准见图15。青年教师高度认可"代表性成果"（88.7%）、"学术同行评价"（77.2%）是学术评价的主要标准；"国内外行业认证"（28.2%）、"社会评价"（26.7%）、"教师本人学历"（26.4%）、"专业技

职称"（20.2%）与前两项选择差距较大，而"市场评价"（15.9%）、"获得人才计划"（10.0%）、"国家职业（执业）资格"（6.1%）选择率相对较低。

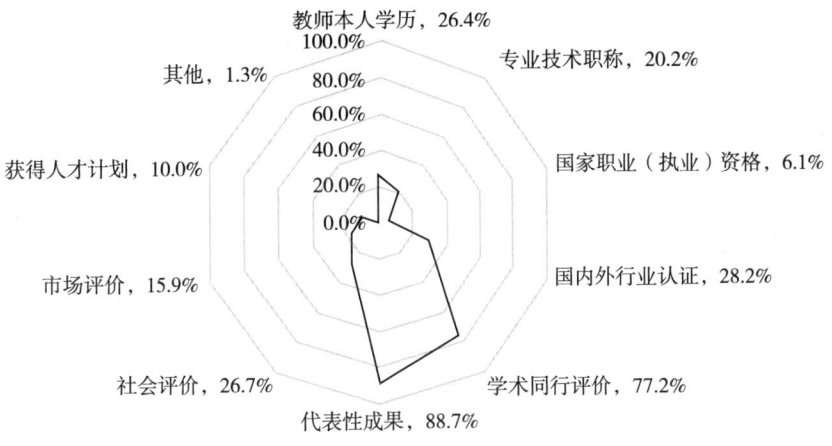

图15　青年人才学术评价的主要标准

关于"问卷内容"第14题列出的人才评价指标重要程度排序见图16。青年教师认为最重要的前三项是"研发成果原创性""学科领域活跃度和影响力""教书育人成效"（平均综合得分为6.96、6.05、5.96），"本科教学能力与成果"（4.92）紧随其后；其他排序依次为"SCI、SSCI和核心期刊论文发表数量"（3.97）、"论文引用榜单和影响因子排名"（3.72）、"成果转化效益"（2.62）、"重要学术组织或期刊任职"（1.73）、"科研服务满意度"（0.84）、"其他"（0.06）。

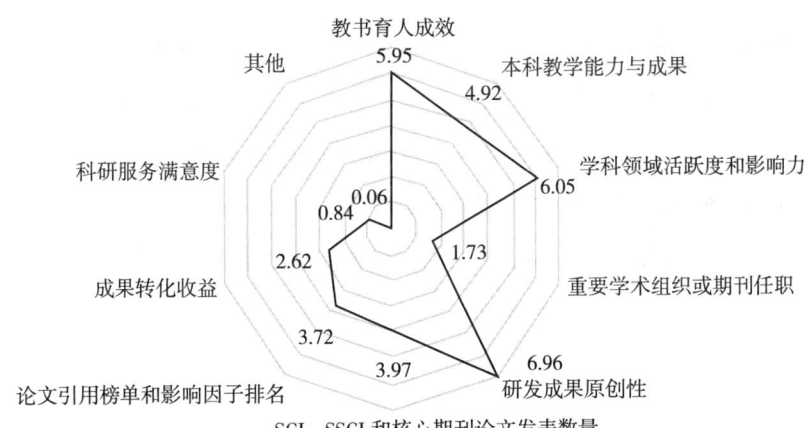

图16　人才评价指标重要程度排序综合得分

青年教师认为制约青年人才评价的主要问题见图17。比较集中的意见是"唯学历、唯职称、唯论文、唯帽子倾向严重"（77.7%）、"人才评价'一刀切'问题"（58.7%），"忽视社会评价指标""论资排辈现象明显""重显绩不重潜力"均为51.0%；其后依次是"科学精神、职业道德、从业操守未纳入评价体系"（40.3%）、"个人评价与团队评价相结合不够"与"缺乏青年人才举荐渠道"比例相同（28.0%），"海外人才的海外教育和科研经历的调查验证难"为21.1%，"其他"占2.6%。

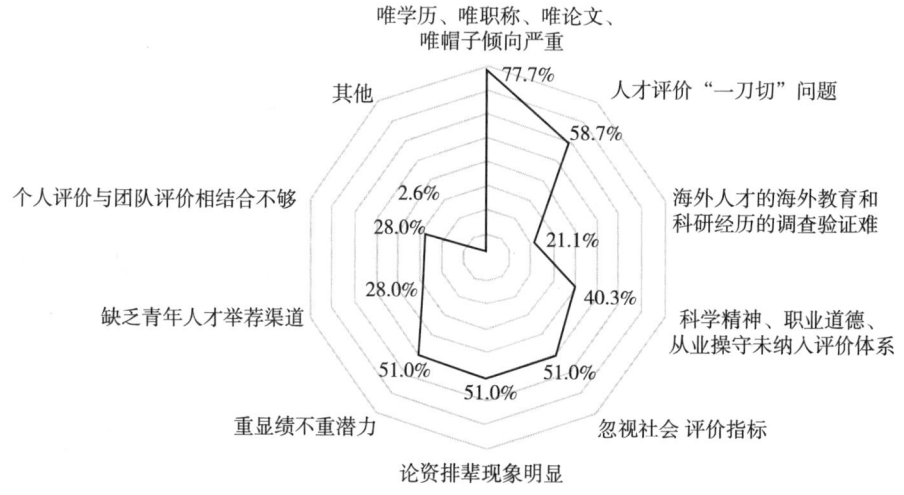

图17 制约青年人才评价的主要问题

青年教师对"您认为改进人才评价方式、统筹人才计划最应该改进的问题有哪些"的选择见图18。比较集中的意见是"避免多个类似人才项目同时支持同一个层次的人才"（综合得分4.42），其次是"针对不同支持对象科学设置科技人才计划"（2.63），其他依次为"防止人才申报中的违规行为"（2.21）、"优化人才计划结构"（2.12）、"建立人才项目申报查重及处理机制"（1.99），"其他"为0.08。

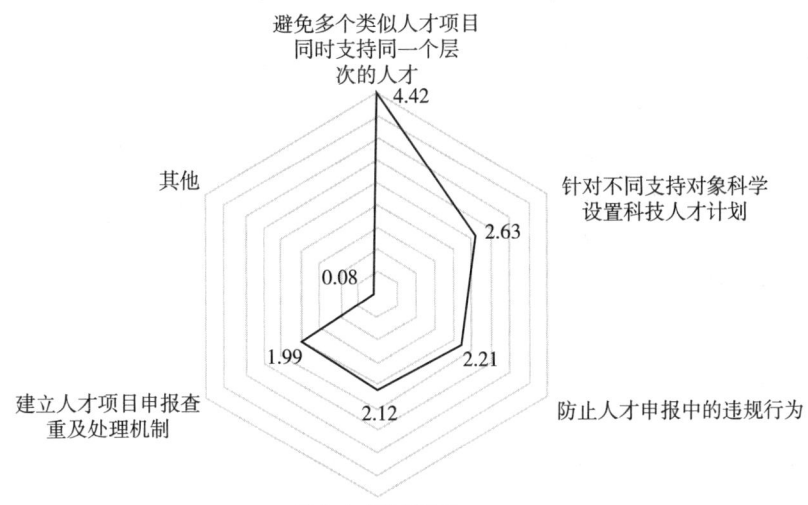

图 18 改进人才评价方式综合得分

人才评价是高校教师发展的"指挥棒"。问卷调查显示,青年教师高度认可代表性成果、科研成果的原创性、教书育人成效,反对人才评价中的"四唯"和"一刀切"现象;希望改进人才评价办法,避免多个类似人才项目同时支持同一个层次的人才;加强人才计划设置的科学性,体现人才发展的正确导向。青年教师对人才评价的价值追求与国家有关部门近几年人才评价改革的政策导向是一致的。

五、青年教师对加强和改进高校青年人才培养选拔机制和政策的期望

青年教师对工作和生活总体充满热情和活力,但在工作中也遇到过一些牵扯他们精力的问题。如图 19 所示,"过于繁重的除科研教学外的杂事工作"(71.2%)是影响青年教师工作热情的第一因素,"不够满意的收入无法保障充分的投入"(51.0%)位列第二,"急功近利、学术浮躁的情绪影响"和"缺乏团队,学生资源有限"并列第三(均为 47.7%);"未来工作岗位不稳定所带来的焦虑感"(32.3%)和"沉重的家庭及其他负担"(31.5%)也是影响工作热情的部分因素。

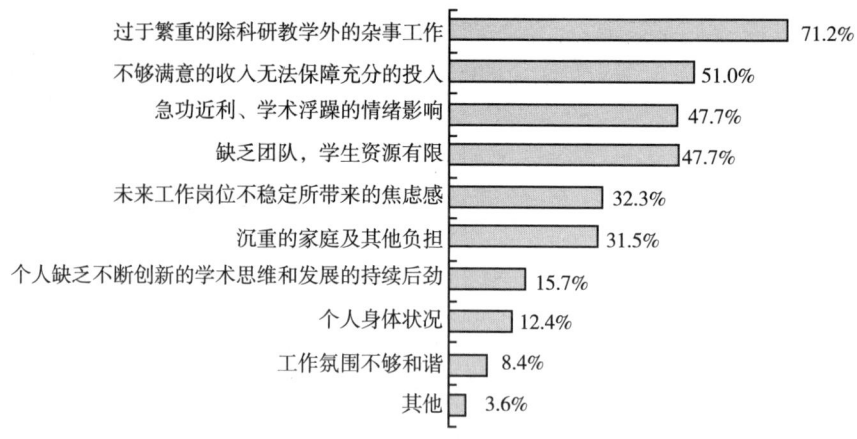

图 19　影响青年教师工作热情的主要因素

青年教师最希望减少占用教学和科研时间的事务性工作见图 20。排在前三项的分别是"系、学校、上级布置的行政事务和会议"（72.4%）、"财务报销"（63.5%）和"经费、项目、奖励申请"（38.1%）。

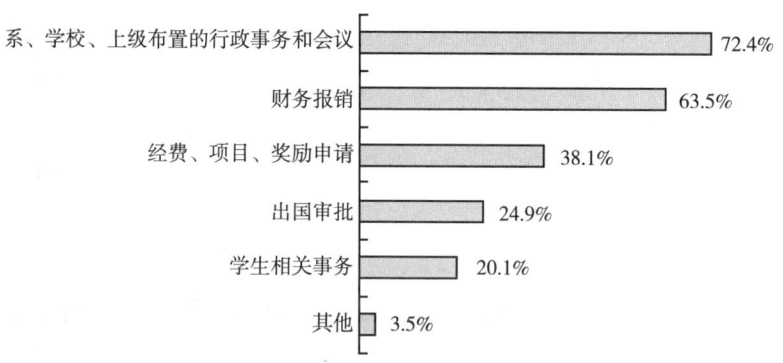

图 20　青年教师最希望减少占用教学和科研时间的事务性工作

青年教师在承受教学任务、科研工作压力的同时，过于繁重的除科研教学外的杂事影响了他们的工作热情，耗费了他们的精力，有时也会增加负面情绪，降低职业获得感和工作幸福感。要积极落实"为人才松绑"政策，解决后顾之忧，释放青年教师活力，让他们有更多精力和时间投入教书育人和科研创新工作。

青年人才培养中存在的主要问题见图 21。青年教师认为，主要问题是"重视选拔，不重视培养使用"（65.4%），其次是"人才工程评选程序过于复杂"（44.3%）和"课题资助经费使用困难"（41.5%），再有就是"支持政策很难兑现"（37.7%）、"国家很重视，用人单位不够重视"（27.9%），"其他"占 5.8%。

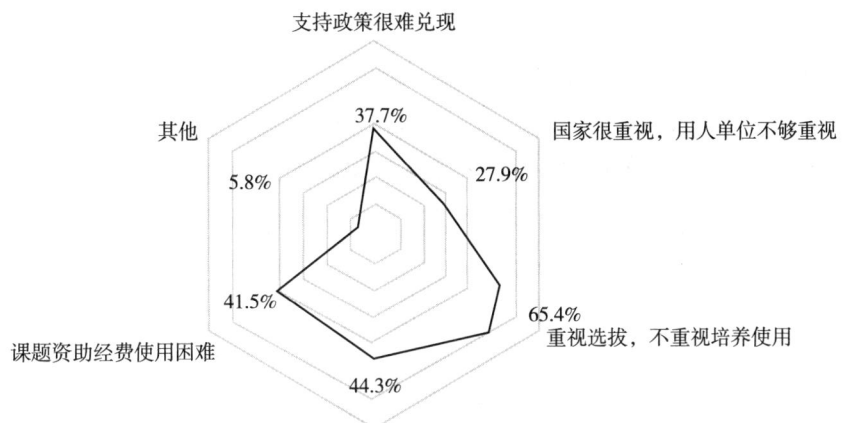

图 21 青年人才培养中存在的主要问题

影响青年人才队伍稳定的主要原因见图 22。排在前三位的是"工资待遇低"（57.9%）、"分配制度不合理"（45.6%）、"缺少公平竞争环境"（44.3%）；排在第四位的是"缺少必要的支撑条件"（41.4%），其后是"缺少舞台"（24.6%）、"人才抢夺乱象"（18.1%）、"社会保障体系不完善"（13.3%）、"单位领导不重视"（8.1%）、"人际环境不够好"（7.3%），"其他"占 2.1%。

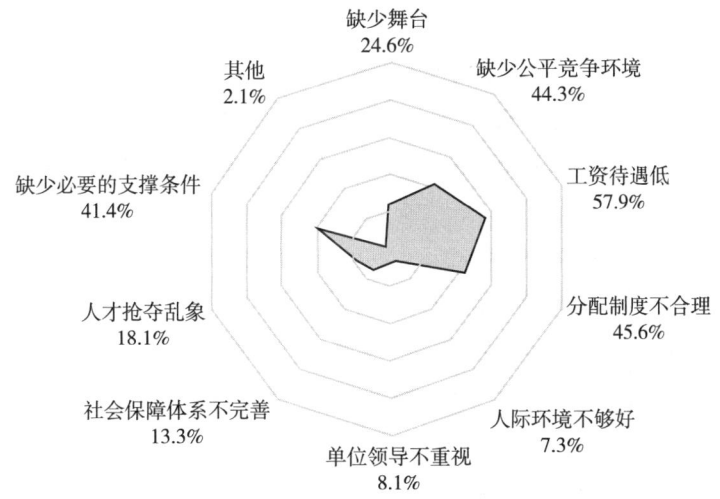

图 22 影响青年人才队伍稳定的主要原因

青年教师发展既需要自身努力，也需要多方面支持，特别是国家政策的顶层设计、所在单位的扶持和培养。为此，课题组设计了两个多选题进行了解。

"您认为在哪些方面高校应加强对高校青年人才的关怀和扶持？"情况见图23，位列前三位的是"改善个人待遇（包括薪酬、福利、住房等）"（85.5%）、"配套提供科研经费奖励"（74.7%）、"职称晋升的支持"（68.6%），其他三项选择率超过50%的分别是"提供实验室建设（包括场地、经费配套等）"（59.9%）、"团队建设支持"（54.5%）、"增加研究生招生名额"（51.3%）。

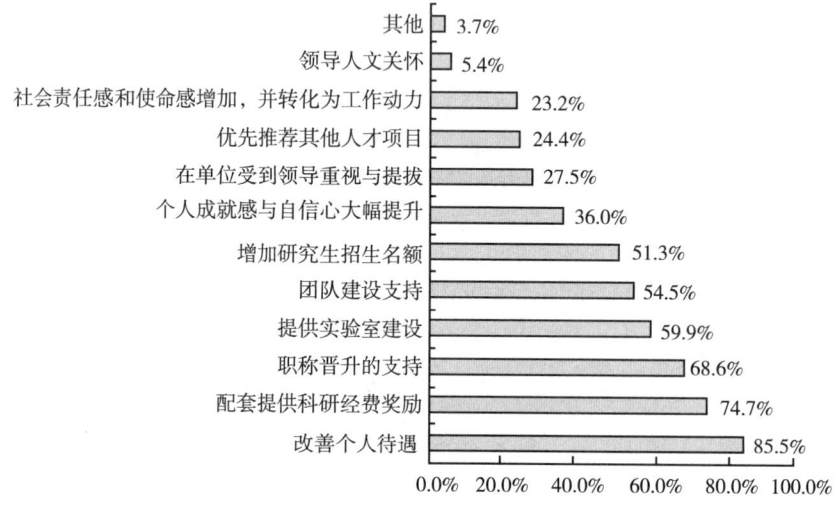

图23 希望学校加强对青年人才的关怀和扶持

"您希望教育部和地方各级教育主管部门在哪些方面予以支持？"情况见图24。比例最高的是"完善制度体系"（80.3%），其他三项选择率超过50%的分别是"关键时刻助力"（57.9%）、"畅通交流渠道"（56.7%）、"加强跟踪培养"（52.6%）。

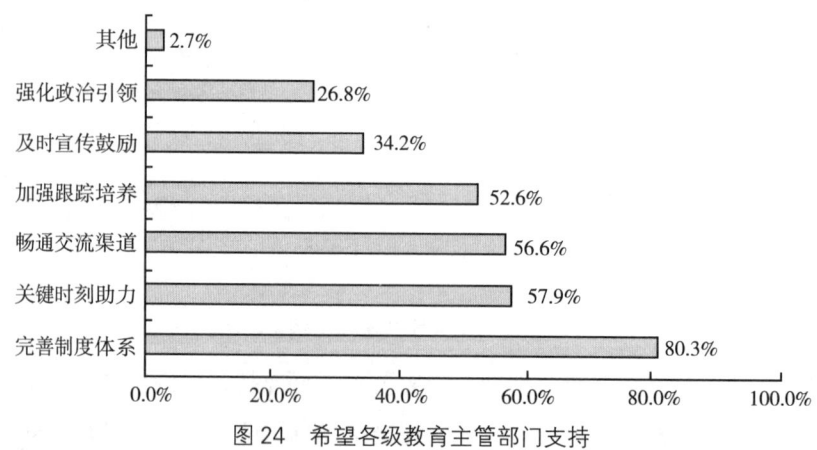

图24 希望各级教育主管部门支持

另外，在"您认为青年人才是否有必要定期组织交流活动？"问题（单选题）中，88.4%的青年教师认为有必要定期组织交流活动；在"若是，建议组织什么形式的活动？"问题中，建议选项先后是"专业交流"（78.3%）、"体育活动"（11.9%）、"人文讲座"（8.0%）、"其他"（1.8%）。在"您认为，对于女性青年教师在申请各级人才计划时，是否需要适当放宽年龄的限制？"问题中，87.9%的青年教师认为需要放宽女性申请各级人才计划的年龄，而这一比例在女性中高达97.6%，其中87.5%的女教师建议年龄放宽3—5周岁。

青年人才培养和选拔机制存在的主要问题亟须重视，青年教师呼唤更加充满人性关怀和公平竞争的发展条件和政策环境。高校是培养选拔青年人才的主体，也是青年教师寄予厚望的、能够助力他们工作、生活、发展的组织依靠。国家和各级教育主管部门有关人才制度体系的顶层设计和政策导向，将使优秀拔尖青年人才在新时代充分涌流。

结　语

通过以上分析可以看出，本次问卷调查对象在地域分布、学校类型和层次、基本情况等方面具有较好的代表性，问卷题目设计比较有针对性。问卷调查内容反映了包括优秀青年人才在内的青年教师在教书育人、培养学生、科学研究、学术进取以及自我发展等各方面的情况，从一个侧面映射出青年教师的发展状况和成长生态。

习近平总书记在2021年9月召开的中央人才工作会议上的重要讲话中指出，要把培育国家战略人才力量的政策重心放在青年科技人才上，给予青年人才更多的信任、更好的帮助、更有力的支持，支持青年人才挑大梁、当主角。会后，国家有关部门加大人才工作力度，调整有关规定，改革管理办法，增加人才项目和数量，2019年青年人才问卷调查中反映的很多问题得到了解决或缓解。

与此同时，青年人才培养和选拔还有一些深层次的问题需要在国家层面继续加强顶层设计和政策引领，在学校层面强化政策落实和组织实施。课题组从问题视角和对应政策措施的角度，归纳了当前需要重点加强和改进的几方面工作。

——青年教师有着强烈的学术追求，在承担教学和育人任务的同时，在科学研究上也充满热情，并作为自己学术价值实现的载体和方式，但存在经费不足、获得项目难、考核评价方式单一等问题，影响他们在相对自由宽松的环境中施展才华。

——青年教师充分认识到了加入学术团队、承担重要科研课题、入选人才计划对自身发展的重要作用，但对于大多数青年教师而言，优秀的团队可遇而难求，国家级、省级人才计划可望而难得，学校层面的人才计划也很有限，普惠性的青年人才发展支持政策、措施和项目还比较缺乏。

——青年教师薪酬待遇目前总体上还不具有很强的竞争优势，待遇不高是大多数青年教师生活中遇到的较大困境，是他们人生爬坡过坎、负重前行阶段特别期待解决的物质条件和后顾之忧。青年教师成长需要良好的人际关系和文化氛围，但教学科研创新创造软环境建设不足。

——人才评价改革正在路上，但落实国家政策导向的措施还不够到位、不够及时、不够"解渴"，甚至存在"最后一公里"问题。青年教师和优秀青年人才在实际工作中遇到的人才评价的一些困惑，既需要政策措施的切实落实，也需要宣传解释、沟通疏导和氛围营造。

在此，课题组提出四个方面的政策和工作建议。

一、强化政治引领，不断加强青年人才队伍思想建设

青年教师的本职任务是教书育人，青年人才培养的首要目标是能够堪当时代赋予的培养新一代合格接班人的重任。要以习近平新时代中国特色社会主义思想为指导，强化政治意识，落实立德树人根本任务，大力弘扬教育家精神和科学家精神，深入践行"四有"好老师标准；完善师德师风建设，坚持师德一票否决制度；强化青年人才价值观的社会导向功能和基础性作用，采取国情研修等多种形式，培训培养青年人才爱党报国的家国情怀，强化青年人才的责任意识和担当精神，自觉把个人前途同国家命运、个人追求同国家发展联系在一起，为实现中华民族伟大复兴的中国梦贡献力量。

二、加强团队建设，为青年人才搭建事业发展平台

优秀的团队为青年人才发展提供平台，有助于激励青年教师夯实业务水平，提升职业幸福感，增强自我认同感，努力为国奉献。各高校应进一步加强顶层设计，始终以立德树人为根本，服务国家战略需要，构建合理的教学、科研团队等，吸收青年教师参与其中；鼓励并创造条件支持优秀青年人才牵头组建创新团

队，注重团队文化建设，形成良好的文化传承，发挥"传、帮、带"机制作用，帮助青年教师提升教学水平和科研素养。以团队为基础，提供较好的科研经费保障，给优秀青年人才一定的科研自由度，通过聘用科研助理等支撑体系将他们从繁重的杂务工作中解脱出来，集中精力加强教学、科研和创新。

三、改革完善评价制度，进一步理顺人才成长体制机制

注重青年人才的评价导向，切实解决破除"四唯"的"最后一公里"政策落地措施。鼓励团队评价与个人评价相结合、年度评价与聘期评价相结合、数量评价与质量评价相结合、学术贡献与学术潜力相结合；减少功利性评价，鼓励青年人才开展自由探索，发挥年轻人最具创造创新活力的特点，构建优秀拔尖人才脱颖而出的机制；进一步完善科研经费管理办法，完善团队激励和管理办法，健全有利于青年人才成长的规章制度等，为青年人才发展提供良好的制度环境。

四、加大人才培养力度，吸引、稳定和激励青年人才全面成长成才

遵循党的二十大报告、二十届三中全会提出的实施"更加积极、更加开放、更加有效"的人才政策，希望国家层面继续加大改革力度、加强顶层设计、增强政策导向、发挥引领作用，为更多优秀青年人才提供成长成才机会。高校直接面对广大青年教师和优秀青年人才，是落实人才政策、做好人才工作的一线，建议当前从以下几个方面着重加强：一是要进一步提高对青年教师培养的重视度，有针对性地制定青年人才长远发展规划与近期发展计划，落实校党委和校领导班子成员直接联系包括青年人才在内的专家制度，实施好相关人才培养专项计划；二是要根据不同时期青年人才需要，提供发展机会和平台，既要锦上添花，更要雪中送炭，要强化普惠性人才政策，助力青年教师快速成长；三是要进一步实施引育并举的措施，在不断引进优秀教师的同时，加强对现有人才的培育，正确处理好引进和培养的关系，为人才成长提供良好的政策环境；四是要进一步加大资金投入力度，对有条件的高校，鼓励设置专项基金，进一步加强青年教师福利待遇，妥善解决住房、体检医疗、子女接受良好教育等问题，为青年人才成长提供较好的生活保障；五是要加强青年人才软环境建设，要以识才的慧眼、爱才的诚意、用才的胆识、容才的雅量、聚才的良方，给青年人才"更多的信任、更好的帮助、更有力的支持"。

附：《高校青年人才培养与选拔机制研究》调查问卷

一、基本情况

1. 您所在高校的省市

（1）北京　（2）天津　（3）河北　（4）山西　（5）内蒙古

（6）辽宁　（7）吉林　（8）黑龙江　（9）上海　（10）江苏

（11）浙江　（12）安徽　（13）福建　（14）江西　（15）山东

（16）河南　（17）湖北　（18）湖南　（19）广东　（20）广西

（21）海南　（22）重庆　（23）四川　（24）贵州　（25）云南

（26）西藏　（27）陕西　（28）甘肃　（29）青海　（30）宁夏

（31）新疆　（32）其他：____（请填写）

2. 您所在高校的类型

A.一流大学 A 类　B.一流大学 B 类　C.一流学科建设高校　D.其他

3. 您所在高校的特点

A.综合性研究型　B.行业特色　C.应用型　D.职业技能型　E.其他

4. 您在本单位工作年限

A.不到 1 年　B.3 年之内　C.5 年之内　D.7 年之内　E.大于等于 7 年

5. 您的学科门类

A.哲学　B.经济学　C.法学　D.教育学　E.文学　F.历史学　G.理学

H.工学　I.农学　J.医学　K.军事学　L.管理学　M.艺术学

6. 您的性别

A.男　B.女

7. 您的年龄

A.30 岁及以下　B.31—35 岁　C.36—40 岁　D.41—45 岁　E.46 岁及以上

8. 您的婚姻情况

A.已婚　B.未婚　C.其他

9. 您的子女情况

A.一孩　B.二孩　C.三孩　D.无

10. 您子女的照看情况

A. 夫妻自己　B. 一方父母　C. 双方父母　D. 雇佣保姆　E. 其他

11. 您现在的职称

A. 讲师（助理教授，助理研究员）　B. 副教授（副研究员）

C. 教授（研究员）　D. 未定级　E. 其他（如长聘副教授、长聘教授等）

12. 您的政治面貌

A. 中共党员　B. 民主党派　C. 共青团员　D. 群众

13. 您入选的人才计划（可多选）

A. "长江学者"　B. 杰出青年科学基金　C. 万人领军　D. 青年千人

E. 万人青拔　　F. 青年长江　G. 优青　H. 省级　I. 市级　J. 校级

K. 其他　L. 暂无

14. 您的海外学习经历情况

A. 海外博士学位　B. 海外联合培养　C. 海外访问学者　D. 其他

15. 您的学缘情况

A. 本校学缘Ⅰ类（最高学位授予单位为所在高校）

B. 本校学缘Ⅱ类（本、硕、博有一段经历为所在高校）

C. 非本校学缘（本、硕、博均不为所在高校）

16. 您的体育锻炼情况

A. 经常参加锻炼（每周三次及以上）

B. 有一定时间参加锻炼（每周一至两次）

C. 偶尔参加锻炼（两周一次或以下）

D. 几乎不锻炼

17. 您的身心健康状况

A. 良好　B. 较好　C. 一般　D. 较差　E. 其他：____（请填写）

18. 近三年您单位组织体检及参加情况

A. 单位组织每年一次及以上　B. 单位组织但未参加　C. 单位未组织

D. 自己去体检　E. 从不去参加任何体检

19. 您的住房情况

A. 无住房压力　B. 已购房正在还贷　C. 租房　D. 其他

20. 请选择以下项目占家庭收入的比例

项　　目	5%	15%	20%	25%	30%	35%	40%	45%	50%	其他（请填写）
购房/租房										
子女教育										
赡养父母										
医疗保健										
旅游度假										
理财储蓄										
文化消费										
日常开支										

二、问卷内容

1. 请对高校青年人才应具备的基本素质重要性程度进行排序

A. 思想政治素质　B. 学术水平　C. 组织管理　D. 教学能力

E. 团队协作　F. 师德师风　G. 学术诚信　H. 职业道德

I. 其他：_____（请填写）

2. 青年人才应该崇尚追求真理，具有良好师德师风，对国家与社会有强烈的责任感，您赞成这种说法并能做到吗？

A. 赞同，能做到　B. 赞同，努力做到　C. 赞同，难以做到　D. 不赞同

E. 其他：_____（请填写）

3. 您是否赞同并自觉加强师德修养，维护学术诚信，理解并支持师德考核一票否决制度等？

A. 非常赞同　B. 比较赞同　C. 无所谓　D. 不太赞同　E. 很不赞同

4. 您认为将社会主义核心价值观融入专业教育是否更有利于知识传授？

A. 有利于　B. 有一些影响　C. 不利于　D. 不确定

5. 您近期的主要发展目标是什么？（可多选）

A. 争取国家级科研项目（如国家重大科技专项、重点研发计划等）

B. 争取重要科研奖项（如国家奖、省部级科研奖项等）

C. 入选重要人才计划（如国家重大人才工程特聘教授、杰青等）

D. 产出重大基础科研成果

E. 在国际顶级或重要学术期刊发表高水平学术论文

F. 加强科研成果转化

G. 提高教学水平,培养高素质人才

H. 其他:_____(请填写)

6. 您认为哪些因素能够影响获聘各级各类人才计划?(可多选)

A. 自身的学术成就   B. 学科类别的名额分配

C. 本单位本学科在全国的声誉   D. 团队基础和资源条件

E. 研究方向和领域   F. 创新思想和投入

G. 同行专家的支持   H. 其他:_____(请填写)

7. 您认为有哪些重要因素能影响青年人才长期充分发展?(可多选)

A. 个人对学术和教学工作的真诚热爱及追求

B. 学校对青年人才政策上的大力支持

C. 充分自由和合理的学术竞争氛围

D. 稳定的经济收入保障

E. 家庭成员的支持

F. 其他:_____(请填写)

8. 您对研究课题的选择倾向

A. 愿意多花一些时间,从事具有挑战性的课题

B. 选择能够出成果较快,也具有挑战性的课题

C. 选择用时少,出成果快,不一定有挑战性课题

D. 选择多花时间在不太具有挑战性的课题上

E. 其他:_____(请填写)

9. 下列因素对您科研工作的影响程度

因素	5(影响最大)	4	3	2	1(影响最小)
学术团队					
实验室条件					
薪酬待遇					
研究生名额					
重大科研项目					
同事关系、工作氛围等软环境因素					
其他					

10.学校的科研和教学业绩考核方式,是否影响您的科研兴趣与长期的科研规划?

A. 严重影响　B. 较大影响　C. 有一些影响

D. 没有影响　E. 其他:_____(请填写)

11.您是否满意现在的研究生招生情况?

A. 学校有专门给研究生招生名额支持,可以招到较好的博士生

B. 学校有专门给研究生招生名额支持,较难招到较好的博士生

C. 学校没有专门给研究生招生名额支持,靠大团队负责人支持博士生

D. 学校没有专门给研究生招生名额支持,招不了博士生

E. 其他:_____(请填写)

12.您觉得现阶段科研评价体系,在以下哪些方面还急需进一步改进?

A. 科研成果质量与数量的平衡

B. 个人研究成果与团队研究成果的区分

C. 大同行和小同行评价的权重

D. 原始创新和跟踪创新的区分

E. 定性评价与定量评价的平衡

F. 其他:_____(请填写)

13.您认为青年人才学术评价的主要标准应该是?(可多选)

A. 学历　　　　　　B. 专业技术职称　C. 国家职业(执业)资格

D. 国内外行业认证　E. 学术同行评价　F. 代表性成果　G. 社会评价

H. 市场评价　　　　I. 获得人才计划　J. 其他:____(请填写)

14.以下所列人才评价指标,请您按重要程度进行排序(最多选择5项并排序)

A. 教书育人成效　　　　　　B. 本科教学能力与成果

C. 学科领域活跃度和影响力　D. 重要学术组织或期刊任职

E. 研发成果原创性　　　　　F. SCI、SSCI和核心期刊论文发表数量

G. 论文引用榜单和影响因子排名　H. 成果转化效益

I. 科研服务满意度　J. 其他:_____(请填写)

15.您认为制约青年人才评价过程中存在的主要问题是?(可多选)

A. 唯学历、唯职称、唯论文、唯帽子倾向严重

B. 人才评价"一刀切"问题

C. 海外人才的海外教育和科研经历的调查验证难

D. 科学精神、职业道德、从业操守未纳入评价体系

E. 忽视社会评价指标　F. 论资排辈现象明显　G. 重显绩不重潜力

H. 缺乏青年人才举荐渠道　I. 个人评价与团队评价相结合不够

J. 其他：_____（请填写）

16. 您认为改进人才评价方式，统筹人才计划最应该改进的问题有哪些？（最多选三项并排序）

　　A. 避免多个类似人才项目同时支持同一个层次的人才

　　B. 防止人才申报中的违规行为

　　C. 建立人才项目申报查重及处理机制

　　D. 针对不同支持对象科学设置科技人才计划

　　E. 优化人才计划结构

　　F. 其他：_____（请填写）

17. 您目前最大的工作压力来自？

　　A. 申请到足够的科研项目及经费　B. 产出高水平科研成果

　　C. 确保职称的顺利晋升　　　　　D. 获得编制内的稳定岗位

　　E. 获得稳定并且合理的收入　　　F. 授课量

　　G. 人际关系　　　　　　　　　　H. 身体健康状况

　　I. 其他：_____（请填写）

18. 您现在所在的学校提供的薪资待遇是否能够让您安心工作？

　　A. 比较满意，可以安心工作　　B. 比较满意，但不能安心工作

　　C. 不满意，不能安心工作　　　D. 不满意，但通过学校申请得到人才计划，愿意安心工作　E. 其他：_____（请填写）

19. 您认为目前影响您工作热情的主要因素有？（可多选）

　　A. 不够满意的收入无法保障充分的投入

　　B. 过于繁重的除科研教学外的杂事工作

　　C. 急功近利、学术浮躁的情绪影响

　　D. 未来工作岗位不稳定所带来的焦虑感

E. 个人缺乏不断创新的学术思维和发展的持续后劲

F. 缺乏团队，学生资源有限

G. 沉重的家庭及其他负担

H. 个人身体状况

I. 工作氛围不够和谐

J. 其他：_____（请填写）

20. 您认为当前最迫切需要解决的关键问题有哪些？（最多选三项）

　　A. 工资待遇　　　B. 住房待遇　　　C. 工作条件　D. 子女随迁与就业入学

　　E. 担任行政职务　　F. 课题经费支持　G. 获得荣誉奖励

　　H. 税收等优惠政策　I. 发展机遇　　J. 获得激励奖金　K. 其他生活困难

　　L. 其他：_____（请填写）

21. 您认为，女性青年教师与男性青年教师相比，在学术发展中是否会受到下列因素的影响？

　　A. 家庭、生育子女　　　B. 社会对女性传统定位　C. 高校机构组织文化

　　D. 男女生理、心理差异　E. 没有影响　　　　　　F. 其他

22. 您认为，对于女性青年教师在申请各级人才计划时，是否需要适当放宽年龄的限制？

　　A. 需要，建议放宽3—5周岁　B. 需要，建议放宽2—3周岁　C. 不需要

23. 您平均每周的工作时间是？

　　A. 40小时以下　B. 40—60小时　C. 60—80小时　D. 80小时以上

24. 您工作时间中真正用于教学和科研（不包括经费、项目、奖励的申请）的比例大概是多少？

　　A. >75%　B. 50%—75%　C. 25%—50%　D. <25%

25. 您最希望减少哪些最占用您教学与科研时间的事务性工作？

　　A. 系、学校、上级布置的行政事务和会议　B. 学生相关事务

　　C. 经费、项目、奖励申请　　D. 出国审批　E. 财务报销

　　F. 其他：_____（请填写）

26. 您认为青年人才是否有必要定期组织交流活动？

　　A. 是　B. 不是

若是，建议组织什么形式的活动？

A. 专业交流　B. 体育活动　C. 人文讲座　D. 其他：＿＿＿＿＿＿（请填写）

27. 您认为青年人才培养中存在的主要问题是？（最多选三项）

A. 支持政策很难兑现　B. 国家很重视，用人单位不够重视

C. 重视选拔，不重视培养使用　D. 人才工程评选程序过于复杂

E. 课题资助经费使用困难　　　F. 其他：＿＿＿＿＿＿（请填写）

28. 您认为影响青年人才队伍稳定的主要原因是？（最多选三项）

A. 缺少舞台　　　　　B. 缺少公平竞争环境　C. 工资待遇低

D. 分配制度不合理　　E. 人际环境不够好　　F. 单位领导不重视

G. 社会保障体系不完善　H. 人才抢夺乱象　　I. 缺少必要的支撑条件

J. 其他：＿＿＿＿＿＿（请填写）

29. 您认为在哪些方面高校应加强对高校青年人才的关怀和扶持？（可多选）

A. 增加研究生招生名额　B. 配套提供科研经费奖励

C. 提供实验室建设（包括场地、经费配套等）

D. 改善个人待遇（包括薪酬、福利、住房等）

E. 职称晋升的支持

F. 在单位受到领导重视与提拔

G. 团队建设支持

H. 个人成就感与自信心大幅提升

I. 优先推荐其他人才项目

J. 社会责任感和使命感增加，并转化为工作动力

K. 领导人文关怀

L. 其他：＿＿＿＿＿＿（请填写）

30. 在高校青年人才培养与选拔方面，您希望教育部和地方各级教育主管部门在哪些方面予以支持？（可多选）

A. 强化政治引领　B. 加强跟踪培养　C. 完善制度体系

D. 畅通交流渠道　E. 及时宣传激励　F. 关键时刻助力

G. 其他：＿＿＿＿＿＿（请填写）

访谈篇

篇首语

　　高校优秀教学与科研团队访谈是"高校青年人才培养与选拔机制研究"课题的第三个研究维度。从青年人才培养角度对高校团队的研究鲜见文章和成果，这是本课题研究方法和路径的探索和创新。

　　优秀教学科研团队作为高校中最有活力与创新力的组织单元，在人才培养和科技创新中发挥着不可替代的作用。为了解青年教师在优秀团队中的培养和成长情况，探索青年人才成长规律，课题组邀请参与课题研究的高校按照"党建基础好、教书育人有成效、学科建设一流、服务国家重大战略和社会发展有贡献、青年人才队伍建设有特色"等五个方面的基本条件推荐本校优秀团队。

　　2019年4月至2023年9月，课题组先后赴广州、南京、北京、大连、上海、西安、武汉、长春、重庆等省市的高校实地走访、面对面交流访谈优秀教学与科研团队，了解了许多生动的实践案例，受到很多启示、教育。在访谈团队的同时，课题组还与高校累计300多位高层次人才和青年教师面对面座谈，直接听取他们的意见。2021年11月至2022年9月，北京大学法学院等15个优秀教学科研团队的访谈报告分6期陆续在《中国高等教育》杂志上公开发表，得到了读者的好评，产生了较好的社会影响。

　　本篇内容包括课题组对15所高校18个优秀教学科研团队的访谈摘要，以及参与课题研究的6所高校推荐的本校优秀团队经验材料。这些优秀团队所在高校的类型、地域分布、学科背景、发展特色、经验事迹等方面具有典型性、代表性和多样性，充分反映了高校学科和团队建设对青年人才成长的作用，一些经验和做法值得学习和借鉴。

高校青年人才在优秀教学科研团队中成长成才

赵丹龄　徐启飞[*]

2019年4月，根据"高校青年人才培养与选拔机制研究"课题组确定的三个维度的研究思路和工作计划，我们一边发函向高校书面调研了解人才工作特别是青年人才培养选拔的情况，一边组织高校8000人范围的青年教师问卷调查，同时着手开展高校优秀教学和科研团队（以下简称"优秀团队"）的调研访谈。2019年4月至2023年9月，课题组赴九省市20多所高校，深入院系与师生面对面交流、问答对话，考察了解高校优秀团队在教书育人、党的建设、科学研究、服务国家重大战略和经济社会发展、人才队伍建设特别是青年人才培养选拔方面的情况和经验，掌握了大量第一手鲜活的事例和情况。这些优秀团队和青年人才志存高远、立德树人，团结精进、为国奉献，是高校人才队伍建设中的一道道独特风景，是"聚天下英才而用之"时代脉动中的一曲曲人才之歌。课题组对优秀团队的基本构成和特征、功能作用、主要经验等进行了归纳总结和深入分析，有以下几个方面的启示。

优秀团队的基本构成和特征

高校自然科学和工程领域的优秀团队，多以领军人才和学科带头人为首席专家、中青年拔尖人才和教师为骨干、研究生为参与者，往往依托国家级或省部级重点实验室、重大工程中心等开展以科研为主的学术活动，并通过科研活动提升教学能力、促进人才培养。哲学社会科学领域优秀团队的构成

---

[*] 赵丹龄，课题组长；徐启飞，中国农业大学。

在生态表象上略有不同，更多的是以院系整体或学科呈现，教学特点突出，学科领军或带头人的学术能力和成就"各领风骚"，在学科研究的不同方向形成了团队纽带，青年人才在良好的学术氛围中专注自己教学能力和科研水平的提升。

优秀团队聚焦国家重大战略和社会经济发展重大需求，用高水平的教学和科学研究支撑高质量的学科建设和人才培养。归纳起来，优秀团队具有以下基本特征：领军人物学术造诣高深，前瞻性、引领性强，在本学科或研究领域有较强的影响力；教书育人成效突出，能出重大教学和科研成果；所在学科往往是国内一流学科，有的在国际上处于领先位置；高度注重青年人才培养，人才队伍结构合理，后备力量梯队式成长；有深厚的文化底蕴和历史传承，向心力强；获得资源渠道多，经费充足；团队管理和运行机制科学、规范、高效。

优秀团队的功能和作用

优秀团队是高校教学和科研最基本、最独特的学术单元，在完成教书育人、科学研究、人才培养、国际交流、社会服务等高校基本任务方面具有强大的功能和作用。从人才培养的角度，至少有以下三个方面作用：一是组织教学科研活动，统一调配人、财、物资源，通过合理分工，完成研究课题、科研项目等任务，实现人尽其才；二是培养青年和后备人才，通过领军引领、学术交流、科研训练，培养青年教师和研究生的科研素养和研究能力，进而提高教学能力和水平，优化人才梯队建设；三是建立高效的协同攻关大平台，集中力量办大事，在关键技术、攻坚克难和科技创新方面有所作为。总而言之，各个团队紧密围绕国家重大需求和学科发展前沿形成稳定的研究方向，汇聚了包括两院院士在内的大批优秀学术带头人，大力加强领军人才和中青年拔尖人才的培养和引进，加强与国内外高水平大学和科研院所的协同创新。青年人才在一支优秀的团队中，具有更宽广的学术视野、更多的成长机会，在与高水平学者合作中避免走弯路，在和谐竞争中激发工作热情，并通过有保障的团队运行专注于更深入的研究，加快自己成长成才。

优秀团队的主要经验

优秀团队在长期的发展中形成了自己的特点和经验，课题组归纳出七个方面具有共性又有特色的主要经验，供大家学习借鉴。

一、党的建设与教学科研业务有机结合，把立德树人成效作为团队建设的重要内容

"党建基础好""教书育人有成效"是课题组要求高校推荐优秀团队的五个基本条件中的两条。事实证明，优秀团队具有较高的政治站位，高度重视党的基层组织建设，并与教学和科研业务紧密结合。比如，北京大学法学院积极贯彻落实习近平总书记关于法治人才培养的系列讲话精神，坚定围绕"立德树人、德法兼修"育人目标培养青年人才；复旦大学马克思主义新闻观团队以高度文化自觉践行马克思主义中国化，把复旦大学新闻学院打造成为新闻界马克思主义新闻观的教育高地；西北大学早期生命与环境创新研究团队始终坚持以党建促进团队建设，团队负责人充分发挥党员先锋模范作用；武汉大学信息管理学院坚持以党建为引领，注重将党建和业务工作齐抓共管，深度融合。课题组访谈的优秀团队中，多支团队入选全国先进基层党支部、全国高校"双带头人"教师党支部书记工作室和建设负责人、教育部高校"样板支部"、全国高校黄大年式教师团队等。

二、服务国家重大战略需求，做接地气研究

优秀团队在领军人才和学科带头人的引领下，围绕国家中长期发展中存在的难点、瓶颈问题，发挥学科互补优势，密切合作，实现协同攻关。例如，华中科技大学机械学院团队联合清华大学、上海交通大学等高校优势团队，在大构建方向上形成了国际较强优势；西安交通大学金属材料强度团队抢占学术制高点，突破了多项制约我国相关领域发展的材料技术瓶颈；中国农业大学饲料工业中心团队突破饲料"卡脖子"技术，保障我国饲料粮安全；重庆交通大学拱桥建造与维护技术团队聚焦拱桥精准建造—状态诊断—性能提升，助推我国山区拱桥建造与

维护技术的国际引领。

三、团队带头人学术视野开阔、战略思维敏锐、胸襟气度宽广，以"传帮带"优良传统促进人才队伍建设

一个优秀的团队负责人，不但具有坚实的专业基础、较高的学术水准、广阔的战略视野和杰出的领导能力，还具有乐于奉献、甘为人梯等教育家、科学家精神，为团队带好头、掌好舵。比如，西北大学舒德干院士学高为师，身正为范，团队内部共享交流十分顺畅，整体资源优势得到充分发挥，"学术之树"得以枝繁叶茂；吉林大学任露泉院士坚持学术传承高于个人得失，为仿生科研团队年轻人创造发展空间，拥有独立的研究方向；中山大学彭玉平教授带领中文系坚持"用最优秀的人培养更优秀的人"，凝练出"既要培养一流学者，也要培养具有崇高的国家民族情怀和时代使命感的优秀创造性人才"的培养目标；西安交通大学李树茁教授带领人口与发展团队秉持"中国问题、国际视野、服务社会"的宗旨，为国家人口政策提供研究案例，向世界讲述中国故事。

四、遵循人才成长规律，建立符合团队发展需求、具有自身特点的青年人才培养模式

经过长年积累，优秀团队的青年人才培养模式具有一些共性和特点。一是重视青年人才培养规划制定和人才梯队建设，积极贯彻落实国家、学校的人才政策，育引并举汇聚人才。二是建立完善"传帮带"机制，以大课题、大项目、大平台为载体，聚集配置人力资源和财力资本，老、中、青成员在相互支持与合作中找到自己的发展方向和成长通道。三是注重培养优秀学科带头人和优秀创新人才群体，支持青年人才挑大梁、当主角，推动核心技术人才队伍建设。四是注意给予青年人才比较自由的学术研究选题、充足的学术研究时间，为他们创造广阔的发展空间。比如，大连理工大学仿生识别与荧光传感团队以学科发展为牵引，团队建设目标与个人发展目标相协调，育引并举集聚优秀人才；北京大学法学院面向世界引进优秀青年人才，加强"传帮带"作用，助力青年人才成长；东南大

学生命科学与技术研究团队发挥学校赋予的"学术特区"政策优势，积极引进、汇聚和培养优秀青年人才；中山大学中文系从学校的引育与支持、院系的传承与领航、个人的奋斗与拼搏三个层面促进青年人才成长；吉林大学考古团队面对东北吸引人才的弱势环境，侧重培养本校人才，兼顾发现引进学术希望，育引并举，"育"字先行，"引"为补充。

五、以实际能力和贡献为主进行学术和科研评价，考核激励办法比较公平公正

评价体系是人才发展的"指挥棒"，优秀团队特别注重考核评价的针对性、有效性，这是团队发展的内在需求。近几年，高校着重落实"破四唯"要求，优秀团队淡化发表论文、主持基金项目等数量及任务考核，构建切实可行的绩效评估体系，权衡团体与个人关系，进行公平公正的奖惩，推进人才综合评价改革。比如，西安交通大学金属材料强度团队认为，发表高水平文章是科研工作的一种规律，要尊重规律，但不能光强调文章、项目，重要的是教书育人，为国家重大需求作出贡献；大连理工大学仿生识别与荧光传感团队提出，"破四唯"针对的是一种现象，人才评价必须回归真实评价，高校科研工作者要坚守自己的价值追求；东南大学生命科学与技术研究团队认为"文章很重要，但科学问题更加重要；不要片面追求顶级杂志，一般杂志上的文章也可能非常有影响力"；华东师范大学中文系实施科研机构年度考核制度，健全准入和退出机制，逐步改变完全依靠数量、级别考核科研成果的评价体系，强调科研成果与社会服务相联系。

六、注重团队文化建设和历史传承，团队管理和运行机制协调、顺畅、高效

优秀团队具有深厚的文化底蕴和独具特色的团队文化，善于调动和激发团队成员的潜力和动力，增强团队成员的归属感和向心力，营造良好工作氛围；同时，优良的内部管理和协作机制是团队高效运行的重要前提和基础。比如，华中农业大学实施"三步走"培养思路，第一步是要有爱才的土壤，对青年人才的性格要包容；第二步是要有育才的文化，老中青代代相传；第三步是要有聚才和留

才的机制，学校和学院层面相互联动。华中科技大学机械科学与工程学院凝聚出"自强不息、团结协作、快速反应、尽职尽责"的"STAR"（Striving, Teamwork, Agility, Responsibility）团队文化。武汉大学信息管理学院青年人才秉承前辈"潜心问道、立德树人"精神，共同塑造学院浓厚的学术氛围和优良的学风教风，形成了相互扶持、合力攻关的学术文化。重庆交通大学拱桥建造与维护技术团队以服务西部交通建设为目标，以老中青"传帮带"和小团队化协同攻关为机制，逐渐形成了一支高水平雁阵式教研队伍。华东师范大学中文团队注重采取完善学术结构、搭建学术平台、多维度国际合作、完善评价制度等有效措施，加强青年教师的学术培养和一流科研团队建设。中国传媒大学国际新闻与传播教学团队秉持"坚守国家立场，讲好中国故事"的初心和目标，培养有理想、有担当、有情怀、有视野的国际新闻传播人才。

七、老一辈科学家的家国情怀、奉献精神潜移默化地影响和引领一代代青年人才，锻造出高校优秀团队的精神品质

习近平总书记指出"科学成就离不开精神支撑。科学家精神是科技工作者在长期科学实践中积累的宝贵精神财富"，要求广大科技工作者大力弘扬科学家精神。2023年教师节前夕，习近平总书记致信全国优秀教师代表，明确提出并深刻阐释了中国特有的教育家精神："心有大我、至诚报国的理想信念；言为士则、行为世范的道德情操；启智润心、因材施教的育人智慧；勤学笃行、求是创新的躬耕态度；乐教爱生、甘于奉献的仁爱之心；胸怀天下、以文化人的弘道追求。"新时代优秀团队的领军人才是教育家精神、科学家精神的践行者，是团队精神塑造的引领者。比如，西北大学舒德干院士在谈到发展动力时表示，动力包括三个方面：一是培养青年科学家献身科学的兴趣；二是要有崇高的科学理想、强烈的民族责任感，能够将自己的理想和民族的前途、国家发展的利益结合在一起；三是实现家庭责任和自己的人生价值。中国农业大学李德发院士寄语年轻学子，把个人理想追求融入国家和民族事业，以兴农强国为己任。华中农业大学陈焕春院士、邓秀新院士等领军人物具有慧眼识才、爱才惜才的"伯乐情怀"，在华中农业大学营造了青年人才成长的一方沃土。吉林大学考古团队表示，党中央高度重

视考古工作，但有的研究方向，如古籍研究相对"冷门"，要长期坚持"坐冷板凳"精神。西安交通大学金属材料强度团队、人口与发展团队通过言传身教培养青年人才做事、做人，学习和传承"西迁精神"。

从以上几个方面的总结分析不难看出，一个优秀团队的成长，需要长期的努力和打造，需要学院、学校和国家等多层面、多方面的关心和支持。这些优秀团队取得的成就，是在习近平总书记人才工作重要论述精神引领下，在党中央人才工作的重大部署和指导下，大家共同努力的结果，是"聚天下英才而用之"时代赋予的机遇。

通过时间跨度四年的优秀团队访谈，课题组也深受教育和启发。一是访谈形式新颖，访谈对象包括校院系领导、领军人才、高层次人才、青年人才、青年教师和研究生代表，涵盖层次丰富；二是访谈问题深入，提问直奔主题，发言直抒胸臆，互动活跃充分，很多参加访谈的师生都纷纷表示"很新鲜""有意思"，往往访谈结束时还意犹未尽；三是专家点评到位，课题顾问李志刚局长、张福贵教授、蒙曼教授亲自参与北京、上海、武汉等地高校的团队访谈活动，为课题研究把握方向，指点关键，他们的现场精彩点评成为访谈的一大亮点，令人回味无穷。

附：课题组访谈高校优秀教学科研团队名单

序号	访谈时间	访谈学校	优秀团队名称
1	2019 年 4 月 12 日	中山大学	中文系
2	2019 年 4 月 13 日	华南农业大学	农学院作物学科团队
3	2019 年 4 月 26 日	东南大学	生命科学与技术研究院
4	2019 年 5 月 24 日	北京大学	法学院
5	2019 年 6 月 28 日	大连理工大学	仿生识别与荧光传感团队
6	2019 年 8 月 29 日	同济大学	航天测绘遥感与深空探测研究团队
7	2019 年 8 月 30 日	复旦大学	马克思主义新闻观团队
8	2019 年 8 月 31 日	华东师范大学	中文系
9	2019 年 9 月 19 日	西北大学	早期生命与环境创新研究团队
10	2019 年 9 月 20 日	西安电子科技大学	宽禁带半导体创新研究团队
11	2019 年 9 月 20 日	西安交通大学	金属材料强度团队、人口与发展团队
12	2019 年 11 月 1 日	武汉大学	信息管理学院
13	2019 年 11 月 2 日	华中科技大学	机械科学与工程学院数字制造装备与技术
14	2019 年 11 月 2 日	华中农业大学	动物重大疫病防控团队、园艺作物种质资源研究与遗传改良团队
15	2022 年 9 月 25 日	中国农业大学	饲料工业中心团队
16	2022 年 9 月 29 日	吉林大学	仿生团队、考古团队
17	2023 年 7 月 29 日	重庆交通大学	拱桥建造与维护技术团队

培养新时代堪担大任的优秀法律人才*

——北京大学法学院教学与科研团队访谈摘要

赵丹龄　徐启飞　寇光涛**

北京大学是中国法学教育的滥觞之地，是中国法学教学改革的先行者和探路者，是一代代决心致力于中国法治建设的莘莘学子心中向往的学术殿堂。近年来，北京大学法学院积极贯彻落实习近平总书记关于法治人才培养的系列讲话精神和党中央重大决策部署，坚定围绕"立德树人、德法兼修"育人目标，扎实推进"三全育人"，坚持"五育并举、德育为先"，将社会主义核心价值观教育和社会主义法治理念教育贯穿人才培养的全过程、各环节。

一、取得成就及特色做法

1. 为党育人，为国育才。学院始终不忘立德树人的初心使命，持续推进高素质高水平师资队伍建设，积极探索新时代教育教学方法，合理完善人才评价体制机制，提升教师教书育人本领，推进全面依法治国，全力打造一支与法学教育和法治进步相呼应的高素质高水平教师队伍。在全面构建涉外法治人才培养平台的同时，学院积极聚焦"经济全球化与国家治理现代化""时代责任与领导力""中国特色与文化传播"等多个维度，着力引导学生在全球化视野下立足中国大地、讲好中国故事、传播中国智慧。

2. 名师带动，言传身教。学院发挥名师的垂范效应与"传帮带"作用，激发教师在国家最高学府教书育人的荣誉感、使命感与奉献意识；着重加强对新入职教师、青年教师的培养指导；鼓励引导全院教师正确处理教学与科研的关系，实

---

* 原文刊登在《中国高等教育》2021年第22期，载入本书时有修改，补充了访谈问答。
** 赵丹龄，课题组长；徐启飞、寇光涛，中国农业大学。

现教学与科研能力的双向促进，在育人实践中不断提升师德素养与师能水平。

3. 结合实践，引领示范。学院畅通高校和法治实务部门双向交流渠道，选派多位优秀青年教师赴最高人民法院、最高人民检察院等司法实务部门挂职锻炼或开展研修，在深入研究中国法治实践的同时，将最新经验与生动案例转化为优质教学资源，融入中国特色法治人才培养体系，在课堂内外充分展现中国智慧与中国实践；举办全国法学教育师资研修班、跨校合作暑期学校，交流师德师风建设经验，彰显北京大学法学院在全国法学教育领域的引领者风范。

4. 教学改革，重视培养。从2010年开始，北京大学法学院启动了课程改革。学院全面整理课程库，在将400余门课程精简至260余门的基础上，调集资源支持新型课程的探索，在师资、学时、助教等方面为能够培养学生综合能力、法律思维能力、实际运用能力以及拓宽国际视野的课程提供充足的支持；大力推进教学供给侧改革，增加教学产品，改善教学结构，创新教学活动，引领中国法学界教学改革风潮。

5. 多元评价，发挥效能。学院始终秉持科研与教学并重的立院方针，将教学与科研视作大学教师的基本职责，两翼不可偏废；注重多元评价，采取多维方法，科学客观设置教师绩效考核评价机制，鼓励教师以上好每一堂课、对每一位学生负责为教书育人的核心要求，围绕国家法治发展建设重大问题实事求是开展科学研究，以高质量代表作品推动学术创新和实践进步。

二、经验启示

北京大学法学院勇立潮头，引领中国高校法学教育发展，为新时代培养出更多堪担大任的优秀法律人才。一是积极引进优秀青年人才，加强"传帮带"作用，全面助力人才成长；二是注重学科建设和教学能力培养并举，加大青年教师定向支持力度；三是强化青年教师参与学院治理的力度，给青年教师提供发声的平台；四是重视教师的身心健康，积极组织多种形式的交流和锻炼。

三、访谈精彩问答

课题组从教书育人与党的建设、人才评价改革、青年人才成长等方面，与现场师生深入交流探讨，部分精彩问答如下。

1. 问：高校院系基层党建工作如何与教书育人相结合、共同促进？

答：做好党建工作是落实党管人才原则的基础，有助于强化对教师的政治引领和政治吸纳，可以更好地促进团队发展和文化建设，既能培养"又红又专"的人才，又能培养学科发展的"双带头人"。

2. 问：如何看待青年人才的成长发展规律，以及学术奖项、人才项目对青年教师成长的作用？

答：不同学科人才成长成熟的年龄不一，须鼓励年轻教师尽快成长，比如建立适合青年人才成长的制度环境、政策举措、人才项目。对教师来说，做学术研究是一种生活方式，有无奖项都会潜心教学和研究。教师的职业特点具有累积效应，教书育人要躬身投入一辈子，在青年时期给予适当奖项和人才计划的鼓励，有利于激励青年教师成长，对于青年人才成长具有重要的推动作用。

3. 问：对当前人才评价机制有何看法？

答：青年教师的教学、科研工作压力大，评价指标的设置要尊重教学科研规律，要给青年人才适当的自由空间。人才处在不同发展阶段的成长特点不同，衡量评价标准也应该不同。培养更多国际法专业人才、建设好国家智库是当前法学人的重要任务，未来希望有更加良好的鼓励机制支持青年人才发展。

4. 问：如何有计划、有意识地加强教学、科研能力的训练？

答：总体来说，教学本身也是对科研成果的表达方式，科研做得深入，课程呈现效果就好，两者是相辅相成的。教学本身也具有一定的技巧，是一种综合素质的体现。做好教案需要"知识的积累＋自己的心得体会＋社会热点、新闻的梳理和凝练"。写作是提高学术能力的基本功，要长时间训练和养成。

5. 问：如何推进课程改革，提升课堂教学的实效性？

答：要创新授课模式，对老师来说也是角色的转变，由单向传输到教练型的引导。围绕课程设置与国际接轨的创新特点，不仅要求学生们提前做好准备工作，更要让他们主动参与课堂活动，提前给老师准备问题，这对老师也是一种促进，即"教学相长"。

6. 问：如何处理好繁重的教学、科研、行政管理等的关系？

答：利用时间，管理时间，在可能的范围内将时间效力发挥到最大化是平衡处理的关键。近年来，法学院环境氛围很好，教职工队伍有较强的向心力、聚合力，每位教师都能独当一面，既能实现个人价值，也能愉快地工作。

最后，课题顾问、中组部人才局原副局长、巡视员李志刚同志对访谈进行了点评。他认为，北京大学法学院围绕培养什么人、怎样培养人、为谁培养人这一根本问题落实人才强校战略，把立德树人作为人才培养的核心目标要求，把爱国奋斗精神贯穿人才培养始终，开创了人才培养的新局面。未来三十年，大国之间的竞争是人才的竞争，创新人才培养是关键，青年人才更是国家创新发展的未来希望。因此，教师队伍建设，特别是青年教师队伍建设，尤为重要。

以家国情怀引领世界一流团队建设[*]

——西北大学早期生命与环境创新研究团队访谈摘要

赵丹龄　刘伟　万聪[**]

西北大学早期生命与环境创新研究团队是一支活跃在国际古生物学界的"世界一流"团队。团队于2004年获得教育部"长江学者和创新团队发展计划"支持，2014年荣获第五届中国侨界（创新团队）贡献奖，2016年获得国家自然科学基金创新研究群体项目支持，2017年获批"早期生命与环境学科创新引智基地"。团队瞄准科学前沿，长期聚焦"动物起源于寒武纪大爆发"这一国际难点课题，取得了一系列具有世界领先水平的研究成果，先后在世界顶级期刊《自然》（Nature）和《科学》（Science）上发表论文十几篇，研究成果获得国家自然科学奖一等奖、二等奖，教育部自然科学奖一等奖，"长江学者成就奖"一等奖，陕西省最高科学技术成就奖等，两次入选"中国十大科技进展"，两次入选"中国高校十大科技进展"。

一、取得成就及特色做法

1. 以党建促进团队建设，发挥先锋模范作用。团队以习近平新时代中国特色社会主义思想为指导，始终坚持以党建促进团队建设，坚持求真务实、严谨执着、开拓创新的科学精神和开放包容、团结互助、顽强拼搏的合作理念，推动团队不断向前发展。团队负责人学高为师，身正为范，充分发挥党员先锋模范作用，积极和团队成员一起为学校一流学科建设、一流人才培养、一流成果产出作出贡献。

---

[*]　原文刊登在《中国高等教育》2022年第2期，载入本书时有修改，补充了访谈问答。

[**]　赵丹龄，课题组长；刘伟，北京市教委；万聪，西北大学。

2. 瞄准重大前沿科学问题，探索科学规律。团队始终坚持瞄准重大前沿科学问题，集中力量围绕六大自然科学难题之一"寒武纪大爆发"这一世界科学前沿问题开展持续研究，在舒德干院士"甘坐冷板凳"精神和潜心治学态度的影响下，团队成员在长期的野外踏勘、大量化石实证研究的基础上，大胆进行理论创新。团队通过数十年如一日的不懈努力，揭示了动物三大亚界关键门类的起源和演化关系，实证了前寒武纪与寒武纪动物演化的连续性，进而首次构建了完整的早期动物树框架图。团队不忘书写科学发展史中的"中国之声"，将发现的古老生物命名为"华夏鳗""长江海鞘""昆明鱼""西大动物"，记载中国在科学发展史上所作的重要贡献。

3. 坚持立德树人，推动教学与科研互相促进。团队以"培养世界一流学生"为己任，着力探索"精英式古生物教育"模式。团队成员充分发挥本人专长和研究优势，将前沿科学知识融入教学，分享最新科研进展，培养学生对专业的兴趣，激发其好奇心和求知欲。

4. 培养优秀青年人才，传承科学精神。作为团队带头人，舒德干院士十分关心青年人才的成长，坚持学术传承高于个人得失，为年轻人创造最大的发展空间，让年轻人拥有独立的研究方向。在舒德干院士从入门到成才、从为学到为人的教导引领下，团队内部的共享交流十分顺畅，团队整体资源优势得到了充分发挥，"学术之树"得以枝繁叶茂。

5. 致力科学普及，服务文化传承。舒德干院士在科研之余坚持在一线做科学普及工作，用一言一行培育、召唤着社会大众对科学的认知与热爱。许多团队成员都积极投身科普工作，录制的网络公开课"化石趣谈"在线上好评如潮，多次举办"小小古生物学家"科普活动，深入贫困地区中小学开展科普讲座，在偏远地区孩子的心中埋下科学的种子。

二、经验启示

团队在国际科学前沿展现了"中国风采"，为祖国教育科学事业作出了重大贡献，取得了一系列成就。其中关键和典型经验如下。

1. 坚持学科优势，锚定重大研究方向，做顶尖的一流研究。团队以高水平研究为基石，带动高水平教学，培养高水平人才，落实立德树人根本任务。

2. 以引智为契机，开展高水平国际学术合作。团队坚持优势互补、互相促进、共同发展的原则，通过"早期生命与环境学科创新引智基地"、国家人才引进计划等平台，从英、美、德等国的国际一流大学和研究机构引进十几位杰出外国专家，充分发挥研究团队优势和外籍专家个人学术专长，推动早期生命与环境学科创新发展。

3. 团队文化建设突出，向心力强。团队领军人物视野开阔、心胸宽广，无私支持后学发展；"传帮带"助力团队整体成长，尊重青年人的发展，鼓励教师坚持自己感兴趣的研究方向，团队成员个人成长和团队发展相结合，形成整体昂扬向上的教书育人氛围。

三、访谈精彩问答

课题组围绕如何开展科研工作、青年教师成长、女性科学家开展工作等多个方面，与参加座谈的师生进行了交流探讨，精彩问答摘录如下。

1. 问：如何看待一岗双责、负责团队学术以及党建工作？

答：一岗双责，这个问题非常实际，尤其是一流学科建设，我们要求每位教师尽职尽责。不忘初心、牢记使命，就是要求我们每个党员从自身出发，立足本岗位，更重要的是发挥模范带头作用。平时所有的成绩必须超过或者优于同期非党员的，才有资格参与优秀评选。党建和科研教学工作同时抓，一个是要抓好自己的本职工作，另一个是要乐于奉献，提高我们地质学系一流学科的影响力。

2. 问：怎么看待荣誉称号、人才头衔？

答：首先，做学术不是有意追求这些所谓"帽子"，是时代提供了这样的机会。其实工作确实很辛苦，因为要完成各种指标，包括学生也很辛苦，他们在学习之外，还要加入老师的人才项目工作。但正因为有了这些项目，才使我们青年人才在那个阶段快速成长，所以非常感谢这些项目的支持。

3. 问：团队建设以及人才培养经验有哪些？

答：主要包括三个方面的动力，第一个动力，我赞成丁肇中先生的观点，对于青年科学家、优秀科学家，要献身科学，必须有兴趣。第二个动力是要有崇高的科学理想，不仅要有对自然科学的兴趣，同时要有强烈的民族责任感。我们通过各种途径学习这种榜样，鼓励广大的科技工作者、教师能够将自己的理想和民族的前途、国家发展的利益结合在一起。所以我们还是有这种情怀的,希望能把个人利益和国家利益结合在一起,有责任感,这个是更高层次的动力。第三个动力,家庭责任和自己人生价值的最大化,这也是一种必要。三种动力要结合,即科学兴趣、民族责任感和家庭责任与自己人生价值的最大化有机结合,全方位推动。另外就是尊重青年人的发展,帮助但不占用他们的成果,不建议把成果集中在一个人身上。

立足智慧信息　立志服务社会*
——武汉大学信息管理学院教学科研团队访谈摘要

赵丹龄　徐干城**

武汉大学信息管理学院是中国办学历史最悠久、规模最大、最负盛名的信息管理教学与研究机构，信息资源管理一级学科在全国历轮学科评估中整体水平排名第一或 A+，入选世界一流建设学科。学院培养了一大批厚基础、宽口径、复合型的信息管理高级专门人才，为国民经济和社会发展提供智力支持。学院高度重视人才工作，坚决贯彻"党管人才"原则，紧密围绕一流学科建设目标，着力在"引才、育才、用才"上下功夫。多年来，学院构建了一支兼顾传承创新、研究特色鲜明、年龄梯队合理的学术团队。

一、取得成就及特色做法

1. 强化思想引领，以党建引导青年人才发展。学院坚持以党建为引领，注重将党建和业务工作齐抓共管，深度融合。在人才培养上，学院要求青年教师不仅在学术上锐意进取、追求卓越，在思想道德和政治素养上也要起到模范带头作用。2018年，信息管理科学系党支部书记工作室获评首批全国高校"双带头人"教师党支部书记工作室。教育部高层次人才计划青年项目入选者孙永强教授入选全国高校"双带头人"党支部书记。

2. 不负时代使命，科学研究与国家战略紧密结合。近年来，学院牢牢抓住文化强国、科技强国、大数据战略、信息化战略等国家战略带来的机遇，在坚守学科传统优势的基础之上，逐步扩展学科的边界和外延。在国家急需紧缺的部分

---

* 原文刊登在《中国高等教育》2022年第6期，载入本书时有修改，补充了访谈问答。
**　赵丹龄，课题组长；徐干城，武汉大学。

研究领域，学院青年学者取得了可喜的研究成果。如数据智能与创新评价、信息检索和人机交互、数字资产管理和数字人文、大数据环境下的应急决策和应急处理、大科学开放科学背景下科技政策科技制度、商务数据分析、信息行为等。

3. 重视人才工作，学校、学院协同发力引育人才。学校大力实施"人才强校"战略，出台了一系列人才方面的制度和政策。学院把握人才发展的战略机遇期，积极将制度政策转化为有利于人才成长发展的具体举措。校院上下一致，秉持求贤若渴的态度，对人才给予足够的尊重和爱惜，不仅要把人才引进来、留下来，更希望他们能够在珞珈山下不断成长壮大，带动学科发展。

4. 传承良好学风，学术前辈"传帮带"青年学者。学院教学名师、资深教授彭斐章、马费成等先生们的风范、气度和胸怀，对后辈学人潜移默化，润物无声，影响深远。青年一代在前辈"潜心问道、立德树人"精神的影响下，工作认真，事业精进，共同塑造了学院浓厚的学术氛围和优良的学风教风。前辈学者对青年的"传帮带"，形成了相互扶持、合力攻关的学术文化。

二、经验启示

从武汉大学信息管理学院团队的发展历程及取得的成绩可以得出以下经验启示。

1. 党管人才是人才队伍建设的核心保障。重视党建引领人才发展，将党建与人才工作紧密结合，持续加强师德师风建设，是人才队伍建设、发挥人才作用、服务人才成长的坚实政治思想保障。

2. 服务国家战略是科学研究的重要导向。科学研究，从选题到立项，要紧密结合国家重大战略需求，以服务国家、地方、行业或学科领域的需求为导向，以解决现实社会或领域内问题为目标，为实现国家高水平科技自立自强服务。

3. 立德树人是高校教师的根本任务。立德树人是一个系统工程，立德是第一位，教师有师德、学德，才可能在学生教育上传递知识、思想、文化及理念价值。在树人方面，既要传承德的修为，又要传授知识，在精神层面与知识层面为学生树立起榜样。

4. 人才队伍是学科建设的关键因素。学科建设和团队建设中，最主要的因素是人，要有学术和学科上的带头人，要有强大的团队和可持续发展的梯队。学科建设和人才工作紧密结合，人才工作是学科建设的重要基础。

三、访谈精彩问答

课题组从立德树人、教师队伍建设、学科建设和青年人才成长等方面与团队成员进行深入交流探讨，部分精彩问答如下。

1. 问：怎么理解教书育人作为重大的主体任务？在实践中如何理解立德树人？

答：立德树人作为教师的根本任务，要始终贯穿教学、科研、学生培养、社会服务等各个方面。第一，上好课是教师的天职，是放在第一位的，教学中要把科研结合进去。第二，对学生的培养，我们要求也比较高，强调一流的学科要有一流的追求，学生也要有一流的学习态度，不要为了眼前利益，盲目追求文章数量，一定要以质量为重。第三，在学院创造比较好的包容氛围，青年教师不论来自何方，都能在学院中愉快发展、成长。

2. 问：学院有的教授比较年轻，当年从国外学成回国是怎么想的？

答：武汉大学为人才提供了自由宽松的氛围和环境，当时和人才办负责同志交流，受到了鼓励，也深受感动，特别是校长亲自打来电话，我当时真的掉下了眼泪，有点"士为知己者死"的那种感觉，就觉得一定要去武汉大学工作。来到武汉大学工作后，我觉得这里的学术氛围、教学研究以及人与人相处都非常舒心，在这里能真正感到一种对人才的尊重。

3. 问：学科发展的关键是什么？教学和科研之间如何平衡？

答：学科建设最重要的要素是人，是人才，要有优秀的学术带头人，才能形成一流的学术平台。教学和科研都是培养学生的重要环节，二者并不矛盾，是相辅相成的。当然，教师各有所长和特点，有的比较擅长教学，有的科研能力比较强，这就要求评价标准方面要适应教师的特点，合理评价教师的贡献。

最后，课题顾问、中央民族大学蒙曼教授对访谈进行了点评。她指出，唐代政治家、文学家、思想家韩愈有一名句，即"世有伯乐，然后有千里马"。今天我们讨论青年人才培养和选拔，就是讨论用机制上的伯乐来发现千里马——优秀青年人才，而不仅仅依靠哪一个人的"一双慧眼"。有一句古训，即"近君子，退小人、爱人才、申公论"，选拔人才要以德为先，就是选拔君子、爱优秀人才；

课题研究和团队访谈就像"申公论",大家共同研究、讨论、取得共识,加快优秀青年人才的选拔和培养。武汉大学信息管理学院人才队伍建设提供了许多有价值的经验。首先,在国家战略之中寻找专业成长点,学术研究是和祖国同呼吸共命运的,要和时代共进,这是一个亘古不灭的真理。其次,学院微环境的情感导向和价值导向十分重要,武汉大学具有一种真正合理的人文精神,这对人才培养和建设是很有价值的。最后,这次访谈是有生气和活力的,真正做到了讨论问题、交流思想,更显示了整个团队强大的实力和洋溢的热情。

吸引汇聚青年英才　聚焦人民健康研究[*]

——东南大学生命科学与技术研究院团队访谈摘要

赵丹龄　刘　伟　葛　铿[**]

东南大学生命科学与技术研究团队在国家重大人才工程特聘教授谢维的带领下，努力建设成为高水平人才聚集的高地、一流科研成果产生的高地、创新型人才培养的高地。团队以与国际接轨的一流生命科学基础研究、以"转化医学"（Translational Medicine）为特色，积极推动东南大学生命科学与技术研究的发展，并与医学有机结合，建成国内一流、国际有影响力的生命科学研究院。

一、取得成就及特色做法

1. 聚焦人民健康，探索疾病防治规律。研究院团队坚持"四个面向"，聚焦发育与神经精神疾病发病机制、干细胞的基础与应用研究、发育疾病的遗传调控与临床转化研究等三个重点方向，打造具有国际视野、引领领域发展的研究团队，加快推动"产学研"一体化发展和"转化医学"特色科技创新平台构建，为建设"健康中国"作出应有贡献。

2. 从人才是第一资源的战略高度，积极引进、汇聚和培养优秀青年人才。2009 年生命科学与技术研究院成立前后，学校和学院采取多种渠道引进国内外优秀人才和青年才俊。学院发挥"东南大学学术特区"政策优势，以事业汇聚人才，有目标地追踪海外引智专家动向以及潜在人才的成长；落实人才团队政策，解决引进人才的后顾之忧。团队还特别注重科技人才的全面发展，支持年轻人参

---

[*] 原文刊登在《中国高等教育》2022 年第 7 期，载入本书时有修改，补充了访谈问答。

[**] 赵丹龄，课题组长；刘伟，北京市教委；葛铿，中山大学。

与教学和管理工作，不断压担子，锻炼人才的综合能力。

3. 坚持立德树人，培养提高研究生创新意识和综合能力。团队面向国际前沿和国家战略，秉持止于至善精神，立足生物学人才培养规律，在借鉴国际一流人才培养模式的同时，结合实际大力发展具有东南大学特色的生物学科人才培养体系，着力加强创新能力培育、家国情怀升华、国际视野提升，不断推进生物学学科的领军人才培养，为国家生命健康事业发展作出新的更大贡献。团队以提升研究生综合能力为目标，倡导主动式、浸入式培养模式，实施个性化培养；依托高端师资人才队伍和高水平科研实践，提升研究生培养的专业能力；通过多元化的国际合作与交流，提升领军人才国际视野与国际交流能力；以创新创业实践活动为抓手，推动综合素质的全面发展。

二、经验启示

团队以"三个高地"为建设目标，取得了一系列成就，总结了丰富的特色做法，其中关键和典型的经验如下。

1. 加强团队文化建设，营造优良教学和科研环境。团队积极梳理和挖掘学科发展历史，传承学科创始人秉志先生和蔡翘先生的精神，激发团队成员对学科历史的自豪感和责任感；定期开展课题组进展报告会、"青椒"进展报告会等，促进团队内部课题组间的交流合作；在国际高水平期刊上发表多篇论文；组织研究生定期举行集中开题、中期考核、预答辩、学术沙龙等活动，促进研究生之间相互学习、共同成长。

2. 加强学术交流合作，推动学科发展。团队所有高级职称师资均具有海外留学经历，奠定了广泛开展学术交流合作的基础；创办了"三江大讲堂"，每年定期邀请20位国内外高水平专家到校授课，拓展师生科研思路；与澳大利亚、加拿大、英国等国家的大学建立了合作关系。同时，团队"以人才为载体"着力建设和优化科研共享平台。根据团队研究方向，重点建设了生物影像分析、细胞生物学、分子生物学与生物化学、动物实验、抗体制备与蛋白质分析等五个共享科研平台，配备专职技术人员负责平台的运行维护和技术服务，形成了完备的开放、共享、运行和服务体系，为院内外提供高质量的科研支撑和技术服务。

三、访谈精彩问答

课题组围绕如何开展科研工作、个人成长、女性科学家开展工作等方面，饶有兴致地与参加座谈的师生进行了访谈交流，探讨了相关问题，比较精彩的问答摘录如下。

1. 问：如何看待破"四唯""五唯"？

答：文章很重要，但是科学问题更加重要。不要片面追求顶级杂志，顶级杂志的文章不一定真正有影响力，一般杂志上的文章也可能非常有影响力。目前的评价体系要求我们发表在顶级期刊上，但是否做了一个比较重大的科学问题，评价体系很难评估。我在培养学生的过程中一直非常注重这个问题，如果说经过三五年，学生没有发表一篇非常好、影响因子非常高的文章，但获得了独立科研的能力，理清了科研的方向和兴趣，就已经很棒了。我自己也是一直围绕着一个科学问题做研究的，只要有意思，就努力做出来，让大家觉得是真才实学，就是了不起。科研有时可遇不可求，从内心深处来讲，当然是能发表文章更好。

2. 问：如何看待教学和科研？

答：两者是相辅相成的。一方面，我们自身成长路上要坚持做科研，而科研基本上都是在一个大的学科范围下面的一个非常小的领域，我们尽量把它做深、做尖；另一方面，当我们去跟这些背景知识还相对较弱的研究生、本科生，甚至刚入学的学生讲授相关专业知识的时候，我们必须回到当初最基础的那个状态，要用最通俗的语言把最前沿的知识告诉他们。我觉得这个非常具有挑战性。我们不能只看平时最关注的那一小点东西，而要看整个学科、整个领域。

3. 问：如何看待科研压力问题？

答：首先，科研方向的选择一定是自己感兴趣做的。做科研要有良好的心态，要开心地做，不要以成功为目的，导师要给研究生一个享受科研探索的过程，不一定要求成功。同时，科研要全身心投入，要求具有比较好的身体素质，就要加强锻炼。研究院定期组织篮球活动，就是为了推动大家锻炼，加强团队精神和凝聚力。而关于项目和经费，这是一个必要的积累的过程，没有必要着急。最后，做科研必须相互交流，要多去参加学术交流和研讨会议。

4. 夫妻双方都是国家级青年人才，怎么平衡事业发展和家庭责任？

答：首先，家庭和工作都很重要，二者并不矛盾。我们夫妻二人在国外学有所成，恰遇国家海外青年人才政策吸引回国工作，学校和学院提供了宽松的发展氛围，这是时代给予的机遇，我们非常珍惜。我们相互尊重、相互理解、相互配合、相互支持，做好家务分工，把养育、教育孩子等生活琐事与教学科研工作穿插安排好，共同克服青年人都会遇到的生活困难，共同保持青年时期的创新创造状态，力争在事业上共勉共进。

根植红色基因　聚焦科学创新前沿[*]

——大连理工大学仿生识别与荧光传感团队访谈摘要

杨文超　赵丹龄[**]

大连理工大学仿生识别与荧光传感团队由彭孝军院士领衔，致力于从化学分子设计到化工生产工艺与装备的全产业链创新，成为享誉国内外的特色研究团队。团队入选教育部"长江学者和创新团队发展计划"、科技部重点领域创新团队、辽宁省"高水平创新创业团队培养引进计划"创新团队和大连市高层次人才创新支持计划，并获得国家自然科学基金委创新研究群体基金，获评国家国际科技合作基地"国际联合研究中心"，为东北振兴和精细化工产业升级贡献力量与智慧。

一、取得成就及特色做法

1. 重视立德树人。团队坚持以立德树人为第一任务，把师德师风作为评价教师素质的"第一标准"，引导教师以德立身、以德立学、以德施教，成为培养社会主义事业建设者和接班人的坚强阵地。团队成员依托精细化工国家重点实验室、重大科研项目及科研实践创新平台，充分发挥"大项目、大平台、大团队"涵育一流人才的重要作用，一方面在项目实践中培养学生的研究兴趣、学术水平、科研能力和解决问题的能力，致力于培养行业急需的"大国工匠"；另一方面身体力行，引导学生树立远大理想，孕育家国情怀，致力于培养新一代战略科学家。

---

[*] 部分内容刊登在《中国高等教育》2022年第18期，原文题为《志存高远　立德树人　团结精进　为国奉献——高校优秀教学与科研团队访谈综合报告》，载入本书时有修改，补充了访谈问答。

[**] 杨文超，大连理工大学；赵丹龄，课题组长。

2. 坚持文化传承。团队坚持根植大工红色基因，以基层组织为阵地，自觉传承红色文化，提升精神文化传承实效。团队自创建之时，就形成了浓厚的刻苦钻研、爱国奉献的文化传统，涌现出一批为中国科技事业呕心沥血的科学家。团队充分发挥"模范引领、凝心聚力"的作用，形成自我约束、自我管理、自我激励的文化机制，以及积极乐观、奋进和谐的文化氛围；坚持以国家重大需求为导向，勇于承担科研重担，努力解决应用科学技术难题，为国家经济社会发展作出贡献。

3. 致力人才集聚。团队高度重视人才队伍建设工作，以学科发展为牵引，坚持崇尚师德师风和学术能力，引育并举，通过海外招聘或国际学术交流精准引进海外优秀人才，实施有计划、有组织的团队培育工作，形成了良好的人才集聚机制和氛围，极大地提升了对青年人才的吸引力和支撑力，推动青年人才不断发展进步。

4. 强调学科交叉。团队以精细化工为基础，突出理工融合、学科交叉、产学研协同等特色，加强对新兴交叉学科的引领和辐射作用；从染料分子结构创新、识别过程的机制调控和光驱动催化转化方法设计等基本科学问题入手，聚焦设计新理念、识别新技术和光催化新方法等科学前沿，面向荧光成像技术与光驱动催化转化等国家需求，搭建畅通分子识别、荧光传感与催化转化的关联机制，为仿生识别和荧光传感向实用化目标发展提供技术支撑。

二、经验启示

团队聚焦"旗帜鲜明跟党走，使命在肩报家国，集优聚力攻难关，服务振兴谋创新"建设目标，取得了一系列成就，其中关键和典型的经验如下。

1. 团队建设要海纳百川。优秀的团队具有独特的精神底色和文化特质，团队秉持"海纳百川、自强不息、厚德笃学、知行合一"的大工精神，善于吸纳和团结来自不同学校和地域的学者，以开放的人才引进政策、灵活的评价体系、充足的经费支持、公平的创业机制为抓手，不断吸引和培育优秀人才。

2. 团队目标能集聚人才。团队建设和发展目标与每位团队成员的目标相一致，必将助力团队集聚优秀人才。团队建设始终以国家重大需求为导向，强调新兴交叉学科的引领和辐射作用，为学科面向未来发展奠定了坚实的基础。很多优秀人才正是基于对团队目标的认可，才加入团队，推进了团队和个人协同发展。

三、访谈精彩问答

课题组围绕人才评价、教学科研、个人成长等方面与现场50余名师生进行了交流探讨，部分精彩问答如下。

1. 问：如何看待"破五唯"政策对教学科研的促进作用？

答："破五唯"政策不是针对某个人，是针对特定的社会现象，必须回归真实评价。对于科研人员而言，做好科学研究至关重要，也是为国家科技创新发展作出贡献的前提条件和基础性工作。科研工作者总是要坚守自己的价值追求，为人类发展留下一些科研"精品"。

2. 问：个人成长与团队建设之间是怎样的关系？

答：在优秀的集体中，个人成长与团队建设一定是相互支撑的。平台和团队对于青年人才成长很重要，能够提供前沿的科研信息，提高个人的见识；个人成长能够促进团队建设，为团队发展作出贡献。团队要给青年人才更多的机会，引导形成彼此尊重、乐于奉献的氛围。

3. 问：女科学家如何平衡家庭与工作的关系？

答：女性人才对社会具有"三重贡献"，一是为家庭付出更多，二是在事业上自强不息，做出不凡的业绩，三是为人类社会延续发展作出独特贡献。当然，在时间和精力有限的情况下，女科学家要提升自己的工作效率，离不开学校、学院和团队成员的关怀和支持。

4. 问：研究生如何选择学术发展方向？

答："兴趣是最好的老师。"对专业怀有浓厚兴趣，就有意愿和动力全身心投入，享受学术的乐趣，思考一直在进行，灵感也在日常生活中。科学研究是不断探索知识的过程，不同研究方向侧重点不同，或理论研究，或知识应用开发等，结合个人的兴趣与特长，才能更好地潜心问道。出国留学有助于开阔视野，获取更多的学术知识，了解国内外科研差距，随着国内科研实力的增强，在国内学习研究也是很好的选择。

传承"西迁精神" 做顶天立地研究*

——西安交通大学金属材料强度团队访谈摘要

赵丹龄 张 强**

西安交通大学金属材料强度团队依托"金属材料强度国家重点实验室"建立，秉承"聚焦前沿，顶天立地，服务国家"的理念，坚持"四个面向"，坚持立德树人，心怀国之大者，矢志国家发展，开展基础金属材料新现象、新原理、新材料、新技术研究，解决基础金属材料产业转型升级等国家重大战略需求，突破了多项相关领域发展的材料技术瓶颈，在国家科技发展、社会经济发展中发挥了重要作用。团队负责人孙军教授2021年当选中国科学院院士。团队现有教师35人，包括中科院院士1名、国家级高层次领军人才5名、国家级青年人才14名；多人担任973计划项目首席、重点研发计划首席，获得教育部青年科学奖、陈嘉庚青年科学奖。

一、取得成就及特色做法

1. 顶天立地、服务国家，解决国家重大需求。团队以抢占学术制高点和解决国家重大需求为总体定位，着重研究材料力学行为基本规律、特异现象和材料服役效能，围绕材料科学国际前沿基础问题、国家经济与社会发展关键环节问题，聚焦材料力学行为的表征与评价、表层材料性能及表征、高性能材料及其应用和严酷工况下材料服役性能四个研究方向开展特色研究。二十年来，团

---

* 部分内容刊登在《中国高等教育》2022年第18期，原文题目《志存高远 立德树人 团结精进 为国奉献——高校优秀教学与科研团队访谈综合报告》，载入本书时有修改，补充了访谈问答。

** 赵丹龄，课题组长；张强，清华大学。

队主持 973 项目、863 重点项目、国家自然科学基金创新群体等多项科研任务，服务国家重大需求，在《自然》(Nature)、《科学》(Science) 等刊物上发表了一系列高水平论文和原创性成果，以第一完成单位获得国家自然科学奖二等奖 2 项、国家技术发明奖二等奖 1 项。

2. 奖掖后学、甘为人梯，传承弘扬西迁精神。在"听党指挥跟党走"的西迁精神的感召下，在团队负责人孙军教授的引领下，团队很多青年教师放弃了国外的优厚待遇，回国建功立业，在科技攻关征程上默默耕耘，逐步形成了一支才优干济、朝气蓬勃、敢闯敢拼、团结奋进的研究队伍。团队连续多年举办"周惠久科学论坛"，为青年教师职业发展"问诊把脉"，通过发挥"传帮带"作用，引导青年教师创新科研思维、凝练研究方向、打造科研团队、提升教学水平，在各方面快速成长。团队成员也获得了国家自然科学奖二等奖、国家技术发明奖二等奖、全国"五一劳动奖章"等多项重要荣誉。

3. 牢记使命、坚守初心，培养新时代接班人。金属材料强度是学校具有悠久历史的优势研究领域之一。团队负责人孙军教授把实验室比作他的第二个"女儿"，二十多年来全身心投入实验室的发展建设，带领团队在科学研究和社会服务方面取得了多项突破。大家形象地评价孙军教授是有故事、有情怀、有成就的"三有教师"，是西迁精神新时代新的传人。在他的带动和领导下，团队青年教师以教书育人为第一使命，以身作则、严谨治学，积极面向国家重大需求开展高水平研究工作和高素质人才培养工作。团队探索国际化、创新型人才培养新机制，形成了"一体两翼三结合"的创新型人才培养体系，获得国家级教学成果奖二等奖和陕西省教学成果奖特等奖。

二、经验启示

求学没有捷径，科研没有坦途。在求知、求真的道路上，西安交大金属材料强度团队始终扎根西部、服务国家，争做重大科研成果的创造者、矢志科技报国的奉献者、崇高师德师风的引领者、爱国奋斗精神的践行者，为推进我国早日成为教育强国、科技强国贡献智慧和力量。团队一方面依托金属材料强度国家重点实验室，肩负学科前沿研究与国家重大需求紧密结合、国民经济建设和学科发展共进步的使命，另一方面高度重视和特别关注青年人才的成长，引导青年人才学习中国革命史，培养家国情怀，同时鼓励大家"要将个人研究兴趣与国家需求及学术前沿相结合，永葆积极向上的精神追求"，将个人发展融入国家发展、民族复兴伟业。

三、访谈精彩问答

课题组在认真听取优秀团队的情况介绍后，感受到团队与国家同心、同向、同行，一代代科研工作者在这里燃烧自己、照亮别人，一位位青年学者在这里换羽振翅、破茧成蝶。课题组围绕党组织作用发挥、对人才称号的看法、优秀团队锻造、学生能力培养等问题进行了热烈的讨论和交流，部分精彩问答如下。

1.问：如何看待当前进行的清理"四唯"、破"五唯"？

答：首先，清理"四唯"、破"五唯"，不是不要人才项目、不要高水平文章，而是不要走极端。要正确看待人才称号，要回归荣誉本质，明白更重要的是一种责任。做科研、发高水平文章，是科研工作的一种规律，要尊重规律，但不能只强调文章、项目，重要的是教书育人，为国家重大需求作出贡献。

2.问：怎样发挥党组织在人才队伍建设中的作用？

答：要贯彻党管人才原则，发挥党组织在人才选拔、培养方面的作用，传承战争年代"党员是一面旗帜""支部是战斗堡垒"的精神。多年前，我们提出要把党支部建在学科方向上，也就是建在教师和学生建功立业的第一线，有利于加强青年人才的思想教育和三观教育。教师在指导学生做"顶天立地"的研究的过程中，要做好思想引领和政治吸纳，潜移默化地做好学生思想建设工作，帮助学生成长。

3.问：从国外学成回来进入高校担任青年教师，如何尽快适应、更好发展？

答：有三个方面的思路可供参考：一是要尽可能选择好的学科平台，要善于发现这样的优秀团队；二是团队的文化特点很重要，优秀的团队能让你全身心投入教学和科研，"痛并快乐着"；三是组织的爱护和保护，好的团队注重过程性评价，尽量避免以结果性评价制约和影响青年教师的成长。

4.问：如何引导青年学生留在西部工作？

答：一是国家的政策导向，现在政府各部门的很多人才政策和项目都向西部高校倾斜，这是时代机遇。二是西部高校有很多为国家重大需求服务的机会，优秀的学生留在优秀的团队可以尽快成长，建功立业。三是自己的选择和判断，"好儿郎志在四方"，希望青年学子能够看到西部发展机遇，干事创业，让自己的人生出彩。

理论观照现实　讲好中国故事[*]

——西安交通大学人口与发展团队访谈摘要

谢保军　赵丹龄[**]

西安交通大学人口与发展团队长期围绕人口与社会政策、老龄与健康、土地生态与发展政策等领域开展研究，关注社会和国家的重大需求，坚持团队发展学术性与应用性相统一，坚持理论研究与实际问题相结合，已成为在人口发展领域国内外具有重要影响力的研究团队。团队负责人李树茁教授为国家级领军人才，团队有国家高层次人才计划入选者1人、"三秦学者"创新团队首席专家1人、教育部新世纪优秀人才4人、陕西省"百人计划"青年拔尖人才2人、学校青年拔尖人才10人。

一、取得成就及特色做法

1. 依托学校发展平台，加强团队队伍建设。学校高度重视人才队伍建设，长期坚定实施"人才强校"战略，制定了"领军学者计划""青年拔尖人才支持计划""青年优秀人才支持计划"等完整的人才发展体系，建立了"丝绸之路青年学者研讨会"国际化人才交流平台，建成了"中国西部科技创新港"智慧学镇，加大对人才发展的支持力度，提升学校的国际影响力。团队依托学校提供的高水平发展平台，抓住机遇，积极引进和培养能够支撑学科建设目标的中青年优秀人才。近几年来，团队快速发展，战略研究、国际化和人才培养优

---

[*] 部分内容刊登在《中国高等教育》2022年第18期，原文题目《志存高远　立德树人　团结精进　为国奉献——高校优秀教学与科研团队访谈综合报告》，载入本书时有修改，补充了访谈问答。

[**] 谢保军，西安交通大学；赵丹龄，课题组长。

势明显提升。

2. 传承优良传统，推动团队内涵建设。团队依托人口与发展研究所，该所由著名人口学家蒋正华、朱楚珠教授创建于1978年，至今已有四十多年的发展历史。在他们的带领下，研究所形成了特有的研究范式，以问题为导向，将理论与实际结合起来，服务社会，提升核心竞争力。李树茁教授带领团队继承发展了研究所的优良传统，从国家战略出发，以中国问题为基础，拓宽国际视野，开展多学科交叉研究，进一步丰富了研究范式的内涵。团队较早入选教育部"长江学者和创新团队发展计划"创新团队并获得了滚动支持。近几年来，团队研究成果发表在《自然》(Nature)和《美国科学院院报》(PNAS)等国际顶级期刊上，被列入瑞典皇家科学院"全球生态保护与人类福祉峰会"十大经典管理案例，进一步奠定了研究团队在人口与发展领域国内外的重要地位。

3. 加强国际交流，讲述中国故事。团队积极开展国际交流与合作，组织各类大型国际学术会议，提升青年人才研究能力，扩大团队国际影响力，讲述中国故事。团队与国际高水平大学与研究机构建立了实质性合作关系，在老龄与健康领域开展重大研究项目的合作，建立国内首个针对人口迁移背景下农村老年人家庭的纵贯调查数据库。团队承担联合国人口基金等国际基金的多项研究课题，既让"海归"本土化，又让"土鳖"国际化，学习先进的研究方法和理念，提升团队的研究实力。同时，团队立足陕西人口发展相关问题，为国际人口发展组织提供陕西案例和经验，用陕西话语向世界讲述中国故事。

二、经验启示

理论观照现实，让研究植根于中华大地，人口与发展团队始终秉持"中国问题、国际视野、服务社会"的宗旨，为推动陕西经济社会全面发展贡献智力，为国家人口政策提供陕西案例和经验，向世界讲述中国故事。团队依托学校的各类人才支持计划，持续强化人才队伍结构的优化、综合素养的强化，持续提升核心竞争力。团队秉承四十多年以来形成的优良传统，聚焦特有的研究范式，不断拓宽国际视野，开展跨学科的研究，积极投身国际交流与合作，实现团队理念的迭代更新，提升团队的研究实力和国际影响力。要做好团队，一是坚持"研究植根于中华大地"的理念，深入农村、社区，长时间跟踪研究一个问题；二是建设国际化、全球化大平台，开展合作研究，让中国问题进入国际视野；三是要有比较好的合作机制，合作的核心是利益协调机制；四是要有良好的发展空间，谁申请的项目，谁就是这个团队的负责人，让每个成员都有发展空间。

三、访谈精彩问答

课题组围绕党组织作用发挥、优秀团队锻造等问题进行了热烈的讨论和交流，部分精彩问答如下。

1. 问：如何看待人才称号？

答：人才称号从个人待遇、凝聚团队、推动学科发展，到提升国际化影响力都发挥着重要作用。人才称号本质上不是"称号"，而是荣誉，重要的是要让人才称号回归荣誉本质。人才应正确认识到人才称号是荣誉同时也意味着要承担责任、作出贡献，肩负着立德树人、服务国家需求、推动社会发展的重要使命。要真正认识到不是因为拥有人才称号而得到认可，而是因为作出的成就和贡献得到社会的认可才拥有了称号。

2. 问：党组织在人才队伍建设中发挥的作用是什么？

答：加强党组织建设对人才队伍建设起到的关键推动作用，我们建立了师生联合党支部。党的基层组织要尊重人才、服务人才，要提供坚强保障，时刻关心人才思想、生活和成长，促进青年人才"引得来、留得住、干得好"。

3. 问：如何锻造一支优秀的团队？

答：优秀团队要有正确理念，树立正确义利观，怀有共同的追求，一个功利化、现实化的团队是不可持续、不能长久的。要建大平台，打造学术创新平台、人才培养平台、政策创新平台、数据库平台、国际交流平台、政策试验平台、国际对话影响平台。带头人的胸怀很关键，好的团队都有一个站位高、视野宽广，而且有胸怀的带头人。一个团队要有一个比较好的合作机制，跨学科、跨学校、职业化地合作，建立网络化沟通机制，更好地促进团队的可持续发展。团队发展传承也很重要，人口与发展团队是两位老先生带出来的，团队的国际化、本土化是他们打下来的。团队建设需要学校提供良好的平台、政策和资金的支持与保障。

4. 如何加强教师培养学生搞科研的能力、师生沟通解决问题的能力？

答：一是通过组会、例会制度，经常交流学术问题，在交流中提高能力；二是因人而异，根据学生特点进行有针对性的培养；三是在坚持"上天入地"团队大目标的同时，秉持"公平、公正"原则，师生间架起"心与心"沟通的桥梁，真正为学生的发展操心、服务。

公忠体国为追求　以人为本树根基[*]

——华中科技大学机械科学与工程学院教学科研团队访谈摘要

徐干城　赵丹龄[**]

华中科技大学机械科学与工程学院经历了白手起家、顽强拼搏的奋斗历程，经过几代"机械人"的不懈奋斗，形成了独特的学科优势和办学风格，汇聚了一大批在国内外机械制造领域享有盛誉的优秀人才。其中，"数字制造装备与技术国家重点实验室"是学院的一支优秀团队，拥有国家基金委创新群体、国家重点领域创新团队、教育部创新群体和省级创新团队等称号。

一、取得成就及特色做法

1.党组织建设与团队文化建设相互促进。学院坚持将思想政治工作贯穿青年人才培养全过程，加强师德师风建设，弘扬立德树人风尚。数字制造装备与技术国家重点实验室支部入选教育部首批"样板支部"。支部把党建工作和支部凝聚力相统一，发扬学院"自强不息、团结协作、快速反应、尽职尽责"的"STAR"（Striving、Teamwork、Agility、Responsibility）团队文化，坚持育人为本，"学、研、产"三足鼎立。

2.人才队伍建设服务国家重大战略需求。学院面向科学前沿和围绕国家重大战略需求，加强顶层设计，整合实验室资源，实现有组织创新；聚焦国内机器人加工领域，搭建新学科平台，创建创新向上氛围，吸引优秀人才。从大型构件的

---

[*]　部分内容刊登在《中国高等教育》2022年第18期，原文题目《志存高远　立德树人　团结精进　为国奉献——高校优秀教学与科研团队访谈综合报告》，载入本书时有修改，补充了访谈问答。

[**]　徐干城，武汉大学；赵丹龄，课题组长。

技术理论，到一些共性关键技术，在轨道交通等领域得到了应用。

3. 立德树人工作融入学生培养和教师成长。学院探索新工科教育培养模式，将实验室建设融入人才培养体系，强化创新创业实践，承担立德树人之根本任务；通过引导、考核、职称评聘等政策导向，要求并鼓励老师担任班主任，指导学生选好科研方向，搭建双向育人交流平台，被誉为"小团队、大舞台"。

4. 培育青年人才。学院制定人才梯队培养总体规划，针对不同年龄段的青年教师进行有针对性的培养。其中，对35岁以下的青年教师，从选题到申报材料，学院组织有经验的老师多次交流、点评，帮他们找准方向。针对一些好苗子，学院支持年轻人做想做的课题，并给予专门经费。

二、经验启示

1. 以党建为龙头抓好人才队伍建设和人才培育，在科研攻关上不断取得创新突破；探索新工科教育培养模式，将实验室建设融入人才培养体系。

2. 发挥"传帮带"作用，培养提携青年人才；针对不同年龄段青年教师制定不同的培养要求，支持、鼓励年轻教师做自己想做的课题。

3. 营造团结、包容的团队氛围，支持和滋养青年人才，激发前进动力；提倡"和而不同"，每个老师可以有自己独特的领域或方向，可以在共同的平台和团队下，彼此互为支撑，实现共同的目标。

三、访谈精彩问答

课题组围绕人才计划与评价、教学科研、青年人才成长等问题与现场师生进行了交流探讨，部分精彩问答如下。

1. 问：作为学院的年轻骨干，怎么看待青年人才计划？

答：人才项目与自身的工作是因果关系，前期工作是申请青年人才计划的重要支持，也是未来在人才计划下要做的工作的基础。人才项目是一个阶段性的认可，二者要紧密结合，要在自身发展中有更为长远的考虑。另外，自身的研究工作紧密围绕国家重大需求是十分必要的。进入人才计划后，需要拟定工作计划和工作目标，这些内容都与自身的教学、科研工作息息相关。人才计划是一个做事干事的舞台，通过人才计划可以获得更多、更广的资源，对搭建高水平的科研平台有一定帮助，可以带动和促进科研工作取得进展。

2. 问：如何把在国际高水平期刊上发表文章和服务社会需求结合起来？

答："把论文写在祖国大地上""在服务中求支持，在贡献中求发展""不仅要把论文写在祖国大地上，也要写在车间里"，学院一直在践行这些理念。为了更好地服务社会，学院在珠三角东莞、无锡都建设了工研院。团队在问题的研究上深入探索，重点解决一些大型复杂构件的加工问题，用机器人服务社会，拓展了人的功能。

3. 问：做科研的过程中，怎么处理和平衡好老师希望学生发掘一些新的方向和学生自身意愿与能力之间的矛盾？

答：由于学生自身特质存在差异，导师的培养也应该因人而异、因材施教，可以从学生的毕业设计观察出学生的开拓创新能力，对于开创能力较强、专业基础较好的学生，为其设定比较有挑战性的课题。对于博士生的指导，应该教会学生自己发现问题、自己做科研。学生培养应该在保持传统方向的基础上，不断拓展新方向。开拓新方向时，可以通过成立研究小组的方式，每周集中讨论，以充分的学习和沟通交流，确保学生有能力在新方向上做出成果。

4. 问：怎么处理生活与科研相互矛盾的情况？如何平衡孩子的成长和自己的工作？

答：这是所有高校老师都在不断思索、实践的问题，处理这个关系，首先思想上要认识到科研和家庭不是对立的，不能以生活为代价来做科研。工作要有，生活也要有，心情愉悦了，科研才能做得更好。意识上要主动维护好家庭，时间的分配也很重要，陪孩子的时间是一定要有的。作为老师应有的职责和作为家长应尽的职责要兼顾，家人的理解和分担也很重要，要和家人做好沟通，处理好这两方面的冲突。

最后，课题顾问、中央民族大学蒙曼教授对访谈进行了点评：理工科院校的团队成长方式是人才个人成长行之有效的机制，涉及个人研究与团队研究的平衡问题。华中科技大学机械学院的成果令人震撼，实验室建设和人才培养实现了紧密结合，实实在在地将科研优势转化为了教学优势，也转化为了服务社会的优势。在这次访谈中，大家可以看出人才培养的三个层面。第一个层面，人才成长的核心内容是回应时代需求，服务国家战略。第二个层面，立德树人可以与服务社会相结合，在这方面，华中科技大学机械学院优秀团队"数字制造装备与技术国家重点实验室"做到了产学研结合，实现了服务国家和社会的目标。第三个层面，学校在人才培养上，无论是对不同年龄段的老师分阶段培养，还是在教学科研与家庭平衡上提供后勤保障，都发挥出了较好的激励和保障作用。华中科技大学机械学院优秀团队能够做到守正出新、知行合一、公忠体国和以人为本，这对人才队伍的建设起到了重要的推动作用。

勤读力耕，把论文写在祖国大地上*

——华中农业大学动物和园艺教学科研团队访谈摘要

朱正宁　赵丹龄**

　　华中农业大学是中国高等农业教育的起点之一，始于湖广总督张之洞于1898年创办的湖北农务学堂，拥有5个国家"双一流"建设学科。华中农业大学动物重大疫病防控创新团队（以下简称"动物团队"）以中国工程院院士陈焕春教授为学术带头人，2011年成为兽医学领域首个国家自然科学基金创新研究群体。团队以动物重大疫病与人兽共患病为研究对象，围绕病原生态学与流行病学、病原基因组学与网络调控、病原与宿主相互作用、新型防控产品研发等四个方向开展了深入系统研究，取得了一系列标志性成果。

　　园艺作物种质资源与遗传改良创新团队（以下简称"园艺团队"）以中国工程院院士邓秀新教授为学术带头人，2005年入选教育部创新团队，2009年入选国家自然科学基金创新研究群体。团队围绕园艺作物种质资源收集评价与基因挖掘、种质创新与遗传改良、果实品质性状形成机理与调控和抗性分子生物学等四个研究方向，为我国园艺产业可持续健康发展作出了重要贡献。

一、取得成就及特色做法

　　1. 坚持强农兴农，顶天立地建团队。学校始终以强农兴农为己任，秉承"弘农学、扬国光"的价值追求和"勤读力耕、立己达人"的校训精神，形成了"围

---

　　*　部分内容刊登在《中国高等教育》2022年第18期，原文题目《志存高远　立德树人　团结精进　为国奉献——高校优秀教学与科研团队访谈综合报告》，载入本书时有修改，补充了访谈问答。

　　**　朱正宁，华中农业大学；赵丹龄，课题组长。

绕一个领军人物，培植一个创新团队，支撑一个优势学科，促进一个富民产业"特色发展模式，建设了一批顶天立地、服务国家农业发展战略的创新团队，为打赢脱贫攻坚战、推进全面实施乡村振兴战略作出了重要贡献。

动物团队成员常年奔走于乡村农家畜舍、现代养殖工场、企业生产车间等生产一线，面向农民传授健康养殖技术，联合驻点企业开展技术攻关，用畜禽健康养殖科技成果助力农民增收致富，助推企业提质增效，为我国动物重大疫病和人兽共患病研究与防控、养殖业可持续发展和食品安全作出了重要贡献，获得国家科技进步奖二等奖、湖北省科技进步奖一等奖、国家级教学成果奖二等奖、湖北省科学技术突出贡献奖以及发明专利等。

园艺团队创制了一批符合人民消费需求和具有国际竞争力的特色优良品种，通过早、中、晚熟柑橘品种搭配和全产业链配套技术研发基本实现了鲜食柑橘全年供应，推动我国柑橘种植面积、产量、品质、市场和效益持续快速递增，柑橘种植成为赣南湘南革命老区、滇西和云贵川少数民族地区、武陵山和秦巴山区、三峡和丹江口等区域性战略扶贫和生态保护整体推进的第一大支柱产业。近年来，依靠柑橘脱贫的人口达130余万，三峡库区多个村年收入破亿元。

2. 坚持精心滴灌，以才引才建团队。人才团队建设具有"共生效应"，战略领军人物是以才引才、以才育才，最终实现以才聚才的核心，是团队建设的"牛鼻子"。华中农业大学以院士为代表的教授学者以慧眼识才、爱才惜才的"伯乐情怀"，倾心关爱人才，把方向、压担子，营造了人才成长的一方沃土。

动物团队陈焕春院士全力支持学校以一流的条件待遇引进一位学科急需的高层次杰出人才，组建了具有国际领先水平的人兽共患病研究团队，4位团队成员先后入选国家级人才计划（项目）。

园艺团队邓秀新院士经常谈到"我们把人才比作蜂窝煤球。一个煤球被丢到燃烧得很旺的炉子里，一进去就能发光发热；如果被丢到一个冷炉子里，还要找柴火把它引燃，等炉子烧热了，煤也烧完了"，要为青年人才创造良好的成长环境。

3. 坚持精准施策，以才育才建团队。园艺团队针对每个成员特点制定了详细的发展规划和培养计划。团队青年骨干徐强博士（首届"青年长江学者"）主要从事果树基因组学与分子育种基础研究，带领团队在柑橘基因组研究方面取得了重要突破，克隆了控制柑橘"多胚"无融合生殖基因、果实品质调控基因以及抗溃疡病和耐黄龙病基因，基于基因组信息开展野生柑橘从头驯化研究，创制出优质绿色高效新品种。

动物团队所在学院院长赵书红教授在访谈中分享了她支持青年人才成长的"四个舍得"：一是舍得"知识"，把好的专业技能传给青年人才；二是舍得"时间"，认认真真指导青年人才教学与科研；三是舍得"资金"，为青年教师事业发展创造良好的工作生活条件，提供充足的研究经费；四是舍得"精力"，白天忙行政工作，晚上忙科学研究，持续工作需要好的身体状态。

二、经验启示

1. 党的建设永远是团队建设最有力的保障。动物团队所在的教工党支部是"全国先进基层党支部"。园艺团队坚持将党支部建设与科技创新、产业服务、人才培养紧密结合，团队奠基人章文才先生80岁高龄时加入了中国共产党，为团队建设增添了亮丽底色；党支部书记徐强教授是首批全国高校"双带头人"教师党支部书记工作室建设负责人，他和党支部成员一起为服务国家战略、推动产业发展、传承红色基因竭智尽力。

2. 立德树人永远是团队建设最根本的使命。动物团队践行陈焕春院士提出的"三创"（创新、创造、创业）育人理念，不断创新人才培养模式和"三全育人"机制，着力培养政治素质过硬、专业知识扎实、引领农牧行业健康发展的时代新人。陈焕春院士将湖北省委、省政府奖励其个人的"湖北省突出贡献奖"100万元奖金作为种子资金，并募集1700万元成立"焕春基金"，用于奖助优秀学子，把大爱精神与行业使命种在了学生的心田。陈焕春院士领衔的教师团队入选了第二批"全国高校黄大年式教师团队"。

园艺团队探索形成了学科与产业深度融合的协同育人模式，利用江西赣南脐橙的产业资源和革命老区的红色教育资源，牵头建立了国家首批农科教人才培养基地，集专业教育、红色教育和三农情怀培养于一体，全面提高学生的综合素质，由此形成的《"专业+产业"的人才培养"赣南模式"》成果获国家级教学成果奖二等奖。

三、访谈精彩问答

课题组就教书育人、科学研究和青年人才成长等主题,与两个团队的成员和参加访谈的百余名师生进行了充分的对话和交流,部分精彩问答如下。

1. 问:怎样发挥党支部书记"双带头人"作用,兼顾教学科研和教书育人?

答:我们团队,从章文才老师到邓秀新院士,一直坚持为产区服务,团队目标也是从产区来到产区去。工作中将学科优势与党建、人才培养结合起来,让党员老师带领学生到产地一线,在培养提升学生生产实践技能的同时,注重发挥党员师生的先锋模范作用,教育引导非党员学生积极向党组织靠拢。

2. 问:如何在华中农大实现科研梦想?

答:"勤读力耕,立己达人"的校训展现了华中农大的低调务实。把一件事情做到极致、"不盲从"的校风深深吸引了我。学校的院士、校长、书记经常在食堂吃饭,有什么问题,我们就可以边吃饭边汇报交流。我觉得青年人不应该只是发论文,更要有为国家作贡献的情怀,所以,我回国后毅然决然地转型做狂犬病研究。

3. 问:园艺产业是如何服务产业经济发展的?

答:柑橘产业,或者说园艺产业,在我国的种植业中所使用的土地面积占比小,而且使用的是质量较差的土地,不与粮争地,但产值能占到种植业的50%以上。过去的二十年里,柑橘产业规模增长了10倍,现在全国种植面积达4000余万亩,产量达3900余万吨。人民对于美好生活的追求正在从"吃饱"向"吃好"转变。吃饱依靠粮食作物,吃好则要依靠园艺作物,园艺作物保证了食物的多样化。团队在邓院士的带领下,通过改良品种、优化管理、早种晚收、采后保鲜等技术创新,已经实现了"一树脐橙红全年"。一亩园十亩田,我国中西部,尤其是移民区、革命老区,多为山地,在这些地区推广种植柑橘,可以帮助其早日实现乡村振兴,比如湖北秭归依靠种植脐橙产生了多个亿元村。

以高度文化自觉践行马克思主义中国化*

——复旦大学新闻学院马克思主义新闻观团队访谈摘要

赵丹龄　杨文超**

复旦大学马克思主义新闻观团队长期致力于马克思主义新闻观的教学研究工作，在新闻学科建设方面拥有悠久的历史，近年来在各方面都取得了丰硕的成果，培育了一批让党和人民放心的卓越新闻传播人才。

一、取得成就及特色做法

2002年，童兵教授领衔组建了"马克思主义新闻思想"课程团队。党的十八大以来，在习近平总书记新闻舆论思想的指导下，复旦大学马克思主义新闻观团队从原来的985国家哲学社会科学创新基地，过渡到马克思主义新闻观教学与研究平台。该平台以国家精品课升级版及调查反馈平台为教学核心，以与清华大学合作建设的中国特色社会主义新闻学研究基地为科研核心，以下设的复旦大学传媒与舆情调查中心为社会服务核心，做到了"教学—科研—社会服务"三位一体。马克思主义新闻观课程成为学校通识教育平台课程、上海市精品课程、国家级精品课、首批国家级一流本科课程；2021年获评教育部首批课程思政示范课程、示范团队、示范名师。团队近年出版并再版《马克思主义新闻观读本》系列、《马克思主义新闻观核心概念丛书》《马克思主义新闻观中国化研究报告》等曾获中宣部舆情信息工作"优秀单位"奖、"钟扬式"教学团队等多个奖项。

---

* 部分内容刊登在《中国高等教育》2022年第18期，原文题目《志存高远　立德树人　团结精进　为国奉献——高校优秀教学与科研团队访谈综合报告》，载入本书时有修改，补充了访谈问答。

** 赵丹龄，课题组长；杨文超，大连理工大学。

1. 建设国家精品课"马克思主义新闻思想"。马克思主义新闻观教学团队要为媒介化社会中的当代大学生提供解读、分析新闻与社会现象的理论工具和方法论。经过十余年的建设，目前，"马克思主义新闻思想"形成了"两纵、四横"的教学框架。2009 年，复旦大学马克思主义新闻观课程成为上海市精品课程，2011 年成为国家级精品课，2014 年成为国家级精品课中的升级版；2019 年获评上海市"为人为师为学"先进典型宣传对象；2020 年，"马克思主义新闻思想"被认定为首批国家级一流本科课程，成为国家级金课。团队近年出版并再版《马克思主义新闻观读本》《马克思主义新闻观百问百答》《马克思主义新闻观典型案例分析》，每年出版《中国新闻传播学研究最新报告》，翻译出版《马克思归来》，编译出版《西方媒介与数字劳工》。此外，团队自 2020 年起每年主办大型学术会议全国马克思主义新闻观论坛，同时发布《马克思主义新闻观研究发展报告》。

2. 建设"复旦大学马克思主义新闻观教学与研究基地"。复旦大学马克思主义新闻观教学与研究基地是以国家精品课升级版及调查反馈平台为教学核心，以与清华大学合作建设的中国特色社会主义新闻学研究基地为科研核心，以下设的复旦大学传媒与舆情调查中心为社会服务核心，做到了教学—科研—社会服务三位一体的平台。

3. 社会服务。马克思主义新闻观团队在近年集体调研了人民网、人民日报社、广州报业集团、南方报业集团、湖南广电集团等媒体以及腾讯网、抖音、快手、小红书等平台，还走访了井冈山、沂蒙、延安等红色老区。马克思主义新闻观平台完成了中宣部、中央网信办、上海市等各级调查咨询报告 500 余项，传媒与舆情调查中心获中宣部 2016 年度、2017 年度舆情信息工作优秀单位称号。2018 年，中国记协委托复旦大学马克思主义新闻观团队研究制定新版"全国媒体社会责任评价指标体系"，这也是理论与实践相结合的成果。

二、经验启示

团队聚焦强化中国学术话语的建设目标，取得了一系列成就，总结了丰富的特色做法，其中关键和典型的经验如下。

1. 以马克思主义新闻观作为青年教师的思想武器和行为准则，坚持不懈地以习近平新时代中国特色社会主义思想铸魂育人，积极践行社会主义核心价值观，争做教书育人的先进典型，把复旦大学新闻学院打造成为马克思主义新闻观的教育高地。

2. 以马克思主义新闻观作为当前中国舆论风险难题的破解之道，通过承担研究课题、舆情调查等多种形式，为中国的新闻舆论工作建立科学有效的理论支撑。

3. 以马克思主义新闻思想教学团队的教学实践和研究成果为基础，借助部校共建、青年教师挂职新闻单位，服务上海新闻界马克思主义新闻观的实践需求和新闻事业发展需求。

三、访谈精彩问答

课题组与参加座谈的团队成员和师生进行了交流探讨，精彩问答摘录如下。

1. 问：马克思主义新闻观科研教学团队的特色是什么？

答：我们是用"四个一"打造马克思主义新闻观科研教学团队：一门课程即国家精品课"马克思主义新闻思想"，一个团队即"复旦大学马克思主义新闻观团队"，一本教材即《马克思主义新闻观经典教程》，再加上教学科研服务三位一体。

2. 问：如何做到教学科研服务三位一体？

答：党的十八大以来，在习近平总书记新闻舆论思想的指导下，复旦大学马克思主义新闻观团队顺利地从原来的985国家哲学社会科学创新基地过渡到马克思主义新闻观教学与研究平台。该平台凝聚了复旦大学新闻学院的精兵强将，以国家精品课升级版及调查反馈平台为教学核心，以与清华大学合作建设的中国特色社会主义新闻学研究基地为科研核心，以下设的复旦大学传媒与舆情调查中心为社会服务核心，做到了教学—科研—社会服务三位一体。在优秀的集体中，个人成长与团队建设一定是相互支撑的。平台对于人才成长很重要，能够提供前沿的科研信息，提高个人的见识；个人成长能够促进团队建设，为团队发展作出贡献。在团队中，已经成长的人要有胸怀，给青年人才更多的机会，从而形成彼此尊重、乐于奉献的氛围。同时，学校和学院都给予支持，生源好、政策倾斜，形成良好的人才培育机制。

最后，课题顾问、吉林大学张福贵教授对访谈进行了点评：复旦大学各个学科都很强,学校推荐新闻专业作为优秀教学科研团队进行访谈,是很有代表性的。"马克思主义新闻观"作为一个研究方向,能做到今天的成绩非常不简单。"马克思主义新闻思想"作为全校的优秀通选课和上海市精品课程、国家级精品课,在学理上有一种创建,学术研究服务于思想政治教育,有逻辑性、学术性,讲事实、讲学理逻辑,就具有说服力。马克思主义新闻观优秀团队在学术研究和思想政治教育教学方面作出了自己的贡献,功莫大焉。

强化中国学术话语　提升中国文化自信*

——中山大学中国语言文学系教学科研团队访谈摘要

赵丹龄　华　毅**

中山大学中文系创立于 1924 年，是中山大学历史最悠久的学系之一，总体水平位居全国中文学科前列，在古代文体学理论建构与文献整理研究、古代戏曲与非物质文化遗产、汉语言与古文字研究、中国现当代文学与视觉文化批评四个领域优秀青年人才辈出，他们在各自的领域都取得了斐然的成就。中文系师资力量雄厚，国家级教学名师黄天骥教授，国家级高层次人才吴承学、黄仕忠、彭玉平、陈伟武、谢有顺等是中文系教师的杰出代表。

一、取得成就及特色做法

1. 学校的引育与支持——破除人才发展障碍，厚植人才成长沃土。中山大学实施人才强校战略，优化人才发展与培育政策，营造良好的人才发展氛围；在人才引进政策中，重点考量引进人才的学术水平和发展潜能，不把 SCI 论文相关指标、人才"帽子"等作为引进和聘用的前置条件；重视选拔培育青年英才，不简单以人才称号、学术头衔确定薪酬待遇、配置学术资源；尊重人才成长规律，给予有潜力者充分的信任和支持，制定有利于人才长远发展的政策，实施"逸仙学者"人才培育计划；坚持培养与使用相结合，通过"传帮带"机制帮助青年教师提升教学科研能力，鼓励青年人才组建团队或加入团队；开通青年杰出人才破格

---

* 部分内容刊登在《中国高等教育》2022 年第 18 期，原文题目《志存高远　立德树人　团结精进　为国奉献——高校优秀教学与科研团队访谈综合报告》，载入本书时有修改，补充了访谈问答。

** 赵丹龄，课题组长；华毅，中山大学。

晋升正高通道，帮助优秀青年人才脱颖而出。

2. 院系的传承与引航——厚积有力的学科积淀，教诲谆谆的师辈提携。中山大学人文学科强调传承，中文、历史、哲学等文科学科传承悠久绵延。"领百粤风骚开一园桃李，揽九天星斗写千古文章"，这副镌刻在中文堂大堂正中的对联，是中山大学中文系历史的凝聚和品格的写照。这种历史传承与学科体系的积淀使得青年学者可以在自己的领域吸收养分，蓬勃生长。中文系一直十分重视对青年人才的培养，素有"传帮带"的传统，其人才培养的特点是优秀的导师带优秀的学生，"用最优秀的人培养更优秀的人"。正所谓"名师出高徒"，优秀的"青年长江学者"都是在各位老师的指引下一步一步成长起来的。此外，中文系积极为青年学者提供交流和成长的平台，各学科的青年学者交流频繁，学科交融之况愈加繁盛，各种形式的沙龙、讲座等活动异彩纷呈，既开阔了青年学者的学术视野，也为他们的成长提供了开放的环境和氛围。

3. 个人的奋斗与拼搏——茹古涵今的学术水平，迎难而上的责任担当。中文系的前辈老师们都很用功、努力，给青年人起到了带头作用，在老师的影响下，他们有了不能懈怠的理由。青年学者自身勤奋拼搏，学术深耕，在事业上有自己的态度和精神，在学术上有较高的造诣。面对学院行政管理上的责任，面对学院领导的重托，他们能担责、肯担责、担好责，在服务老师和学生的基础上努力协调好教学科研和管理，不论在哪个领域都能看出他们的卓越追求和奋斗精神。以系主任彭玉平教授为代表的广大教师，对中文系的发展具有献身精神和赤诚之心，这样一群既钻研学术，又肯为学系发展披荆斩棘、披星戴月的学者团队，引领中文系不断取得辉煌成就。

二、经验启示

中文系凝练的人才培养目标为：既要培养一流学者，也要培养具有崇高的国家民族情怀和时代使命感、在各行各业能够胜任汉语言文字、文学等基础性、创造性工作的优秀人才。

一是学校层面，中山大学注重"不拘一格降人才"，把能力作为最根本的指标，既有求贤若渴的深厚情怀，又有饱含温情的人才政策；二是院系层面，中文系厚积有力的学科积淀，教诲谆谆的师辈提携，体现了传承与引航；三是学者层面，个人的奋斗与拼搏、茹古涵今的学术水平与迎难而上的责任担当是事业成功的基础。中国语言文学系吸取、传承中国文化之精华，团队文化和精神建设也因此更加饱满和充盈。

三、访谈精彩问答

课题组以"人文学者的成长之路"为主题，与中山大学中文系师生进行了深入对谈，精彩问答摘录如下。

1.问：中山大学中文系人文学者为什么这么"牛"？

答：中山大学中文系一直重视青年人才培养，有"传帮带"的传统。所谓名师出高徒，优秀的导师带出优秀的学生。中文系一直努力践行"用优秀的人才培养出更优秀的人才"这个理念。青年学者跨学科的交流比较频繁，通过各种形式的学术沙龙讲座，开展横向的交流，促进学科的交叉融合。中山大学有很好的大环境，学校在青年人才培育方面有很多具体的政策措施，扶持青年人才成长，给了青年学者很好的成长空间。总之，中山大学的人才成长环境、中文系"传帮带"的优良传统，加上青年学者个人的努力，成就了今天中文系青年学者蓬勃发展的局面。

2.问：国家级人才担任中文系主任，是如何平衡好教学科研和行政工作的？

答：关于行政与科研的矛盾这个问题，自我2017年担任中文系主任后，也确实存在，我也会焦虑，不过后来慢慢走上正轨，逐渐协调好适应好了。后来，我又兼任了中山大学学报编辑部主任，所以更要协调好行政事务和科研的时间。我想我来到中大后，之前一直是别人为我服务，现在我觉得我要回报这个学校、回报中文系。这几年我本人的学术研究走点下坡路，我觉得没关系。只要我们这个系的学术研究、教学在走上坡路，我个人的学术研究走下坡路，我觉得不是个遗憾。我也感谢在座的老师们对我的支持、对中文系的支持。

3.问：老师成长过程中经历的最大困难是什么，如何克服？

答：青年教师成长其实困难非常多。每个学者"风华"的背后，都可能有一个咬紧牙关、艰难跋涉的奋斗过程。对于文科学者的成长，我觉得最大的困难可能还是阅读、思考，包括提出问题、回答问题。在这个过程中，你会有阅读的快乐、思想的快乐、解答问题的快乐，当然也会有困惑、压力、思考。尤其是我们文学作品看多了，对人生认知、生命的看法，会在无形中影响我们。人文学者一定会面临的问题，就是我们读的所有知识，我们面对的作品，包括文学作品背后的人生，都会加深我们对人生、对生命的看法。我经常讲，文学是生命的学问，不完全是知识本身的演绎。如果你读了很多的文学作品，但不能加深你对人自身的理解、对生命世界的认知，说明你还没有触及文学最核心的东西。所以，在阅读、思考、提出问题、回答问题，包括对人生的各种感怀、纠结当中，我们本身就在成长。成长本身就是一堆矛盾、游离、不安，这就是生命的本源状态。如果有人告诉我，他的成长是快乐单纯的，我倒是很怀疑他能否成为一名好的学者。

在教学和研究中致力于中华优秀传统文化的赓续和传承*

——华东师范大学中文系教学科研团队访谈摘要

赵丹龄 李 明**

华东师范大学中文系创建于1951年，是蜚声海内外的中国语言文学学术研究重镇和人才培养基地，是华东师范大学最早建立的系科之一。悠久的历史，深厚的积累，使中文系在今天已经发展成为学界公认的知名院系。四十年来，中文系几代学人各领风骚，以敏锐、稳健、扎实的参与姿态与实绩，始终走在中文学科前沿，形成了一支优秀的教学、科研人才队伍，在文学理论与批评、中国现当代文学、中国古代文学、汉语言文字学等研究领域，出版了大量有影响力的学术专著，在学术界赢得了巨大声誉。

一、重视人才培养，扎实推进教学团队建设

中文系以中文学科为依托，以本科生基础课和专业主干课为主线组建教学团队，通过项目协作、结对帮扶等方式，以点带面，渐进式开展教学团队建设。

一是建设系统课程体系，提升教学实效性。中文系以四门一级学科学位基础课为基石，以专业必修课为主体、多种选修课为辅翼，厚植中文基础，广拓国际学术视野，强化原典与专题研讨、实训理论方法运用；以学生为中心，课堂讲授与读写训练相结合，文献阅读与专题讨论相结合，注重研讨导修，推进混合式

---

* 部分内容刊登在《中国高等教育》2022年第18期，原文题目《志存高远 立德树人 团结精进 为国奉献——高校优秀教学与科研团队访谈综合报告》，载入本书时有修改。

** 赵丹龄，课题组长；李明，清华大学。

教学。

二是打造研究生读书会、论坛，推动国际学术交流。中文系每年开设50余次读书会，鼓励教师带领学生自由研讨；举办"中融全国博士生学术论坛""中融暑期学校"，搭建同龄人学术交流平台；与国外名校开展院系级学术交流，建立海外中国研究中心和国别研究中心等高水平基地，设立"一带一路"本土教师联合培养项目，开拓师生国际视野。

三是借力高层次激励计划，强化优质成果培育。中文系依托"上海高等学校一流研究生教育引领计划"，设立"中融"研究生创新年度项目，鼓励教师参与指导；定期举办博士生论文研讨会，邀请知名学者和名刊编辑现场点评，强化科研实践与成果产出。

四是完善校、院系、专业三级质量管理体系，严格遵行学位授予标准。中文系强化督导、督学，注重评价，全方位、全过程保障教学质量；推行必读书目考试制度，建立校外专家库，建立高标准、严要求的系级盲审制度，确保学位论文质量。

中文系本科生"导师制"和"国学专书系列讲读"等制度和课程已成为教学精品，深受学生欢迎。中文系入选学校首批课程思政教育教学改革示范专业，教学案例入选上海市《课程思政——教学设计选编》。中文学科思政工作队伍不断壮大，"以文化人"获得师资支撑，2019年入选上海高校课程思政领航学院；多名党员、教师获市级、校级优秀共产党员，上海市高校辅导员年度人物，上海市"五一劳动奖章"，宝钢优秀教师奖、特等奖，霍英东青年教师奖，明德教师奖，上海市育才奖等奖项；15门课程入选首批上海市课程思政示范课程。

二、激发创新意识，建设一流科研团队

中文系建设了一批以优秀学术带头人为中心，科研骨干为中坚，有关教师和研究生、本科生为成员，科研意识浓厚、态度严谨、方向稳定、素质优良、成果显著，富有团队合作、创新进取精神，具有相应学术影响力和学术地位的各级优秀科研创新团队。

一是完善学术结构，推动科研发展。中文系现有中国文艺理论学会等4家国家级学会，主办2种CSSCI期刊、4种CSSCI集刊，高水平学术平台数量位列全

国前茅。

二是搭建学术平台，强化科研意识。中文系积极举办会议、开展评奖、开设专栏等，从制度上鼓励教师创造科研成果，促进学术共同体建设；鼓励开展学术交流活动，展示自身科研成果和实力，及时掌握国内外最新学术信息与最新研究动态。

三是多维度国际合作，推进中外人文交流。中文系鼓励教师参与高层次、高水平的国际学术交流活动；《文艺理论研究》与两家国外 A&HCI 刊物建立了交换出版合作关系，共同刊发专栏；学科教授担任会长的世界汉字学会已在日、韩、德等国召开 7 届年会。

四是完善评价制度，组建科研机构。中文系实施科研机构年度考核制度，健全科研机构的准入和退出机制，逐步改变完全依靠数量、级别考核科研成果的评价体系，强调科研成果与社会服务相联系。

中文系科研力量雄厚，高水平科研项目、论文成果丰硕，形成了特色鲜明的五大学科方向；整理重要古籍，传承优秀传统文化成果显著；依托华东师大江南文化与文学研究中心，与松江、金山等区共建江南文化研究基地，服务长三角一体化国家战略；深度推进文字数字化，建立中国文字国际化传播系统。

三、厚植文化土壤，完善青年人才梯队制度

近五年来，中文系通过引进专职研究员、博士后、思勉青年研究员柔性引进近 50 人，逐步形成了优秀人才后备库；以兼职特聘教授身份聘请海内外知名教授，提升学科研究能力；以国家外专局高端外国专家项目、华东师大海外高层次外专项目等短期人才项目引进 17 位高级别外籍学者。

一是继承大师精神，以前辈大师为学习丰碑。中文系名师璀璨，涌现出了许杰、徐震堮、程俊英、史存直、施蛰存、徐中玉、钱谷融、王元化等多位师德学问俱佳的大师，留下了宝贵的精神财富；始终强调系史教育，在深入讲好大师故事的基础上，带动教师团队学习、传承前辈精神。

二是重视团队建设，以领航团队引领教师发展。中文系始终发扬"传帮带"传统，形成高端人才领衔、中青年骨干教师为主力的教师团队；注重名师引领，打造特色领航团队，集体教研，精心打磨课程，以教学工作坊、观摩课等形式带

领青年人才建设；夯实"双带头人"制度，党员教师和支部书记率先参与课程思政改革，发挥"头雁效应"。

三是提升教学水平，以思政教育融合中文教育。中文系坚持思政教育目标与中文教育有机、有意、有效融合；坚持导师为育人第一责任人，设立青年学者班主任，建设师生成长共同体；尊重中文特色与教师特长，完善本硕博一体化实践育人机制，强化多元导师制联动的科研育人模式，形成师生共同受益的三全育人工作格局，引导教师既做学问之"经师"，更做品行之"人师"。

四是建立规范制度，以师德师风保护育人初心。中文系制定实施细则，建成了师德制度体系；通过教职工大会等方式，突出政治理论学习，加强纪律教育，确保教师行为准则人人应知应守；坚持在招聘、职称评聘、推优评先中强调师德师风评价，将师风建设摆在首位；将师德师风建设列入党建议题，巩固教工党支部战斗堡垒功效；定期开展师德长效机制落实情况自查，健全管理监督保障机制；以绩效杠杆、学术休假制度调动教师育人积极性，保护育人初心。

面向生命科学前沿 扛起饲料工业大旗

——中国农业大学饲料工业中心教学科研团队访谈摘要

徐启飞 寇光涛[*]

中国农业大学是中国农业领域唯一的 A 类一流大学建设高校。饲料工业中心团队由李德发院士、谯仕彦院士领衔,组成了包括 10 余位国家级人才在内的高质量师资队伍和人才队伍。团队先后搭建了农业农村部饲料工业中心、国家饲料工程技术研究中心、农业农村部饲料效价与安全监督检验测试中心(北京)、河北丰宁动物试验基地、中国饲料博物馆、涿州生猪智能养殖科研试验示范基地等平台,先后荣获国家科技进步/技术发明奖二等奖、全国创新争先奖、中国青年科技奖、神农中华农业科技奖一等奖/优秀创新团队奖等奖项。

一、取得成就及特色做法

1.党建与业务有机融合,团队文化特色鲜明。团队坚持以立德树人为根本任务,思政育人、科研育人、实践育人多措并举;牵头成立了全国性"三全育人"组织——"青年 i 猪联盟",通过举办饲料行业创新论坛、研究生创新论坛、JASB 期刊学术交流会、青年 i 猪云端学术沙龙和青年 i 猪挑战赛等学术活动,搭建了围绕生猪养殖与饲料领域的全国性研究生学术交流平台,推动了全国农林院校青年学者和研究生之间的学术互动。团队"北京市师德标兵"、优秀共产党员李德发院士寄语年轻学子,把个人理想追求融入国家和民族事业,以兴农强国为己任。

2.突破饲料"卡脖子"技术,保障我国饲料粮安全。"长太息以掩涕兮,哀民生之多艰"寓含了深沉的忧患意识和强烈的社会责任感,几千年来一直感动

---

[*] 徐启飞、寇光涛,中国农业大学。

并激励着中国知识分子为国为民殚精竭智。团队自1996年成立以来，聚焦我国畜牧业"卡脖子"问题，围绕猪营养与饲料科学进行基础理论研究与应用技术研发，数十年如一日坚持将科研工作面向世界动物营养与饲料科技前沿、面向经济主战场、面向国家和行业的重大需求、面向人民生命健康。面对饲料蛋白质资源严重短缺、进口大豆"卡脖子"的国家和行业重大需求，团队研发出了基于氨基酸平衡的低蛋白日粮技术，可替代进口大豆15%以上，年节约大豆1470万吨，氮排放减少20%。

3.科学研究解决行业急需，把论文写在祖国大地上。团队一直致力于通过深化基层合作开展社会服务、促进产业转型升级；与众多行业企业合作，将科研成果直接面向产业和企业急需；建立了以导师和企业（如正大集团、新希望六和股份有限公司、大北农集团等）共同指导的联合专家委员会，积极推动专业硕士的应用型、全产业链培养；高度重视实验基地的日常管理工作，配备了专门的专业化管理团队。

4.人才梯队建设传承好，青年人才培养成效显著。饲料工业中心团队累计培养了400多名研究生，初步构建完成了"四梁八柱"的人才体系。一是为青年人才全面快速成长提供机会通道和物质保障。在科研助理配套、实验室分配、日常餐饮补贴、团队绩效补助等方面给予青年人才有针对性的扶持，结合每个青年人才的个性化需求，及时解决其后顾之忧。二是强调时间管理与严谨态度。研究生入学一个月之后，导师团队就会组织论文开题，使学生尽快进入科研状态。

5.坚持国际化建设，打造国内外知名互动交流平台。团队积极推动国际化交流活动。团队聘请动物营养学领域的国（境）外专家开展英语口语辅导和学术研讨，并聘任外教开设全英文课程"Nutritional Biochemistry"。团队二十六年来每周六上午都举行组会，由1名博士生和1名硕士生轮值用英语分享课题领域的前沿进展。为进一步助力青年人国际化视野与全球化眼光的培养，团队还创办了中国畜牧领域首个英文期刊 *Journal of Animal Science and Biotechnology*（JASB），2021年影响因子达6.175，在全球农业领域相关期刊中排名第3（3/62）。

6.弘扬畜牧产业文化，饲料博物馆将续写行业新历史。为提升行业共识与凝聚力，记录和展现饲料行业发展历史以及一代一代畜牧人为推动新中国饲料产业发展做出的坚持和努力，引领未来饲料、养殖业发展，推进中国饲料、养殖大国向饲料、养殖业强国的转变，2016年，以"传承过去、记载当代、激励后学、引领未来"为宗旨，世界首个、中国唯一的公益性饲料博物馆在饲料工业中心团队的推动下建成。博物馆承载了体验式教学、科学研究、科普宣传和文化传承等多项功能，2022年被评为"全国教育科普基地"。

二、经验启示

中国农业大学饲料工业中心团队从空间保障、经费来源、基地建设、发展机会、辅助成长与社会阅历等多方面为青年人才培养成才提供全方位、全链条的支持。团队建设有以下四个方面的特点和经验：一是要具有深厚的家国情怀，情系乡土、忧患苍生，胸怀家国、为民请命是矢志不渝的奋斗目标，特别是团队带头人以身作则，身体力行，将引发倍增效应。二是要紧密围绕国家重大需求和学科发展前沿形成稳定的研究方向，营造勇攀高峰的探索氛围，致力于解决"三农"事业中的关键问题和农业科技前沿问题，取得重大科研突破，保持行业领先。三是引导团队中的青年教师具备战略眼光，把握机遇，充分利用各种资源增加自身阅历，拓展国际化视野，了解行业发展趋势，对标国家重大需求，做创新型实用型人才。四是多措并举，有效识别并满足复杂化、个性化需求。针对团队成员有关薪酬福利、科研匹配、技能提升、行业认可、自我实现等多维度的复杂需求，采取多种措施，予以有针对性的激励和满足，从而提升团队的向心力和成员的归属感。

三、访谈精彩问答

课题组从人才梯队建设、承担国家战略任务、"把论文写在祖国大地上"等方面与团队成员进行了深入探讨，精彩问答摘录如下。

1.问：饲料工业中心团队是如何建设人才梯队的？

答：优秀的团队组织是成体系的，我们的团队基于国家目标导向，进行资源有效配置，驱动科研人员承前启后和团结协作，充分发挥老、中、青科研人员的"传帮带"作用，初步构建完成了"四梁八柱"的人才体系，形成了一支包括近20名国家级高层次人才在内的高质量师资队伍，融合了动物医学、微生物学、分子遗传学、细胞生物学等多学科，形成了跨学科、跨领域、跨行业、跨产业的创新型、学习型组织。

2. 问：面对我国饲料安全问题，团队做了哪些努力？

答：团队始终聚焦我国畜牧业的"卡脖子"问题，围绕猪营养与饲料科学进行基础理论研究与应用技术研发。目前，我们已经构建了中国猪饲料原料营养价值数据库，创建了饲料原料有效养分动态预测模型，建立了中国首个猪营养需要动态模型和中国饲料原料营养价值数据库应用平台系统FeedSaaS，使中国的猪营养与饲料基础研究达到世界前沿水平。团队研发出了基于氨基酸平衡的低蛋白日粮技术，为中国养殖业和饲料业可持续发展作出了重要贡献，同时减少了大豆进口对国外的依赖，为我国应对国际贸易冲突提供了有力的科技支撑。

3. 问：如何用实际行动做到"把论文写在祖国大地上"？

答：团队一直致力于通过深化基层合作开展社会服务、促进产业转型升级。比如，依托国家生猪技术创新中心华北分中心、国家生猪产业技术体系，积极推动和参与体系示范县科技帮扶工作，对接大型饲料企业和养殖场，对口支援陕西省洛川县畜牧兽医服务中心，开展猪健康养殖技术指导服务；对口支援西藏农牧学院，推动其畜牧学科的发展建设。

4. 问：青年学子的培养有什么成效？

答：中心累计培养了研究生418人，我们培养的研究生以第一作者发表的高水平学术论文有600余篇，获批授权专利达46项，其中，授权发明专利有42项。2002年以来，已有19篇论文入选校级每年10篇的"优秀博士学位、硕士学位论文"，平均每年1篇，约占全校的1/20。其中，有2篇论文获评全国百篇优秀博士学位论文、1篇获评北京市优秀博士学位论文。中心为国家输送了大批德才兼备的优秀人才。

面向仿生科学与工程科学前沿 贡献吉大力量

——吉林大学仿生教学科研团队访谈摘要

赵丹龄　杨文超[*]

吉林大学仿生团队是一支活跃在国际仿生学界的"世界一流"团队,形成了以中国科学院任露泉院士领军、韩志武教授领衔,以及多位高层次人才、科技创新领军人才和各类优秀青年人才等组成的结构层次合理、多学科交叉、在国内外有重要影响力的研究队伍。该团队瞄准科学前沿,长期聚焦"仿生科学与工程"领域的国际学术前沿和国家重大战略需求,取得了一系列具有世界领先水平的研究成果;在世界顶级期刊《自然》(Nature)和《科学》(Science)上发表论文、评论,研究成果获加拿大蒙特利尔国际发明专利金奖、全国科学大会奖、国家技术发明奖、国家科技进步奖以及省部级一、二等奖共计30余项。

一、取得成就及特色做法

1. 以党建促进团队建设,促进学科建设。团队始终坚持以党建促进团队建设,70名成员中共有党员52名;党建与学科发展相结合,立足学科特色,以党建为中心,将党建工作与学科发展紧密结合,有效将学科特点与党的事业有机统一,有效将党的精神和文件融入自身教学科研,并在教学和科研中升华对党的事业的理解与忠诚。这种相辅相成的发展模式决定了团队是一支学习型团队,是一支政治立场坚定、政治品德和政治水平较高的团队。支部以党建为中心,以促学科发展为目标,开展了多场名家党课大讲堂活动,推动党建与学科发展相融合。团队20余名教师荣获"吉林大学优秀共产党员"称号,仿生党支部书记梁云虹荣获"吉林大学双带头人"荣誉称号,支部入选第二批"全省党建工作样板支

---

[*] 赵丹龄,课题组长;杨文超,大连理工大学。

部"培育创建单位名单。

2. 坚持立德树人,推动教学与科研互相促进。团队坚持立德树人根本任务,以"培养世界一流学生"为己任,着力探索"仿生学科高层次创新人才培养"模式。团队成员充分发挥本人专长和研究优势,将前沿科学知识融入教学,分享最新科研进展,培养学生对专业的兴趣,激发其好奇心和求知欲。团队非常注重精品课程建设,"奇异的仿生学"被评为省级精品课程、国家精品视频公开课程、国家级一流本科课程、中宣部"学习强国"课程等,团队获得吉林省教育技术成果奖二等奖、国家级教学成果奖二等奖等3项。

3. 瞄准重大前沿科学问题,探索科学规律,推动学科创新发展。团队始终坚持瞄准重大前沿科学问题,集中力量围绕仿生科学与工程这一世界科学前沿开展持续研究。团队成员在长期的科学实证研究的基础上,大胆进行理论创新,揭示了生物脱附减阻原理、生物耦合原理,进而首次构建了生物非光滑理论、生物耦合理论、仿生非光滑理论和耦合仿生理论。

二、经验启示

1. 培养优秀青年人才,传承科学精神。团队重视青年人才的培养,以树立理念为先导。作为团队带头人,任露泉院士坚持学术传承高于个人得失,为年轻人创造最大的发展空间,让年轻人拥有独立的研究方向。在任院士的教导引领下,团队内部的共享交流十分顺畅,整体资源优势得到充分发挥,"学术之树"枝繁叶茂。

2. 用好用足各级人才政策,广开渠道,吸纳人才。实验室认真学习国家、学校有关人才政策文件,用好用足政策,引育并举。团队负责人积极鼓励教师,树立目标,为实现目标而努力工作;广开渠道,充分发挥院士作用,推荐各界精英加盟。同时,实验室想尽一切办法创造环境和条件,为人才营造良好的工作氛围。

3. 通过打造学术高地,利用学科优势特色,产生人才聚集效应。"我们在追骏马的同时,也要精心地种草,打造出宽阔的草原,待春暖花开时,就会有一群骏马任你挑选。"要想成功引育人才,首先得增强自身的吸引力,做好自身发展,只有把自己做强、做大了,才会吸引人才,人才才愿意来这里扎根。团队通过打造学术高地，利用学科优势特色，形成对人才的吸引，才能吸引国内外专家学者加盟。

三、访谈精彩问答

课题组饶有兴致地与参加座谈的师生进行了访谈交流，围绕如何看待科研评价、团队文化建设、青年和女性人才成长等展开深入探讨，精彩问答摘录如下。

1.问：如何看待破"四唯""五唯"政策和发表高水平论文之间的关系？

答：主要是那个"唯"字，破"唯"，不是破论文，发论文的主要目的是把自己的成果与大家共享，把思路总结出来。这一点一旦变了，会引发很多问题，但是它一定有合理的地方。做科研要学会把技术问题总结提炼成科学问题，高水平论文必不可少，关键是如何破除"唯"。

2.问：团队的文化建设和传承如何？

答：回答这个问题就要提到仿生文化。仿生文化对于我们团队来说就是一种精神力量，具体来说就是"四创文化"，即创新、创高、创富和创建。创新，就是要有创新的动力，要有创新的理论；创高，就是要有高水平和高层次；创富，就是精神和物质都要丰富；创建，就是打牢知识和理论基础。团队的许多工作都围绕着"四创文化"开展，使得整个团队内部和谐，凝聚力强。

3.问：女性专家在职业发展中如何克服困难？

答：首先，团队引路人的理解和支持很重要。任院士对团队所有成员都有人生和事业发展规划考虑、建议，我们在这样一个优秀的平台里互相激励，再累也不觉得苦，渐渐地，努力就成了一种习惯。另外，亲人的理解和支持也非常重要。理工科女性常常要出差，家庭琐碎事务更多地交给了爱人，时常觉得内心愧疚，有了家庭的支持，自己也会更加坚强、坚韧。我2021年入选国家重大人才工程特聘教授，也特别感谢教育部向西部、向女性的倾斜政策。

构建具有中国气魄和国际视野的考古学殿堂

——吉林大学考古教学科研团队访谈摘要

赵丹龄　潘国庆[*]

吉林大学考古学院在中国考古学界具有很高的声望，是考古学教学研究的重镇，培养了大批优秀人才。考古学院高度重视师资队伍建设，将师资队伍建设提到学科建设根本任务的高度，全面规划、不遗余力地抓实做好人才工作。学院现有专任教师50多人，除国家级高层次人才外，共有24名教师入选吉林大学"匡亚明学者"人才计划。

一、取得成就及特色做法

师资队伍建设直接关系学院"建设世界一流学科"工作的成败。院领导班子与院学术委员以"极度重视、一事一议、急事急办"的办法召开各类专题会议研究讨论相关问题，在师资队伍建设上初步形成了"全面战略规划、构建学术殿堂、重视培育人才、用好政策资源、引进学术希望"的人才育引办法。

1. 全面战略规划。考古学院结合学校组织的系、教研室（科研团队）等基层教学科研单位的建设工作，经过大量认真细致的工作，通过征求每位教师的意见，不断谋划完善学院师资队伍结构和未来发展，形成了师资队伍建设的院、系、教研室（科研团队）三级负责制；制定了矩阵式的"吉林大学考古学院各系、教研室设置方案"，"一个萝卜一个坑"地设置教师岗位和梯队，使每个教研室（科研团队）的发展情况一目了然，随时掌握每位教师发展得好不好，每个团队是否缺编、缺编何种教师等情况。

2. 构建学术殿堂。真正有发展潜力和学术价值的人才需要和向往在具有浓厚

---

[*] 赵丹龄，课程组长；潘国庆，吉林大学。

的学术氛围的公开、公正、公平且有品位的学术评价导向的"殿堂级"学术机构中工作和发展。吉大考古努力维护、构建具有引领中国考古学的胸襟和气魄并有国际视野的"殿堂级"的学院学术氛围。在学术评价上，吉大考古充分发挥和尊重院学术委员会、院教学委员会的决策，营造和维护"公平、公正、公开、讲正气、有品位"的优良学术生态。在学术活动上，吉大考古通过打造"中国考古大讲堂""外国考古大讲堂""研究生和本科生国际系列课程"等品牌活动，加强人才交流，积极创造一流的学术研究环境。

3. 重视培育人才。全面结合吉林大学的实际情况，吉大考古在人才培育的过程中充分重视本校人才的培育和支持工作。例如，在政策支持上，吉大考古在"双一流建设经费中"专门列出各层次人才的科研支持经费。在约两年半的时间里，吉大考古新增5名国字号人才，均为本校培养的人才。

4. 用好政策资源，青年人才不断涌现。吉大考古努力用好学校"培英工程""优秀青年教师培养计划"等各类政策资源，发挥学院和学科自身优势，做好优秀人才的培育工作。

5. 引进学术希望。结合学校具体实际，在人才引进方面，学院既要引进学科带头人，更要着眼于长远发展。在学院教师、学术委员会、教学委员会的指导和评价下，学院努力引进具有发展实力和潜力的学术人才。

二、经验启示

1. 坚持学术传承和创新，引领考古学科发展。吉大考古在中国考古学界具有很高的声望，在学科评估中名列前茅，源于始终保持追求卓越的动力，始终胸怀构建具有引领中国考古学发展和国际视野的"殿堂级"发展目标。

2. 坚持抓好人才工作，重视培养青年人才。针对学科特点，面对东北吸引人才的弱势环境，吉大考古侧重培养本校人才，兼顾发现引进学术希望，育引并举，"育"字先行，"引"为补充，走出了一条符合本学院需求和发展目标的青年人才培养之路。

三、访谈精彩问答

课题组与团队成员和现场师生进行了交流，围绕如何开展教学科研工作、青年人才成长等展开深入探讨,其中的精彩问答摘录如下。

1. 问:考古学科如何为国家作贡献和为社会服务?

答:中央高度重视考古工作,政治局专门召开了学习专题会议。这几年,考古工作机构编制不断增加,极大地鼓舞了这一领域的学者。我们也积极为国家作出应有的学术贡献。我们在长白山脚下发掘了一个遗址,最后证明了这里是金代祭祀长白山的国家级神庙。这个遗址虽然不大,但是它的政治意义非常明确,证明了长白山是中国历史的一个部分。这是团队为国家重大决策和社会服务作出的贡献。

2. 问:古籍研究如何保持学术和研究的动力?

答:所有的学科发展、人才成长都是持续努力的结果,相对"冷门"的古籍研究更要依靠长期坚持"坐冷板凳"的精神。我们从中华民族复兴文字上寻找根源,探索古文字的早期形态,是个人兴趣和国家需要相结合。当然,有时会有矛盾,要善于发挥每个人的特长和作用。我们教师和所有博士生、硕士生一起开组会,体现了团队精神,在学术上互相交流,群策群力,长期的坚持换来了学生培养的丰硕成果。

矢志拱桥创新　逐梦交通强国

——重庆交通大学拱桥建造与维护技术团队访谈摘要

赵丹龄　徐启飞　杨建坤*

扎根西部三十余年，重庆交通大学拱桥建造与维护技术团队聚焦拱桥精准建造—状态诊断—性能提升，助推我国山区拱桥建造与维护技术的国际引领。团队以全国杰出专业技术人才、国家重大人才工程特聘教授、重庆交通大学副校长周建庭为带头人，入选全国高校黄大年式教师团队、交通运输行业科技创新重点领域创新团队、全国党建工作样板党支部，领衔获批山区桥梁及隧道工程国家重点实验室。研究成果应用于我国包括10座世界级拱桥在内的600余座拱桥，获国家科技进步奖二等奖3项，为我国交通强国建设作出了贡献。

一、攻坚克难，勇攀拱桥建维科技高峰

1. 敢为人先勇闯无人区，实现大跨拱桥建造控制理论、技术双突破。大跨拱桥建造历经悬索、斜拉受力体系频繁转换，结构行为极其复杂，山区地形艰险、峡谷风场紊乱、温差大，安全、精准、快速建造是亟待攻克的重大难题。周建庭教授带领团队首创全过程最优原形成拱理论和方法，突破了复杂环境下大跨拱桥精准快速成拱的理论计算瓶颈，创建了拱桥原形数字预拼制造控制与原形复位安装调控技术，推动了拱桥数智建造的技术革新，成果直接支撑了世界最大跨上承式钢管混凝土拱桥、世界最大跨双连拱桥等4座世界级拱桥的精准快速建造。

2. 创建既有拱桥内在病害磁学诊断新方法，让桥梁"会说话"。为攻克拱桥内在病害精准诊断的世界性难题，团队首创基于自发磁场变异特性的拱桥钢筋锈蚀无损量化检测技术，自主研发了无外加励磁的吊杆腐蚀断丝无损量化诊断技

---

* 赵丹龄，课题组长；徐启飞、杨建坤，中国农业大学。

术,创建了拱桥钢筋应力状态无损量化检测新方法,实现了拱桥内部钢筋锈蚀、吊杆腐蚀断丝、钢筋应力状态精准无损检测的技术突破,开拓了桥梁内在病害的磁学无损量化诊断新领域。团队牵头申报的"公路桥梁检测新技术研发与应用"研究成果获 2019 年度国家科技进步奖二等奖。

3. 率先建立山区拱桥性能提升理论和技术体系,使老旧拱桥焕新生。我国山区服役老桥中拱桥占比高,早期建造的拱桥性能劣化并出现了严重的安全隐患,性能提升和延寿需求尤为迫切。团队首次提出了拱桥服役性能快速判别方法,建立了加固设计理论、关键构造和施工工艺成套技术体系,形成了系列加固标准图和国内首部石拱桥加固专著,解决了山区拱桥性能高效提升与延寿难题,加固后拱桥承载力提高显著,支撑了我国山区量大面广的拱桥加固工程。团队牵头申报的"山区拱桥建设与维护新技术研发及应用"研究成果获 2011 年度国家科技进步奖二等奖。

二、甘于奉献,服务西部山区交通建设

1. 建"大桥"深耕科研匠心。团队始终秉持甘于奉献、勇于担当的精神,大力推动前沿科技成果转化;完成了从箱拱桥到肋拱桥、从钢管拱桥到劲性骨架混凝土拱桥等多类型大跨拱桥建造精准控制技术的研发,助力西部交通建设快速发展;在国内首次完成了三峡库区变动水位区主拱圈块石和桥梁基础水蚀试验,有力保障了库区拱桥建造与服役安全。

2. 救"危桥"奉献拳拳仁心。加固整治桥梁是一件挽救桥梁"生命"的事情,团队将科研论文写在巴山蜀水、雪域高原。2006 年,团队提出了"基于拱上恒载调整的钢筋混凝土套箍加固技术"等 5 项综合加固整治技术,拯救了革命老区四川省巴中市平昌县一座严重变形、主跨为 70 米的悬链线空腹式石拱桥。加固后的桥梁焕然一新,且加固费用仅为新建桥梁费用的 15%。团队还免费为平昌县加固了另外 5 座危桥,共为当地节约资金 1000 多万元。平昌县专程送锦旗,上书"科技攻关服务革命老区 交通建设造福巴山蜀水",以表达谢意。

3. 造"小桥"彰显人间爱心。团队联合"无止桥"与"茅以升"基金会组建以研究生为主体的社会实践团队,在十四年的时间里,指导 500 余名学生在重庆、云南、贵州、四川、广西、宁夏等的多个偏远贫困山区建造了 20 余座公益小桥,受

益村落 30 余个，受益民众超过 5 万人，被称赞为"小桥大爱"。

三、躬耕杏坛，潜心培育交通创新人才

1. 重构智慧化桥梁人才培养课程体系。团队以"智慧桥梁核心能力素养"为调整课程结构的支点，将原本割裂的基础课程与土木工程、计算机科学与技术、物联网、管理科学工程专业课程有机融合，以解决智能桥梁建养复杂工程问题为目标，重构智能设计模块、智能建造模块和智慧管养模块等"智慧桥梁"模块化新课程体系。

2. 组建"AI+桥梁"多元化教学团队。团队以桥梁全生命周期关键技术为主线，打破专业壁垒，打造包含企业行业大师、科研机构专家、教学名师大家在内的智慧桥梁教学团队，共同制定课程大纲和考核方案，探究培养体系持续改进机制，指导学生的理论学习和实践活动。

3. 打造"三协同"智慧桥梁资源平台。团队以科教、产教、理实三协同方式，驱动智慧桥梁良性发展；发挥国家重点实验室等科研平台优势，提高智慧桥梁人才交叉基础理论研究水平；设立智慧桥梁前沿课程和工程实践平台，积极运用现代信息技术，构建"互联网+"和"智能+"虚拟仿真实践教学平台，以桥梁智能建造、智慧运维为内涵，开展虚拟现实教学实践；学生获"挑战杯"全国金奖，世界大学生桥梁设计大赛特等奖、一等奖等 30 余项荣誉；近 60% 团队培养的本科生、硕士生、博士生服务西部建设发展；《"智慧桥梁"复合创新人才培养体系构建与实践》教学改革成果获国家级教学成果奖二等奖、重庆市教学成果奖特等奖。

四、逐梦笃行，倾心打造国家一流团队

1. "传帮带"催生科研"新力量"。团队传承弘扬"两路"精神，以服务西部交通建设为目标，以老、中、青"传帮带"和小团队化协同攻关为机制，逐渐形成了一支高水平雁阵式教研队伍，47 名团队核心成员平均年龄为 36 岁。作为团队负责人，周建庭教授始终秉持学无止境、敢为人先的态度，展现踏实肯干、求真务实的精神面貌。他悉心指导团队每位青年教师，并将平生所学毫无保留地传授给学生。在他的带领下，一支有活力、有战斗力的团队正在日趋成熟。

2. 多学科推动攻关"真交叉"。周建庭教授对团队的发展方向做出准确判断和指引，吸引了来自不同学科专业的骨干教师与青年人才。目前，团队教师涵盖了桥梁、力学、机械、数学、物理、信息等多学科人才，并围绕大跨拱桥智能建造与控制、智慧诊断与运维、性能评估与提升等多研究方向，组建起一支多方向并重、多技术协同攻关的学科交叉融合队伍，具备良好的学缘结构、明确的研发目标和清晰的发展规划。

3. 大工程锤炼打造"实战型"团队。团队先后承担了国家杰出青年科学基金、国家重点研发计划、973计划项目等重大课题，深度参与港珠澳大桥、进藏高速公路、川藏铁路等国家重大工程建设，以世界级大跨拱桥群、跨两江轨道桥梁群等世界级桥梁工程为依托，以工程复杂现实问题为驱动，定期组织技术研讨，深化核心理论创新与技术攻关，促进理论与实践融合，推动团队实践能力提升，打造了"真研究问题、研究真问题"的实战型创新团队。

奋进新时代，使命催征程。团队负责人、教育部高层次人才计划入选者周建庭教授，同时也是国家杰出青年科学基金获得者、国家级高层次人才计划科技领军人才、全国优秀科技工作者、"百千万人才工程"国家级人选、首批科技部科技创新领军人才、国家创新人才培养示范基地负责人、重庆市英才计划首届优秀科学家、重庆市首届杰出英才奖获得者等。他说："青年科技工作者的成长还可以再快一些、再优质一些，这样才能更加充分地发挥青年科技工作者在创新制胜中的主力军作用。"团队将传承弘扬"两路"精神，秉承"明德行远，交通天下"的校训，以科研报国践行初心使命，用不懈奋斗恪守职责担当，逐梦交通强国。

育新农人才　促学科发展

——华南农业大学作物学科教学科研团队访谈摘要

赵丹龄　杨建坤[*]

　　华南农业大学位于广州城市中央核心区，是以农业为特色的综合性大学，办学历史悠久，积淀深厚。华南农业大学作物学科由我国稻作科学之父、华南农学院首任院长丁颖院士创办，与百年华农协同发展。丰厚的积淀铸就了闪耀的学科文化，先后培养了丁颖、卢永根和刘耀光这三位一脉相承的本学科院士，被誉为"一门三院士"。经过几代人的共同努力，本学科在人才培养、科学研究和平台建设方面取得了突出成绩，曾引领我国稻作研究达半个多世纪。2022年，华南农业大学作物学进入新一轮"双一流"建设行列，百年名校将珍视历史赋予的机遇，全力助推学科再创佳绩。

一、传承学科精神，培育新农人才

　　百年前，学科先辈丁颖先生筚路蓝缕，开启了我国现代稻作科学研究。卢永根院士是丁颖院士的得力助手，他以满腔热忱对待党和人民的教育事业，想国家之所想、急国家之所急。在任职校长期间，卢院士以改革创新的勇气和担当，竭尽所能为党和人民的事业献计出力，为人才成长打造了良好的环境。他是身体力行带动全社会遵循社会主义核心价值观的典范，无愧于"时代楷模""感动中国人物""全国优秀共产党员"等光荣称号。丁颖精神与卢永根爱国奉献精神是作物学科极为宝贵的一笔财富。近年来，由卢永根院士伉俪捐资发起的"卢永根·徐雪宾教育基金"奖教金和奖助学金的实施，也进一步坚定了学子们学农爱农的专业信念，激励了青年教师投身农业教育科研的热情。

---

* 赵丹龄，课题组长；杨建坤，中国农业大学。

二、贯彻思政引领，落实立德树人

党的二十大报告中提出全面推进乡村振兴，为新时代农业农村改革发展指明了方向、明确了重点。实施乡村振兴战略，关键是要解决人才短板，培养并造就懂农业、爱农村、爱农民的"一懂两爱"工作队伍。华南农业大学是教育部首批"三全育人"综合改革试点高校，作物学科以"承院士衣钵，育新农英才"为主线，紧紧围绕立德树人根本任务，坚持党建引领统筹，以理想信念教育为核心，构建了完备的思想政治工作体系，形成了全员、全过程、全方位育人新格局。

一是教研相长，打造教研双优团队，坚持教学与科研并重。资深教授坚守教学一线，率先垂范，通过将学科最新发展融入课程，科教协同，逐步形成了德才兼备、教学与科研双优的团队。学科入选第三批全国高校黄大年式教师团队，获得国家自然科学奖二等奖、省级科技进步奖等奖励。

二是引育并重，加强青年教师培养。建立稳定的培训与帮扶机制，充分发挥经验丰富教师的"传帮带"作用，全面提升青年教师教学和科研的综合能力；鼓励青年教师大胆创新，充分利用现代化的教学手段，切实提高课堂教学效果和育人能力。青年教师获得广东省教工委优秀共产党员、广东省"五一劳动奖章"、广东省三八红旗手、南粤优秀教师、校级"教学名师"、"师德师风"标兵、"三育人"先进个人等荣誉称号。

三是全员参与，共商课程思政。以广大教师为育人主体，以专业课程为依托，充分挖掘各专业课程的德育元素，构建课程思政育人体系；通过多种形式和渠道，将专业知识与爱国奉献、民族情感、科学精神、核心价值、文化自信、人文素养、社会责任、职业道德等进行多维度融合，培养学生的使命担当、家国情怀、热爱和服务"三农"的情怀。

四是模范引领，强化思想教育。通过形成"辅导员—助班—班主任—导师"的"四级联动"机制，明确职责，密切配合，构建专兼结合的全员育人工作体系；加强思想引领和专业教育，加深学生对所在专业的了解和认同；与基层、企业对接，将现代化农业技术学习融入学生培养环节；举办"耕读文化节"等农业主题活动，引导学生"学农、知农、爱农、强农"，投身农业现代化建设。

三、践行科教融合，推进实践育人

农学院坚持以服务国家粮食安全重大战略需求和华南地区现代农业及经济社会发展需求为目标，对标乡村振兴战略总要求，牢记责任，担当作为，坚持人才下沉、科技下乡、服务"三农"，助力乡村产业发展。学院青年教师积极担任科技特派员，深入田间地头，了解农业农民的切实需求，在实践中不断丰富科研创新成果；通过培育优质种子、研发优质技术，助力农业提质增效，培育学科人才。

学院稻作研究源远流长，至今保存有上万份传承自丁颖先生的"丁氏"稻种资源。数十年来，学科前辈创新利用各类稻种资源，创制了水稻染色体代换系文库，形成了"四倍体"水稻育种、籼粳亚种间杂交水稻（5G水稻）设计育种等独具特色的技术体系，累计培育水稻品种（系）近200个，在华南乃至全国大面积推广应用，参与完成的"两系法杂交水稻技术研究与应用"获得2013年度国家科学技术奖特等奖。作物学团队结合科研实践，打造了三大特色实践活动，包括博士团科技下乡、三下乡梦之队和青年红色筑梦之旅，使师生们在实践中得到锻炼。梦之队获得全国百强实践团队、全国优秀传播奖、入围"镜头中的三下乡"等20多项国家级荣誉。

新时代、新机遇，新目标、新作为。广大青年师生深刻认识到，只有把人生理想融入国家和民族事业，才能最终成就一番事业，忠诚于理想，奉献于国家，为乡村振兴作出切实贡献。

面向国家战略的国际传播人才培养体系建构

——中国传媒大学国际新闻与传播教学团队经验介绍

中国传媒大学人事处

新时代，面对复杂多变的国际形势和不断迭代的新媒体技术，习近平总书记提出要"全面提升国际传播效能，建强适应新时代国际传播需要的专门人才队伍"。经过四十余年的探索，中国传媒大学国际新闻与传播教学团队打造出了凸显中国特色、适应全媒体发展、具有国际视野和战略高度的人才培养体系，为我国国际传播事业输送了大量人才。2019年，团队获评北京高校优秀本科育人团队；2022年，团队入选第二批"全国高校黄大年式教师团队"；2023年，团队项目"面向国家战略的国际新闻传播人才培养体系建构"获得国家级教学成果奖二等奖。团队努力发挥国际新闻传播教育"引领者""人才泵"和"示范区"的作用。

一、取得成就及特色做法

1. 紧密对接国家战略，探索"思政贯穿、本硕博贯通"路径。

第一，培养学生爱党爱国爱人民的深厚情怀，筑牢国际传播人才的思想基础。国际新闻与传播教学团队打造了"课程思政、作品思政、实践思政、项目思政、活动思政"五位一体思政教育体系，将思政教育贯穿国际传播人才培养的各个环节；连续十三年参加中宣部组织的国情教育讲座、连续五年开设"习近平新闻工作论述研究"课程，阐释党和国家的政策主张，引导学生将马克思主义的立场观点与国际传播和舆论工作紧密结合。

第二，贯通本硕博培养层次，对接国际传播的战略需求。为了保障我国国际传播事业的多元人才需求，团队对本科生、硕士生和博士生进行了多层次差异化培养：重视培养本科生的新闻传播基础知识、跨文化沟通技巧和全媒体业务技能；重视培养硕士生的跨学科知识体系建构和创新实践能力培养；重视培养博士生的科研能力，引导他们创新国际传播的研究范式，构建国际传播的学术话语体系。通过探索高效率、大体量、多层次的人才培养模式，团队致力于让人才队伍建设在"质"和"量"上匹配我国国际地位、满足国际传播战略急需。

2. 全面提升教学理念，精研"专业化、融合化、全媒化"特色。

第一，优化课程设置，提升专业能力。国际新闻与传播教学团队紧跟行业前沿，开设了"融合新闻学""媒体融合传播实践""新媒体视听编辑""新媒体编程基础"等专业金课，让学生深刻理解媒介融合的发展趋势，既掌握采写摄录编的本领，又具备融合编创、交互设计、新媒体开发等全媒体技能。

第二，拓展教学场景，深化融合思维。团队开展了英文采编播校内实训项目，培养学生融合采编能力；在主流媒体报道现场进行实地教学，让学生沉浸式体验全媒体报道流程；发起"国际新闻记者全球连线"活动，与五大洲的驻外记者交流国际传播一线的融合实践。

第三，协同多方资源，搭建全媒化实践平台。团队依托中国传媒大学"媒体融合与传播国家重点实验室""智能融媒体教育部重点实验室""融合出版与文化传播版署重点实验室"等科研平台，深化与中宣部、中国记协、北京市委宣传部的全面合作，与29家媒体机构建立融合实践基地，搭建"政产学研"一体的全媒化人才培养平台。

3. 多维塑造复合能力，强化"厚基础、多语种、强实践、重创新"体系。

第一，践行知行合一，理论教育结合社会实践。团队充分引入业界师资，开设"国际新闻传播实务""媒介前沿"等系列课程，将生动的新闻实践转化为课堂知识。团队坚持十二年开展国情教育实践，组织学生前往四川、福建、陕西等地进行社会调研，深入了解中国国情，践行马克思主义新闻观。

第二，强化学以致用，外语教学融合专业教育。团队打造外语实验平台、成立公共演说协会、组织每日晨读打卡，为学生营造全方位的语言学习环境；推出国家级双语示范课"电视新闻导论"、教育部英文品牌课"视觉新闻""影视剧改编研究"等特色课程，将语言能力、专业知识与思维训练有机融合。

第三，提升教学实效，实践创新服务国家战略。运用项目教学法、工作室教学法、协同教学法等多种教学方法，师生团队共同创作国际传播融媒体作品，在海内外产生了广泛影响。近年来，师生团队创作的双语短视频系列作品《行走中国》《十年百变》《二十四节气里的中华文化》等，经由《中国日报》、中国新闻社、《光明日报》等媒体向海外传播，以实际行动向世界展示真实、立体、全面的中国。

二、经验启示

回顾国际新闻与传播教学团队的育人经验可以看到，团队在育人理念、育人路径和育人模式层面持续开展创新，打破人才培养与国际传播战略需求之间的壁垒，在提升国际新闻传播的教育实效的同时，也开启了面向全媒体时代的新文科拓展之路。

1. 创新育人理念，引导后备人才进入主战场、成为主力军。

面对新形势，团队探索出了系统完整的人才培养体系；秉持"坚守国家立场，讲好中国故事"的初心和目标，培养有理想、有担当、有情怀、有视野的国际新闻传播人才；主动创新教育理念，将课程设置、课堂教学、学生实践与国际传播需求紧密结合，在提升学生英文表达和沟通素养的同时，更重视引导学生增强四个自信、在实践创新中弘扬中华文化、促进中外文明交流互鉴；既培养讲好中国故事的能工巧匠，又培养具有战略思维的传播者和理论家，推动实现"本—硕—博"教育资源一体化，鼓励学生投身主战场、成为主力军，有力支撑我国国际传播战略和事业发展。

2. 创新育人路径，因应全媒体时代的国际传播发展。

随着国家战略需求变化和全球媒介变革，将外语教学和新闻教育组合拼接的培养方式已无法满足当前国际传播领域对全媒化复合型人才的需求。基于此，团队积极创新育人路径，开设紧跟媒介发展的前沿交叉课程，拓展多元样态的课外教学方式，汇聚"政产学研"等领域的多方资源，培养学生的全媒体报道、新媒体编创、数字媒体交互设计、社交平台传播等能力，从而让学生创新传播手段和话语形态。

3. 创新育人模式，探索创新实践育人的举措与机制。

团队坚持"从实践中来，到实践中去"的实践育人观，一方面组织学生进行国情调研和海外实践，引导学生深入基层、体察国情、了解世情，在社会调查与新闻作品采写中提升思想水平与专业能力，创作的融媒体作品在 CGTN 等国际平台播出；另一方面探索国际传播与社会服务相结合的实践育人机制，形成以教师为带头人、学生团队为核心主力的协同创作模式。团队围绕抗击疫情、精准扶贫、建党百年等重大主题，开展影视剧译配和多语种短视频创作，并通过主流媒体平台落地海外国家；为推动中华文化"走出去"，创作体现中华文化精髓、反映中国人审美追求、传播当代中国价值观念、符合世界进步潮流的多语种短视频产品，让学生们以实际成果讲好中国故事、服务国家社会。

心怀"国之大者" 培育时代新人
——电子科技大学电磁辐射与散射教师团队经验介绍

电子科技大学人才办公室

电子科技大学电磁辐射与散射教师团队由聂在平教授组建于1989年，经过三十多年发展锤炼出了一支爱党爱国、师德高尚、锐意进取的科研育人队伍，现依托电子科技大学国家重点学科"电磁场与微波技术"，以及国家自然科学基金委"电磁辐射与散射基础理论及关键技术"创新研究群体和教育部"电子信息科学工程创新引智基地2.0"开展电磁辐射散射理论及应用研究。2022年，电磁辐射与散射教师团队入选第二批全国高校黄大年式教师团队。团队先后获得包括国家技术发明奖二等奖、国家科技进步奖二等奖、教育部科技进步奖一等奖、中国电子学会科技进步奖一等奖、四川省科技进步奖一等奖在内的各类奖项共计16项。目前，团队已形成一支由32名教师组成的高水平研究队伍，其中IEEE Fellow 2人、国家杰青2人、国家级高层次人才2人、国家级青年人才6人，以及60余名博士生和250多名硕士生。

一、取得成就及特色做法

1. 坚持四有标准，为党为国育英才。团队教师坚持以德立身、以德立学、以德施教，努力成为"四有"好老师和塑造学生的"大先生"。团队创始人聂在平已年逾七十，仍坚持亲自指导研究生，迄今已培养出100多位高级专业技术人才。团队负责人杨仕文先后获"全国优秀博士学位论文指导教师"、国家重大人才工程特聘教授、"四川省优秀教师"等荣誉，潘锦获评"四川省教学名师"，刘贤峰获评学校"我最喜爱的老师"卓越风采奖等。团队入选学校首届"优秀导学团队"，教师党支部获评学校"先进党支部"荣誉称号。党的十八大以来，团队共为国家培养出电磁领域博士/硕士400余名,其中1人入选国家青年特聘专家、多人获全国/中国电子学会/四川省优秀博士学位论文、5人获省级优秀共产党员/劳动模范/"成电杰出学生"等荣誉称号。团队超6成毕业生选择到国家重点领域、重点行业就业,努力为国家实现高水平科技自立自强贡献力量。

2. 坚持立德树人,创新教学育人模式。教师是立教之本、兴教之源,教学质量是办好人民教育的生命线。团队立足国际视野、家国情怀、集体精神和创新思维的新时代人才基本需求,把本科教学作为最根本的工作,所有教授均站稳本科课堂,积极参与教育教学创新研究,不断提高人才培养质量。近年来,团队先后获得国家级教学成果奖二等奖、四川省教学成果奖一等奖、第三届全国高等学校青年教师电路、信号与系统、电磁场课程教学竞赛特等奖等教学成果奖8项,多人获本科/研究生教学优秀奖,编写4部专业教材,牵头主持完成首批国家级一流本科专业申报及线下课程建设,完成四川省精品资源共享课、标杆课、数字课及校级课程思政示范课程建设项目6项,形成了"以教学改革促发展,以教育发展提质量"的良性循环的生动局面。

团队积极践行科研育人实践,完善创新创业教育体系,普及科技知识,拓展学术交流。近年来,团队教师指导学生科创项目37项,在"互联网+"大学生创新创业大赛、中电科熠星、GIX全球创新、"华为杯"人工智能等创新创业大赛中频频获奖,已成功孕育出科创新兴企业3个并获规模融资。

3. 服务国家需求,追赶国际学术前沿。团队坚持"四个面向",心怀"国之大者",聚焦国家重大战略和国民经济发展,紧跟或引领国际学术前沿,突破一批电磁工程应用中的关键技术,在国内外形成了重要影响,近年来年均到校科研经费超过4000万元。团队聂在平教授在应用计算电磁学会议上获得技术卓越奖,胡俊教授获IEEE天线与传播学会"谢昆诺夫论文奖";团队获得省部级以上科技奖励4项,获批国家级科研创新平台2个。团队在国际电磁领域倡议并发起的国际电磁理论、建模与模拟研讨会已成功举办4届。

二、经验启示

1. 高水平人才梯队建设是久久为功的系统工程。长期以来,团队多举措合力推动高质量发展,通过"111"计划聘请海外学术大师作为团队国际学术顾问,指导教师发展；通过国家特聘专家等人才项目延揽海外人才，优化学缘结构，杨仕文获校引才育才先进个人奖；建立健全老中青"传帮带"机制，培育杰出人才；鼓励青年教师勇挑科研重担，让青年教师快速成长为独当一面的科研骨干；在计算电磁学、有源电路、一体化系统等团队需要发展的互补方向加大力度引进海外优青；着力培养、选留少量团队内部培养的95后优秀博士毕业生入选博新计划、学校师资博士后计划，形成人才后备梯队。

2. 服务国家重大需求是团队发展的时代契机。团队始终瞄准国家需求，在计算电磁学及复杂目标电磁特性建模与分析、非均匀介质中的场与波及其电测井应用、四维天线阵与强互耦宽带阵理论与应用研究等方向直面工程挑战，在服务国家需求的同时获得了各方面的发展支持。下一阶段，要紧密围绕"电磁空间一体化"国家发展战略，充分发挥团队在电磁辐射与散射方向的学术领先优势，在承担相关重大研发任务的过程中进一步锤炼队伍。

深耕有色领域　保障资源安全

——中南大学有色金属资源开发利用研究团队经验介绍

中南大学人事处

中南大学有色金属资源开发利用研究团队是第二批全国高校黄大年式教师团队，面向国家需求，深耕有色领域，聚焦国家对资源安全和绿色发展的重大需求，协同攻关，突破大宗有色金属资源的低碳开发利用技术瓶颈，保障国家资源安全。团队建成了有色金属世界一流学科群，先后入选国家自然科学基金委、科技部、教育部、湖南省科技创新团队（群体），获国家级教学成果奖2项、国家科学技术奖励14项。团队注重老中青"传帮带"，打造出由5名院士、14名国家级高层次人才、17名国家"四青"人才、40余名知名教授为班底的有色金属资源领域的世界级人才高地，团队成员先后荣获国家级教学名师（1人）、全国教材建设优秀个人（1人）、宝钢优秀教师奖（8人）等荣誉。

一、取得成就及特色做法

1. 建成矿业学科高质量平台，促进学科交叉融合。团队坚持"四个面向"，践行"四个服务"，充分发挥世界上最领先的有色金属学科链优势，加强学科交叉，促进采矿、选矿、安全、测绘、地质、化工、智能等多学科深度融合，建成了独具特色的国际一流"矿业+"学科，学科整体发展水平与世界一流矿业学科实现并跑；形成了一系列研发平台，成立金属资源开发利用碳减排教育部工程研究中心、战略含钙矿物资源清洁高效利用湖南省重点实验室、湖南省关键金属矿产资源高效清洁利用国际联合研究中心。

2. 打造矿业学科群人才高地，引领世界矿业发展。团队根据学科建设方向和建设目标，积极营造良好环境，建立支持青年教师发展的管理机制，鼓励中青年教师研究领域交叉与拓展，培育学科未来增长点；落实青年教师学术导师制度，形成"传帮带"；加强青年教师职业生涯规划指导，稳步提高青年教师的教学能力、科学素养、创新素质和国际交流能力；全方位多维度提供学习交流平台，充分发挥学院青年科协智囊团作用，建立有针对性的培训方案和个性化事业发展支持计划，协助青年教师快速成长，为培育国家级人才和创新团队提供充足的后备梯队人才，推动学科高质量发展。

3. 构筑刚毅坚卓的文化格局，培养接力前行生力军。荣获国际矿物加工大会终身成就奖的王淀佐院士恪守"言教不如身教"，以"不计一时一事之得失，不管个人暂时的毁誉荣辱"为从教信念；金属矿床连续采矿技术的奠基人古德生院士始终坚持在采矿科研的第一线，既是采矿学科的开拓者，也是未来智能化、智慧化采矿的领路人；一生热爱矿冶事业的"布衣"院士邱冠周"希望学生不要急功近利，要慢慢流出来的学问，就像炖汤一样"；国家级教学名师胡岳华教授秉承"教育是崇高的事业"，坚持一线教学工作；湖南省首届"优秀研究生导师"李夕兵教授严慈并济，带领出一支涵盖青年长江、万人、优青的"理想兵团"；青年长江李地元以"党员学术先锋"入选湖南省"双带头人"教师党支部书记工作室标兵。

4. 铸魂固本强党建、师德师风领航谱华章。团队坚持在党委领导下建设高素质师资队伍，重视将党建工作和师德师风建设贯穿教师思政工作全过程，将党建工作、师德教育列为优秀教师团队培养、骨干教师、学科带头人和学科领军人物培育的重要内容，把握好思想政治教育主阵地。"党旗引领"为整个团队注入了灵魂，为团队思想和行动上的进步指明了方向，团队中涌现出了以国家级教学名师胡岳华教授、党员标兵孙伟教授为代表的一大批优秀教师，团队获评湖南省首届"优秀研究生导师团队"和"湖南青年五四奖章集体"。

5. 构建全员、全过程、全方位育人一体化的立德树人体系。团队构建以"大项目和大成果"为驱动的科教融合培养模式，鼓励和支持学生直接参与国家重大项目、重大工程的实施；通过矿业文化熏陶、名流精神传承、大师亲历引领、实践体验锤炼等形式，持续不断实施价值塑造，培养有理想、有担当、有能力、有情怀的卓越矿业人才。团队聘请了120位来自研究院所和企业的高级工程师担任兼职导师。团队建设的矿物加工工程获评国家一流本科专业，被列入教育部首批新工科专业改革项目,建成国家工程教育实践中心以及校外实践基地14个、国家级虚拟仿真实验室2个,获国家级教学成果奖2项、省级教改成果奖5项。

  6. 面向国民经济主战场,协同攻关,产出大成果。团队研发了浮选界面组装、智慧矿山、清洁烧结、电子/电池废弃物处理等一批原创技术,解决了钨、钼、镍、铁、铜、萤石、二次资源等一系列资源领域的"卡脖子"难题,提高了资源利用率,推动行业向清洁化、高效化、智能化方向发展。团队还围绕国家重大需求开展攻关,获批国家重点研发计划项目、国家自然科学基金重点项目、国家重大仪器专项等10余项。

二、经验启示

  1. 弘扬矿业精神,传承团队文化,凝聚攻坚克难的澎湃力量。团队注重挖掘学科七十年发展艰辛历程与形成的优良传统,即心系国家有色事业发展的家国情怀、弘扬"不留心干了一辈子矿业"的职业坚守、不深入矿山写不好论文的实践理念,注重关心和培养年轻人的人梯精神;举办院士报告会、名师讲坛、我最喜爱的研究生导师、教职工微党课等活动,把传承团队文化与开展校史、院史教育等校园文化活动相结合,培养家国情怀凝聚攻坚克难的澎湃力量。

  2. 建立新型评价机制,开辟绿色通道,汇聚海内外人才。团队改变了以论文、专利、经费数量作为人才评价标准的做法,不仅侧重评价其原创提出和解决重大科学问题的能力、学术水平和影响,还注重评价技术创新与集成能力、取得的自主知识产权和重大技术突破、成果转化及对产业发展的实际贡献。在人才吸引上,团队打破地域、专业等界限,海纳百川,为基础研究、应用研究和技术开发人才提供成长的沃土,让各领域人才深度交叉、融合,组建跨学科高水平创新团队。

  3. 针对各层次、不同年龄段的教师,建立"阶梯式"人才培养模式。团队构建了定位明确、层次合理、衔接有序的人才引育体系,分层分类构筑人才梯队,布局战略人才梯队建设,培养支持具有全球视野、服务重大需求、创新能力突出、取得重要成果的优秀人才;储备一批具有较大发展潜力的优秀人才,支持青年人才围绕学科重点方向和新兴方向开展创新前沿研究;充分发挥团队作用,形成老中青"传帮带"的团队文化,建立"阶梯式"人才培养模式。

提升人才培养质量　助力交通强国建设

——合肥工业大学智慧交通团队经验介绍

合肥工业大学人力资源处

合肥工业大学智慧交通教学团队依托学校智能交通工程（交叉学科），形成了以青年教师为主体，老中青相结合，结构合理，富有创新开拓精神的教学团队。团队共有教师44人，拥有国家杰出青年科学基金获得者、国家优秀青年科学基金获得者、教育部高层次青年人才、安徽省高层次人才、欧盟"玛丽·居里学者"等不同层次的人才，围绕"智慧交通"与"智能网联"等关键"卡脖子"技术，潜心教学与科研十余年，取得了一系列成果，在优秀团队建设方面积累了一些经验做法，推动了团队可持续发展，助力交通强国建设。

1. 探索新教学模式，提升创新创业教育内涵。团队发扬学校"工程基础厚、工作作风实、创业能力强"的人才培养特色，以省级"六卓越一拔尖"质量工程为契机，结合智能化、信息化教学手段，开展实践教学模式、线上线下混合教学新方法探索；设置本科生导师制，培养学生专业兴趣，辅以学生诚信教育，显著改善学风、考风；创建"三导向，一团队，一联盟，一机制"的智慧交通类本科生培养体系，通过鼓励学生参与科研项目，开展各类创新设计和实践、提高创新创业学分比重，培养学生的自主创新意识和持续创新能力，丰富创新创业教育内涵。2018—2020年，团队在中国大学生方程式系列赛事中连续获奖，培养了全国首个连续三年获得全国大学生交通（运输）科技大赛一等奖（国家A类赛事最高奖）团队。

2. 引进与培养并重，加强青年人才队伍建设。团队注重青年教师引进与培养，成员通过各类学术会议交流、访问、访学方式积极宣传我校交通学科发展水平和人才政策，吸纳海内外英才；实施青年教师导师培养制度，指定教学、科研经验丰富的教授担任青年教师的导师，对其系统培养，使其尽快完成由学生到高校教师的转变；在教学和科研上采用了以老带新、新老结合的形式开展教学活动，团队整体教学和科研水平得到了很大提升。团队青年人才先后获得"青年长江学者""优秀青年科学基金""杰出青年科学基金""霍英东青年教师基金"等多项人才计划和基金的支持。

3.加强教学平台建设，服务国家智慧交通重大战略。团队注重教学平台建设，围绕智慧交通类本科专业，以硬件建设为依托，软件建设赋能，搭建交通工程、交通运输、交通设备与控制等相关专业资源共享平台，首次突破交通学科省级教学平台；注重加强学科建设，聚焦"绿色智慧交通"主题，在智慧交通运输规划与管理、智能网联车路协同关键技术、智慧道路交通基础设施建造与运维等研究方向形成了特色，建立了安徽省智慧交通车路协同工程研究中心，培养了高质量的智能网联汽车专业人才团队，推动了安徽省智能网联汽车产业的发展。近五年，团队承担国家级项目75项，在行业顶级期刊 *OR*、*TR-B* 等上发表系列论文。团队研究成果获教育部、安徽省等省部级科技一等奖7项，开发了具有80余项自主知识产权的主动式道路运维养护新方法和技术，已应用实体工程累计经济效益达8.3亿元。

4.坚守立德树人初心，弘扬工业报国之志。学院通过开展专项辅导来增强团队成员专业自信，通过组织大蜀山烈士陵园扫墓活动，发扬革命传统，弘扬爱国主义精神，将爱国主义的"红色基因"植入团队成员心中。团队积极与国内多家重点企业及研究院所建立长期稳定的合作关系，联合开展科学研究和实训实习，提高学生的相关工作岗位实训技能，实践"工业报国"之行；积极开展定点帮扶、捐赠设备等，为社会发展作出重大贡献。思想引领和家国情怀文化建设，有力地坚定了团队成员的理想信念与立德树人初心，促进团队可持续发展，弘扬工业报国之志。

合肥工业大学智慧交通教学团队结合交通产业变化与发展动向，开展了多学科交叉的智能交通领域人才培养模式探索，为交通行业领域新工科人才培养模式先行先试、积累经验；并且通过多学科综合性创新实践平台和智慧课堂建设等，促进了学生自主学习的积极性和创新性，在青年教师培养方面也取得了众多优秀成果，有力支撑了我国智慧交通关键核心技术发展，助力我国交通强国建设。

培养新时代具有"美丽中国情怀"的优秀人才

——东北林业大学生态研究中心创新团队经验介绍

东北林业大学人事处

东北林业大学生态学教学科研创新团队依托生态学科，生态学科成立于1952年建校之初，是我国历史最悠久的生态学科之一。团队现有教职工32人，包括近10位国家级高层次人才，拥有黑龙江帽儿山森林生态系统国家野外科学观测研究站、森林生态系统可持续经营教育部重点实验室等优秀支撑平台。生态学科曾获国家林业局全国生态建设突出贡献"先进集体"、黑龙江省高等教育教学成果奖一等奖、黑龙江省虚拟仿真实验教学一流课程、黑龙江省高校思政建设示范课程等。

一、取得成就及特色做法

1.坚持党建引领，加强生态文明思想教育。一是坚持党建与业务融合。生态中心实行"双带头人"制度，在实际工作中坚持党建和业务双促进；在"碳达峰、碳中和"目标实现过程中积极发挥学科优势，近五年获批国家级"碳中和"相关项目12项，总经费1500余万元，为国家双碳目标的达成贡献力量。二是打造"生态特色"的课程思政体系。生态中心在课堂教学中通过"中国生态故事""5分钟E（Ecology）思考"等方式传输生态文明理念，让学生树立正确的生态文明观。三是深化育人理念。生态中心将生态文明思想教育融入"三全育人"过程，在本科生、硕士生和博士生培养阶段均设立生态文明教育课程，逐步夯实学生的生态文明意识，引导学生把个人成长与国家生态文明建设需求结合起来，培养美丽中国的合格建设者。团队中1人获全国模范教师、2人获省师德先进个人，团队获国家林业局全国生态建设突出贡献"先进集体"。

2.坚持教书育人，打造"林中育人"培养体系。一是扎实主渠道，切实提升课堂教学质量。团队实施"知识体系—教学基本功—课堂反馈—课堂督导—课程奖惩"多元课堂质量保障机制，切实落实"以学生为中心"的教学理念。二是传承创新，打造一流课程群。团队继承传统教学精髓、落实新时代育人理念、创新信息化教学模式，多维度建设生态学高水平课程群；发挥传统课程优势，在原精品课程基础上，建设一流线下课程；突破固有课程形式局限，建设一流线上课程；辐射森林生态文明成果，打造精品通识课程，形成了有核心、有重点、有辐射的生态学一流课程群。三是设置贯通人才培养模式，强化"林中育人"实践体系。团队实施优博、直博、硕士免推等政策，着力打造了本—硕—博人才一体化培养模式，力争全面培养基础人才、精心选拔优秀人才、着重抚育拔尖人才，为森林生态学研究培养中国脊梁；创建"先进—多元—开放—共享"的实践教学体系：以学校教学实验室、科研实验室和教学实习基地为起点，联合中国科学院、中国林科院、黑龙江省林科院等有关实验室与野外台站、科研基地、生产基地以及大中型企业，形成极具森林生态特色的实践教学体系。四是加强教材建设，推进科研教学融合。团队充分考虑现代生态学知识快速更新的特点，本科生/研究生教材以"经典教材+学术进展+科研实践"为选用原则，根据人才培养阶段设置教材梯度，使课程始终保持学科系统性和先进性。教育教学成果获黑龙江省高等教育教学成果奖一等奖、二等奖。

3. 立足团队及平台建设，服务国家生态文明建设。一是人才为本，加强师资队伍建设。学科教师牢记"绿水青山"和"生态文明"的初心，七十多年来不断践行"探索人与自然和谐共生之路"的使命。学院和学科克服东北地区师资队伍建设面临的重重困难，充分发挥东北森林资源和学科平台优势，不断加强外部引进的同时，也高度重视人才自主培养，师资队伍建设取得了显著成绩。二是源远流长，发挥"传帮带"作用。学科老一辈生态学者始终以新中国第一任林业部部长梁希先生"替山河妆成锦绣，把国土绘成丹青"的林业工作者精神为旗帜，知行合一，为森林生态事业奋斗终身。一批退休老教授已经80多岁高龄，依然非常关心生态学科和中青年教师发展。在前辈的言传身教下，中青年教师将生态文明思想根植于心中，热爱祖国和自然的情怀历久弥坚。三是发挥平台优势，集聚创新力量。森林生命周期长，绝大多数生态系统结构与功能关系演变规律需要几十年甚至几代人的野外研究才能回答。生态学教学科研创新团队历来高度重视长期定位研究，20世纪70年代开始在帽儿山生态站开展定位研究，建成了我国第一批建设的国家级野外台站——黑龙江帽儿山森林生态系统国家野外科学观测研究站，分设帽儿山和凉水两个地点，分别观测东北东部山区的天然次生林、人工林和原始阔叶红松林。野外台站为深入认识典型温带森林结构与功能及其对全球变化的响应奠定了基础，为开展森林可持续经营科研与实践作出了重要贡献。

二、经验启示

习近平生态文明思想是我们党的理论和实践创新成果，也是建设"美丽中国"的行动指南。农林高校肩负着培养"生态文明"人才的特殊使命。东北林业大学生态学教学科研创新团队聚焦绿色发展和创新驱动发展战略，发挥团队优势，以服务国家重大发展战略为导向，助力我国生态文明建设。

1. 以党建为龙头强化师德引领，全面落实立德树人根本任务。团队以党建工作为引领，推进实施基层党建"双创"工作，打造"生态使命"党建引领工程、"生态人才"党建培育工程、"生态科技"党建助推工程、"林情怀"党建涵养工程。深化落实"五育并举"，创新以"生态育人"为特色的思政实践育人模式，健全大思政育人格局。

2. 加强实践教学体系建设，全面践行"生态育人"理念。团队以"生态育人"为主线，与知名林业企事业单位共建实习实践基地，重点打造帽儿山、凉水等一批面向全国开放共享的典型教学科研示范基地；加强科教融通和产教融合，让学生全面参与科研项目、全覆盖开展创新创业项目，全面提升林科人才综合实践能力。

3. 通过引育并举，打造高水平师资队伍。团队在培养和引进中青年高层次人才和创新团队建设上取得了重大突破，在农林院校生态学高水平师资队伍建设中发挥了引领示范作用；在开展生态学教学、基础理论研究的同时，注重解决行业发展的瓶颈问题，通过科技政策咨询、参与政府决策服务黑龙江经济发展和生态文明建设，助力东北全面振兴，全方位服务国家智库。

团队坚持立德树人根本任务，全面践行"生态育人"理念，教学名师与科研领军人物言传身教，引育并举，有计划、有步骤、有重点地培养和选拔青年人才，师资队伍不断发展壮大，继承传统科教精髓、注入时代鲜活力量，永葆基层教学科研组织的强大生命力和战斗力。

用延安精神铸魂育人　为生态延安造就英才

——延安大学生态环境创新教师团队经验介绍

延安大学人事处

延安大学是中国共产党创办的第一所综合性大学,在长期的办学实践中,积淀形成了优良的师德师风传统。"延安大学生态环境创新教师团队"是依托延安大学博士点培育学科——生态学建立的一支优秀的教学科研队伍,团队落实立德树人根本任务,坚持用延安精神铸魂育人,在学科建设、教书育人、青年人才培养、社会发展服务等方面取得了较好的成绩,2018年入选首批全国高校黄大年式教师团队,为延安大学教师队伍的成长和教学质量的提升起到了示范作用,为推动黄河流域生态环境保护和高质量发展贡献了智慧和力量。

一、取得成就及特色做法

1.培根铸魂,在实际工作中践行爱国精神和延安精神。团队负责人刘长海入选陕西省教学名师,团队成员雷忻被评为全国模范教师,所在党支部相继被确立为"首批陕西高校党建工作样板支部"和"全国党建工作样板党支部"。团队在学习黄大年同志先进事迹的同时,结合学校用延安精神熔铸师魂的优良传统,推动生态环境创新教师团队持续发展和中青年骨干教师的培养。团队多位老教师具有三十年以上的教学经验,在教育理念、教学方法、学生心理健康与思想引领等方面对青年教师进行悉心指导,采用给任务、压担子、面对面指导、督促检查、互相听课和评课交流等方式,辅导青年教师过思想关、教学关、项目关,帮助青年教师快速成长。团队长期坚持采用"传帮带"的方式在教学过程中耐心育新人取得了实效,推动了中青年教师快速成长发展。近年来,团队中1人连续获国家自然科学基金项目支持、2人荣获陕西省青年科技奖(其中1人获青年科技标兵)、1人入选陕西省高校青年创新团队负责人和"高层次人才特殊支持计划"青年拔尖人才、3人获得延安市第一批"圣地英才"称号。

2. 爱岗敬业，乐于奉献，着力提高人才培养质量。团队负责人刘长海教授经常亲临一线采集标本，看起来与普通的农民并无二致。他谆谆告诫青年教师和学生："我们搞生态做科研，要不怕苦不怕累。不把根深深扎进黄土地，发现不了问题，也就解决不了问题，这是做生态研究的基本功。"

团队成员用爱和责任守护着教育的本真，夯实了学生立身做事的根基；用淡泊宁静的心志和刻苦钻研的精神，引领学生在科研服务祖国的大道上越走越远。国家级一流本科课程"遗传学"被认定为省级课程思政示范课及教学团队，学院本科生考研率和硕士研究生考博率连年居高。学生在国际遗传工程机器设计竞赛（iGEM）、"互联网+"、生命科学联赛等各类大赛中获奖200余项，其中获iGEM金奖2项、银奖2项，全国互联网+大赛铜奖2项；获批国家级和省级大学生创新创业项目130余项，获科研奖励30项；学生发表论文410余篇，其中核心以上195篇。

3. 扎根黄土地，助力老区振兴和生态环境高质量发展。团队扎根黄土高原，以黄河流域生态保护、黄土高原生态环境治理为导向，创建了省级"安塞区生态农业科技创新示范站""延安市生态恢复团队""延安大学陕北黄土高原生态环境研究中心"等，持续推进陕西省重点扶持学科（生态学）的高质量发展，在陕北特色生物资源、生态修复及生态农业等方面做了开拓性研究。在团队的带动下，学院形成了"爱国、敬业、奉献"的工作氛围，涌现出一个团结向上的教书育人集体，学院事业蓬勃发展。近年来，学院承担了国家、省、市及横向科研项目549项，荣获厅局级以上科研奖励72项；出版著作29部，发表学术论文1000余篇，其中在 *Nature Communications* 等中科院1区顶尖杂志上发表论文80篇，被SCI、EI等收录400余篇；获批国家专利87项。

近年来，团队先后组织师生400余人次赴延安各县（区）开展科技服务，培训农民及技术人员1500余人次，累计为延安各区县帮扶物资与材料共计50余万元，为社会经济发展、人民脱贫致富贡献了智慧和力量。

二、经验启示

延安大学生态环境创新教师团队及生命科学学院全院教师始终践行习近平

总书记给全国高校黄大年式教师团队代表的回信精神,从自己和本职岗位做起,以敢为人先的敬业精神,在黄土高原上蹚出了一条条人才培养和科研新路,当好学生成长的引路人,发挥团队优势,推进黄河流域生态环境保护和社会经济高质量发展。

1. 把延安精神作为师德师风学习教育的重要内容,持续引导团队教师扎根老区,落实教书育人、科教报国任务,在推动区域经济社会高质量发展的事业中实现人生价值。

2. 继承和弘扬黄大年同志的爱国奉献精神,把为学、为事、为人统一起来,不忘教育初心,守住教师本分,引领学生成长成才。

3. 发挥人才优势和科技优势,积极响应党中央精准扶贫和乡村振兴的号召,以需求为导向,以科技指导、农技培训、科研成果应用等形式服务地方。

笔谈篇

篇首语

2015年6月，为贯彻落实习近平总书记关于人才工作的重要论述，教育部"长江学者奖励计划"设立青年学者项目。政策甫一出台，就受到了高校、科研院所的热烈欢迎和积极响应，实现了当年通知、当年申报、当年评审，产生了良好的政策效应和社会影响。210位优秀青年教师从全国3000多名申报者中脱颖而出，成为首批入选的"青年长江学者"。

2016年春，为进一步增强"长江学者"的责任感、使命感，坚定"四个自信"，增强"四个意识"，做到"两个维护"，国家有关部门组织首届"青年长江学者"赴井冈山、延安进行国情研修。八年来，他们努力拼搏、积极进取、不辱使命、不负众望，在教书育人、人才培养、科学研究、服务国家重大战略与社会经济发展、国际学术交流等方面取得了骄人成绩，交出了优良答卷。据不完全统计，210人中，四分之三左右学者先后进入更高层次国家级人才计划，3人担任全国人大代表和全国政协委员，26人担任高校领导，3人入选国家人才计划教学名师，多人担任全国高校"双带头人"教师党支部书记工作室负责人，10多人作为核心成员入选"全国高校黄大年式教师团队"，17人获腾讯"科学探索奖"，上百人次获得国家级科技奖项、部级人文社科奖项，不少学者担任重要国际学术组织负责人或国内外学术期刊主编（副主编），等等。

为充分反映青年人才成长情况，课题组邀请了40多位首届"青年长江学者"亲自撰写笔谈文章。这些文章精彩纷呈，展示了青年学者们教书育人的责任担当、爱党报国的家国情怀、崇尚学术的人生追求、踔厉奋发的精神状态，以及年轻有成的丰富经验。他们的发展、成长、成功，充分反映了包括"长江学者奖励计划青年学者项目"在内的国家级青年人才计划在他们作为高校年轻教师发展起步阶段的重要支撑和关键作用，对高校青年教师具有直接参考价值和借鉴意义，也是人才工作和人才发展理论研究的生动案例。

一曲"聚天下英才而用之"的时代之歌
——《高校青年人才发展报告·笔谈篇》述评

康 震*

这份饱含着深厚情怀的《高校青年人才发展报告》，是教育部哲学社会科学研究重大委托项目《高等学校高层次人才发展若干重大问题研究》及其子课题的重要标志性成果，在课题组长赵丹龄同志的主持与组织下，在众多专家学者的共同努力下，终于圆满完成，即将付梓出版，真可以说是一件功德无量的大好事。

这一项目成果进行了覆盖面大于8000多位青年教师的大规模社情调研，联合了40多位教育部"长江学者奖励计划"首届青年学者，汇集他们有关高层次青年人才发展的诸多宝贵意见建议，形成了16万余字的笔谈总汇。这些关于中国高校、科研院所高层次人才培养体系的深入思考与真知灼见，宛如多个"声部"的齐声合唱，共同演绎出一曲"聚天下英才而用之"的时代之歌，发出了助力高层次人才成长的时代强音。

一个国家，一个民族，要兴旺发达、兴盛繁荣，归根结底要依靠人才，依靠一大批有创新创造能力的杰出人才，特别是杰出的青年人才。如何才能培育更多的青年人才？如何才能让青年人才尽快脱颖而出？这是推进中国式现代化、迈向中华民族伟大复兴征程中的重大命题。在百余年的奋斗历程中，中国共产党始终高度重视人才培养工作。党的十八大以来，中央更是作出了人才是实现民族振兴、赢得国际竞争主动的战略资源这一重大战略判断。"长江学者奖励计划"是我国高水平人才培养工程的重要组成部分，2015年新增

---

* 康震，北京师范大学党委常委、副校长，教育部"长江学者奖励计划"首届青年学者（2015）、国家重大人才工程特聘教授（2018）。

的青年学者项目更是在培育"学术上崭露头角、创新能力强、发展潜力大,恪守学术道德和教师职业道德的优秀青年学术带头人"方面迈出的一大步,是党和国家在高层次人才培养方面的重大战略举措。教育部贯彻落实习近平总书记关于人才工作的重要论述精神,要求青年学者入选者"坚持正确政治方向,自觉学习贯彻习近平新时代中国特色社会主义思想,牢固树立'四个意识',坚定'四个自信',具有爱国奉献精神,做'四有'好老师"(中共教育部党组关于印发《"长江学者奖励计划"管理办法》的通知教党〔2018〕51号),充分体现了"为党育人""为国育才"这个青年人才成长成才根本方向和根本使命。

教育部"长江学者奖励计划"青年学者项目自实施以来,每年支持数百位青年拔尖人才进行学术创新,给发展初期的青年人才提供了更为宽松的成长环境,为我国人才合理流动、人才队伍"后继有力"、增强人才培育机制的薄弱环节和人才总体素质的提升作出了重要贡献。回想参与"笔谈篇"的几十位首届青年学者,当初还是高校科研院所的一棵棵略显青涩的"青葱""青椒",如今早已成长为所在领域的领军人才、知名学者、优秀科学家,成为学术界的中坚力量和高校科研院所的廊庙之器、栋梁之材,有的还成长为高校的优秀管理者、领导者。现在,大家以亲身经历讲述自己在入选青年学者项目前后的珍贵记忆,回顾入选青年学者项目对助推个人成长的重要作用,"笔谈"所具有的深远现实意义是不言自明的。

比如,辽宁大学校长余淼杰教授提出,人才中最紧缺的就是"大师",要相信"中国是能够培养出大师的",要从发展定位、教学资源、师资建设、科研政策等方面下手,"按照大师的标准培养人才",为高校这一人才培养主阵地的长远发展提出新思考。吉林大学常务副校长蔡立东教授认为,青年人才成长发展,自身选择很重要,需要"胸怀国之大者,担使命;不断超越自我,常思考;适合就是首选,不纠结;做自己的主权者,讲伦理;时刻准备着,重规律"。首都经济贸易大学校长吴卫星教授提出,新发展格局下财经类高校人才队伍建设要与国家和区域经济社会发展紧密结合,要在"有组织科研"和"自由探索"间找到平衡,要立足新时代用先进科学技术引领创新,要充分发挥战略科学家作用,要加大人才对外开放力度促进合作交流,要根据学科发展实践改革学术评价标准。东北石油大学校长董宏丽教授表示，在新形势下，学校要紧扣立德树人根本任务，强化人才助力发展效能，创新"引育并举"人才成长模式，筑牢招才引智"强磁场"，让青年科技人才挑大梁、当主角。北京邮电大学副校长彭木根教授提出，要坚定服务国家战略，"做有情怀的通信人"，并以此信念引领一批优秀中青年教师打造"空间信息与融合通信网络"研究团队。清华大学陆新征教授指出，青年人才培养需要"传承院系优良传统，服务国家重大需求"，青年人才群体本身也需要"相互欣赏、相互学习、营造团结共进氛围"，从宏观与个体双重角度论述了人才培养需要国家与个人共同发力。北京大学王兴军教授谈到，高等院校科研院所青年人才需要"坚持教书和育人相统一、坚持言传和身教相统一、坚持潜心问道和关注社会相统一、坚持学术自由和学术规范相统一"，以德立身、以德立学、以德施教，以正确的知识和价值观教育和培养学生。武汉大学李佃来教授深耕马克思主义哲学和政治哲学领域研究，认为学者应当积极对接国家重大理论战略，潜心治学，为党和人民述学立论，同时在育人上要润物无声，当好学生成长的引路人。中国人民大学杨东教授认为，作为青年学者需要"时刻保持对于发现中国问题与提出中国方案的信念感""坚持构建中国自主知识体系、提出扎根中国大地的原创性概念理论、创新交叉人才培养与产学研结合模式、依托校级研究平台进行团队建设"。南开大学李月琳教授身兼高校教师、科研人员、行政管理人员等不同角色，努力将科研团队、教学团队、行政团队打造出"聚人心、求卓越，明责任、勇担当，尊重与信任"的和谐向上、追求卓越的团队文化。北京航空航天大学陶飞教授提出，做科研"要把眼光放远些、放高些，以国家的需求为己任，追求并保持本领域在国际上的影响"，带领"数字孪生智造研究团队"在数字孪生和智能制造领域做出系列创新工作。海军军医大学长海医院院长廖专教授表示，坚持面向人民生命健康，要以病人为中心、道德为底线，培养青年医师的事业心、责任感和职业修养，大力夯实医学生的临床功底，努力科研创新，做好技术指引，全力推动青年医师成长成才。"笔谈篇"当中的许多真知灼见，对青年人才选拔培养工作都具有非常重要的建设意义。它通过吸收主要经验、归纳特色做法，针对有待长期改善的关键问题提出建设性对策和建议，为青年学者自身如何努力、当今社会如何赋能青年人才、推动青年人才更好脱颖而出提供了重要的参考方向和发展指南。

2021年9月，习近平总书记在中央人才工作会议上指出："我国进入了全面建设社会主义现代化国家、向第二个百年奋斗目标进军的新征程，我们比历史上任何时期都更加接近实现中华民族伟大复兴的宏伟目标，也比历史上任何时期都更加渴求人才。"在党的二十大报告中，习近平总书记深刻指出，教育、科技、人才是全面建设社会主义现代化国家的基础性、战略性支撑，必须坚持科技是第一生产力、人才是第一资源、创新是第一动力。应该如何进一步推进高层次人才培养模式改革？如何进一步完善制度设计？结合"笔谈篇"中各位高才的精彩见解和深入思考，我也谈一点自己的心得。

坚持党管人才，立稳人才培养的政治立场。人才代表核心竞争力，人才工作是国家战略性、长远性的重要任务，中国共产党在百年奋斗历程中始终秉承坚定的理想信念，凝心聚力走为人民服务的人才培养之路。高校育人工作必须牢牢坚持党对人才工作的全面领导，以保证新时代人才工作时刻保持正确的政治方向。只有坚持党管人才，中国特色社会主义的制度优势才能得到充分发挥，人才工作才能真正走出一条有中国特色的发展之路，中国的高层次人才也才会讲出更加精彩的中国故事。

坚持任务导向，将人才培养和国家战略需求、区域经济社会发展紧密结合。在新时代迈向中华民族伟大复兴的征程中，世界科技前沿、国家重大需求、经济主战场、人民生命健康、乡村振兴、数字能力教育等领域都是高校高素质人才培育的重要方向，高校应当也有能力通过学科建设、交叉培养、协同攻关等举措，发挥高质量青年人才培养的引领带动作用，辐射带动各行业深化改革，服务经济社会高质量发展。

坚持平台建设，为人才发展提供广袤沃土。人才成长需要充分的资源，高校在人才培养过程中发挥着提供平台、配置资源的重要作用。在未来人才培养道路上，应该充分发挥高校在人才引进、培养过程中的积极作用，从"等人才""招人才"走向"用人才"，完善支持与管理制度，为人才成长进一步"松绑"，为高层次人才静心研究、潜心发展创造更为适宜宽松的环境。需要加大扶持力度，通过平台搭建、奖励扶持、舆论引导等多重手段，形成长效的人才发展保障机制，让人才发展有成就、有获得、有归属。

坚持打造团队，将青年人才个人发展与团队协同有机结合。青年人才自身也需要不断保持端正严谨的学术态度，坚守科研伦理，崇尚理性思考，养成超越自我、迎难而上、服务时代的精神品质。人才要发挥更大作用离不开优秀的团队配合，只有在团队中，个人的能力才能得到充分的施展。因此，高校在人才培养过程中需要同时抓好个人提升和团队孵化，一个个优秀的人才个体在新的发展机遇中不断与团队融为一体，最终形成一个密切协作、随时听从党和国家召唤和发展需要的坚强团队。

我们相信，有党和国家的关心支持，有育人单位的共同努力，有大批优秀青年学者的不懈努力，我国的高层次青年人才成长步伐一定会迈上一个更高的台阶，一定会唱响"聚天下英才而用之"的时代凯歌！

点亮心中的愿景　以事业充盈人生

吉林大学　蔡立东

作者简介

蔡立东，男，1969年生，中共党员，现任吉林大学党委常委、常务副校长、法学院教授、博士生导师。教育部"长江学者奖励计划"首届青年学者（2015）、"百千万人才工程"国家级人选，有突出贡献中青年专家（2019），国家重大人才工程哲学社会科学领军人才（2023）。

主要从事民商法学、数字法学的教学与研究工作，主要研究方向为民法总论、物权法、公司法。积极寻求中国背景问题的中国式解决方案，自觉为中国的道路自信、理论自信与制度自信奠定观念基础，致力于建构中国自主法学知识体系，提升中国法学对世界法学以及法学对法律实践、其他社会科学的贡献。论文《农地三权分置的法实现》获第八届高等学校科学研究优秀成果奖（人文社会科学）二等奖（2020）、《行政审批与权利转让合同的效力》获第七届高等学校科学研究优秀成果奖（人文社会科学）三等奖（2015）。

现在的自己，最大的无奈是分身乏术，本领恐慌；最大的渴望是再多一点时间，沉静思考；最大的心愿是家人和亲友健康平安，皆得所愿；最大的理想是在自己目前形成的"土地法律制度""团体法律制度""法律大数据与人工智能"三个稳定且有中国背景的研究方向上，为中国特色社会主义法学理论发展、为中国法学自主知识体系构建作出有意义的贡献。这是接受丹龄老师布置的任务之后，我与自己的内心交流，也由此形成了一些关于青年人才成长发展的思考。

一、胸怀国之大者，担使命

面对浩渺的宇宙、复杂的世事、多变的人生，年龄越增长，对自己的计算能力越没有信心，就越来越习惯诉诸历史和老理，获得应对生活的智慧。多视角而不孤立片面地认识问题，就是要对"事、时、势"进行综合考量和理性判断。老话说"识大势者赢得先机"，如果不看清社会的大趋势，个人的任何小算计都将事倍功半，甚至毫无意义。我不赞成随波逐流，但只有顺势而为、借势而上，个人努力才能获得更大成效。这里的"势"，就是当今社会的核心使命和主流价值，也就是我们这个时代的大趋势。对于高校青年人才而言，就是在科研工作中，做足"四个面向"，把自己的人生搭载于中华民族伟大复兴的高速列车上，将小我融入大我，让青春绽放出更亮丽的风采。

2017 年 5 月，习近平总书记对我校战略科学家黄大年同志先进事迹作出重要批示，号召广大科技工作者要以黄大年同志为榜样，学习他心有大我、至诚报国的爱国情怀，学习他教书育人、敢为人先的敬业精神，学习他淡泊名利、甘于奉献的高尚情操。黄大年老师曾在他的入党志愿书中写道："人的生命相对历史的长河不过是短暂的一现，随波逐流只能是枉自一生，若能做一朵小小的浪花奔腾，呼啸着加入献身者的滚滚洪流中，推动历史向前发展，才是一生中最值得骄傲和自豪的事情。"党和人民事业发展离不开一代又一代有志青年的拼搏奉献，只有与党和人民事业同向同行，青春的光谱才会更广阔，青春的能量才能充分迸发。青年人才要识得时代大势，自觉听从党和人民召唤，胸怀国之大者，担当使命任务，到新时代新天地中去施展抱负、建功立业，争当伟大理想的追梦人，争做伟大事业的生力军，屏蔽小我、超越本我、铸成大我，在成就自己事业的同时，为实现"两个一百年"奋斗目标、实现中华民族伟大复兴的中国梦贡献智慧和力量。

二、不断超越自我，常思考

古之学者为己，今之学者为人。现在一般解释为"古代学者学习是为了充实提高自己，现在的学者学习是为了装饰给别人看"。我倒认为，今非昔比，我们更需要面对的不是生存的压力,而是生活的焦虑,应该赋予这句话新的时代内涵。在20世纪"精神分析之父"西格蒙德·弗洛伊德的"本我、自我、超我"理论视域下,孔子这句话里的"己"应归属到"本我"层面,而"人"则应归属到"自我、超我"层面,这句话的意思就应是"古之学者,之所以学(多是生存技能),是本我层面(生存)的需要;今之学者,之所以学(已不局限生存技能),应是自我、超我层面(生存+发展)的需要"。这才更能体现"修身、齐家、治国、平天下"儒家思想的时代内涵,才更能体现圣人之道、君子之道。本质上,古往今来,人还是那个人,我还是那个我,"为己、为人","自我、超我",只是不同的位次或状态而已。

耳限于所闻,则夺其天聪;目限于所见,则夺其天明。人的本质在现实性上是一切社会关系的总和,无时无刻不浸淫于文化和环境的影响。在不断重复的社会化过程中,人的主体性总是可能不知不觉地被慢慢销蚀。世界脑神经科学应用的创新疗法,就是利用优质思考方式来构建健康的神经通道,用积极正向的想法抢占大脑空间,直至永久战胜焦虑和恐慌。当今社会,娱乐至死霸气冲天,各种神剧充斥荧屏,"小鲜肉"们备受追捧。独立个体的理性和清醒,是需要自觉坚守的。思考既是这种理性和清醒的表征,又是维系这种理性和清醒的途径,只有保持不断思考的习惯,让思考成为生活方式,才能克服"随波逐流、墨守成规和自我放纵"等对人之个性的消磨。诚然,比身体懒更难以克服的是头脑懒,思考必然要忍受孤独的冷寂、要经受痛苦的搏杀,但也唯有点亮心中的愿景,经常思考,善于思考,才能带来属于自己的高峰体验。

三、适合就是首选,不纠结

青年人才能否快速成长和发展,往往取决于事业发展起步阶段的关键选择,诸如一个好的导师、一个好的研究方向、一个好的支撑平台、一个好的合作团队等。人才引进是双向选择。对于一所高校而言,优秀青年人才引进,是人才队伍的源头活水,是师资建设的"牛鼻子",直接影响着人才队伍结构的优化,决定着人才队伍建设的核心竞争力。当前,尽管一批国家实验室等新兴科研机构已然超过了清北等一流大学,正在成为优秀青年人才关注的目标单位,但是总体上说,青年人才对于用人单位的关注和选择,依然还是基于"目标单位的综合排名和影响力""其所处城市经济社会的发展程度"这两个主要因素。不可否认,从国家到地方,不同层面、不同方式的人才激励政策很多,尽管这并未改变各类资源分布、分配上的不平衡,但用人单位,尤其是资源优势并不突出的用人单位,都会尽最大努力去统筹配置各类资源,打造出符合自身发展阶段的局部优势,以吸引、延揽尽可能多、尽可能好的青年人才。

以吉林大学为例,学校不断建立、健全和完善以"匡亚明/唐敖庆学者"岗位聘任为主,以"培英工程计划"、"励新优秀青年教师培养计划"、"鼎新学者"支持计划、"金种子"优秀人才培养计划、理论思维讲席班为辅的"一主五辅"青年人才发展支持体系,通过全过程、全方位拓展发展空间、提供精准有力支持,激发创新发展活力,努力让更多千里马竞相奔腾。虽然在整体水平上与国内第一梯队高校有一定差距,但在某些一流学科和重点科研平台的建设布局上,还是聚集了很多优势资源,具备很强的支撑力。因此,青年人才不要过于追求完美,也不必纠结美中不足,适合就是首选,类似吉林大学这样能够在局部集中优势资源条件、聚焦支撑青年人才发展的高校,同样值得关注和选择。

四、做自己的主权者,讲伦理

孟德斯鸠说,在民法慈母般的眼神中,每个个人就是整个国家。现代社会,人的主体性得到尊重,每个具体人的理性得到认可,于是,你、我、他,我们每个个人都获得了对自己的绝对主权,都成了自己的主权者,也都要对自己的行为负责。正如主权国家要互相尊重主权和领土完整,"作为一个人,同时尊重他人为人",就成为现代社会对我们的基本承诺,也是我们对现代社会应有的观念支持。基于此,现代社会只有绝对错误的生活选择,而没有唯一正确的生活道路。对于一件事有不同的理解,就可以看到不同的风景,就会提出不同的诉求和主张。以我们最熟悉不过的吃饭为例,注重吃饱,是功能性的;注重花色,是审美性的;注重营养,是养生性的;注重客道,是社交性的;等等。底线之上,我们作为自己的主权者,绝对有权利选择自己的生活道路,且不负论证义务,这种选择是无须理由的;我们也有义务尊重他人的选择,同样没有要求他人就其选择给出理由的权利。人的利己本性是一切社会关系形成和展开的人性基础,求利之心是人开展事业和各种活动的原动力。文明与野蛮的真正分野在于如何对待他人、如何对待他人的利益。自我主义，视他人为手段，绝对不是追求自己利益的明智之举。保证自己的明智不被张扬的贪婪吞噬，能够尊重他人、尊重他人诉求的人，才是能够永存的文明人。

诚信乃个人立身之本，学术诚信更是个人行为秉性和学术道德品质的集中展现。当前学术不端、学术腐败现象仍不同程度存在，有的急功近利、粗制滥造，有的闭门造车、捏造数据，有的剽窃他人成果，等等。学术不端、学术腐败，害人害己，百害而无一利。因此，加强师德师风修养，恪守学术诚信，也是高校青年人才作为一类特殊群体应当坚守的另一条重要底线。

五、时刻准备着，重规律

青年学者要想有所作为，首先要具备一定的学术储备和基础能力，如确定选题能力、独立思考能力、提炼观点能力、实验设计能力、文字表达能力等；其次要具备好的习惯，如时间管理、必要的体育锻炼等；最后要具备好的性格，如乐观、包容等。独立开展工作初期，一般三年左右时间，是青年人才成长起步阶段。要从团队建设，尤其是自己要组建一个团队的角度来思考，就需要从较为宽阔的国际视野、相对稳定的研究方向、较强的独立科研能力、一定的代表性成果、合作研究项目等方面做好准备。重要科研或人才项目申请准备期，是青年人才发展的蓄势阶段。要提前规划准备，加强合作交流，在研究方向上尽早形成清晰的自我概念，在学术圈里给自己贴上"标签"，逐步建立并不断提升自己的学术影响力。

"彼节者有间，而刀刃者无厚；以无厚入有间，恢恢乎其于游刃必有余地矣。"很喜欢《庖丁解牛》中这个关于熟悉和应用规律的小故事，尤其是"三年之后，未尝见全牛也。方今之时，臣以神遇而不以目视，官知止而神欲行"这两句话。规律是一切事物本身所固有的本质的、必然的、稳定的联系。人类社会发展的过程，也是对自然规律和社会规律的不断探索、认知、把握和应用的过程。人类意识所特有的、能动地认识世界并通过指导实践能动地改造世界的能力，就是主观能动性。尊重客观规律和发挥主观能动性两者辩证统一，共同推进人类社会的发展进步、科学技术的日新月异和思想理论的不断丰富。学人之路漫漫，唯有注重规律、注重实践、注重方式方法，循着学术逻辑，至目无全牛，方可游刃有余,做到登堂入室。

潮平两岸阔,风正一帆悬。青年人才成长是一个国家和民族发展进步永恒的动力。相对于有限的资源条件,政策的不断迭代和更新,要确保一定时期或发展阶段各类资源的有序和有机配置,确保政策的连续和稳定,进而提升工作成效。用人单位也好,青年人才也罢,基于及时精准的政策供给,双向合力,同频共振,才能更好地相互依托和支撑发展。因此,也是写在最后的建议,就是要进一步加强青年人才成长发展方面有关政策供给的精准性和持续性,并确保政策落实到位,切实为青年人才成长发展提供有力支持和保障。

培养大师当从青年人才开始

辽宁大学　余淼杰

作者简介

余淼杰，男，1976年生，现任辽宁大学党委副书记、校长、教授、博士生导师，第十四届全国人大代表，辽宁省人大常委会委员，国家监委特约监察员，辽宁省人大立法委委员。教育部"长江学者奖励计划"首届青年学者（2015），国家重大人才工程特聘教授（2018），国家杰出青年科学基金获得者（2016），北京大学博雅特聘教授，享受国务院政府特殊津贴。

研究领域为国际贸易和中国经济发展。曾在 Economic Journal、Review of Economics Statistics、《经济研究》、《管理世界》等期刊上发表论文近200篇，出版专著、教材、时评随笔27部。三次获得教育部哲学社会科学优秀成果奖，五次获"安子介国际贸易研究奖"，曾获吴玉章人文社会科学奖、张培刚发展经济学奖等。代表著作《加工贸易与企业生产率》获刘诗白经济学奖、胡绳青年学术研究奖、全国贸易发展研究奖、中国青年经济学家奖等。

入选联合国国际经济学会（IEA）会士，受邀到联合国总部做中国经济发展报告。商务部经贸政策咨询委员，财政部"中美研究智库联盟"理事，北京市卓越青年科学家，黄廷芳/信和青年杰出学者，全球经管类前1%高引论文经济学者，迄今为止唯一获得"英国皇家经济学奖"的华人学者。担任国际著名学术期刊 Economic Journal 副主编、Review of International Economics 副主编、商务部《国际贸易》名誉主编。

千秋基业，人才为本。作为实现民族振兴、赢得国际竞争主动的战略资源，高层次人才的培养关涉国家前途命运。人才有多重层次，其中首要的，也是最紧缺的，就是"大师"。梅贻琦先生曾经指出："所谓大学者，非谓有大楼之谓也，有大师之谓也。"其中虽然主要指向大学与大师关系的探讨，但是也不难看出大师之于大学，进而通过高等教育的过程对整个经济社会发展产生的深远影响。

一、中国是能够培养出大师的

习近平总书记指出："我国拥有世界上规模最大的高等教育体系，有各项事业发展的广阔舞台，完全能够源源不断培养造就大批优秀人才，完全能够培养出大师。我们要有这样的决心、这样的自信！"面对百年未有之大变局，亲身感受世界新一轮科技革命和产业变革的迅猛发展，我们发出"中国能够培养出大师"的坚定论断，源于对勤劳智慧的中华民族的高度自信，对中国当前所处的政治最稳定、经济最繁荣、创新最活跃的新时代的高度自信，对中国特色人才制度优势的高度自信，以及对中国教育飞速发展的高度自信。

1. 党中央的高度重视

党的十八大以来，党中央作出人才是实现民族振兴、赢得国际竞争主动的战略资源的重大判断，作出全方位培养、引进、使用人才的重大部署，推动新时代人才工作取得历史性成就、发生历史性变革。党的二十大根据国内国际发展的新变化，进一步作出"教育、科技、人才是全面建设社会主义现代化国家的基础性、战略性支撑"的重要论断。正是因为有了党中央的高度重视和坚强领导，我们才对培养中国特色的大师充满信心。

2. 伟大中国梦的使命召唤

习近平总书记指出："当前，我国进入了全面建设社会主义现代化国家、向第二个百年奋斗目标进军的新征程，我们比历史上任何时期都更加接近实现中华民族伟大复兴的宏伟目标，也比历史上任何时期都更加渴求人才。"伟大事业呼唤人才，伟大时代成就人才。正因为处于实现中国梦"关键一程"，才使得人才培养的使命和目标前所未有地清晰和强烈。也正因为生逢其时，青年人才在这片热土上才会大有可为、大有作为，具备了成长为大师的一切内外部条件。时代的使命召唤决定了我们必将能够培养出大师。

3. 中国特色社会主义制度的优越性

党的坚强领导和我国社会主义制度的政治优势，是做好人才工作的根本保证。我们始终坚持党管人才，不断强化党对人才工作的全面领导。党和国家把人才强国作为一项重大的国家战略进行设计和谋划，不断加强对人才工作的政治引领，为建设一支规模宏大、结构合理、素质优良的人才队伍夯实了牢固基础、提供了有利条件。中国特色社会主义市场经济体制的优势决定了我们可以集中力量办人才工作这一大事，集中最优质资源打造人才成长的平台，营造发展的环境。

4. 高等教育的飞速发展

目前，我国已经建成世界上规模最大的高等教育体系，进入了普及化发展阶段。这种庞大的高等教育规模体系和国家陆续推出的"211""985"工程和"双一流"建设等一系列重大战略决策，为走好人才自主培养之路、建设世界重要人才中心和创新高地提供了扎实的基础。在高等教育大国向高等教育强国迈进的过程中，必然会有越来越多的高水平人才脱颖而出，跻身世界顶尖学者行列，在自身专业领域成长为大师。

5. 日渐优越的科研条件和环境氛围

近年来，随着创新驱动战略的不断深入，国家大力推进科技体制机制改革，为科技创新营造了良好的发展环境。根据教育部关于高校科技创新改革的发展成效，从"放管服"改革，为科研人员减负松绑，到赋予高校科研管理更大自主权，再到明晰科研成果转化应用政策等等，这一套"组合拳"打下来，高校和科研院所的科研条件不断提高，科技创新生态不断优化，广大科研人员的积极性、创造性不断增强，科技创新活力自然也不断被激发。

二、大师培养的"阿喀琉斯之踵"

阿喀琉斯没有浸泡到冥河水的脚后跟是他致命的弱点。大师的培养对条件的要求极其苛刻，也是不允许出现漏洞的。因此，我愿意把这些薄弱点称为"阿喀琉斯之踵"，意为容易导致培养失败的薄弱点。

1. 发展定位的问题

在大学的两个核心职能的定位上，尤其是在教育评价上，总体上仍然有重科研轻教学的倾向。尽管各高校正在推进以打破"五唯"顽瘴痼疾为主要目的的教育评价改革，但是推进的步子有些缓慢，原有的政策影响仍然存在惯性。在教师职称评定上，教学的权重偏小，科研的权重偏大。在这种政策导向之下，教师在科研上投入的精力多，在教学上投入的精力自然偏少。

2. 师资队伍建设方面的问题

师资队伍建设方面存在重引轻用、重引轻培、重用轻养、重外轻内、重高轻低的现象。有的高校一方面在引进人才方面使出浑身解数，另一方面又因目的性不强导致人岗不相适，结果成了"花瓶"。有的高校重视引进的人才，忽略了校内人才的相关诉求，造成了校外人才与校内人才两种政策。有些高校重视高层次人才，对青年人才培养缺少顶层设计和系统规划，青年人才工作压力大，成长空间却狭小。

3. 科研工作方面的问题

科研工作存在重应用研究轻基础研究的倾向，与科研规律尤其是基础研究规律不相适应。一些教师盯着项目、跟着课题指南，长线研究少，短期研究多，没有自己固定的长期的研究方向，与人才成长规律不相适应。同时，科研经费管理目前仍然管得过紧，统得过死，距离"要积极为人才松绑"的要求尚有一定的差距。这些归根到底还是政策导向上的问题，因此，营造"慢""宽""松"的政策环境对青年人才成长至关重要。

三、培养大师当从青年人才开始

"青年人才是国家战略人才力量的源头活水"，培养青年人才就是奠基未来。越来越多的一流大学都把人才培养的重点放在了青年人才身上。要想培养出大师，高校最紧要的任务，就是要按照大师的标准培养青年人才。

1. 定方向

高校人才工作必须始终坚持党管人才这一原则，始终把人才工作置于党的全面领导之下，不能放松，不能动摇，不能弱化。青年人才培养是高校的一项全局性工作，必须强化顶层设计，实施战略统筹，举全校之力协同推进。同时又因其特殊性、高端性和重要性，也区别于通常意义上讲的教师队伍建设。因此，有必要成立专门的党委工作部门，专职负责学校人才的引进和培养工作，加强对人才工作的统一领导，促进人才工作可持续健康发展。要加强二级单位党组织对人才工作的领导，重要的人才工作事项要经过学院党组织会议研究决定后再提交党政联席会议决定。总之，坚持党对人才工作的全面领导，要体现在横向到边、纵向到底、全面覆盖、不留死角。

2. 立机制

近年来，随着人事人才领域"放管服"改革不断深化，高校选人用人自主权不断扩大，一些急需紧缺人才的考核录取方式更加灵活，也在突破单位岗位总量和结构比例限制方面做了许多有益尝试，同时在职称评聘等多个方面为特殊人才"开绿灯"。可以说，在高校层面，人才工作权力已经获得相对较大的自由度。高校完善人才管理机制的重点，是推进校院两级管理体制改革，推进管理重心下移，赋予二级单位一定的人权财权事权，进一步激发他们办学的内生动力和教师的创新动力。同时，二级单位要做好政策承接、权限承接的工作，确保下放的权限接得住、用得好，只有这样才能真正让教师获得"更大技术路线决定权、更大经费支配权、更大资源调度权"。

3. 建平台

各地、各高校在吸引人才方面是有明显区别的，东部沿海地区和经济发达省份对人才的吸引力明显高于西北和东北，"双一流"高校明显要高于普通高校。排除薪资待遇、住房保障、子女教育以及一线城市能够提供的各种隐性福利保障外，经济欠发达省份高校和非"双一流"建设高校想要吸引人才，一个思路就是尽可能地为人才成长提供更大的平台、更多的机会。与优厚的待遇相比，人才最看中的还是自己的事业，是否有适合自己成长的平台或者有吸引自己的目标愿景很关键。要着重推进平台留人、事业留人，依托世界一流学科、国家重点学科，以及国家人才培养基地等平台基地，发挥基地对人才的承载作用，实现基地建设和人才聚集的相互促进。

4. 塑氛围

能否留得住人才，能否让留下的人才尽快成长起来，人才成长环境很重要。以辽宁为例，作为教育大省，辽宁高校数量居全国前列，具有吸引和储备潜在人才的先天优势，发力点主要就是如何留住人才。高校应积极为教师自身发展、国际交流等提供良好的环境和保障，为人才搭建成长平台、构筑广阔空间，做到政治上关怀、工作上支持、生活上关心；强化服务人才意识，建立高端人才管家式、保姆式、一站式、跟踪式服务体系，全面提高服务人才的品质，确保人才政策落地落实，为辽宁全面振兴提供重要人才支撑。

5. 担重任

青年人才在职业发展上受年龄、经验、阅历等影响，难免面临担纲机会少、成长通道窄等问题。青年人才要成长，靠使命感召，也靠岗位历练。对高校而言，让青年人才更多地加入重大攻关项目，可以使其在完成学术理想的同时，将自己的奋斗目标更好地与服务国家需求结合起来，见世面、壮筋骨，从而实现快速成长。同时，多为青年人才服务地方经济社会发展提供机会，有计划地引导青年人才多参与校企合作、校地共建，鼓励他们深入地方、企业、城镇开展政产学研协同创新，支持他们担任各类智库平台的负责人，在为满足经济社会发展提供技术与智力支持的同时，实现"使命留人"。

人才和创新是一体两面，互相依存，协同共生。兼具创新精神和高端人才属性的大师是少数，但却是"关键少数"。唯有充分相信青年、着力培养青年、大胆启用青年，才能有效发挥其大师培养人才库、蓄水池的重要作用，促使他们快速成长为科技创新主力军，在服务科技创新主战场上展现更大的担当和作为。

新发展格局下财经类高校人才队伍建设

首都经济贸易大学　吴卫星

作者简介

吴卫星，男，1974年生，中共党员，现任首都经济贸易大学党委副书记、校长、教授、博士生导师。教育部"长江学者奖励计划"首届青年学者（2015）、国家重大人才工程特聘教授（2018）。

主要研究领域包括金融数学、金融工程与风险管理、家庭金融。研究成果曾获孙冶方金融创新奖论文奖（2018）、教育部第八届高等学校科学研究优秀成果奖（人文社会科学）著作论文奖一等奖（2020）等。

人才队伍建设对世界各国社会和经济发展诸多方面都有重要影响，特别是在当今世界出现"逆全球化"潮流的背景下，各国对人才的争夺变得日趋激烈。党的二十大报告特别强调"必须坚持科技是第一生产力、人才是第一资源、创新是第一动力"。我国对人才队伍建设的重视也是一以贯之的，习近平总书记在2021年中央人才工作会议上强调，人才是实现民族振兴、赢得国际竞争主动的战略资源，要全方位培养、引进、使用人才。当前世界经济竞争的焦点主要集中于自然科学和高新技术，特别是在短期内能够对产业变革产生重大影响的科学技术。从目前全球经济社会发展的态势来看，各国短期内聚焦自然科学和高新技术相关领域的竞争是理性选择。然而，从长期来看，包含财经类学科在内的哲学社会科学领域研究和自然科学及高新技术同等重要。习近平总书记在2016年的哲学社会科学座谈会上指出："新形势下，我国哲学社会科学地位更加重要、任务更加繁重。"

财经类学科有时候呈现出和自然科学相似的特征，由全球学者共同推进，促进全球经济社会发展不断迈上新台阶。但是，和自然科学不同，财经类学科具有更为鲜明的国别特征。第一，尽管各国财经类学科的学者一定会关注全球发展，但大多数财经类学科学者更加集中精力于本国经济社会发展，这些学者的研究成果也更多被本国率先利用并获得收益；第二，每个国家都有不同的制度文化环境，处于不同的发展阶段，面临不同的研究对象，因此各国学者主要的研究兴趣也有明显的不同；第三，财经类学科的研究对象往往是特定人群的行为，这一研究对象存在主观能动性，比自然科学的研究对象更为复杂，也同样呈现出国别差异性。

一、财经类高校人才队伍建设要与国家和区域经济社会发展紧密结合

财经类学科鲜明的国别特征客观上要求财经类高校人才队伍建设要与国家和区域经济社会发展紧密结合，唯有如此才能确保人才队伍建设的针对性和研究效率。2020年8月，习近平总书记在经济社会领域专家座谈会上强调，新时代改革开放和社会主义现代化建设的丰富实践是理论和政策研究的"富矿"，希望研究者从国情出发，从中国实践中来、到中国实践中去，把论文写在祖国大地上，使理论和政策创新符合中国实际、具有中国特色，不断发展中国特色社会主义政治经济学、社会学。财经类高校在推动人才队伍建设时，要特别注重"有的放矢"，与国家和区域经济社会发展紧密结合，把牢人才队伍建设的目标。

首先，财经类人才队伍建设目标要与国家和经济社会发展目标相匹配。由于每个国家和区域的发展目标都具有鲜明的时代特色，且经济社会发展所面临的关键问题显著不同，因此财经类高校要更加有针对性地建设人才队伍。当学校的学科建设目标与国家和区域发展目标一致时，学校的学科建设和国家、区域的发展就会相互促进。

其次，财经类人才队伍建设的结构和规模要符合国家和区域经济社会发展的

需求。财经类高校内部实际上包含着非常丰富的学科方向，但是学科分布和结构是每个财经类高校必须充分考虑的问题，这一分布和结构也应该有鲜明的国别特征。比如在大多数发展中国家，经济增长相关研究主题是最重要的研究话题，学者们在"做大蛋糕"和"分好蛋糕"之间权衡时有可能优先研究如何"做大蛋糕"的问题，而在发达国家这个优先程度可能会有不同。

最后，财经类人才队伍建设要适应国家和经济社会发展的未来预期。财经类人才队伍建设要具有一定的前瞻性，尤其是像中国这样的快速发展的国家。中国经济发展的模式和形态在短时间内发生了巨大的变化，可以预期类似数字经济等新经济形态也会快速增长，针对经济的未来变化提前储备和培养人才也是财经类人才队伍建设的重要举措。

二、财经类高校人才队伍建设要在"有组织科研"和"自由探索"间找到平衡

推进人才队伍建设，必须营造识才爱才敬才用才的环境，这是做好人才工作的社会条件。要尊重人才的自由探索精神，积极为人才松绑；同时，"单兵作战"的局限性也迅速显现出来，原创性、引领性创新成果的产生越来越需要强化有组织科研。

从表面分析，"有组织科研"和"自由探索"之间似乎存在难以调和的矛盾。实际上，"有组织科研"并不否定"自由探索"。财经类高校要想更好地服务国家战略需求和经济社会发展需要，首先要鼓励教师进行"自由探索"，要让他们独立观察和理解经济社会现实，思考基础性的问题，寻找新的研究领域和新的突破点。同时，财经类高校也特别需要在基于高水平自由探索追求探索新领域并获得思想突破的同时，充分利用有组织科研的力量形成合力，解决国家和区域经济社会发展当前面临的重大理论和现实问题。

具体来说，财经类高校在推进人才队伍建设的过程中，要营造鼓励探索、宽容失败的学术氛围，激励学者根据个人研究兴趣，大胆开展长周期、有风险的研究项目；同时要从国家和社会发展的视角平衡好自由探索研究与有组织完成重大任务之间的关系。

三、财经类高校人才队伍建设要立足新时代用先进科学技术引领创新

当今世界,科学技术已经成为影响国际格局重构的关键变量。高校作为科技、人才、创新的重要结合点,重要的责任之一就是要积极引领创新,以实际行动有力回答"钱学森之问"。具体到财经类高校,要主动迎接世界新一轮科技革命和产业变革带来的新机遇、新挑战,有效提升人才队伍的研究能力与综合素养。目前来看,大数据、云计算、人工智能、区块链、物联网等新技术已经在财经类学科的各个方面产生了不可忽视的影响,这些新技术给研究者带来了很多挑战,但更多的是给财经类学科研究人员赋能,让他们能够在更为宽广的维度上创新发展哲学社会科学,更加善于解决复杂问题。

研究方法演进问题往往是人才队伍建设的一个非常值得注意的问题。国内外有很多研究团队往往是在研究方法方面取得突破之后,才在相关领域取得突飞猛进的发展,形成人才辈出、百花齐放的局面。这一点和自然科学有类似之处,对人类行为模式等研究的新方法新理念深刻影响了财经类学科研究成果的深度和广度。

四、财经类高校人才队伍建设要充分发挥战略科学家作用

如何发现重大问题?如何形成解决重大问题的思路?如何设计解决问题的技术路线?这些问题往往需要集体的力量来解决。然而,集体或者研究团队如何有效发挥作用、形成丰富的研究产出,战略科学家的引领非常重要。习近平总书记在2021年中央人才工作会议上强调,战略科学家是科学帅才,是国家战略人才力量中的"关键少数"。当前,科学研究的复杂性、系统性、协同性显著增强,战略科学家的重要性在新的时代背景下更为凸显。财经类高校在推进人才队伍建设的过程中,要不断完善战略科学家发现、培养、激励和使用机制,充分发挥战略科学家在进行前瞻性预判、促进跨学科交叉融合、组织团队研究等方面的关键作用。相对自然科学而言,财经类学科研究的标准往往更加多元且难以确定,这就更需要战略科学家的积极引领。

前文提到的"有组织科研"需要重视的问题就是如何赋能青年人才成长，这也是战略科学家的重要功能。通常一个大的研究团队的领导者往往是有优秀研究声誉和广阔学术视野的带头人，如何激励和支持这些学术带头人利用组织力量帮助和引领青年人成长决定了团队的长期竞争力。当然，要想强化战略科学家的"头雁效应"并探索构建人才队伍雁阵格局，人才队伍的内部激励机制建设尤为重要。

五、财经类高校人才队伍建设要加大人才对外开放力度促进合作交流

对外开放是我国的基本国策。财经类高校推进人才队伍建设，也必须坚持全球视野、世界眼光，积极构建具有国际竞争力的人才制度体系，在全球范围内大力引进财经学科顶尖人才，使更多全球智慧资源、创新要素为我所用。

首先，要积极推动人才走出去，搭建更多合作交流平台，不断拓宽人才培养渠道。目前国际科技竞争在自然科学领域更为激烈，财经类学科领域的竞争相对柔和。财经类高校要利用这一特点，在财经领域促进本学科国际交流合作的同时，带动其他学科的国际交流合作，同时也促进交流各国的"民心相通"。

其次，财经类学科的研究既要把论文写在祖国大地上，又要吸收世界其他各国的经验和教训。习近平总书记2014年在巴黎联合国教科文组织总部发表演讲时就指出，文明交流互鉴是推动人类文明进步和世界和平发展的重要动力。世界各国的经贸交流合作为世界文明交流互鉴提供了坚实的物质基础，财经类学科研究人员要有全球视野，既增进对他国经济社会发展的理解，也为本国经济社会更高质量发展提供更为宽广的分析维度。

六、财经类高校人才队伍建设要根据学科发展实践改革学术评价标准

有什么样的评价指挥棒，就会激励研究人员往哪个方向用力。长期以来，学术评价标准不够完善是制约高校人才队伍建设的一个突出问题。具体到财经类高

校,在相当长的一段时期内,学术评价中也存在唯论文、唯帽子、唯职称、唯学历、唯奖项等"五唯"倾向,一定程度上扭曲了研究人员的努力方向,降低了研究效率,减少了对经济社会发展的促进作用。

相比自然科学而言,财经类学科研究成果的呈现方式更为丰富,也有鲜明的国别和区域特色。仅仅根据发表论文的期刊层次等来评价财经类学科研究人员的贡献是非常偏颇的,有效的同行评价在财经类学科发展过程中显得尤为重要。在美国等发达国家,财经类学科相关的学术研究和实践领域的脱节引发了广泛的思考,有一些研究往往能够"吸引眼球",也能够得到较为广泛的"学术引用",但和经济社会发展实践的关系不够紧密,有时候会出现"学术界自创一套游戏规则"但无助于经济社会发展的现象。这一现象在我国也存在,因此评价制度改革对财经类学科尤为重要。

在财经类学科研究成果评价主体方面,财经类学科尤其要进一步发挥学术共同体的作用,学术共同体不应该仅仅包括高校或者科研机构,应该将更多实践领域的专家适度纳入,通过改进学术评价标准,扭转功利化倾向以及和实践脱节的弊病,推动形成有利于科教融汇和产教融合的财经类学科发展的新局面。

厚植人才成长沃土　　搭建人才进步阶梯

——中西部地方高校青年人才成长内涵与发展对策的思考

山西师范大学　殷　杰

> **作者简介**
>
> 殷杰，男，1974年生，中共党员，现任山西师范大学党委书记、教授、博士生导师，兼任国家重点学科、教育部人文社会科学重点研究基地、"全国高校黄大年式教师团队"——山西大学科技与社会研究所所长。教育部"长江学者奖励计划"首届青年学者（2015），国家重大人才工程哲学社会科学领军人才（2016），全国文化名家暨"四个一批"人才（2016），"百千万人才工程"国家级人选（2013），享受国务院政府特殊津贴（2010）。
>
> 主要从事科学技术哲学（自然辩证法）的教学和研究工作。研究成果两次入选"国家哲学社会科学成果文库"（2016、2022），获教育部人文社会科学优秀成果奖一等奖（2020）、二等奖（2009），主编的"全国硕士研究生思政课"教材《自然辩证法概论》获首届全国优秀教材二等奖（2021）。担任教育部高等学校哲学类专业教学指导委员会委员、教育部"马克思主义理论研究和建设工程"首席专家。荣获第十一届"中国青年五四奖章"（2007）、全国优秀博士学位论文奖（2004）。

针对中西部地区高校人才队伍表现出的结构失衡、流失严重、质量不足等问题，国家出台了一系列的政策措施引导高校人才有序流动。许多中西部地区的地方政府和高校也对创新人才工作进行了大量的探索和实践，取得了比较好的效果。同时，我们也应该看到，除了少数部属顶尖高校外，中西部普通地方高校对青年人才的吸引力仍然有限，尤其是中西部省会的非重点地方高校以及在非省会城市的高校，仍然很难吸引到优秀的青年人才。原因也不复杂，一个是中西部的生活环境与东部发达地区仍有较大差距，地方性普通高校在科研环境和待遇保障等方面也无法与顶尖大学相比；另一个是青年人才在中西部普通高校的成长发展还存在一些主观性问题。青年人才在中西部地方高校的成长发展受限是一个值得我们深思的问题。

很多人认为，高校青年人才的成长就是取得一定的教学科研成果、获得职称晋升和薪资待遇增长等，但其实这些都是高校青年人才成长的正常轨迹，并不能完全指代青年人才的成长过程。比如，中西部地方高校的职称评定标准一般会比顶尖高校要低一些，大部分青年人才基本可以按期完成职称评定所需的教学科研成果。问题在于，很多成果的前沿性不够，继续深入发掘的潜力不足，难以支撑青年人才及其所在高校发展具有影响力的、可持续性强的新研究方向，对提高中西部地方高校整体建设水平影响有限。

实际上，中西部地方高校和顶尖高校在青年人才成长起始和路径上存在很大差异。顶尖高校实力雄厚、发展定位比较高，对优秀青年人才的吸引力大，同时要求也非常高，这些人才的成长路径也比较明晰，即基于优质的学术平台，在强竞争环境中取得具有一定影响力的科研成果，青年人才以终身教职的形式完成人才成长的起始阶段。相比之下，中西部地方高校的人才成长大多以全职进入学校为起始。青年人才入职后虽然也有一些考核压力，但远远达不到顶尖高校的高要求和竞争水平，同时中西部地方高校的资源平台有限，尤其是在自然科学与工程技术领域，这些不利因素容易使中西部地方高校青年人才难以一直保持较高的事业进取心，部分人才甚至产生了"躺平"思想。

要解决中西部地方高校青年人才成长问题，必须充分把握中西部地方高校青年人才成长过程的实际特点和内涵逻辑，不断探索差异化的人才培养和发展策略。我认为，中西部地方高校青年人才成长的内涵逻辑主要表现为：青年人才能以一颗强烈的事业心开展教学科研工作，取得具有一定影响力的高水平教学科研成果，并获得激励其不断成长进步的成就感和归属感。其中的关键是，强烈的事业心、高水平的教学科研成果和充分的获得感三个成长要素之间最终要形成正向的反馈机制，只有这样才能通过青年人才的成长进步来提升中西部地方高校综合建设水平。

那么，如何在青年人才和高校之间形成一种激励相容的正向反馈机制呢？我认为，关键在于，要结合中西部地方高校特色，培育优良的青年人才成长环境，搭建好青年人才的进步阶梯，充分激发青年人才的事业心和进取心，让中西部地方高校不仅能够吸引人才、留住人才，而且成为优秀人才开拓事业、创新发展的主阵地。具体发展对策，可以从以下几个方面思考和发力。

第一，突出中西部地方高校的学科特色与地区产业优势，帮助青年人才找准发展目标，提升青年人才开展创新研究的底气。青年人才入职后往往会有事业上的迷茫期，对标顶尖高校底气不足，不知道自己的确切发展目标是什么，这是中西部地方高校青年人才成长起始阶段经常会出现的问题。因此，中西部地区高校需要转变发展思路，通过立足自身优势、瞄准地方需求、聚焦区域发展，加强对青年人才职业规划的指导，将青年科技人才的培养成长与新工科、新医科、新农科、新文科建设结合起来，与地方经济转型发展结合起来，帮助青年人才确定主攻方向和发展目标。例如，山西大学以"双一流"建设为契机，制定了面向世界前沿的物理学和哲学研究发展计划，并形成了"物理优势学科群对接山西光电信息产业，哲学优势学科群对接山西文化旅游产业"的产学研合作模式；太原理工大学借助其专业学科特色，大力发展煤炭开采、煤化工、煤机装备制造、煤基新材料研发等"双碳"领域的科研与产业；中北大学立足仪器科学与技术学科，构建军民两用技术科技创新体系，在煤机装备智能化改造、医疗器械、半导体器件等领域服务山西社会和地方经济发展；山西师范大学充分发挥化学与材料、戏剧与影视等"高峰"学科的带动作用，打造师范教育和创新研究相得益彰的交叉特色平台，进一步满足山西基础教育和社会发展需求。这些高校充分发挥优势学科作用，立足山西省丰富的地下煤炭资源与悠久的地上文物资源，为山西省高校重点学科建设、产业结构优化升级、地方经济文化发展、区域教师教育体系改革创新培养和汇聚了一大批优秀人才。

第二，真心实意关爱人才，打造中西部地方高校人才品牌，提升青年人才的获得感与归属感。"关心"青年人才并不是走走过场、流于形式，而是要"换位思考"，为人才发展拿出最大诚意。要下沉到青年当中，关心青年人才，想青年之所想，忧青年之所忧。要关注、倾听和理解青年人才所面临的新形势、关注的新问题，努力解决他们在住房医疗、配偶安置、子女教育等方面急、难、愁、盼的切身问题，尊重其情感需求和价值目标，提升青年人才的幸福感。当然，我们也要认识到，薪资待遇和保障条件固然重要，但对于大多数优秀人才而言，这些并不能完全给予其长久的获得感和归属感。如果能够通过充分彰显优秀青年人才的学界和社会影响力来提升其获得感和归属感，要比真金白银更具有吸引力。因此，我们在关心关爱人才的同时，要把优秀青年人才的宣传工作放在重要位置，建立高校与传统新闻媒体和新兴媒体的联动机制，及时主动在更高层次和更大范围推介中西部地方高校优秀人才，讲好成长进步故事，凸显优秀人才影响力，打造中西部地方高校自己的人才品牌。

第三，加强高校本地化人才的培养和宣传力度，引人与育人相结合，提升中西部地方高校自身的人才造血功能。近几年，中西部地区人才建设重点仍然是如何吸引发达地区的优秀青年人才，一定程度上忽视了中西部地方高校自身培养的人才，很多中西部地方高校优秀毕业博士的影响力就更难凸显出来。实际上，一些具有博士点的中西部地方高校也有不少自己培养出来的、可以与顶尖高校相比的优秀人才。因此，中西部地方高校要加强本地化优秀人才的培养和跟踪宣介力度，通过引人与育人相结合，打破"重输血、轻造血"的单一局面，进一步提升自身的人才造血功能。比如，山西大学物理学和哲学两个"双一流"学科培养的优秀青年人才，很多都已经成长为具有相当影响力的学界领军人才；地处红色革命老区的吕梁学院通过合同制方式，聘任来自北京大学、北京师范大学、北京邮电大学、南京师范大学等重点高校的31位著名专家学者，分别担任学校各系部的"学术院长"和"教学名师"，为名家大师与青年人才搭建了学术指导对话的直通平台，成为学校加快实现优势学科"异峰突起"的强大引擎。

第四，优化高校人才激励机制，持续激发优秀人才创造力，促进青年人才可持续性发展。从组织管理的角度看，作为一个大型的创新组织，中西部地方高校与优秀人才成长进步之间还存在一些激励不相容的情况。简单来说，虽然高校的目标是激励优秀青年人才取得更具影响力和创新性的成果，使其能够在不断进步的同时促进高校建设水平的提升，但青年人才作为理性个体也会遵循马太效应、期望效应、共生效应等发展规律，其成长过程并不一定能与高校同频共振、同向而行。比如，由于对优秀人才引入的激励作用时间短，不少优秀人才在取得重要科研成果或第一个聘期结束后往往会有跳槽意向，中西部地方高校成了很多优秀人才的中转站。因此，除了注重"引才激励"外，中西部地方高校还要重点研究"留才激励"措施，做好引才后的下篇文章。比如，在国家政策层面，可将部分科研项目申报由全国范围的全域竞争方式向区域特色竞争方式转变，定向在中西部地方高校这个盘子里放更多有价值、有特色的科研项目，进一步提升中西部地方高校的比较优势。在学校层面，要制定完善的长效激励政策，包括对优秀人才灵活采取年薪制、协议工资制、经济补贴等薪酬激励；授予荣誉、称号、表彰等精神激励；畅通晋升机制，打破论资排辈观念，对特别优秀的人才进行破格晋升；营造宽容失败的良好氛围，持久激发青年人才的主观能动性和认同感。

第五，完善制度保障，加强团队建设，构建良好稳定的中西部地方高校人才生态系统。一个良好的生态系统是由生物群落与其生存环境之间产生动态的平衡关系构成的，同样地，一个良好的人才生态系统也需要人才群落与其外部生态之间形成有益的相互作用。所谓"栽下梧桐树，引得凤凰来"，只有"栽好树"，不断优化政策、组织、经济等人才生态环境，才能使生态系统的诸要素之间形成良性互动、密切配合的局面，凝聚起结构合理、数量庞大、质量优秀的人才群落。目前，很多中西部地方高校高层次人才数量少，且大多没有形成优秀人才群落，人才生态系统建设还处于起步阶段。因此，要探索体系完备、灵活宽松的高校人才制度生态，既要从整体上加强顶层设计与制度保障，为青年人才提供明确的政策导向和发展指南，又要对不同专业技术的青年人才实施动态管理或"一事一议"，还要建立多种形式、多方参与的人才评价机制，完善人才的认定和支持办法，为青年人才减负松绑、授权赋能；要加强教学科研团队建设，构建结构合理、动力充沛的人才组织生态，使青年人才实现健康良性的成长发展。只有依托团队组织才能最大限度地优化人力资源配置，要充分发挥高层次人才的榜样和带动作用，采取"老带新""一对一"等帮扶结对方式，实现知识、能力和素养在人才中的传承与发展；要形成产出高效、分配合理的人才经济生态，立足地方资源优势，鼓励高校青年科技人才参与到地方产业的合作当中，通过签约聘用、挂职锻炼、合作研发、成果转化等方式，使科技人才在地方产业中学习获益，让地方产业因科技人才而转型升级，从而形成产业与人才的良性互动。

强化青年科技人才培养，建设高水平百年大学

东北石油大学　董宏丽

作者简介

董宏丽，女，1977年生，中共党员，现任东北石油大学党委副书记、校长、教授、博士生导师，黑龙江省第十二次代表大会代表。教育部"长江学者奖励计划"首届青年学者（2015），国家重大人才工程特聘教授（2018），科技部中青年科技创新领军人才（2016），国家重大人才工程科技创新领军人才（2017），"百千万人才工程"国家级人选（2017），享受国务院政府特殊津贴（2018）。

主要从事网络化系统分析与控制、智能控制、传感器网络信息处理、微地震智能监测、油气管道完整性分析等领域的研究工作。连续六年入选科睿唯安全球高被引科学家，2023年入选斯坦福大学全球前2%顶尖科学家终身影响力榜单。曾获全国"五一劳动奖章"（2019）、中国侨界贡献奖（2018）、中国石油和化学工业联合会青年科技突出贡献奖（2017）、中国自动化学会青年女科学家奖（2015）等奖励和荣誉。

东北石油大学党委深入贯彻落实习近平总书记关于做好新时代人才工作的重要思想、关于高等教育的重要论述精神，在新形势下，按照学校2018年党代会确定的"建设高水平百年大学"奋斗目标，以及"强陆、拓海、壮新"发展思路和"三步走"发展战略，学校紧扣立德树人根本任务，强化人才助力发展效能，实施人才优先战略，创新"引育并举"人才成长模式，筑牢招才引智"强磁场"，让青年科技人才挑大梁、当主角，在服务百年油田建设、现代化新龙江振兴、能

源行业发展中发出东油声音、贡献东油力量。

一、顶层设计强谋划

习近平总书记强调,"青年人才是国家战略人才力量的源头活水"。学校党委坚持把人才战略作为学校发展的重要支撑,不断深化"人才强校"办学理念,形成了"培养青年人才就是奠基未来,用好青年人才就是创造未来"的发展强音,强化顶层设计,布局青年人才工作。

实施人才优先战略。一是思想理念优先。学校党委进一步强化"人才是第一资源"重要思想和"人才强校"办学理念,形成了"人才是发展的关键要素,更是首要决定因素"的高度共识。二是战略谋划优先。学校坚持把人才战略作为学校发展的重要基础,突出前瞻思维,在对接国家和龙江重大战略中主动抢占引才先机;突出价值实现,在拓展事业发展美好愿景中努力创造聚才优势。三是政策导向优先。书记校长亲自抓,完善机制为"高精尖缺"人才引进开辟"绿色通道";采取"师资博士后""归鸿学者"等多种模式,选留有潜力的优秀青年人才;完善学术评价体系,最大限度助推优秀人才脱颖而出。四是资源配置优先。学校设立人才发展专项基金;推进绩效工资改革,重点向产出高水平成果人才倾斜;为人才量身定制"院士后备人选培养、高层次人才成长助推、特殊人才引入、优秀后备人才托举"四大工程,在公房分配、设备投入、实验室建设上优先保障人才;设专岗专人为人才提供全方位高质量服务。

打造中高端引才高地。学校坚持"三靠三引",靠政策引人才、靠平台引人才、靠人才引人才,创造政策洼地,打造人才高地;出台了《东北石油大学高层次人才引进管理办法》,将"人才队伍优化行动"作为学校"十四五"规划"八大行动"之一;强化国际引才、高端引才、精准引才,引进和聘任创新潜力大、具有推动学科赶超或引领国内外先进水平的优秀人才。

创建人才成长特区。建设人才特区是构筑人才发展战略高地、形成人才竞争比较优势、加快建设人才强校的战略选择。学校出台了《高水平业绩成果奖励办法》《"国家基金"培育基金管理办法》等一系列文件,为青年人才成长科学设定目标,通过政策引导青年人才敢于领任务、挑担子,自我加压,主动成长。

健全人才培育机制。学校实施"英才工程",对国家级人才推行"东油学者杰出人才计划""东油学者领军人才计划",对省级人才推行"东油学者拔尖人才计划",稳定和用好现有人才;实施"育才工程",推行"东油学者青年学者计划""优秀青年博士支持计划",培养和造就青年人才,提升区域人才引培新优势,打造具有全球视野和国际水平的领军人才、青年人才和高水平创新团队,形成引才聚才新高地;实施优秀后备人才托举工程,加强对优秀青年人才的扶持,鼓励优秀青年人才申报省级人才称号,让青年人才脱颖而出。

二、大庆精神重引领

东北石油大学是大庆石油会战的重要成果之一,是大庆精神的践行者和传承者,学校的优良传统和校风校训都折射着大庆精神的光芒,长期的办学实践形成了用大庆精神育人的办学特色。学校重视青年人才的培养,坚持以大庆精神引领为先导,增强爱国、爱校、爱岗意识,提升青年人才的思想引领力,引导青年科技人才厚植家国情怀,自觉对标对表"四有"好老师,把个人理想和科学追求融入社会主义现代化建设的伟大事业。"身在大庆学大庆、铁人身边做铁人",大庆精神已成为东油青年的人格标签。

三、高端平台优培育

学校党委深刻认识到,事业因人才而兴,人才因事业而聚,干大事业必须有大平台。有了大平台,才能承担大项目,有了大项目,才能产出大成果、培育大人才。

"一校三地"办学的事业平台。为深度对接国家战略,学校在秦皇岛建有校区及环渤海能源研究院,在海南岛建有三亚海洋油气研究院,已形成大庆、秦皇岛、海南岛三地办学格局,为青年人才搭建了干事创业的广阔舞台。凭借战略契合和空间布局优势,学校聘请了油气领域著名专家学者,指导青年科技人员科研及发展方向,催生科研成果产出。

校企深度合作的协同平台。学校对接国家、行业和区域重大需求,坚持"厚植龙江沃土、深度回归油田"的服务理念,深度开展校企合作,与三大石油公司深入交流,密切跟踪"十四五"科技重大专项,先后与东北三大油田、冀东油田、华北油田等能源大企业签订战略合作协议，通过科技服务和"卡脖子"技术攻关，为青年人才成长提供课题源和演练场。

特色鲜明的高级科研平台。学校聚焦石油石化行业和能源产业，建成了多资源协同陆相页岩油绿色开采全国重点实验室，提高油气采收率、陆相页岩油气成藏及高效开发2个教育部重点实验室以及46个省部级科研平台，成立了非常规油气研究院、提高采收率研究院、人工智能能源研究院等多个专门研究机构，打造了集人才培养、科学研究、技术创新、企业服务、学生创业等功能于一体的示范性人才培养实体，为青年科技人才快速成长提供了舞台。

四、团队聚力促成长

学校紧盯青年人才成长的核心要素，围绕领域定方向，锚定方向组团队，建强团队助发展，从学校层面跨学科跨专业科学布局了页岩油勘探开发、提高油气采收率、"油头化尾"、智能装备制造等十大重点研究领域，围绕地质资源与地质工程、石油与天然气工程、化学工程与技术等优势学科方向，以领军人才为核心组建了一批老中青相结合的高水平科技创新团队，建成了"油田高效开发及智能化创新研究团队"和"油头化尾高附加值化工产品开发团队"2个省头雁团队，以及24个校级科研团队。学校将每年新引进的博士安排到相应的团队中摔打磨炼，给任务、压担子，激发活力，提升科研能力。

五、优化服务保稳定

人才兴则发展兴，人才旺则发展旺，紧紧围绕"人才需要什么这一关键点，给予青年人才足够的尊重"，在全校形成尊重人才、爱护人才、服务人才的良好氛围。

把政策扶才做实。落实落靠对青年人才普惠性支持措施，把人才政策重心放在青年科技人才上；为人才引进开辟"绿色通道"，破除人才引进壁垒，采用"随到、随评、随聘"制，打破固定招聘周期，实现"高精尖缺"人才引进定时办结；完善多元化的学术评价体系，鼓励多元化、个性化的学术创新；采取"预聘""师资博士""师资博士后"等多种人才引进和聘用模式，选留更优秀、更具潜力的青年人才。

把待遇优才做强。设立人才发展专项基金2000万元，逐年增加投入，提高人才待遇；实施岗位绩效，每年投入经费2500万元；设置"青年博士津贴"保障经费，每人每年2万元；分配中央支持地方高校改革发展资金，分类支持高水平人才项目、青年骨干人才项目、优秀青年人才项目等。

把服务暖才做优。落实领导干部联系青年人才制度，打通学校、学院领导与青年人才之间的信息沟通渠道；每年选送大批优秀青年人才出国访学；开通"互联网+政务"模式，做好"一网、一门、一次"服务，为青年人才答疑解惑、排忧解难；安置优秀人才配偶校内就业、提供人才公寓，解决人才及家属的就业、住房、医疗等问题。

心怀"国之大者",建设浙大创新学派

——记浙江大学创新管理研究团队

浙江财经大学　魏　江

> **作者简介**
>
> 魏江,男,1970年生,中共党员,工商管理专业教授、博士生导师,现任浙江财经大学党委书记、校长,浙江大学全球浙商研究院院长,第十二届、十三届浙江省政协委员。教育部"长江学者奖励计划"首届青年学者(2015),国家重大人才工程特聘教授(2018),浙江大学求是特聘教授(2024),国家有突出贡献中青年专家(2021),享受国务院政府特殊津贴(2018)。
>
> 主要研究领域为创新管理、战略管理等,提出"非对称创新""制度型市场""数据基础观"等原创理论。曾获国家级教学成果奖一等奖(2022、2019)、首届国家优秀教材奖二等奖(2021),三次获浙江省哲学社会科学优秀成果奖一等奖(2013,2019,2023)。第七、八届国务院学位委员会工商管理学科评议组成员,教育部工商管理类专业教学指导委员会委员。担任《财经论丛》、Journal of Digital Management 主编,ERD、Technovation 等国际期刊客座主编。荣获全省高校"最受师生喜爱的书记"(2020)、"全国党建工作样板支部"支部书记(2020)、全国高校"双带头人"教师党支部书记(2021)等荣誉称号。

浙江大学创新管理研究团队(以下简称浙大创新团队)创建于1986年,创始人是中国工程院院士许庆瑞教授。许庆瑞院士于1982年引入技术创新理论,开始在浙江大学创建科技管理学科，1986 年设立了我国第一个科技管理学科的博士点，编写了国内第一本技术创新管理领域的教材《研究与发展管理》，最早提出了"企业是创新主体"的观点。在许庆瑞院士的带领下，创新团队始终秉承"高精笃合"理念，与时代同频共振，瞄准世界创新理论前沿，围绕国家战略需求，持之以恒探索中国特色自主创新道路，形成了以许庆瑞教授为开创者，吴晓波、魏江、陈劲等"长江学者"、国家杰青为领军人物，四青人才、青年才俊为骨干的学术梯队，基本形成了创新管理浙大学派。

一、"双带头人" 引领创新创业英才培养

作为"浙大创新学派 2.0"领军人物，我提出并践行党建引融理念，打造"更懂中国的创新型、领导型人才"培养高地。作为全国高校"双带头人"教师党支部书记工作室负责人、"全国党建工作样板支部"浙江大学创新创业与战略学系教工党支部书记，又是"全国党建工作标杆院系"创建单位负责人，还是"浙江省最受师生欢迎的支部书记""浙江省师德标兵""浙江省三育人标兵"，我在学科上担任浙江大学工商管理一级学科带头人、浙江财经大学校长，充分发挥"领头雁"的先锋模范作用，以培育大平台、大团队、大项目、大成果为目标，将支部建设与教学科研工作深度融合，同心谋划、同向部署、同力推进、同步考核，把高质量党建转化为团队教学科研"新动能"。

"像对待自己的孩子那样上好每一堂课。"作为国务院学位委员会工商学科评议组成员、教育部工商管理教学指导委员会委员和浙江省工商管理教学指导委员会主任委员，我深刻认识到本科人才培养的极端重要性，早在十六年前就在浙江大学创立了"启真导师计划"，全国首创"科技创新型创业本科教学项目"和跨学科"智能财务专业"，1999 年联合创办我国第一个以创新创业人才培养为目标的跨学科培养模式——浙江大学竺可桢学院创新创业强化班（ITP），率先提出"基于创新的创业"理念，2018 年荣获国家级教学成果奖一等奖；创造性提出"商学+"教育生态系统理念，出版《"商学+"教育生态系统——商学教育"浙大方案"》，领衔完成的《基于"平台+项目"全球嵌入型研究生培养体系》荣获 2022 年国家优秀教学成果奖一等奖。针对"全国党建工作样板支部"培育创建单位联系人、教育部原副部长翁铁慧来支部调研时提出的"新时代教师的思想

工作到底该怎么做"的问题，我在《科技日报》发表了《发挥高校科研活动的思政功能 培养"懂得中国"的人才后备军》，扛起"为党育人、为国育才"的政治责任。作为我国"管理沟通"课程的开拓者之一，我编著的《管理沟通：成功管理的基石（第四版）》荣获首届全国优秀教材奖二等奖，是全国 MBA 培养高校采用最多的本土教材；主讲的"战略管理"成为浙江大学最受学生欢迎的课程之一，连续十多年获得本科生教学评价优秀，课程和教材分别被认定为 2020 省级线下一流课程与省级优秀教材。

"培养出一流人才是科研第一成果。"我创立了"1+1+N"（1 个内部学科带头人、1 位海外著名学者、N 位青年学者）团队模式，以承担重大项目和重点任务为"磨刀石"，主持 1 项国家自然科学基金重大项目、3 项重点项目、2 项国家社科基金重大项目和 2 项国家重大科技支撑计划项目；以 Seminar 制度、"强基计划"为"铺路石"，建设"心态—责任—合作"三维学术梯队，锻造"高水平复合型、研究型创新管理"人才矩阵。我负责的工商管理一级学科 2021、2022 连续两年在泰晤士高等教育 THE 排名中进入 A+。我指导的 30 名博士进入浙江大学、中国科学院大学、武汉大学、北京师范大学、上海财经大学、中南大学等"双一流"高校任教，5 名博士生毕业后两年之内破格晋升副教授、4 人破格晋升教授、2 人获国家级高层次人才荣誉称号。我指导的学生刘启芳荣获"全国助人为乐模范""全国脱贫攻坚奖奉献奖"荣誉称号。

二、理论创新，探索中国特色自主创新道路

浙江大学创新管理研究团队的发展始终聚焦国家重大需求与国际创新前沿，结合新时代、新阶段、新发展的要求，持之以恒探索中国特色自主创新道路，努力构建源于中国的创新管理实践、具有国际影响力的本土管理理论和中国话语体系。

20 世纪 90 年代以来，浙江大学创新管理团队提出了"二次创新"理论、"组合创新管理"理论和"全面创新管理"理论。我本人带领团队开展了 8 项国家重大、重点项目研究，在国际顶级期刊、重要期刊和国内权威期刊上发表论文 300 多篇，提出了"非对称创新""制度型市场""数据基础观""知识密集型创新范式"等原创理论。

"非对称创新"是我带领团队扎根中国实践十二年持续研究而提出的"中国特色、浙大风格"产业创新赶超理论,"数据基础观"是数字企业利用数据要素创造竞争优势的本土企业理论,"制度型市场"是发挥新型举国体制、实现关键核心技术突破的原创理论。这些理论的系列论文在国内外发表后产生了重大反响。以"非对称创新"理论为例,我带领团队提出了"市场体制—制度型态—技术体制"情境分析框架,构建了"非对称学习—组织架构—追赶路径—创新治理—生态系统"非对称创新追赶行为架构,理论成果为国家和地方科技规划编制提供新的思路,为后发经济体企业创新追赶提供指引,万向集团、海尔集团应用该理论构建了全球化创新体系,获国家科技进步奖二等奖。经济观察网以《魏江:"非对称创新理论"设想》为题进行了大幅报道,人民网、界面新闻、《浙江日报》等主流媒体对此进行了广泛报道。

三、把论文写在祖国大地上,做有使命感的学者

我一直以"把论文写在祖国大地上,做有使命感的学者"为己任,紧扣时代脉搏,贯彻新发展理念、服务新发展格局,积极推动党建工作与教学科研工作相互融合、相互促进。

心怀"国之大者",服务国家战略。作为教育部重点软科学基地"科教战略研究中心"执行主任、浙江省重点新型智库负责人,我带领团队参与了教育部"十三五"规划中专项规划的起草,主持《高等学校"十四五"科技发展规划》编制,作为教育部科教创新专家参与了《国家十四五科技规划和2035愿景目标》等规划的研究,主持《浙江省科技创新新型举国体制重大政策和重大改革规划》研究,为浙江省构建新型举国体制浙江路径发挥了战略科学家的作用。面对疫情防控大考,我带领团队迅速完成智库报告并提交中央及各级部门决策参考,为国家制定政策贡献了浙大方案,获得国家领导人多次批示。

勇担时代使命,服务地方发展。我带领团队持续参加"新思想在浙江的萌发与实践"等探源研究任务,编写出版了《创新强省——浙江的探索与实践》,梳理了习近平新时代中国特色社会主义思想在浙江的实践萌发;面对浙江"高质量发展建设共同富裕示范区"重大使命,高起点谋划了浙江大学管理学院"共同富裕"系列丛书的编写工作,被列入总书记亲自谋划的"浙江文化建设工程";在

国际上发声传播中国减贫致富的实践和理论,发表论文《创业创新与减少贫困》获 Entrepreneurship and Regional Development 年度最佳论文奖。《关于加强创新创业促进我省共同富裕的建议》等建议,先后被浙江卫视、《浙江日报》、人民日报新媒体平台"人民号"等广泛报道;在服务"数字中国""数字浙江建设"方面,在《光明日报》发表《数字经济,如何乘势而上更好发展》,报送政策建言《"互联网+"知识产权治理:浙江经验大有可为》,被"浙江数字经济条例"采用。

践行社会责任,助力企业高质量发展。创新团队还创立了"科技创新与产业竞争力"研究基地和全球浙商研究平台,助力浙商企业高质量发展;举办全球浙商创新创业论坛,策划出版了《浙商传奇:书写创新创业史诗》系列丛书,"用一流学者的深刻洞察、用一流记者的写实笔法"凝练出杰出浙商创新创业史诗,记录中国改革开放历史的企业家样本。我担任海尔集团、中集集团、万向集团等企业创新战略顾问期间为万向集团设计的"面向汽车底盘集成的'三位一体'技术创新体系"获得国家科技进步奖二等奖;与吉利集团共同主持科技部重点研发计划项目,为吉利创造了重大经济效益。《健全以公平为原则的民营企业产权保护制度》获中国民营经济研究会优秀理论文章奖,以中国原创理论讲好中国管理实践故事!

四、"高精笃合",勇攀创新学科高峰

我多次强调,学术需要真诚,不应该盲目崇拜、崇尚西方管理学研究范式,但也不应该孤立、隔离西方管理学术范式,而是应该回归对实现"真"世界的真诚。要把服务国家作为最高追求,下功夫做好扎根中国实践、聚焦中国问题的管理问题研究,做面向经济主战场和国家重大需求的管理学研究,探索和发展中国独特的管理理论。

浙大创新管理研究团队充分发挥许庆瑞院士"五老"优势,回顾总结了"浙大创新学派"对中国特色创新管理理论研究的探索历程,把"高、精、笃、合"文化融入研究团队的人才培养。高——攀登高峰,屹立前沿。浙江大学创新研究团队走在时代前端,放眼国际,立足国情,艰苦奋斗,用汗水和努力重新定义未来引领中国风云变幻的"创新"二字,探索出了适合中国发展道路的创新管理理

论。精——精益求精，力求完美。研究团队不仅在学术研究方面严格要求学生，在细节上也要求学生培养严谨细致的品质，不断精进完善中国特色创新管理理论以适应新时代需要。笃——孜孜不倦，锲而不舍。研究团队扎根中国大地，自下而上"长"出符合中国情景的创新管理理论，与企业共成长，帮助企业解决发展中的现实创新难题，培养了大批优秀创新管理复合型人才。合——团结合作，无私共享。我每周定期召开学术例会制度，二十三年"雷打不动"在周一组织组会开展学术交流和批判，至今已经培养出20多位教授、副教授，2位国家级高层次人才，把团队文化带到全国各地，增强了研究团队的凝聚力和创新能力。

四十多年来，浙大创新管理研究团队从无到有，用扎实严谨的研究探索出了适合中国发展所需要的创新管理理论和具有中国特色的社会主义创新道路。继往开来，浙大创新学派将继续用"顶天立地"和"实事求是"诠释创新的意义，引领中国发展的"创新浪潮"，努力为建设创新型国家战略贡献浙大智慧。

不忘初心担使命　守正创新共成长

杭州职业技术大学　黄兆信

> **作者简介**
>
> 黄兆信，男，1971年生，中共党员，现任杭州职业技术大学党委副书记、校长，杭州师范大学教授、博士生导师。教育部"长江学者奖励计划"首届青年学者（2015），国家重大人才工程特聘教授（2018），"百千万人才工程"国家级人选（2016），国家有突出贡献中青年专家（2020），浙江省特级专家（2020）。
>
> 主要从事创新创业教育、高等教育管理研究，率先提出"岗位创业教育"新理念，牵头制定了《国家创新创业教育质量评价标准》。第一完成人获国家级教学成果奖一等奖2项（2023），教育部人文社会科学奖一等奖2项（2020、2024）、二等奖1项（2016）、三等奖1项（2013），全国教育科学研究优秀成果奖一等奖1项（2021）、二等奖2项（2011、2016）。

本人荣获国家重大人才工程特聘教授称号，是创新教育与创业教育岗位的第一位"长江学者"。这是学界同仁对我的认可，也是国家和人民对我的期许和嘱托。对此，我深知肩上的责任和使命，在研究和工作中更严格要求自己，精益求精。下面我将从个人成长、团队建设和学校管理三个方面，谈谈自己的经历和思考。

一、个人成长：不忘初心，砥砺前行

事欲立，须是心立。无论科研教学工作，还是管理工作，都是提升自我的过程。回望来时路，奋斗始终是我成长路上的主旋律。

1. 继往开来，追求卓越

二十多年来，我持续在创新创业教育领域深耕，将个人成长融入学术研究和事业发展，潜心求学，严谨治学，把为人、为事、为学统一起来。

近年来，我秉持开拓创新、勤奋有为的治学态度，"做难而正确的事"，将研究与国家重大战略需求相结合，取得了一系列成果：主持国家社科基金8项（重大1项、重点3项）；发表SSCI、CSSCI论文80余篇，其中《管理世界》《教育研究》16篇，《新华文摘》全文转载13篇；出版著作10部；"研究成果要报"获国家领导人重要批示7项、被国家教育科学规划办《成果要报》采纳2项。

我带领和依托国家重大人才工程特聘教授研究团队，成立了中国创新创业教育研究院，致力于建设一支全国最具影响力的创新创业教育研究团队，成为服务国家战略与社会发展需要的重要学术高地和高端智库。团队的黄扬杰教授入选教育部"青年长江学者"（2023），并培养了博士和硕士研究生100余人。

2. 在交流中学习，在学习中共进

学贵得师，亦贵得友。今天取得的些许成绩离不开众多师长、同学、同行的帮助和指导。我所在的"长江学者"班集体，有全国最杰出的班主任赵老师，汇集了来自全国各个学科领域的顶级专家学者。这是一个有才气、有温情的班集体，也是一个多元化的学术共同体。我们经常通过各种国内外学术会议分享日常工作和学术研究。我们会为每一位同学取得的成绩感到高兴，会相互帮助、共同进步。大家学科背景不同、研究方向各异，也由此碰撞出了别样精彩的思想火花。

3. 善于转化，勇于创新

在杭州师范大学担任副校长之前，我先后在温州大学、温州医科大学工作，可以说，我是在地方院校成长起来的。与部属高校相比，地方院校或许在资源、平台等方面存在较大差距，但我始终坚信，只要坚守学术初心，坚定科研信念，在地方院校同样可以大有作为。

当我基于自己的专业基础、工作经历和研究兴趣选定创新创业教育作为自己的研究方向时，当时并没有研究团队，于是我就主动向全校甚至全国招纳团队成员，创建临时研究团队，并开创性地提出了"岗位创业教育"新理念，创建了全国创新创业教育数据库，并牵头制定了《国家高校创新创业教育质量评价标准》，众多成果在高教界产生了广泛影响。2013 年，我牵头成立了中国创新创业教育研究院。2017 年，研究院被评为浙江省哲学社会科学重点研究基地。现在，我的研究团队已经成长为一支结构合理、管理高效、成果突出的研究队伍。

扎根地方院校，服务地方院校，成长于地方院校，这个从无到有、从 0 到 1 的过程，虽然有艰辛、有困难，但只要转变心态，勇于创新，善于转化，终会精诚所至，金石为开。

二、团队建设：甘为人梯，携手共进

"一个人可能走得很快，但一群人可以走得更远。"一直以来，我都坚信多出成果、出大成果，要靠团队作战，因此我非常注重研究团队的建设和团队人员的培养。我始终秉持"以项目育人、以团队塑人、以成果励人、以政策引人"的原则，力求每一位团队成员都有成长和发展的空间，每个人都有出彩的机会。

1. 勇担时代重任，不负强国使命

面对百年未有之大变局，加速科技创新，是科技工作者和科研人员的责任。近年来，我以教育部哲学社会科学研究重大课题攻关项目、国家社科基金重大重点项目等科研项目为牵引，带领研究团队着力解决一系列创新创业教育理论和现实问题，取得了显著成效。

2021 年，我主持教育部重大项目"科技自立自强背景下高校创新体系构建研究"，带领团队把论文写在祖国大地上，服务于国家、服务于人民、服务于社会。2018—2019 年，我们团队立足中国创新创业教育实际，围绕国家和浙江重大战略需求，面向全国 31 个省的 1231 所高校开展实证调研，并在此基础上建立了 20 余万数据量的全国创新创业教育数据库，在全国产生了广泛的影响。2019 年，受教育部高等教育司委托，我牵头制订了《国家高校创新创业教育质量评价标准》，并应用于教育部组织的"全国创新创业教育改革示范校建设成效"评估工作。

2. 探索团队培养新模式，构建人才培育新机制

在团队建设方面，我运用课题研究汇聚、引进和培养相结合等方式，探索出制度化、模式化的团队科研人才培育机制，逐步打造了一支引领作用显著、团队效应突出、以创新创业教育为主要研究方向的研究团队。具体措施包括：

——提高研究队伍的学术水平和研究层次，加强与国内外著名院校和学术研究机构的交流合作，增加青年学者和全职研究人员出国访问的机会，鼓励其参加国际合作研究。

——按照团队梯队结构和工作需求，有计划地培养和引进人才，同时加大学术带头人的培养力度，着力培养政治素质好、业务能力强的中青年科研骨干和后备人才。

——优先引进具有一定学术影响力的优秀研究人员，同时，柔性引进多位国际知名访问学者担任研究员或客座教授。

——有重点地培养高层次创新创业教育研究人才及相关领域人才，产出一批高质量研究成果，进一步提升研究团队的学术影响力。

3. 悉心栽培，静待花开

在研究团队管理中，我尊重每一位团队成员的研究兴趣，力求在轻松、民主、包容的环境中多出成果、出好成果。

截至目前，我们团队基本做到了人人有课题、个个有成果。近三年来，团队成员新增主持国家社科基金 16 项（重大项目 2 项、重点项目 5 项），获国家级教学成果奖一等奖 2 项、教育部人文社会科学奖一等奖 2 项、省部级奖一等奖 4 项，出版著作 15 部，发表 CSSCI、SSCI 论文 70 余篇。

研究团队的人才队伍建设方面，新增国家重大人才工程特聘教授、浙江省特级专家、"青年长江学者"、浙江省"万人计划"社科领军人才等人才荣誉称号 10 人次。

三、学校管理：守正创新，笃行致远

高校发展在适应内外部环境变化的同时，必须满足国家战略需要。杭州师范大学作为一所地方院校，应如何回应时代需求，担负时代重任？这既是对学校管理工作的重要考验，也是学校管理者必须思考和解决的时代命题。

1. 知行合一，努力成为专家型管理者

"干一行爱一行专一行，力争在从事的每个工作领域都能成为指导服务型的行家。"这是我一贯的工作目标，也是我努力践行的方向。2020 年，我因工作需要调任杭师大,担任副校长一职。杭师大是浙江省重点建设高校,是一所以师范教育为传统、文理并重的综合性大学。作为校领导,如何为国家的教育发展事业培养出更多创新型师范人才,如何让这所百年老校焕发新的活力,是我一直思考的问题。

对此,我将自己的管理理念和专业知识融入管理工作,把创新创业教育与师范院校特色相结合,推动工作方法创新。在"人才强校"战略背景下,我带领相关职能部处围绕学校发展目标,整合资源,加快人才引进速度、加大人才集聚力度、拓宽人才引进宽度,有组织地引进学科发展急需的"高、精、潜"人才。目前学校已初步形成一支在学术研究上有引领力、在学科建设上有创造力、在社会服务上有影响力的师资队伍。

2. 多措并举,全面提升学校科研实力

如果说教学是立校之本,那么科研则是强校之路。在工作中,我多措并举,多管齐下,全面提升教师科研能力。具体举措包括:引进国内外有影响力的领军人才和青年才俊,培养若干国家级人才和青年人才;有重点、分层次进行学科培育和研究团队建设,组建一流科研创新团队;瞄准国家战略中教育发展的重大需求,构建具有学术影响力与社会影响力的学术研究基地;推进新型教育智库建设,扩大智库的社会影响力、政策影响力和学术影响力;深化国际科研合作,打造国际科研合作平台,提升学校国际协同创新能力。

此外,我还亲自指导全校社科类教师开展科研工作,在人文社科领域开创了"小团队、大联合"的管理机制,形成了"以问题为导向"与"以战略需求为目标"相结合的研究路径。这些举措效果显著,据统计,杭师大在第九届教育部人文社会科学奖的获奖总数排名中跻身全国前20强,这对于一所地方院校来说,实属不易。

3. 锐意改革,构建复合型人才培养新模式

教育和指导学生在未来的工作岗位上创业,是创新创业教育的本质所在。创新创业教育开展前期更注重学生的自主创业率,但新时代的创新创业教育应该面向全体学生,满足不同学生的个性化需求。对高校来讲,就是要在立德树人的基础上,深化改革,完善人才培养体系,以学生为中心,将创新创业教育与专业教育深度融合,培养具有创新创业意识和专业能力的复合型人才。

经过多年的理论研究和实践探索，我创新性地提出了"岗位创业教育"理念，即在"工作岗位上创建事业"，鼓励学生"自主创业＋岗位创业"。这一理念拓宽了创新创业教育的内涵和外延，我认为，高校开展创新创业教育的意义不仅是培养能自主创业的企业家，而是要面向全体大学生，重在培养他们创新创业的理念、意识、精神和能力。大学生只有具备了"创新的思维，创业的心态"，才能最终实现创新创业教育的社会化推广。同时，我和我的团队在人才培养过程中，将创新创业教育与专业教育相结合，创建了"创新创业教育＋专业教育"的人才培养模式和"点—线—面"三位一体的创新创业人才培养体系。

　　事虽难，守正则必成；路虽远，行稳则将至。在工作和生活中，我始终坚守初心，坚实地走好人生之路、科研之路和管理之路。风雨多经志弥坚，关山初度路犹长。我将继续与我的老师同学们、团队成员们、同事同行们一起，携手共进，在自己热爱的事业中持续深耕，为国家科技自立自强和高等教育强国贡献自己的一分力量！

在对标世界一流中成为世界标杆

——同济大学设计创意学院一流学科建设的实践与思考

上海工程技术大学　娄永琪

作者简介

娄永琪，男，1974年生，无党派人士，上海工程技术大学校长，同济大学设计学科带头人、教授、博士生导师。教育部"长江学者奖励计划"首届青年学者（2015），国家重大人才工程特聘教授（2018）。2019年当选瑞典皇家工程科学院院士，2023年成为历史上首位获得英国皇家艺术学院（RCA）荣誉博士的华人学者。

长期致力于社会创新和可持续设计实践、教育和研究，积极探索设计在新时代的新使命、新角色、新方法和新工具，并将"设计驱动式创新"应用到城乡交互、产业转型、创新教育、社区营造等多个领域。获国家级教学成果奖二等奖、上海市教学成果奖特等奖、芬兰总统狮子一等骑士勋章、光华龙腾奖改革开放40周年中国设计40人金质奖章等奖励。现任中国工业设计协会副会长、全国设计专业学位研究生教育指导委员会主任委员、第八届国务院设计学学科评议组秘书长等，Elsevier 出版 *She ji*, *the Journal of Design, Economics and Innovation* 创刊执行主编，以及 MIT 出版 *Design Issues* 学报编委。先后担任国际艺术设计与媒体院校联盟（CUMULUS）执委/副主席、世界设计组织（WDO）执委、2021第九届IASDR（国际设计研究协会联合会）大会联合主席。

成立仅十四年的同济大学设计创意学院，2023 年在 QS 艺术设计世界学科排名中位居全球前十，连续六年位居亚洲第一，超过了斯坦福、卡内基梅隆、耶鲁等一众世界名校。在国内，同济大学设计学科连续两次入选国家一流学科，是上海三个首批 IV 类高峰学科之一。这个充满传奇色彩的学院究竟是如何练成的呢？

一、一个面向未来，有强烈使命感的学院

"为人生的意义和世界的未来而学习和创造。"这个院训是时任院长的我在 2013 年学院百废待兴的时候写下的，这句话深深烙在了学院师生的心里。学院是有理想、有情怀、有文化的！在使命和情怀的驱策下，做不一样的事，做引领的事，是这个学院最大的特色。后来我将这个特点凝练为"领异标新、兼容并包、知行相资"。

"我们要改革，不要政策！"我在给学校的试点学院改革报告中写下了上述承诺。学院启动时学校没有拨开办费，学校的最大支持就是给予足够的自由，支持学院对标世界最高标准，按学术和学科规律自由发展，并在关键的学科平台和体制机制上给予支持，如在 2015 年动态调整了一个博士点给设计学，这是千金难换的！

2009 年创院之初，我牵头邀请了 10 位世界最顶尖的设计学者组成了国际咨询委员会，由芬兰赫尔辛基艺术设计大学校长、Cumulus 国际艺术设计院校联盟创始人索达曼（Yrjö Sotamaa）任主席，对这个新学院进行筹划，大家最终达成一致：新学院聚焦"设计驱动型创新"，要在上海办全球最好的、能引领全世界"驱动创新"教育的设计学院！

二、"改革一直在路上"，设计创意学院的治理创新

除了崇高的使命、愿景和价值观，这个全新的学院还在体制机制上做了很多超前探索：

第一，破除传统院系框架，打破学科壁垒，鼓励基于兴趣和问题的学习和研究。我在 2012 年就提出了"立体 T 型"的创新人才培养框架，其核心是面向真实世界的挑战，有意识地将不同层级、不同类型的知识获取和能力培养要素架构

成为一个沉浸式的学习生态系统，支撑师生等社群成员，在使命、兴趣和问题牵引下，自主学习和协同共创。学院取消了"系"的建制，仅在本科、研究生教学中设"专业方向"（Program），极大地鼓励了跨学科交叉教学和科研，也方便根据前沿需求增、减、并、分研究方向。学院率先在全国开设了服务设计、人工智能与数据设计、创新设计与创业等新兴学科方向，更好地顺应了科技、社会和经济的发展需求。学院把专业硕士的培养方式从"导师制"改为"导师组制"，强调协同育人，进而通过教学实践区、联合培养、课程共享、学分共享、联合设计、校企合作等形式，和校内其他学科充分交叉，培养学科交叉型设计创新领军人才。2018年起，学院40%以上的研究生来自设计以外的专业。

第二，破除编制身份障碍，彻底破"五唯"。学院按照设计学科的发展规律和国际通例，进行学术评价和学术治理。某所世界顶尖的欧洲设计学院前校长曾开玩笑说："我们大部分教授都评不上中国大学的教授，但他们才是给这个领域带来深远影响的人，更是被无数研究者研究的对象；而我们的初级研究人员，他们有博士学位，发很多论文，所以更容易评上你们的教授。"为了打破这种用人怪圈，在学校的指导下，学院建立了一套独立的职称评聘体系，被戏称为"地方粮票"。学院推动了以"学术影响"为核心的人才分类评价体系，并设置了"实践教授"（Professor of Practice）序列。至我卸任的2022年，学院有专业教师103名，行政管理人员48名，8∶1的师生比，2∶1的专业教师和行政管理人员比，达到国际一流大学水平。学院超过50%的教师是"编制外人员"，34%的教师是外籍，行政管理教师中90%是"编制外人员"。他们中藏龙卧虎，如2013年学院经过深思熟虑，任命职称仅为助教但同时兼任DesignAffairs（原西门子设计部）亚太区总裁的刘力丹老师为学院工业设计专业方向主任。在她的带领下，同济工业设计的教学水平、内部管理和国际影响力都在短期内获得了巨大提升。

第三，破除顶端优势，从制度上避免"学阀"现象和行政主导资源配置，从自由探索到有组织科研。2013年，学院只有40名教职员工，仅6名教师具有博士学位，科研基础也非常薄弱。为了激发教师的研究热情，学院提出每位教师都可以根据学院的使命、愿景、学科定位，"揭榜挂帅"，主动提出科研设想，向学院申请建设实验室和启动经费。学院根据能力、潜力以及和学科发展战略的契合度，择优予以支持。去除了对申报者的帽子、职称等要求后，科研资源配置在学院发生了反转：高职称教师在学院不一定就能分到专有空间，而很多具有科研抱负和潜力的"青椒"却拥有了自己的实验室。通过3—5年的建设，学院几乎所有的自然科学基金项目都是在这些新布局的实验室中产生的，仅"人工智能与大数据可视化"实验室一年就拿到了5个自然科学基金项目。科学研究气氛逐步形成后，学院于2016年开始谋划布局大平台、大项目、大团队的有组织科研，与MIT媒体实验室建立了联合实验室、启动四平社区的"生活实验室群"计划、依托上海Ⅳ类高峰学科建设，逐步形成大规模科研协作能力。2021年起，学院牵头建设了"创新设计与智能制造"学科群，由设计学科牵头，机械、人工智能、经管等多学科参与，覆盖了同济6个学院12个一级学科，拉开了真正的跨学院、跨学科人才培养和科学研究的帷幕。

第四，破除学校边界甚至国界限制，系统引进国内外顶尖人才，实现大学知识的溢出。以"开放"带"改革"，通过国际合作和产业合作，把优秀的思想、做法、人员引进来，推动学院优化迭代是学院拥有不竭动能的秘诀。从2007年与米兰理工大学签署第一个双硕士学位至今，学院已经与世界上50多个院校建立了合作关系，与意大利米兰理工、芬兰阿尔托、德国包豪斯等大学建立了12个双硕士学位和3个双博士学位项目。2015年起，学院已有约30%的研究生来自海外，大多来自欧美设计强国。学院于2015年入选"教育部、外专局高校国际合作示范学院推进计划"，2016年获批与芬兰阿尔托大学建立"同济大学上海国际设计创新学院"，通过国际水准的"国际学术和评聘委员会"延聘了一批世界顶尖学者，包括著名的学术大师，如苹果公司前副总裁、美国工程院院士Don Norman，卡内基梅隆大学前设计学院院长、交互设计理论的奠基人Richard Buchanan，哈佛大学前设计研究生院设计博士专业主任Kostas Terzidis等，这些外籍教师和中国同事紧密合作，相互成就了他们人生中的高光时刻。如索达曼教授来同济工作达四年之久，先后获得上海白玉兰奖、中国政府友谊奖，两次受到国家领导人接见。有了大师引领，年轻教师也得以快速成长，如80后的人工智能设计专家曹楠教授，2021年受邀成为世界规模最大、水平最高的学术会议IASDR六位主旨演讲者中唯一的亚洲学者和最年轻的讲者。2014年我邀请马谨博士同Ken Friedman教授和我一起创办Elsevier出版英文设计学报 *Sheji, the Journal of Design, Economics and Innovation*，目前已经进入ESCI检索，成为设计学领域的重要国际期刊，位居 JCR 一区，在全世界 263 本跨学科人文和社会科学期刊中排名第一。

第五，突破单一经费来源，服务社会反哺学科发展。学院 2019 年的运作经费比 2013 年翻了 7 倍，校外竞争性专项经费、科研经费和企业捐赠贡献了最主要的增量。学院与商飞、中车、海尔、安吉尔、阿里、戴尔、阿斯顿马丁等企业成立合作平台，拓展了办学资源。与此同时，学院的创新和科研成果正在被快速转化：学院人工智能实验室主任、哈佛大学博士范凌研究员创办的特赞科技，2021 年完成了 D 轮融资；刘力丹副教授创办的小猴科技出品的"24 合一"精修螺丝刀成功销售 300 多万套，实现了近 3 亿的销售额；苏运升教授牵头研发的气膜版"火眼"实验室——可移动充气式 P2 级生物安全实验室，在新冠疫情防控期间成为名副其实的"抗疫神器"，在全世界 8 个国家和地区落地，横扫了全世界几乎所有设计奖项。

第六，"知行相资"，从"做"中"学"，打破社区、校区、园区藩篱，实现"三全育人"。从 2013 年起，学院通过社区、园区、校区"三区融合"，把社区作为大学拓展的教学、科研、社会实践基地，推动"三全育人"。学院与所在的四平街道共同发起了"NICE2035 未来生活原型街"等一系列专业示范性产学融合教学中心，实现人才培养与社会、产业资源的深度融合；充分利用大学知识、人才、资源溢出效应，使社区这个传统意义上的生活端，转型为城市创新的全新引擎。"未来生活原型街"的概念，把上海需求与全球人才和创新资源链接起来，使之成为高校实验室创新成果的转化温床、世界级创新人才的"上海跑道"、世界知名企业在设计创新领域的中试基地、全球资本追逐投资项目的热土。通过这一模式，年产出超过 500 亿元的"环同济知识经济圈"正在悄悄拉开朝向千亿级跃进的整体转型升级大幕。2016 年，我又与黄浦区教育局合作，发起成立了"同济黄浦设计创意中学"，60% 的科目制教学和 40% 的 PBL 教学，培养具有设计思维和创新精神的"不被人工智能取代的"创新人才。2020 年，在此基础上，上海创立了"上海市青少年创意设计院"，任命我为首任院长，推动了设计教育在上海公办基础教育的全覆盖。在学院，实践、学习和知识创造形成了闭环，学院获得了包括《财富》最佳设计、"上海设计 100+"等在内的多个国内外设计大奖。2020 年，英国设计博物馆出版了《未来展望计划》(*A Plan for Future*

Observatory），该书选择了 NICE2035 作为全球后疫情时代生活方式转型的前瞻案例之一。

三、对标国际最高标准、国际最好水平才是持续创新的动力

设计创意学院的发展奇迹，正是长期坚守"在新时代坐标中坚定地追求卓越的发展取向，面向全球、面向未来，对标国际最高标准、最好水平"的自然结果。学院在发展过程中，努力避免一些违背长期主义、科学规律、实事求是原则的指标和做法的干扰。可以想象，如果只在一个小格局中，按"每年 KPI 进步一点"的惯用思维，学院是不可能到今天这个位置的。

过去十年，学院的实践证明了在中国是完全可以建设出世界一流学科的。未来十年，我更希望通过创造世界级的高等教育范式转型，让中国的高等教育实现从世界一流到全球引领的跨越。2019 年设计创意学院成立十周年的时候，当时的校领导问我学院下一个十年的目标，我脱口而出："设计创意学院下一个十年的目标，无关乎排名，而是要'为人类的进步作出可见的贡献'。"

道阻且长，让我们上下求索，且行且歌！

青年法学教师如何做好教学与科研工作

上海政法学院 郑少华

> **作者简介**
>
> 郑少华,男,1969年生,民盟盟员,二级教授、博士生导师,上海政法学院副院长,上海市政协委员。教育部"长江学者奖励计划"首届青年学者(2015),"百千万人才工程"国家级人选(2019),中达环境法学者(2019),上海市领军人才(2019),国家有突出贡献中青年专家(2019),享受国务院政府特殊津贴。
>
> 主要研究领域为环境法学、经济法学、社会法学、生态文明法治、自贸区法治等。兼任最高人民法院环境资源法咨询专家、最高人民法院海事与涉外商事咨询专家、上海市政府外聘法律顾问、上海市监察委员会特约监察员、上海市高级法院特约咨询员、中国法学会环境资源法学研究会副会长、上海市自由贸易区研究会会长、上海市法学会自贸区法治研究会会长等。主持国家社科基金重大项目3项、重点项目3项。先后在《中国法学》等国家权威期刊与CSSCI期刊上发表论文60余篇,其中被《新华文摘》等转载近20篇。先后获教育部人文社会科学奖、司法部全国法学优秀教材与科研成果奖、中国法学会法学学术成果奖、上海市哲社奖、上海市决策咨询奖、上海市教学成果奖等省部级教研成果奖10余项。

尽管法学是否属于一门社会科学一定程度上存在争议,但说法学是一门充满经验的学问,应该是没有什么争议的。一名法学青年教师欲做好教学与科研工作,取决于博士毕业进入高校刚开始工作的前五到十年是否能形成良好的工作习惯与取得较丰硕的教学科研成果。所以，笔者想结合个人的经历与多年高校管理经验，着重谈谈法学领域的青年教师如何做好教学与科研工作。

一、站好"三尺讲台"

对于刚入职的青年教师来说，可能存在着一个误解：教学是次要的，首先是科研。因为三年或六年的"非升即走"的考核压力或职称晋升等的压力主要源自科研。但这种认识是不正确的。首先，大学教师最基本的职能在于教学。大学教师是以教学作为主要手段完成育人目的的一个群体。若无这么个群体，大学作为健全人格的养成所与专门学问的训练场将不复存在。作为一个职业，大学教师义不容辞地首先要站稳讲台。其次，形成良好工作关系的需要。试想一下，一名年轻教师，若讲不好课，即使科研不错，同事，特别是前辈不大可能会很尊重他。于是，他与同事的关系会变得很微妙，他自己也会感受到压力。最后，教学相长环境塑造的需要。大学作为一个研究机构，与普通科研机构和政府的研究机构的一个很大的区别就是大学有一批又一批充满活力的学生，可以与教师通过教学形成教学互长的氛围，而这种教学互长的环境又不断推动教师与学生的科研创新。若站不稳讲台，就不可能形成教学互长的环境，就享受不到这种氛围带来的好处。

一名刚入职的年轻教师明白上述道理之后，应迅速进入"角色"。第一，听课学习。选择一门授课精彩的老教师的课程，完整地学习一门课。不仅仅是跟班随堂听课，还得了解这个班级学生的基本情况，适时与老教师沟通交流，认真学习老教师如何开展教学方案的实施、知识点的传授与课堂的组织教学。另外，可以通过网络方式，寻找全球或全国有影响力的精品课程进行自学。第二，了解学生。一门课程上得好与坏，其中一个重要因素是授课对象。因此，对于新教师来说，了解授课学生的基本情况非常重要。这个基本情况包括所在大学专业的高考录取分数、学生的先修课程等，甚至包括学生们在学习上的兴趣爱好等，要想办法与学生成为朋友。第三，认真备课。要根据教学大纲编写详细的教案。在部门法的教授中，对于重要制度，应包括现行法律法规规定、重要执法/司法案例、学界通说、理论与实践的争论、外国法/司法判例、制度变迁等内容；在理论法学的教授中，上述内容仍然需要，只不过更强调理论渊源与理论的证成。第四，教学互长。在教学过程中，一定得设计与学生的互动场景，让学生真正成为学习的主体，使学生通过朋辈激励引发学习热情，进而启发教师，塑造教学互长的环境。第五，拓展学习。一些青年教师经过博士阶段的严格训练，往往会误以为进入大学教书，所教授的课程一定应该是博士论文所属的三级甚至四级学科，否则，备课上课就是浪费时间。其实，这种想法是不合适的。大学法学本科专业与法律硕士课程，特别是必修课基本上是按二级学科分类的。所以，年轻教师一定要至少在二级学科领域拓展知识面，否则将难以应对大学法学专业的教学需要。第六，参加比赛。这几年，大学里针对年轻教师的教学赛事多了起来，青年教师可以根据兴趣爱好与工作安排，适当参加一些，主要是为了锤炼教学技艺。第七，指导学生。作为一名大学教师，不仅仅要授课，还应指导学生从事科学研究，如举办与课程有关的读书会、研讨会，指导学生课题研究和社会调研等学术活动。

二、做第一流的学问

对于大学教师来说，从事科学研究是基本的职责之一。一方面，这是发挥教书育人基本职责的基础与前提。因为大学是知识创新的策源地，学生经过一段时间的大学熏陶应成为一个社会的创新群体，若教师没有做学问的习惯与经验，大学便无法实现这个功能。另一方面，大学作为一个社会的创新组织而存在。大学的职能在于创新，相较于其他科研机构而言，其组织创新方式的独特之处在于通过对学生的训练，将自主探索与有组织的科研有机结合。因此，从事科研亦是大学教师的天职。

对于年轻教师，特别是刚入职的青年教师而言，做学问应该从以下几方面着手：第一，要有追求第一流学问的精神与信心。无论入职普通高校还是名校，都应该要有做一流的学问的态度与勇气。也就是说，至少在从事的法学二级学科领域，你应该成为你那个年龄段的杰出者之一。第二，将最杰出者视为引路人。就法学领域而言，在你归属的二级学科中，要将最杰出的那几个人作为科研上的榜样，认真研读他们不同时期的代表作，了解他们大致的经历，并最好与他们取得学术上的交往。第三，要阅读一流的文献。在你从事的专题性研究中，一定要研读一流的中外文献，否则，你的成果不可能是一流的。第四，在博士论文基础上进行拓展性研究。博士论文是你从事研究的基础，入职后，一方面可以博士论文为基础，修改或扩展出几篇论文，向专业刊物投稿；另一方面要尽快以博士论文为基础，进行拓展性研究，开始新的专题性研究，不能几年都走不出博士论文的框架与思路。第五，争取成为一个好的学术研究群体的一员。作为新入职的年轻教师，你要在较短的时间内找到一个比较符合你的研究领域与兴趣的好的研究群体，可以是个课题组，也可以是以学术研讨为目的的群体。最好本校有，若本校没有，就加入外校。第六，争取课题。现在法学的各类课题很多，课题资助有助于你的研究进行。因此，申请课题资助应该成为你的日常研究工作的一项重要事项。第七，成为一个好的科研合作者。刚入职，可能会遇到资深教师或导师找你做科研合作者，若合作领域与你的专业领域有一定相关性，你应该加入，并争取成为一个好的合作者。第八，向好的刊物投稿。好的刊物代表了学界的较高水平，法学青年教师一定要向法学类 C 刊投稿。

三、观察、参与现实社会

霍姆斯大法官曾言：法律的生命在于经验而非逻辑。因此，作为一名青年法学教师，了解、观察，甚至参与校园以外的真实世界，特别是法律运行的真实情况非常重要。刚入职的青年法学教师通常会存在两个认识：一是了解观察现实世界，只能通过兼职律师或其他社会兼职完成；二是自己从事的是理论法学或法教义学的研究与教学，不需要了解真实世界。其实，这的确是误解。对于前者，社会兼职是了解社会现实的一个渠道，但不是全部。特别是兼职律师，这个职业的很多要求不同于高校教师，一般很难两头兼顾。作为一名青年法学教师，完全可以通过观摩庭审、法治实务部门挂职、实务性专题研讨、专题性调研、田野调查等方式了解、观察真实社会。总之，只要存有观察社会之心，就不愁找不到观察的方法。对于后者，现实社会是理论法学研究与法教义学的重要参照与重要素材。因此，观察、参与真实社会对于青年法学教师是十分重要的。

观察、参与真实社会，对于刚入职的青年法学教师来说，要开始从事"咨政启民"的工作。首先，对于现行法的"废改立释"或某种社会现象的法治化对策，可以通过向有关部门提供专家建议，参与法治化进程。其次，参与所在单位的智库工作，为有关部门提供智库报告。最后，对于有影响力的案件或事件进行法治评论，向主流媒体投稿，推动中国法治进步与人类文明的提升。

总之，一名好的教师，应该在授课、科研、决策咨询等方面都有很好的表现，才能成为年轻学子的楷模。因此，青年法学教师应该在这三个方面努力提升自己的能力，争取早日成为一名杰出教师。

青年人才成长需要具备的五种心态

天津师范大学　佟德志

作者简介

佟德志，男，1972年生，中共党员，天津师范大学党委常委、副校长、政治学理论教授、博士生导师。教育部"长江学者奖励计划"首届青年学者（2015），国家重大人才工程特聘教授（2018），国家重大人才工程教学名师（2017），全国文化名家暨"四个一批"理论人才（2017）。

主要研究领域为政治学理论。担任"马克思主义理论研究和建设工程"重点教材首席专家，兼任中国政治学会副会长等职。国务院学位委员会政治学学科评议组成员、教育部高校政治学类专业教学指导委员会委员。先后完成国家社科基金重大、重点、一般、青年项目6项，出版专著4部，在《政治学研究》等中英文杂志上发表论文170多篇，获得教育部和天津市科研和教学奖励10多项。获天津市劳动模范、教工先锋岗等荣誉称号。

高校是人才的高地，精英荟萃，不乏大师级人才。这些人才，尤其是近年来的青年教师，都接受过良好的教育，又来到重要的工作岗位，似乎成功指日可待。但是，我发现，那些成功的青年教师之所以能成功，可能不仅仅在于这些，甚至最重要的因素不是这些，而是心态。我2001年正式入职高校，36岁被评为教授，当时还算是青年。从青年教师一路走来，有成功的经验，也有失败的教训。有过不好的心态，让自己很纠结；也有过好的心态，让自己能够在困境中成长。个人的感觉是，青年的成长真的是成也心态，败也心态。下面我结合自身谈一谈青年教师成长需要具备的五种心态，希望能够为大家提供一些思考，帮助大家少走弯路。

一、百折不挠的进取心态

"三十功名尘与土，八千里路云和月。"这句岳飞在《满江红》里脍炙人口的诗句，是青年教师刚入职的写照。青年教师正是意气风发的年纪，准备在新的工作岗位上大展宏图。对他们而言，八千里路、日夜兼程，也只是家常便饭。青年人有更好的精力、更好的体力、更好的能力，有进取心态是普遍的情况。

进取心态是青年教师快速成长的重要动力。我博士一年级的时候转为教师参加工作，当时真的是有用不完的力气。学院交办的任务，无论大小，我都会投入大量的热情、时间和精力，尽全力做好。大量的教学任务，我也不觉得辛苦；大量的科研任务，我也乐在其中。记得当时我还兼着管理研究所的设备，从技术到内容，一个人维护一个服务器、一个网站，乐此不疲。为了做好网站，我还去学习了网页编辑的 HTML 语言、图形图像处理软件等。这些东西看起来跟自己的教学科研关系不大，但无心插柳，后来的多媒体课、慕课等方面，做起来就感觉轻车熟路了。

一直保持进取心态并非易事，也更为可贵。2004 年，我参加了全国优秀博士论文的评选。这在当时是一个非常重要的评选，但非常难，全国所有的博士论文只选出 100 篇。正是因为有了进取的心态，我一直对标学界的最高水平，付出了大量的努力，博士论文也从学校到天津市、全国初选，一路过关斩将，获得了优秀的成绩。在教育部公示的提名名单中，我在政治学学科中排名第一。我的进取心也得到了极大的鼓励。但在最后的会议评选中，政治学学科没人获得这一奖项。这令我非常沮丧，也很受打击，甚至一段时间内非常消沉。但最后，我还是从这个打击中走了出来，继续努力，最终获聘教育部"长江学者奖励计划"的青年学者。我的经验是，青年教师要有进取心，但不要太看重结果，即使有挫折，也不要太在意。机会总会有的，只要你努力。

二、教学相长的学习心态

"三人行，必有我师焉。"这是孔子在《论语》述而篇中的名句。高校教师首要的工作是教学，这就决定了高校教师要不断学习。一般来说，青年教师都会承担较重的教学任务，同时还要在科研上有所创新，这就需要我们不断学习。

优秀的学者都在不断地向同行学习，甚至向学生学习，这值得我们学习。我在耶鲁大学访学时，有幸拜见过罗伯特·达尔（Robert Dahl）教授。聊天的时候，他告诉我，他的成名作《民主及其批评者》就是在教学过程中与学生不断交流的结果。在一次与哈佛大学简·曼斯布里奇（Jane Mansbridge）教授交流时，我惊讶地发现，她还清晰地记得十多年前在天津师范大学做讲座时一个学生向她提出的问题。这让我感叹，也让我坚信"三人行，必有我师"，时时事事皆学问，只要你肯思考。我做青年教师的时候，经常被学院派去接机、接站。一些人觉得这是杂活儿、没必要让教师去做，但我却非常乐意。每次从机场到学校都有50分钟的路程，相当于请名师做了一个一对一的辅导，真的是非常受益。

将研究融入教学，教学相长，是我的一个经验。教学相长需要我们在教学中加强研究的成分，也就是研究型教学。最好的教学，是教师和学生一起探索的过程。教学活动不只是"我教、学生学"的过程，还要让学生参与其中，更好地培养学生的创新能力。青年教师初上讲台，总感觉有讲不完的知识，结果就是满堂灌，不仅自己很累，学生受益也有限。在教学过程中，我会给学生布置适量的作业，教学生方法，引导学生参与到研究实践中。我一直坚持给本科生开设"政治学前沿阅读"课程。在这门课程上，我会教学生阅读的方法，让学生自主阅读，撰写读书笔记，完成布置的作业任务。经过训练，本科三年级的学生就可以在教师指导下阅读政治学前沿论文和著作，并完成读书笔记。一门课下来，学生完成了5万多字的英文文献读书笔记。在这种研究型课程中，学生得到提高的同时，我也通过教学过程获得了更多的知识，他们的一些优秀成果也成为我们科研项目的部分内容。

三、开放包容的合作心态

"二人同心，其利断金。"这是《易经》中广为流传的一句话，非常简捷地表达了意味深长的哲理，为大家津津乐道。大家都知道合作的重要性，但青年教师却因为害怕"干活多、收益少"而很难与他人合作。我想说的是，作为青年教师，既然认识到了合作的重要性，那就必须调整心态，在合作中成长。

合作是互相成就。我经常跟我的同事和学生讲一个道理，如果一件事情需要100分的才华，你有80分，做不成；另外一个人有60分，也做不成；但如果合作，就能做好这件事，这个过程是一个互相成就的过程。尺有所短，寸有所长，每个人也是这样，好的合作会弥补我们的短板，发挥我们的长处。如果我们总是斤斤计较，甚至吹毛求疵，不能包容他人，那合作就容易失败。有的时候，团队合作会遇到分歧，甚至是非难，但我始终坚信，合作是大家一起做的事情，应该以开放的胸怀加强合作，包容每一位团队成员。

我的成长得益于我所在的团队。我的导师徐大同先生早年在北京大学、中国人民大学工作，回到天津师范大学后打造了当时国内最好的西方政治思想团队，我有幸成为其中一员。刚进团队，我是最小的，徐先生不仅把一些工作交给我做，还会指导我完成，使我进步得更快一些，关键是让我养成了合作心态。现在由于工作需要，我自己也在组织团队，有教学的，有科研的，也有智库方面的。受益于以前团队合作的经验，我会努力以开放的心态尽量包容各种各样的成员，从大处着眼，发挥其长处。

四、追求卓越的工作心态

"会当凌绝顶，一览众山小。"我不知道杜甫写下这句诗的时候是怎样的心情，但每次读到这句诗，我总会有一种超越的冲动。这句诗表达的，就是一种追求卓越的心态。如果没有追求卓越、勇攀高峰的心态，也就领略不到"一览众山小"的风景。

追求卓越是一种心态。在工作上追求卓越，首先要知道我们工作的领域中哪些人做得最好，然后虚心向他们学习，做得像他们一样好，甚至比他们做得还要好。在教学方面，虽然做不到卓越，但我会努力在每一个细节上追求卓越。例如，很多人不重视PPT的设计，我做得也不够好，但我会把大量时间花费在PPT的每一个细节上，在各种演示方案中选取最好的方案，把最好的成果呈现给同行或学生。

追求卓越体现在很多地方。追求卓越在于细节，如果不能做到全面卓越，就要努力在一些重要的领域做到最好。如果还不能做到最好，就再缩小范围，再延长努力的时间，直到做到最好。追求卓越在于坚持，泰山登顶需要14公里，爬

13公里后放弃了是无法到达顶峰的。最终登顶的，也不过比中途退却的多努力了最后1公里。追求卓越要有自信，我并不是一个聪明的人，也没有在工作中做到卓越，但这并不妨碍我追求卓越。很多时候，我们没有在工作中做到卓越，只是因为我们没有追求卓越的心态。自暴自弃，总是觉得自己不行，比不上别人，就放弃努力，最后就真的不如别人了。

五、随遇而安的生活心态

"回首向来萧瑟处，归去，也无风雨也无晴。"这是我最喜欢的诗人苏轼《定风波·莫听穿林打叶声》中的一句诗。很多人被苏轼的文采折服，但更让我折服的，是苏轼对待生活的态度。20岁出头的苏轼进京应试就名动京城，却因政见不合既不被旧党接纳，也遭新党忌恨，被边缘化到杭州、徐州、湖州、黄州、汝州、颍州、扬州、惠州、常州，虽四处颠沛流离，但他仍能保持乐观的心态，这是非常值得我们学习的。

我从小出生在农村，本来对生活的要求就不高。从求学到毕业、工作，我一直在学校，对生活没什么特殊的要求，养成了随遇而安的生活心态。在我还是青年教师的时候，国庆节假期被学院派到甘肃上课，一上就是八天，每天讲授八节课。别人觉得不可思议，但我并不觉得不适应。现在的生活条件越来越好，为青年教师的成长创造了更好的条件。有一次与政治学界的前辈王惠岩先生一起吃饭，他很自豪地跟我们讲吃饭的这个饭店就是他当年蹲牛棚的地方。老先生的乐观与豁达，让人动容。其实，当有一天你把吃过的苦当成一种自豪讲出来的时候，你会觉得那些苦、那些累可能正是一种人生历练，甚至是让人成长的动力和资本。

要学会适应。老人们常说，"能吃生活的苦，才能尝到生活的甜"。其实对于生活来说，无所谓苦，也无所谓甜，能适应就好。一个人如果吃尽了生活的苦，却享受不了成功的甜，那也是一种缺憾。可能是命运的眷顾，我从小没吃过什么苦。尽管出生在农村，条件并不好，但我也能自得其乐。后来条件逐渐变好，生活水平不断提高，我也没什么特别的要求。生活是苦是甜，与人的心态有很大的关系。有的人能苦中作乐，有的人却身在福中不知福。经得住一路的风风雨雨，活得过一生的海阔天空。生活上的随遇而安，才是更好的心态，让我们无论逆境或顺境都能感到幸福。

凡事不要太计较。有的人会跟生活中的各种小事过不去，我想可能是因为他太闲暇了，才会有时间计较。如果一个人总有做不完的工作，可能连吃饭的时间都压缩到 10 分钟，他就不会在意生活中的小事。人们经常说，学问是闲暇的事业。但学问做起来，常常是没有闲暇的。

我的导师徐大同先生生前曾经有一句座右铭："教学问，教做学问，教做人。"第一次听导师这样讲，我就想，作为学生，我们应该"学学问，学做学问，学做人"。现在想起来，青年教师成长需要具备的五种心态，有的与学学问有关，有的与学做学问有关，有的与学做人有关，最重要的还是学做人。而做人，需要的就是一种健康的心态。

拓展高校人才成长多元路径，培养高水平复合型人才

北京师范大学　康　震

作者简介

康震，男，1970年生，中共党员，北京师范大学党委常委、副校长，兼任科研院院长、中华文化研究院 | 京师书院院长、文学院教授、博士生导师，北京市第十五、十六届人大代表。教育部"长江学者奖励计划"首届青年学者（2015），国家重大人才工程特聘教授（2018），国家重大人才工程教学名师（2017），北京市宣传思想文化系统"四个一批"人才（2020）。

主要从事中国古代文学与文化的教学与研究工作。获得国家级教学成果奖二等奖两次（2014，2018）、教育部人文社会科学优秀成果奖二等奖（2015）、教育部人文社会科学优秀成果奖普及奖两次（2013，2023）、北京市哲学社会科学优秀成果奖特等奖（2014）、霍英东教育基金会高等院校教育教学奖一等奖（2022）。获得全国模范教师（2007）、全国高校优秀辅导员（2007）、首都劳动奖章（2017）等荣誉。

担任国际儒学联合会副会长、国家教材委员会语文专家委员会委员、中欧人文艺术教育联盟理事会理事、教育部基础教育语文教学指导委员会副主任、教育部文化素质教育指导委员会委员、北京市学位委员会委员、北京市社科院决策咨询专家委员会委员。在中央广播电视总台《百家讲坛》《中国诗词大会》《朗读者》《中国地名大会》《经典咏流传》《诗画中国》等栏目担任学术顾问、鉴赏嘉宾。

习近平总书记在中央人才工作会议上指出："青年人才是国家战略人才力量的源头活水。"青年人才的培养和使用，是关系全局、关乎长远的一件大事。当代社会需要的高校青年人才，应当是拥有良好学术底蕴、具备理论思考深度、能够推动学术资源和理论思考向社会实践需求不断转化的高水平复合型人才。高校应当成为青年学术人才的培育土壤，成为管理服务人才、文化传播人才的孵化基地，成为党和国家需要的高水平复合型人才的摇篮。

得人之要，必广其途以储之。高校需着力拓展选才育才的多元路径，提供更多历练机会和深耕平台，从而推动青年复合型人才不断涌现、活力竞相迸发。作为一名长期在高校一线从事科研教学和管理服务的教师和工作者，我仅结合自身的一些经历以及工作实践中的体会，分享几点思考和心得。

一、潜心育人，以教改创新为根基催生高水平社会服务

北京师范大学中文学科是全国首批一级学科国家重点学科，在教育部学科评估中，中文学科以最好成绩获评 A+ 等级，被列入国家"双一流"学科建设。如何立足北师大丰富的学术底蕴，不断改革本研教学的方式与路径，培养符合时代需求的优秀学者、优秀青年、优秀文化继承传播者，是我多年来始终钻研的课题。

执教二十余年，我始终坚持为本科生授课；紧紧围绕"文学原典解读"这个核心，推动形成"精读—研读—导读—选读"四位一体、以研修式中小班授课为主要形式的中国古代文学课程和教学体系；常年坚持组织师生读书会和专题研修班，成为课堂教学的重要补充和延伸；充分调动青年教师力量，拓展学术思路与方法，深化学生对经典作家作品的理解与认知。

学校教学之余，我积极将教学推向校外平台，将学术资源转化为社会服务资源。作为教育部文化素质教育指导委员会委员，我长期致力于推动古代文学与传统文化优质课程资源的校际交流分享：为部分中西部和理工农医高校讲授古代文学与传统文化校际观摩公开课，为香港、澳门、台湾等地高校与中学生讲授古代文学讲座，为欧美与亚洲等海外学生讲授中国古代文学系列课程……以传统文化教学为精神纽带，巩固两岸文化桥梁，为推广中华优秀传统文化、推动中国文化走出去做出了自己的努力。

二、深耕科研，推动优质研究成果高质量转化应用

科学研究是大学的重要使命，也是青年人才自我成长和服务社会的重要根基。近年来，我的研究方向主要集中在三大领域：一是推进隋唐五代散文文体研究，建构新的文体发展史体系、文体发展史观和文体研究格局，以文学史叙述新模式揭示古代散文整体风貌；二是开拓唐代文学与都城、地域文化的关系研究，深入探究区域文明与文学创作的关系，整体考察文学创作在不同文化单元中的生成过程；三是深入唐代文学与制度文化的关系研究，重点考察唐代文学养成与私学教育的关系、唐代科举风气与唐传奇的关系、唐代翰林学士与文学的关系等。我先后在《文学评论》《文艺研究》《文学遗产》等核心期刊上发表论文 10 余篇，出版了《长安文化与隋唐诗歌》《中国散文通史·隋唐五代卷》等专著；主持国家社科基金重大项目"中国古代散文研究文献集成"子课题"中国古代文评专书全编"、国家社科基金一般项目"唐代两京都城文化、空间形态与唐代诗歌的发展与演变"以及教育部、北京市社科基金项目多项。

在以上研究成果的基础上，又形成了一系列转化应用和咨政成果。例如，将散文研究成果转化为中小学语文教育和大众文化传播资源、将古代都城文学研究成果转化为城市文旅开发资源。作为国家教材委员会语文专家委员会委员，我负责审订中小学语文教材。作为北京市人大代表，我为北京建设全国文化中心献计献策；与奉节县政府达成战略合作，挖掘诗词文化，为推动城市文化建设提供方案。

三、建强科研团队，依托重大项目促进青年人才孵化

国家社科基金重大项目不仅是深化学术研究、助力国家战略的学术利器，也是锻炼团队、组织和孵化人才的重要依托和关键平台。要在重大项目的推进过程中着重加强团队建设，为年轻人提供更多成长锻炼的机会和平台，带动更多德才兼备的青年人才潜心科研，增长才干，成为未来学科建设的领军人才。

2018 年 11 月起，我作为首席专家主持国家社科基金重大项目"中国古代都城文化与古代文学及相关文献研究"，首次全景式地研究古代都城文化与文学发展的整体关系，推动学术观点、研究方法的创新，攻坚克难填补空白，产出高水

平研究成果。在项目中，我组织指导30余名古代文学青年教师、研究生参加项目研究，凝聚学术精英、营造学术氛围、促进学术交流，相关研究著述入选"国家'十四五'出版规划重点项目"；推进古代文学学术梯队建设与青年人才培养，依托国家级教学团队、中组部万人计划"教学名师"人才项目建设，不断推进学术项目、开发精品课程、创建教学科研平台，大力培养青年教师；坚持以党建为引领，带领学科团队牢牢把握正确政治方向，充分调动学科专业文化资源，将学科团队建成为坚强的政治堡垒，促进青年人才培养孵化。

四、聚焦国家重大战略，承担传承中华文明历史使命

习近平总书记指出，文化关乎国本、国运。新时代以来，党和国家从事业发展全局的战略高度，对中华文化传承发展进行了全面部署，开展了一系列生动实践，意义重大，成果非凡。2016年5月，我应邀出席了习近平总书记主持的哲学社会科学工作座谈会，作为文学领域专家代表作了"加强中华优秀传统文化的研究、普及与传播"主题发言。2023年6月，我出席了习近平总书记主持的文化传承发展座谈会。我先后在《中国社会科学》等权威期刊上发表《中华民族现代文明的历史逻辑、实践路径与价值导向》《古代中国尚和传统与中华文明的和平性特性》等理论文章，阐释了关于如何建设中华民族现代文明方面的理论思考，提出了政策建议。

近年来，我结合自己的学术研究领域在传承中华优秀传统文化方面做了一些创新的尝试。例如，与中央广播电视总台深入合作，参与《百家讲坛》《中国诗词大会》《经典咏流传》《朗读者》《诗画中国》等现象级文化节目的策划和制作，担任策划、文学顾问及现场鉴赏专家，创新中国古代优秀文化当代传播的话语与实践；与中华书局、人民文学出版社等长期合作，出版"康震讲唐宋文学家系列"、《康震古诗词81课》学术普及读物等；连续三年组织"传统文化进校园"高端论坛，推动传统文化走进大中小学校园；发起成立"青春国学计划"联盟，以北师大为中心搭建全国性大中小幼传统文化教育交流平台，打造传统文化教育品牌；参与组织策划北师大首届"启功教师奖"评选活动，表彰县以下农村地区，尤其是老少边穷地区基础教育一线从教满三十年、作出杰出贡献的优秀教师，弘扬师德风范，传播尊师重教正能量。

五、创新科研组织形式，组建高水平学科交叉研究平台

探索建立新型科研组织模式，能够有效整合资源，提升科研创新整体效能，进一步激发科研主体的创新活力。近年来，北师大人文学科也在创新科研组织形式方面作出了重大探索，通过新型平台建设历练、吸纳和影响更多杰出的高校青年人才。

2023年4月，在学校党委部署指导下，我牵头组建了北京师范大学中华文化研究院|京师书院，建设以人文社科领域为主的学科交叉研究和跨学科人才培养的新型教学科研机构。以此为依托，作为教育部重大专项"中国语言文学自主知识体系的理论创新与当代实践"总召集人、教育部哲学社会科学"面向全球倡议的中华文化研究创新团队"首席专家，我立足全球视野，围绕中国式现代化、中华文化传承发展、中华民族现代文明建设和中外文明交流互鉴等领域，开展当代中国发展经验、治理实践及其文化基础的科学交叉研究，培养中国文化研究和传播的高层次人才。此外，我还推动搭建北京师范大学中华传统文化研究与传播交叉平台，参与主办国际学术论坛"京师论坛"，邀约中外著名学者解读中华优秀传统文化，从历史与未来、传统与当代等不同角度审视中华优秀传统文化，推动学术论坛活动走向当代、走入教育、走进生活，提升中华优秀传统文化的社会影响力和吸引力；联合大陆高校积极开展与台湾辅仁大学、台湾师范大学、台湾东吴大学的本科生文化、学术交流，强化北师大与台湾相关高校古代文学学科的多元化学术交流活动。

六、深度参与高校治理，提升办学治校管理服务能力

在实践中经受锻炼和考验，是培养年轻干部的基本途径。按照学校党委工作安排，2004—2022年，我先后担任北师大文学院党总支副书记、副院长，党委/校长办公室主任，文学院党委书记。担任文学院党委书记期间，我坚持以党建和立德树人统领人才培养和思政工作，努力提升人才培养质量；创建文学院二级党校，带头主讲专题党课，坚定师生理想信念；坚持党建与业务深度融合，带领学院党委行政高度协同，一体推进"双一流"建设，全力建设世界一流中文学科。2018年，文学院获评全国首批党建工作标杆院系等荣誉称号。目前，我在

北京师范大学负责分管科研、实验室安全、智库建设、期刊管理、校地合作等方面的工作。按照学校第十四次党代会部署，学校正在以"四个面向"为目标，实施卓越科研战略，加速推进高水平科研创新体系建设，着力提升学校科研实力和综合水平。深度参与高校治理与服务，对于青年人才而言可以有更多的机会拓宽思路、积累经验，理解和把握高等教育改革发展的规律，形成更加广阔的视野和格局。

　　党的十八大以来，党中央作出全方位培养、引进、使用人才的重大部署，推动新时代人才工作取得历史性成就、发生历史性变革。在第十四届全国人民代表大会第二次会议上，李强总理提出，要全方位培养用好人才。高校作为青年人才的重要培养地，更应坚持把青年人才队伍建设放在深化改革的全局中通盘考虑，为青年人才拓展多元的成长路径，造就更多有深厚家国情怀和强烈社会责任感、勇于创新、追求卓越的高水平复合型人才。

浅析高校青年人才成长规律及时代机遇

海南大学　陈　骏

作者简介

陈骏，男，1979年生，中共党员，海南大学党委常委、副校长、教授、博士生导师。教育部"长江学者奖励计划"首届青年学者（2015），国家杰出青年科学基金获得者（2018）。

主要开展磁电热固体功能材料结构、性能及产业化应用研究。2008—2009年获德国洪堡博士后研究基金（德国TU-Darmstadt），2015年日本东京工业大学材料与结构实验室海外客座教授，2019年意大利帕多瓦大学访问科学家。曾获国家基金委优秀青年科学基金（2013）、全国百篇优秀博士学位论文（2009）等。担任中国晶体学会理事、Chinese Chemical Letters 执行主编、Microstructures 执行主编。获国家授权发明专利9项、国际专利1项。学术成果发表在 Science、Nat. Rev. Mater.、Phys. Rev. Lett.（5篇）、J. Am. Chem. Soc.（16篇）等上，研究成果应用在精密红外探测、高温振动传感器、新一代电子封装等领域。

青年人才是高校教书育人、立德树人的重要力量，是高校发展的未来和希望。习近平总书记指出："党和国家事业发展对高等教育的需要，对科学知识和优秀人才的需要，比以往任何时候都更为迫切。需要我们大力培养造就一支师德高尚、业务精湛、结构合理、充满活力的高素质专业化教师队伍，需要涌现一大批好老师。"青年人才的培养与成长，是每个高校实现长久可持续发展的源动力和不可或缺的关键部分。作为学校管理者中的一员，我们应不断优化和完善青年人才培养及激励机制，做青年人才发展的"加油站"和"助推器"；同时，作为曾经从青年教师走过来的一员，我也切身体会到了青年人才成长过程中所面临的机遇和挑战。

一、从青年学子到青年教师和青年人才的成长规律

高校青年人才成长具有自身的鲜明特点和规律，清晰地认识这一成长规律，一方面有助于恰当制定人才培育政策，以获得最佳的激励效果和培育成效；另一方面能够帮助青年人才清晰地认识自身所处的发展阶段，充分结合自身特点，实现更快速的成长。

由于受到年龄特征、经验积累、学术影响力等因素的影响，高校青年人才既表现出年轻的活力、丰富的创造力，但同时又处于事业的起步成长阶段，缺乏教学育人以及独立开展科学研究的经验。由于入职时间不长，青年人才往往面临职称低、薪资待遇偏低等现实问题，工作和生活压力较大。评价制度针对学术研究的较多，对教育教学、人才培养和社会服务等方面的评价相对不足，不利于青年人才全面发展。针对学术研究量化指标的评价考核模式，容易引起"五唯"问题的产生，青年人才学术追求易陷入短平快功利的困扰。学术研究是一种特殊的社会活动，内生动力源自对真理的追求，如果学术研究过多处于被动应付状态，内生动力势必会减弱以致影响学术的长远发展。

青年人才从博士阶段开始到入职成为青年教师，其学术研究发展轨迹一般会呈现先上升，后进入适应期甚至低谷期，再到上升期的曲线型发展模式。在博士期间，随着学识基础逐渐扎实、研究技能逐渐完备、研究思路逐渐清晰，青年人才学术研究能力稳步提升，在临近毕业时达到较为优秀的状态，这也是为什么许多博士研究生往往在最后一两年有较好的科研产出。步入博士后阶段，有机会探索交叉甚至全新的科研方向，进一步提升科研技能和学术视野，是未来职业发展的重要积累。因此，这个阶段是相当一部分青年人才取得创造性科研成果的黄金阶段。此外，博士后阶段能够保持较为纯粹的科研工作状态，允许将足够充沛的时间和精力投入学术研究，而免受其他事务的影响。近年来，国家高度重视博士后工作，相继出台了一系列支持政策，如博士后创新人才支持计划等，高校层面也纷纷出台支持政策，保障博士后各方面的待遇。青年人才应把握好这个阶段，

多做积累，为未来发展方向多做思考和探索。

随着进入教师职业生涯，青年人才往往很难再延续博士后阶段较为理想的学术研究状态，迎来的可能不是一个新的上升期，反而是一个学术适应期甚至低谷期，这主要源于角色转换和工作模式快速转变带来的连锁效应。教学与研究是辩证的对立统一关系，既相互冲突，又相互促进。单从时间分配上看，青年人才开始担任课程教学、学术研究和行政事务等一系列角色。从博士或博士后阶段只需要关注学术研究一件事情，切换为教学、科研、研究生培养、科研经费申请、学院系所事务工作、家庭等多线程、多任务工作状态，难免在一开始出现顾此失彼、手忙脚乱等窘境，如果不能快速调整适应，时间一长将错失发展的黄金时期。这对青年人才来说是一次重要的考验，如何克服适应期或者低谷期是一个重要的命题。其中，我认为最重要的是对这一阶段要有清晰的认识，以积极的态度正视这一阶段，克服焦虑心态，尽快找准自己在教学或者学术上的定位，实现角色和工作状态的顺利转换。顺利度过适应期之后，青年人才需要更加全面地发挥教师身份的作用，不仅要在教育教学上取得优秀的成绩，还要建立具有特色的学术研究方向，同时还需要逐步担当起教学或者学术管理者的角色，带领教学或者科研团队，培育新生力量。

二、优化青年人才成长的政策环境

从外部环境看，从国家到地方，再到高校，都在通过政策制定、制度完善、平台搭建等诸多方式，为青年人才发展营造优越的政策环境，大力支持青年人才的培养。国家层面，习近平总书记在中央人才工作会议上强调："要造就规模宏大的青年科技人才队伍，把培育国家战略人才力量的政策重心放在青年科技人才上，支持青年人才挑大梁、当主角。要制定实施基础研究人才专项，长期稳定支持一批在自然科学领域取得突出成绩且具有明显创新潜力的青年人才。"针对青年人才的培养，一系列面向各个层次、各个领域、强有力的人才支持政策和举措相继出台，产生了卓越的成效。比如青年人才起步阶段的青年科学基金项目、博新计划等，再到"四青"人才、国家重大人才工程特聘教授、国家杰出青年科学基金等各层次人才支持计划。

学校层面，以北京科技大学与海南大学为例。北京科技大学一直坚持"人才强校"战略，将人才队伍建设摆在学校改革发展的突出地位，不断探索和深化学校人事制度改革，建立符合高等教育规律和学校特点的人事制度和运行机制；实施"北科学者"人才支持计划、"青年拔尖人才培育计划"、"十四五"规划"2513"人才战略；探索并建立"评晋聘"三位一体的职称职级评聘体系，形成"一宽松、三倾斜、两善待"的职称评定机制，职称评审进一步向青年教师倾斜，开通青年人才正高职称评审绿色通道；推进"双走"战略，让青年人才在出国合作交流、企事业单位实践中增长才干；实施"项目导师制"，为获得国家项目的青年人才优先配置研究生资源。一系列举措为青年人才提供了发展需要的高层次、专业化平台，为青年人才构筑了快速成长的"绿色通道"。海南大学以习近平总书记重要讲话"要支持海南大学创建世界一流学科"为根本遵循，实施"海南大学卓越学者计划"，探索全周期递进式人才培养体系；打通青年教师职称评审绿色通道，着力推进青年教师能力提升，提供优厚待遇支持青年教师赴国（境）外研修；鼓励实施各类人才项目及"推优评先"提名推荐制。近年来，师资队伍建设成效显著，已全职引进博士1500多名，国家级人才由2018年的全校5人增长到现在的65人。高质量的师资队伍建设带动了学校各项事业的快速发展，2023年学校获批270项国家自然科学基金项目，现有45个国家一流本科专业建设点等核心办学指标位列全国前五十。

三、个人努力与学校助力共促青年人才成长

在国家大的政策环境下，青年人才成长是青年人才主体与高校单位客体相互协调配合的有机过程，通过主、客体的良好配合，实现青年人才个人成长和单位持续快速发展的双赢局面。

一方面，青年人才需要结合国家对教育工作的部署以及对青年教师的要求，立足个人特点和定位，制定适合自身发展的策略。最关键的应当是迈好第一步，顺利度过教学及学术的适应期，可以从以下几个方面进行尝试和努力：（1）坚定理想信念。青年人才应强化职业认同感，爱岗敬业，志存高远，争做新时代"四有"好教师；保持积极乐观的心态，遵循健康的生活方式。（2）统筹协调好教学和学术之间的辩证关系。青年人才应根据自身特点做好职业发展规划，在诸多任务中找准主线，将最重要的时间高效地用到最重要的事情上，抓住"牛鼻子"；

以教育教学为发展目标，融入教学团队，通过教学名师的"传帮带"作用提升教学水平，在教材、教改、课程等方面取得成绩；学术研究方面，尽早找准学术研究方向，选题不仅要立足个人的研究兴趣，更要对标国家重大战略需求以及"四个面向"，对"卡脖子"相关关键理论和技术进行攻关。此外，在时间和精力较为充沛的博士后阶段，应尽量避免"啃老本"式地只开展博士期间的延续性研究，需酝酿新的或交叉科研方向。（3）积极在科研一线开展工作。青年教师要坚持以"博士后"身份在一线工作，保持足够的科研活跃度，亲自做实验，亲自写论文，避免做"甩手掌柜"，形成团队共赢的局面。即便是招收研究生之后，也要积极与学生一起做科研，最大限度地发现新现象、收获好成果。（4）积极开展学术交流与合作。青年人才应积极"走出去"，与国内外同行和相关学科专家广泛交流与联系，建立良好合作关系，取对方之长。尤其对于实验科学而言，与大科学装置开展合作研究能快速提升学术水平。青年人才要尽早建立国际学术影响与声誉，积极参加重要的学术会议，培养学术演讲能力，扩大学术影响力。（5）健全科研团队人员配置与组成。青年人才快速成长需要依靠团队的力量，尤其是工科等领域，但又容易被繁杂的事务性工作淹没。科研团队需要尽量设置实验员、财务等方面的专职人员，避免青年人才从事繁杂的事务性工作。

另一方面，高校需要根据青年人才成长与发展的特点，在教育教学及科研能力提升、职称岗位评定、各类条件建设等方面出台支持政策，创造更加有利于青年人才快速成长的内部环境。（1）建立科学多元的青年人才评价体系，根据学科特点制定差异化的青年教师评价考核、职称晋升的方式。高校应建立符合教学型、教学科研型、科研型等不同类型发展通道的职称评价标准，尤其需要切实加大对教学工作的支持力度，例如北京科技大学实施的教学型教授职称评审单独通道、海南大学实行的基础课主讲教授和主讲教师人才计划等。（2）建立多元的青年教师培养体系。高校应加强职业道德教育，提供高质量的教师培训机会，鼓励青年教师到企事业单位挂职锻炼和到国内外高水平大学、科研院所访学与合作。（3）切实加大对青年人才的倾斜支持力度。高校应提升青年教师的教学能力，为青年教师组建教学团队；不简单以学术头衔、人才称号确定薪酬待遇、配置学术资源；加大对刚入职青年人才在科研平台、保障性住房、子女入学等方面的支持力度，解决实际困难与后顾之忧。（4）尽量减少非教学科研任务的安排。科研团队或系所应设立科研与行政秘书岗位,让青年教师从繁杂的事务中脱身;精简、合并各类考核,让青年人才有更多时间聚焦主责主业。(5)重视青年教师的身心健康,通过书记"午餐会"、校长"接待日"等方式关心关爱青年教师,增进青年教师的幸福感。

"三位一体"书写青年科技人才塑造新篇章

华北理工大学　孙良丹

作者简介

孙良丹，男，1977年生，中共党员，现任华北理工大学党委常委、副校长、医学部主任，华北理工大学附属医院党委书记，临床医学院党委书记，主任医师，二级教授，博士生导师。教育部"长江学者奖励计划"首届青年学者（2015），国家重大人才工程科技创新人才（2019），首批国家优秀青年科学基金获得者（2012），国家重大人才工程首批青年拔尖人才（2012），"百千万人才工程"有突出贡献中青年专家（2013），国家卫生健康突出贡献中青年专家（2017），享受国务院政府特殊津贴（2015）。

主要从事炎症免疫疾病发病机制和转化医学研究，解析疾病易感基因和基因组变异，发现40余种疾病300多个易感基因，揭示疾病遗传病因和易感机制，为疾病靶点干预、药物研发和精准诊疗提供了基础。发表学术论文270余篇，被引用12000多次。荣获全国科技系统抗击新冠肺炎疫情先进个人（2021）、教育部优秀成果奖青年科学奖（2016）、中国青年科技奖（2013）、树兰医学青年奖（2016）、吴孟超医学青年基金奖（2016）、药明康德生命化学研究奖（2016）等。

人才是富国之本、兴邦大计，是实现民族振兴、赢得竞争主动的战略资源。青年科技人才是国家战略人才力量的源头活水，要培养他们可堪大用、能担重任，需不断优化塑造环境，提升硬核实力，推进人才优势转变为科技优势、发展优势。

党的二十大报告指出，"教育、科技、人才是全面建设社会主义现代化国家的基础性、战略性支撑"，教育、科技、人才"三位一体"，既彰显了三者之间的有机联系，也为培养塑造青年科技人才提供了新的路径方向。青年科技人才是未来战略科学家的重要后备力量，肩负着建设科技强国、实现高水平自立自强的时代重任，不断提振他们的志气、骨气、底气，是建设国家战略人才力量的基本逻辑，也是塑造培养青年科技人才的应有之义。

一、以使命塑造锐气，打造青年科技人才成长阵地

首先，从组织属性来看，高校是学术组织，是人才培养的主战场，也是我国基础研究的主力军、重大科技突破的策源地，是汇集着教育、科技、人才等全要素的特殊组织场域。相较于其他社会组织，高校更利于教育、科技、人才"三位一体"，共同塑造发展的强大合力。

其次，从青年科技人才的规模和分布来看，高校聚集着最大规模的人才存量和增量，不同学科人才的分布密度明显高于其他社会组织。青年科技人才的汇聚，不仅在高校内塑造了百花齐放、百鸟争鸣的多元化包容生态，也促使高校主动为青年人才的交流、互助与成长搭建更多平台，创造更多机会。

再次，从青年科技人才"爱育引用"的体制和机制来看，高校最具改革活力和创新空间。党的二十大报告指出，"真心爱才、悉心育才、倾心引才、精心用才，求贤若渴，不拘一格，把各方面优秀人才集聚到党和人民事业中来"。高校是知识生产和人才培养机构，在"爱育引用"方面扮演着先锋队和试验田的角色，更利于形成"多管齐下'爱人才'、多措并举'育人才'、广开渠道'引人才'、不拘一格'用人才'"的青年科技人才全链条工作机制，为高质量发展"蓄能"。

最后，从青年科技人才的成长路径来看，高校最有条件为青年人才提供全方位成长环境，孵化其科技实力内核。高校对青年科技人才的塑造与培养，是教育、科技、人才"三位一体"的集中体现。高校最有条件为不同年龄、不同层次、不同类型的青年科技人才提供全方位成长环境，以学科交叉融合与协同创新促进素质养成、能力提升和成果孵化，打造实力内核。

二、以教育涵养志气，形塑青年科技人才精神斗志

志气是奋斗之基和力量之源，是青年科技人才的"总开关"。高校要提高对青年科技人才培养工作极端重要性的认识，遵循"价值、精神、能力、贡献"相互支撑、辩证统一的实践路径，对接时代需求，全方位、精准化为青年科技人才立志铸魂，形塑精神斗志，努力成为服务国家战略发展的科技力量。

要开展价值理念教育，立"爱国之志"。教育青年科技人才坚守国家至上、人民至上的价值理念，胸怀"国之大者"，坚持"四个面向"，志存高远、敢于"上天"，多接地气、勇于"入地"，融入市场、善于"下海"；把自身成长融入建设科技强国、实现高水平科技自立自强的伟业。

要开展科学家精神教育，立"守成之志"。科学家精神是宝贵精神财富，包括胸怀祖国、服务人民的爱国精神，勇攀高峰、敢为人先的创新精神，追求真理、严谨治学的求实精神，淡泊名利、潜心研究的奉献精神，集智攻关、团结协作的协同精神，甘为人梯、奖掖后学的育人精神。青年科技人才既要守住中国科学家的精神火炬，又要吸收中国科研的"经验值"，持续提振中国科技、中国智慧的底气，为人民做学问，把论文写在祖国大地上。

要开展创新精神教育，立"创业之志"。国家所需，青年所向，青年科技人才是国家战略人才力量的源头活水，要围绕"四个面向"，提升创新能力，勇于去"无人区""前沿区"试水探险，推进研究范式变革，获得更多从 0 到 1 的原创成果，变跟跑陪跑为带跑领跑。

要开展实际贡献教育，立"建功之志"。科技人才的价值在于为科技创新和国家发展作出实际贡献。青年科技人才要善思善谋，推进理论创新，为科技发展作出前瞻性、原创性贡献；也要善作善成，推进实践创新，为国家发展和社会进步解决实际问题，带来显著效益。

三、以科技锤炼骨气，提炼青年科技人才硬核能力

骨气是意志和定力的集合。科技是第一生产力，人才是第一资源，创新是第一动力。教育、科技、人才三者的基础性和战略性支撑作用，集中体现在科学技术的创新和突破上。要积极提供扎实的科研训练和多元化成长助推，不断锤炼他

们的识变之智、应变之道、求变之能，凝聚创新硬核，把优秀青年科技人才聚集到党和人民的伟大事业中。

一是以科技项目锤炼内核。"精雕细琢方为器，千锤百炼始成钢。"青年科技人才蕴藏着巨大的创新潜力，国家部委、省级主管部门、高校应逐级设计研究项目，做好项目申报的"加减法"：一方面，破除身份束缚，减少申报限制，聚焦前沿领域、基础研究，推进具有明显创新能力的科技人才组队申报，挑头承担重大项目，夯实青年科技人才硬实力；另一方面，超前谋划布局，下好青年科技人才塑造培养的"先手棋"，通过举办学术辅导工作坊、组建知名专家领军的青年研究团队等，强化青年科技人才使命导向，激发其内生动力，助力他们挑大梁、担重任。

二是以科研平台深化赋能。"江山代有人才出，各领风骚数百年。"青年科技人才需要个性化培养，要以平台分层促进青年科技人才培养分层：在战略导向的基础研究平台上，有意识地发现和培养更多具有战略科学家潜质的高层次复合型人才，形成战略科学家成长梯队，赋能"开拓者"；在前沿导向的探索研究平台上，有意识地发现和培养具有较强创新思维和创新能力的高水平创新型人才，形成领军人物、拔尖人才成长梯队，赋能"探索者"；在市场导向的应用研究平台上，有意识地发现和培养具有扎实行业基础和问题解决能力的高素质应用型人才，形成创新团队、后备人才成长梯队，赋能"贡献者"。通过分层培养、分类赋能，确保青年科技人才活力竞相迸发。

三是以科研实践训练定力。"板凳坐得十年冷，文章不写半句空。"要在科研师承中训练青年人才的科研定力：设立青年科技人才导师制，推进老中青迭代协同，用团队集智攻关和"大先生"言传身教，为青年科技人才成长铺路架桥；在科研坚守中训练青年人才的科研定力，厚植扎根式科研沃土，突破功利主义短视；在重特大项目中训练青年人才，把初入科研的"稚嫩肩膀"淬炼铸锻为勇挑重任的"钢铁脊梁"；在科研创新中训练青年人才的科研定力，出台相关措施，支持青年人才试错冒险，鼓励他们质疑名家、质疑权威，允许他们创新创智、崭露头角，助力他们推陈出新、亮剑担责。

四、以创新厚植底气,缔造青年科技人才大国格局

底气是对自身能力和水平的自信。创新是一个国家、一个民族发展进步的不竭动力,抓创新就是抓发展,谋创新就是谋未来。高校不仅要在科技创新上深耕厚植,还要在青年科技人才塑造培养的体制机制上改革创新,缔造人才工作的大国格局。

创新政策支持,体现中国气魄。青年科技人才是国家战略人才力量的"源头活水"。高校要积极推进政策支持和制度创新,从宏观、中观、微观等多层面,构建青年科技人才成长的系统化、高层次成长空间。宏观顶层设计上,以人才规划、人才行动、人才平台建设为抓手,建立多渠道储备机制,全面布局人才塑造培养全过程、全链条;加强对各职业阶段青年科技人才的支持覆盖,出台针对性、精准化的培养支持措施,缩短成长周期,催生更多成果。中观机制改革上,积极完善科研经费管理制度,推进科研管理放管服,给予青年科技人才更多主动权;积极为青年人才压担子、搭台子、铺路子,充分调动高校和企业的积极性,推动产学研深度融合,建立常态化、持续化的人才协同培养体系。微观成长环境上,进一步涵养优良育人生态,加快构建青年人才成长绿色通道,主动提供科研起步第一桶金,设置科研假期,列出无忧清单,解除后顾之忧,开展产才融合和人才交流,拓展青年科技人才的学术平台,助推人才成长驶入快车道。

创新有组织科研,体现中国范式。要"健全新型举国体制、坚决打赢关键核心技术攻坚战",就要求高校积极推进有组织科研,凝练中国科技组织范式。高校要突出统筹布局,围绕"四个面向",引导青年科技人才确定研究方向和项目选题,坚持目标导向、任务牵引,在新发展格局中前瞻谋划未来任务,积蓄战略科技力量;突出系统组织,引导青年科技人才走出"象牙塔",有序组织来自政府、市场、社会的科技力量,织密关键核心技术系统网络;突出跨界集成,引导青年科技人才创新融合,有效集成跨学科、跨领域、跨地域创新要素,集智攻关,占据科技前沿制高点。

创新考核评价,树立中国样板。科技评价是青年科技人才成长的"导航仪"。2021年8月,国务院办公厅正式发布《关于完善科技成果评价机制的指导意见》,打破了现有的科技成果评价体系,建立了全新的科技成果评价机制。高校要切实

落实人才分类评价，探索适合青年科技人才特点的评价体系，真正构建起以创新价值、创新能力和实际贡献为导向的现代评价体系；要减少考核频次，构建聘期考核、项目周期考核等过程性和结果性相结合的考核评价新范式；要强化对科技评价结果的使用，加强对青年科技人才的举荐和表彰，激励青年科技人才建功立业。

"青年兴则国家兴，青年强则国家强。青年一代有理想、有本领、有担当，国家就有前途，民族就有希望。"当代青年有幸和中国特色社会主义新时代同向同行，就要以生逢其时的热情，担起民族复兴的重任。高校是教育培养青年科技人才的主阵地，青年科技人才是高校教师队伍的重要组成部分。迈步新征程，青年科技人才要满怀家国之情，凝聚奋斗之力，以拼搏进取的品格、昂扬奋进的豪情逐梦而行，在实干苦拼中扛起事业担子，书写不负时代、不负韶华的崭新时代篇章。

服务国家战略，做有情怀的通信人

北京邮电大学　彭木根

作者简介

彭木根，男，1978年生，中共党员，北京邮电大学党委常委、副校长、教授、博士生导师。教育部"长江学者奖励计划"首届青年学者（2015），国家重大人才工程特聘教授（2018），国家重大人才工程科技创新领军人才（2018），国家杰出青年科学基金获得者（2019），享受国务院政府特殊津贴（2020）。

主要研究领域为移动通信、无线网络、空天信息技术等。获国家技术发明奖二等奖1项、北京市科学技术奖一等奖3项、教育部科学技术奖一等奖2项、中国通信学会科学技术奖一等奖2项、中国专利银奖1项。担任网络与交换技术国家重点实验室副主任、中国通信学会常务理事兼青年工作委员会主任、中国电子学会理事、北京市科技人才研究会副理事长、中国通信标准化协会无线通信前沿技术标准工作组副组长等。入选IEEE Fellow（2019）、中国电子学会和中国通信学会会士（2020），连续多年入选科睿唯安ESI全球高被引科学家和爱思唯尔中国高被引学者。担任IEEE IoT-J期刊领导委员会委员、《电信科学》副主编等。荣获全国创新争先奖（2023）、北京市先进工作者（2021）、北京市最美科技工作者（2022）。

"攻关行业瓶颈，服务国家急需，做有情怀的通信人。"北京邮电大学"空间信息与融合通信网络"研究团队就是这样一支特色鲜明的中青年教师团队，以北邮信通院引进的国际青年人才为主，是网络与交换技术国家重点实验室和泛网无线通信教育部重点实验室的核心组成，团队成员平均年龄不超过35岁。

团队围绕"网络强国"和"数字经济"下信息网络宽带化、智能化、绿色化需求，致力于面向空天地海和通感算导融合的空间信息通信和网络理论、技术及应用研究，打造国内外最一流的科研、教学和人才培养平台。团队研究成果曾获国家技术发明奖二等奖、教育部技术发明奖一等奖、北京市科学技术奖自然科学类和技术发明类一等奖、中国通信学会科学技术奖自然科学类和技术发明类一等奖、中国专利银奖等众多科技奖励。

一、科研为国，为移动通信国际领跑提供理论和技术支撑

"国家需要什么，我们就去做什么，要有组织的科研。"从解决制约我国3G标准——TD-SCDMA发展的瓶颈难题，到提出4G异构组网融合方法，再到开展5G赋能垂直行业的应用研究，最后到攻关6G空间信息与融合通信网络关键技术，团队一直将"服务国家战略，解决'卡脖子'问题"作为科研的核心信念，在团队成员中传承。

随着5G的大规模商用，全球各国已经开启对下一代移动通信技术（6G）的研究和探索，全球新一轮移动通信科技竞赛已拉开帷幕。我国也在"十四五"规划和远景目标纲要中指出要前瞻布局6G网络技术储备。"空间信息与融合通信网络"研究团队一直瞄准"网络强国""数字经济"等国家重大战略需求，围绕空间信息与融合通信网络开展有组织的科研，积极抢占未来6G的技术制高点。针对未来无线网络全覆盖、全频谱、全应用、全安全的理论和技术需求，团队下设空间信息通信、通感融合链路、通感算融合系统以及融合应用安全四个研究组。

空间信息通信研究组围绕全覆盖需求下空天地海一体化技术展开攻关。现有的5G主要还是服务于地面用户，未来6G地面蜂窝网将与包括卫星、无人机、高空平台在内的空间网络相互融合，构建起空天地一体化三维立体网络，覆盖陆地边远地区、海洋、极地等传统无线网络难以覆盖的地区，实现全球广域覆盖。

通感融合链路研究组围绕全频谱下通感融合问题展开攻关。现有5G主要工

作在 sub-6G 频段以及毫米波低频段，未来 6G 将向毫米波高频段、太赫兹、可见光、紫外光频段扩展，这也和传统的雷达感知系统产生了越来越多的频谱重叠。突破 6G 通信和感知一体化技术，在相同频谱实现通信与感知，避免通感干扰，提升频谱利用率，是技术与产业发展的优选路径，也为车联网、工业互联网、元宇宙、数字孪生等通感典型应用提供了重要支撑。

通感算融合系统研究组围绕全应用需求下通感算融合关键技术展开攻关。为了满足未来网络中元宇宙、数字孪生、智能制造、无人驾驶等新型应用及其计算轻量化、动态化、智能化的需求，6G 通感网络和计算的融合已经成为新的发展趋势，基于通感算融合技术，6G 将实现从万物互联到万物智联的跨越，服务智慧化的生产和生活。

融合应用安全研究组针对全安全需求下的新型安全信任模型展开攻关。未来的 6G 网络架构将更趋于分布式，支持以用户为中心的多种新型通感应用，传统中心式安全架构难以满足 6G 安全需求，亟须探索新的安全信任模型，实现应用和隐私可保护、网络和通信可信、信息保密数据防篡改。

二、教学为基，打造立德树人高新标杆课程

教学是教师的天职，"空间信息与融合通信网络"研究团队始终秉承"教学为基"的理念，致力于打造高新标杆课程，服务立德树人。为了打破传统教学和前沿科研之间的隔阂，实现教学和科研的互惠，培养具有开阔视野和高精技能的通信人才，团队开设了诸如"网络空间安全与区块链技术""星基航空信息网""空间通信感知理论与信息处理""无线光通信技术"等高新课程，不断将自己的科研成果和研究体会融入课堂教学，实现学研互动。同时，为了让学生在课堂上收获最纯正的知识"干货"，除了讲清讲透通信基本知识点之外，团队还邀请无线通信领域一线科研工作者，讲授最新学术研究进展、行业发展情况、产业发展趋势等，极大地拓宽了学生的视野和知识结构。

此外，团队还积极挖掘通信类专业课程中蕴含的思政元素，让专业课上出"思政味道"，以润物无声的方式将正确的价值追求、理想信念和家国情怀有效地传递给学生；编写了包括《TD-SCDMA 移动通信系统》《宽带移动通信系统的网络自组织（SON）技术》《6G 移动通信系统》《物联网理论与基础》等在内的 10 余本通信领域教材，曾获中华优秀出版物奖图书奖，以传承通信领域的红色

基因，服务立德树人，为行业培养更多"有情怀的"高精尖人才。

三、人才为核，构建学科交叉融合创新团队

"创新之道，唯在得人。得人之要，必广其途以储之。""空间信息与融合通信网络"研究团队积极引进各研究领域优秀的国际青年人才，致力于打造学科交叉融合创新团队。引进的人才中，有的成员在空间信息通信领域具有丰富的研究经验，包括星地融合通信、无人机通信、空间目标探测识别、空间信息感知处理等；有的成员深耕通感融合链路技术，包括一体化信号处理、智能超表面通感一体、太赫兹通感一体、紫外光通感一体等；有的成员致力于通感融合系统级技术研究，包括组网与资源管理、无线算力网络、6G智简无线网络等；也有成员在融合应用安全领域取得了突出的研究成果，包括无线网络区块链、海洋融合通信网络、柔性生物传感器、网络信息化技术等。引进人才丰富的研究背景为实现通信感知计算导航融合和一体化，空间信息感知、处理、传输组网，6G空间融合信息理论与技术等多维度融合提供了良好的基础。

团队非常重视对引进人才的培养。引进人才入职后如何快速克服水土不服，补齐短板？团队采用"科研导师+教学导师"联合帮带模式，努力为青年教师的成长"摆凳子""搭台子"，帮助青年教师在教学科研上稳扎稳打地成长发展起来。团队负责人甘为人梯，坚持学术传承大于个人得失，积极为青年教师提供包括科研方向把关、职业发展规划、合作交流平台等在内的多方位的帮助。同时，团队通过教学导师随堂助课、国家级教学名师讲座、课堂试讲等多种形式，提升青年教师的教学能力。优秀源于传承，科研导师和教学导师对教学科研的热爱和专注也在年轻一代教师中得以传承。

团队引入了学习型组织的理念，有意识地引导建设学习型科研团队，化解影响科研活动的各种不利因素，提高团队组织的凝聚力。在学习交流过程中，团队教师之间以开放的心态容纳他人，激发团队的智慧，使团队更加健康地成长，也使科研创新工作后劲十足。同时，团队注重培养团队成员独立思考、勇于创新的能力，实现集体智慧和个人自我超越以及个人与工作的真正融合。

此外，为了确保团队成员可持续发展，团队逐步完善了相应的奖励激励机制，保证团队的生存和持续的活力，不断提高团队的竞争力。团队负责人不仅指

导监督完成既定的科研任务，也鼓励团队成员对自己所承担的课题提出新的研究方案，并对一些有研究价值的课题有选择地资助，鼓励每位团队成员充分地自我发展，勇攀科研高峰。

四、学生为标，培养输出一大批学术和产业界领军人才

育才造士，为国之本。实现中华民族伟大复兴，教育的地位和作用不可忽视。"为党育人、为国育才，做有情怀的通信人"的理念已经深深植入团队每位成员的内心。如何培养有情怀的高精尖通信人才一直是团队孜孜以求、不断探索的重要育人课题。

研究生培养是为国育才的重要部分，团队研究生培养模式具有"学生为标，学术工程个性化培养"的显著特点。对于学术型研究生培养，团队侧重加强基础理论的学习，培养其从事科学研究创新工作的能力和素质。对于工程型研究生培养，团队以实际应用为导向，强调理论性与应用性的有机结合，培养其解决实际工程问题的能力。通过团队联合培养的模式，形成了资深导师—青年教师—博士后—博士生—硕士生链条化的培养结构，具有以学生为中心的特点，根据学生兴趣和发展规划，在团队内优化研究方向和指导教师。

同时，团队提供国际化的学术指导和例会交流。每周专题例会上，导师、青年教师、博士后和研究生们进行点对点交流。在项目例会上，按照研究方向和国家重大重点项目需求，进行跨教师组技术总结交流。论文方面，导师亲自指导国际期刊学术论文撰写和发表。此外，团队为学生提供丰富的国际合作交流机会以及成熟的软硬件平台，让学生站在巨人的肩膀上开展科研工作。从团队毕业的硕士生、博士生已经有100多人，团队为国家输出了一大批学术和产业界的领军学生，毕业生中有的任职于华为、中兴、中国移动等通信运营商和设备厂商，有的任职于政府机关和单位，有的任职于腾讯、字节跳动、阿里巴巴、百度等互联网企业，有的任职于中国工商银行、中国银行、北京证券交易所等金融机构，也有的学生在悉尼大学、上海交大、电子科大等国内外知名高校任教。桃李满天下，团队始终坚持为通信行业培养"有情怀的"高精尖人才，传承通信人的坚守与热爱。

高校教师如何做好科研工作的几点思考

辽宁大学　仇焕广

作者简介

仇焕广，男，1976年生，中共党员，辽宁大学党委常委、副校长、教授、博士生导师。教育部"长江学者奖励计划"首届青年学者（2015），国家重大人才工程特聘教授（2018），国家优秀青年科学基金获得者（2012）。

主要从事农业经济政策、农业资源与环境政策、农村发展等研究。在国内外学术期刊上发表学术论文180余篇，其中在《美国科学院院刊》等上发表SCI/SSCI论文50余篇，在《经济研究》等国内期刊上发表论文130余篇，出版学术专著15部。研究成果获农业农村部软科学研究成果奖一等奖（2016）、张培刚发展经济学论文奖（2022）、中国农村发展研究奖（2023）、教育部高等学校科学研究优秀成果奖三等奖（2024）。担任北京农业经济学会会长、中国农业经济学会副秘书长兼青年（工作）委员会主任、中国农村发展学会副秘书长兼青年工作委员会主任、中国农业技术经济学会副秘书长兼青年学者委员会主任。入选首批英国皇家学会"牛顿国际学者"、达沃斯世界经济论坛"青年全球领袖"（Young Global Leader）（2013）。

接到教育部重大哲社研究项目"高校青年人才培养和选拔机制研究"课题组组长赵老师的电话，希望我能够结合自己的发展经历，谈谈高校高层次人才在科研和学术方面如何服务于国家农业农村发展和乡村振兴重大战略。从2001年开始读博士走上科研道路以来，至今已有二十三年了，我借此机会对这个问题进行了粗略的思考。

一、做好学术研究要融入一个优秀的科研团队

我攻读博士学位的单位是中国科学院农业政策研究中心，主任是黄季焜教授。黄老师是20世纪90年代初期较早留学归国的一批学者，对国际上农业经济学的研究较为熟悉。他组建的农业政策研究中心包括多名从欧美等国高校毕业的青年学者，也包括后来陆续加入的几位国内毕业的博士。这些老师既熟悉国外前沿的理论方法，又对国内的农业农村发展情况非常了解，研究既能够面向国内亟须解决的现实问题，又能够与国外前沿的理论方法相结合，因此能够产出一大批具有开创性的研究成果，在国际上也有非常高的知名度。

我们几位博士生在读博期间，耳濡目染，不知不觉间开阔了眼界，了解了规范的研究方法，并且能够结合中国的实际问题开展研究。现在想来，有这么几点让我至今依然受益匪浅：（1）强调理论方法的严谨性。无论是对于博士生的理论课程学习还是对理论方法在实际研究中的运用，中心的要求都非常严格，这就避免了学生在研究过程中缺乏深入思考、浮于表面得到一些似是而非的结果。（2）注重实践调查，用事实和数据说话。在完成近两年的课程学习后，中心的博士生每年要用至少三个月的时间到农村开展案例和问卷调查，这不仅使学生能够更深入地了解中国农业农村发展的实际情况，研究的结论也是大量实地调查基础上的扎实成果。（3）中心的老师都特别勤奋，在一个追求卓越的团队里，追求卓越也成为每个学生自觉的追求。

二、发现问题、发现重要问题是做好研究的一个关键因素，这个因素随着科研的深入日趋重要

每一位从事科研的人员，在上学期间以及刚开始工作的几年，往往会沿着导师指定的方向往前走。在这个阶段，发现问题可能并不是最主要的工作，甚至还没有发展到自己可以独立发现重要问题的阶段，所以这个阶段理论方法的训练可能是主要的。但是，毕业几年后，多数青年学者都会慢慢脱离导师的团队，开始走上独立的科研道路。在这个阶段，发现重要科学问题的能力就成为衡量一位学

者是否能够做出开创性研究的重要标准。

2005年博士毕业后,我在中国科学院工作了七年,主要还是跟随导师做一些课题的研究工作。2013年我加入了中国人民大学并被破格评为教授,当时我面临的一个重要问题就是如何选择自己的研究领域。如果继续沿着以前的方向往下做,可能只在一些小的方面做一些突破,或者是在一些小的问题上进行补充和完善。但是,这些研究方向未来还会有多大的发展空间、还能持续做几年,都面临着很大的不确定性。在未来研究方向的选择上,我有以下两点体会:(1)与学术理论和方法前沿相结合,或者与国家发展中面临的重大问题相结合,最理想的是能够把理论方法的前沿与国家发展的重大需求相结合;(2)研究方向与自己的兴趣相结合。

我所在的农业经济管理学科,虽然在理论和方法上都在不断发展,但总体来说还是一个偏应用的学科。在读博士和最初工作的几年,我主要跟随导师做粮食安全、农产品消费、农产品贸易等方面的研究,这与当时我国所处的经济发展阶段有关系。我调入中国人民大学时,相比十多年前,中国的农业农村取得了长足的发展,农产品市场开放对中国农业的影响、中国能否养活自己等重大问题也已经被讨论得比较清楚了。而此时,如何平衡中国的粮食安全与生态环境安全、如何减少城乡差距实现城乡融合发展成为社会各界普遍关注的重要问题,所以我的研究也开始转向这些问题,这也是我感兴趣的问题,也是中国未来几十年发展中需要解决的重大问题。近几年来,我连续主持的几个国家自然科学基金重点或面上课题、农业农村部和国家乡村振兴局的课题,都是围绕种植业和畜牧业发展中的环境治理问题、农村发展中的脱贫攻坚与城乡融合等问题展开的。研究成果在国内外重要学术期刊上发表,所形成的决策报告也得到了国家领导人和省部级领导的重视和批示。我认为取得这些成果与研究方向的选择是密切相关的。

三、组建研究团队,开展包容性的交叉科学研究是推进科学研究可持续发展与人才培养的重要基础

2019年以来,我开始担任中国人民大学农业与农村发展学院的副院长、院长,很多的时间和精力都被用于学院的管理和服务工作。这时,我也面临着一些新的问题,在有限的时间和精力下,如何协调自身的科研与学院的管理工作?如

何在做好自己研究工作的同时引领学院的学科发展和人才培养？这些问题，既有相互矛盾之处也有相互统一之处，做得好可以相互融合、相互促进，做得不好则可能会出现哪个方面都做不好的情况。

对此，我的体会是，通过科研团队的建设，一方面促进自身科研的可持续发展，另一方面引领整个学院的学科建设和人才培养。

与中国科学院等科研机构相比，在高校内组建科研团队的难度更大。高校的教师本身承担着很多教书育人的工作，科研在高校教师时间分配中的比重要明显低于科研院所。从工资绩效的角度来看，高校的教师如果能够较好地完成教书育人的任务，其基本的收入或者说绝大部分的收入就有了保障，有条件不再花大量时间从事科研工作。上述因素导致了高校中的科研团队较为松散，往往以老师和自己的学生为主，老师之间真正建成紧密的研究团队的相对较少。

进入中国人民大学的初期，我自己的科研团队也主要是以自己的博士生和硕士生为主，同时邀请一些有科研兴趣的本科生参与，后来也慢慢邀请一些青年老师参加。我认为，要组建一个好的科研团队，有这么几个条件：一是要凝练一个较为清晰的研究方向，并且能够得到团队成员的认同。二是科研团队成员之间要有一定的互补性，需要老中青学者结合，这样有利于从宏观和微观层面对不同的问题有较好的把握和分工，也需要有适当学科背景差异的人参与，这样有利于研究人员从不同的角度对同一个重大问题展开攻关。如果在一个单位内部缺乏不同学科背景的人，就需要联合外部人员参与。三是科研团队的领导者要有包容性，并且能够带领团队成员获得外部科研项目的支持。团队要形成密切合作，需要有一个共同的目标并且拥有一定的资源，这个共同的目标就是要解决一个重要的科学问题。而一个重大的课题就是提炼出来的一个重要科学问题，并且课题经费能够使团队成员有足够的资源和激励完成这个研究。同时，科研团队的领导者要有足够的包容性，使每个团队成员愿意参与团队的工作并且能够在团队合作的过程中得到更好的发展和成长。

从一个学院的角度来说，形成一个或几个有影响力的科研团队对整个学院的学科建设和人才培养也是极其重要的。在这方面，我们使用学院"双一流"建设经费、学院的创收经费、外部捐赠经费等，打造了四个创新团队。团队建设遵循自愿组合的原则，使每一名教师尽量融入一个或两个团队，学院的资源和激励机制也适当向科研团队倾斜。对于新加入学院的青年老师，甚至一定程度上强制性要求其加入某个研究团队，我们相信这对于青年教师的长期发展是有利的。除此之外，学院也在原有教研室或系的基础上，推动学院老师之间的合作，每年拿出固定的经费支持各个教研室或系组织开展学术活动。这些工作有效推动了老师之间的合作，当然，科研团队建设是一个长期探索和磨合的过程，团队的建设也需要有长期的规划，相关的支持政策也需要有一定的稳定性。

扎根中国大地，做接地气的经济学研究

中央财经大学　陈斌开

> **作者简介**
>
> 陈斌开，男，1982年生，中共党员，中央财经大学党委常委、副校长、教授、博士生导师。教育部"长江学者奖励计划"首届青年学者（2015），国家重大人才工程特聘教授（2018），"百千万人才工程"国家级人选（2017），北京市有突出贡献科学、技术、管理人才（2018）。
>
> 主要研究领域为宏观发展经济学，在《中国社会科学》《经济研究》《世界经济》、World Development、Oxford Bulletin of Economics and Statistics 等国内外一流经济学刊物上发表论文70余篇，论文获得第十五届北京市哲学社会科学优秀成果奖一等奖、第十七届北京市哲学社会科学优秀成果奖二等奖、张培刚发展经济学青年学者奖、首届中国城市百人论坛"青年学者奖"等多项高质量奖励。主持国家社科基金重大招标项目，国家自科基金专项项目、面上项目和青年项目，霍英东教育基金会青年教师基础性研究项目等课题多项。

我领导的中央财经大学宏观发展经济学研究团队，由20余位中青年教师组成，依托于中央财经大学经济学院和中国宏观发展研究院，致力于推动宏观发展经济学的理论和政策研究，以理论指导实践，服务国家和社会重大需求，为中国和其他发展中国家的经济发展贡献力量。近年来，宏观发展经济学研究团队在成员结构、研究方向上不断完善，逐渐呈现"扎根中国大地、立足国际前沿、凝练学科方向、培养青年人才"的鲜明特色。

一、服务国家重大需求,奉献经济社会发展

宏观发展经济学研究团队立足中国经济发展伟大实践,致力于研究中国宏观经济学和发展经济学领域的重大现实问题。本团队坚持以中国经济发展实践为蓝本,不断在经典经济学理论中引入中国制度特性和结构特征,尤其是中国经济转型、产业升级、区域平衡等重要结构性特点,强调政府在经济发展中的关键性作用,重点关注宏观经济学和发展经济学的理论创新与交叉融合。本团队旨在推动宏观发展经济学的理论和政策研究,提炼中国宏观发展经济学理论,为构建中国特色的学术体系和学科体系添砖加瓦;以理论指导实践,服务国家和社会重大需求,为促进中国经济高质量发展提供政策支撑。

近三年,围绕中国经济发展重大现实问题,宏观发展经济学研究团队在国内外顶级经济学期刊上发表论文40余篇,包括《中国社会科学》、《经济研究》、《管理世界》、Review of Economics and Statistics、Economic Journal 等,多篇论文获《新华文摘》《中国社会科学文摘》《中国人民大学复印报刊资料》转载,多项成果获教育部高等学校科学研究优秀成果奖、北京市哲学社会科学优秀成果奖等高质量奖励。宏观发展经济学研究团队以"服务国家、奉献社会"为导向,取得了丰富的智库建设成果,多次向上级政府部门提交成果要报,并屡获采纳和批示,其中2篇成果获中央领导批示、6篇政策要报被教育部采纳。团队与各政府部门建立了广泛联系,承担了多项智库课题,并提交了多份研究报告和政策报告,向财政部提供的多项研究报告获得良好评价,与中国科学技术发展战略研究院形成了固定合作,并定期发布《中国企业创新能力报告》。

二、立足国际前沿,贡献中国智慧

宏观发展经济学研究团队注重研究扎根中国大地,研究中国重大现实问题,同时强调立足国际学术前沿,以国际化视野、规范化方法研究本土化问题。从研究方法来看,团队倡导研究方法的规范化和多元化,只有立足国际学术前沿,才能更好地掌握研究中国问题的"工具"。从研究视角来看,当今中国已深度融入全球化,只有全面理解世界经济发展大势,才能更好地判断中国经济的发展阶段和未来走向。从研究目的来看,团队不仅致力于将研究成果应用于中国实践,为

中国经济社会发展贡献力量，也要为世界上其他发展中国家的经济发展贡献中国智慧、中国方案。为不断拓宽国际化视野，团队与全球同行保持良好的学术交流合作，鼓励通过学术会议、专家讲座等多种形式进行国际交流，同时鼓励团队成员将研究成果向全球推广。

宏观发展经济学研究团队成员都有良好的海外留学背景或访学经历，掌握了结构式估计、大数据预测、行为实验、复杂算法构建等多种前沿研究范式，研究成果发表在 *Review of Economics and Statistics*、*Economic Journal*、*Journal of Environmental Economics and Management* 等国际一流经济学期刊上，国际影响力不断提升。

三、凝练学科方向，承担智库研究

宏观发展经济学研究团队围绕中国重大现实问题不断凝练学科方向，重点关注"构建新发展格局""创新驱动经济发展"和"共同富裕"三方面重大问题。团队深入研究我国供需错配、结构失调的现状和原因，致力于探讨完善全国统一大市场、促进供需动态平衡、构建"双循环"新发展格局的战略和路径；全面比较全球和中国创新体系，考察世界各国创新政策影响产业升级、技术创新的机制，研究中国实现创新驱动经济发展的实现路径；厘清中国收入分配各种不同影响因素的社会福利差异，强调机会均等在实现共同富裕中的关键性作用，深入考察"从机会均等到结果平等"的共同富裕道路。

围绕"构建新发展格局""创新驱动经济发展"和"共同富裕"三个方向，宏观发展经济学研究团队屡获国家级重大课题立项。"实施扩大内需战略同深化供给侧结构性改革有机结合研究""城乡融合与新发展格局战略联动的内在机理与实现路径研究""供给侧结构性改革与发展新动力研究"等课题先后获国家社科基金重大项目立项，多项课题获得国家自然科学基金、教育部人文社会科学基金等立项。同时，研究团队承担了多项智库研究，《我国宏观税负与结构研究》《我国区域发展差异及财税政策协调研究》《中国杠杆率的形成逻辑与资源配置效率分析》等多份研究报告、政策报告获得相关部门高度评价。

四、加强团队建设，培养青年人才

宏观发展经济学研究团队致力于打造以中青年学者为主、梯度合理的人才团队。团队成员均受过良好且规范的经济学训练，对经济学研究有高度的热情，研究成果发表于国内外顶尖经济学期刊上，表现出非常好的研究实力和研究潜力。团队以重大课题为依托，通过讨论班、研讨会、学术会议"三位一体"的模式，为团队成员搭建了校内外学术交流的平台，助力青年教师快速成长。同时，团队在研究过程中注重对青年学生的培养，通过科研助理等方式，三年来吸收了50多名本科生、30多名硕士生和10多名博士生参与研究，提高了他们的科研能力和团队合作精神，很多学生毕业后继续到国内外一流高校深造。

经过不懈的努力，宏观发展经济学研究团队中一批优秀青年学者脱颖而出。团队成员入选国家重大人才工程特聘教授和青年学者、国家万人计划哲学社会科学领军人才、"百千万人才工程"、中组部青年拔尖人才支持计划等高层次人才项目，获得国家社科基金重大招标项目等多项国家级课题资助，研究成果获得教育部高等学校科学研究优秀成果奖等多项高质量奖励，在中青年学者中已经崭露头角，在国内外学术界的影响力不断提升。

未来，中央财经大学宏观发展经济学研究团队将进一步打造一支以中央财经大学中青年教师为主、辐射全国的国际化中青年研究团队，继续推进中国特色的宏观发展经济学研究，聚焦中国问题和重大问题，不断推动理论创新和学科发展。

做好新时代人才工作，开创人才强院新局面

武汉大学　陆　伟

> **作者简介**
>
> 陆伟，男，1974年生，中共党员，武汉大学信息管理与信息系统二级教授、博士生导师，现任武汉大学党委常委、副校长、大数据研究院院长、智能与创新治理研究所所长。教育部"长江学者奖励计划"首届青年学者（2015）、国家重大人才工程特聘教授（2020），教育部新世纪优秀人才（2011），享受国务院政府特殊津贴（2024）。
>
> 主要研究领域为信息检索与知识挖掘、数据智能与创新评价，发表 CCF A、FMS A 等论文 200 余篇，申请国家标准、发明专利和软件著作权 20 余项，研发问答机器人 RobertAI、学术信息智能处理平台 ScienceAI 等，获教育部高等学校人文社会科学优秀成果奖二等奖 2 项（排名 1，2020；排名 3，2020）。担任教育部首批哲学社会科学创新团队负责人、2030 新一代人工智能重大项目首席专家、国家社科基金重大项目首席专家、教育部管理科学与工程专业教指委委员、保密管理专业教指委委员、国家教材委哲学社会科学学科专家组成员，兼任 *Data and Information Management* 主编、《图书情报工作》副主编、《知识管理论坛》副主编等。

党的十八大以来，党中央高度重视人才工作，出台了《关于深化人才发展体制机制改革的意见》，召开了中央人才工作会议。习近平总书记关于人才工作的重要讲话，科学回答了新时代人才工作系列重大理论和实践问题，为做好新时代人才工作指明了前进方向，提供了根本遵循。武汉大学全面贯彻新时代人才工作

新理念新战略新举措，坚持把人才强校作为学校发展的核心主战略，确立了更加尊重人才、更加崇尚学术、更加追求卓越、更加担当有为的战略导向，努力形成全方位培养、引进、用好人才的武大方案，构建人才优先发展、人才引领发展的武大模式。

人才是支撑学院高水平办学的第一资源，也是引领学院高质量发展的第一动力。自2017年武汉大学吹响人才强校战略号角以来，信息管理学院积极响应，坚持把国家和学校的各项人才工作制度、政策转化为有利于人才成长发展的具体举措和人才强院的生动实践，加强对人才工作的政治引领，构建党建统领、协同配合、系统推进、主动作为的人才工作体系，坚持为党育人、为国育才，建设"人师"与"经师"相统一的高素质人才队伍，着力在"引才、育才、用才"上下功夫，努力使人才"选得准、进得来、留得住、干得好"，尝试走出了一条"高原学科"吸引、集聚和培养"高峰人才"的新路子。

一是放开视野，拓宽渠道"引人才"。学院发展在人才，学科引领靠人才。学院成立人才引进工作委员会，加强学院人才工作的顶层设计和系统谋划；注重充分发挥青年教师的国际化优势和群体智慧，根据他们的研究方向，成立若干人才引进工作小组，让他们为学院人才引进工作献计出力；制定人才引进管理办法，确定选才标准、岗位条件、招聘方向，对在人才引进工作方面作出突出贡献的教师予以奖励，为人才引进工作提供制度保障；建立人才动态跟踪信息库，组建人才引进情报网络，对海内外相关学科优秀青年学者的信息进行整理汇总和动态跟踪；秉持求贤若渴的态度，对选准看好的人才"苗子"，安排专人通过主动约见、上门沟通、电子邮件、社交网络等方式或渠道，与他们联系，了解其需求并提供个性化解决方案，为优秀人才开启绿色通道；对急需紧缺的特殊人才，学院党政主要负责人实行"一对一""多对一"主动沟通联系。"鱼无定止、渊深则归，鸟无定栖、林茂则赴。"在学校的大力支持下，通过学院相关人员用心、用情、用力的工作，2017年以来，学院引进、选留优秀青年教师19名，进一步充实了专任教师队伍，优化了师资队伍结构。

二是全力帮扶，多措并举"育人才"。综合各方面实际情况，学院认为，人才既要靠大力引进，更要靠全力培养。对引进、选留的青年教师，学院希望他们能够不断成长壮大，带动学科的发展。学院制定党政领导班子联系高层次人才和青年教师制度，班子成员经常与他们沟通交流，在工作和生活上给予充分的关心、尊重和爱护，努力为他们提供有方向、有干劲、有动力的成长微环境，使他们能够静下心来做学问、搞研究；实施青年人才提升帮扶计划，高层次人才与青年教师结对帮扶，资深教授、高层次人才主讲青年导师训练营，分享成长经历、传授导学经验等，用心"传帮带"，助力青年教师适应环境、消除困惑、明确目标、提升能力；建立科研项目与人才项目申报专家指导组，在项目申报过程中，名师大咖指导申报人准备相关材料，帮助他们解决申报过程中的具体问题。一直以来，学院非常重视院风的塑造与传承。学院几位德高望重的老先生虽年岁已高，但仍坚持身体力行，对学院的建设发展和研究方向把诊问脉、定盘掌舵。他们潜心问道、提携后学，春风化雨、润物无声，既对青年教师产生了影响，也为他们的成长提供了借鉴和启示。近五年来，学院14人次青年教师成长为国字号人才、9人次入选省部级人才。

三是搭建平台，不拘一格"用人才"。引进培养人才很重要，但留住用好人才更为关键。学院用才留才的基本思路是，围绕国家战略需求，在新的学科增长点组建团队、搭好载体，让有真才实学的人才参与其中，挑大梁、当主角，英雄有用武之地。在学校的大力支持下，学院聚合院内外优质资源，建设了一批吸引和聚集人才的高水平平台。学院拥有本学科领域首个且唯一的国家自然科学基金创新研究群体，建设了信息资源管理学科领域全国唯一的教育部人文社科重点研究基地——武汉大学信息资源研究中心，领衔创建了武汉大学大数据研究院，发起建立了"语义出版与知识服务"国家新闻出版署重点实验室，担纲建设"文化遗产智能计算"首批教育部哲学社会科学实验室。此外，学院还谋划成立了图书情报国际合作研究院等10多个研究机构。在这些学术平台中，学院放手使用人才，支持他们深度参与重要的计划项目、开展科研攻关，使他们能出成果、出好成果，快速成长。学院现有88名专任教师，其中教授52名、副教授33名，高级职称占比达96.6%。在行政业务管理工作中，学院也建立起以信任为基础的人才使用机制，不论资排辈，不求全责备，让他们担当重要职务。目前，学院行政负责人中，院长年龄不到50周岁，4位业务副院长（含挂职）、6个系的正副主任年龄一般都在45周岁以下，他们也大多是国家或省部级人才。在这些业务管理岗位上,他们敢于担当作为,勇于创新突破,实现了人能尽其才、才能尽其用。

人才引领发展,发展造就人才。在学校"人才资源是第一资源、人才强校是第一战略、人才工作责任是第一责任"战略理念的指引下,学院狠抓人才工作落实,取得了较好的成绩。目前,学院高端人才汇聚效应业已显现,各类高层次人才规模进一步扩大,学缘结构也得到进一步优化。学院业已形成一支包括人文社科资深教授、国家级领军人才、国家级或省部级青年人才在内的高水平人才梯队,初步形成了引领学科发展的战略支点和雁阵格局。学院信息资源管理学科在全国历轮学科评估中整体水平排名第一或 A+,两轮入选世界一流建设学科,并在世界大学专业排名中占据重要一席,且排名逐年上升。结合学科建设、评估的体会,可以这么说,是人才支撑学院信息资源管理学科成为全国的"高原学科"。面向未来,学院将继续用好用足国家、学校的人才政策和措施,不断优化环境、做好服务,花更大力气培养、引进、用好人才,助力更多青年人才成为本学科"高峰人才",在建设国家战略人才力量、实现高水平科技自立自强、加快建设世界重要人才中心和创新高地方面作出应有的贡献。

你中有我 我中有你
——与团队共成长

南开大学 李月琳

> **作者简介**
>
> 李月琳，女，1970年生，中共党员，南开大学校长助理、教务部部长、伯苓学院院长、教材建设办公室主任、教授、博士生导师。教育部"长江学者奖励计划"首届青年学者（2015），国家重大人才工程特聘教授（2024）。
>
> 主要研究兴趣包括信息行为、交互信息检索、健康信息学及信息系统评估。担任国家社会科学基金重大项目首席专家，主持完成国家社会科学基金重点项目、国家社科基金一般项目及各类省部级科研和教学项目20余项。曾多次获省部级优秀社会科学研究成果奖及国家级、省部级本科和研究生教学成果奖，并荣获2022年宝钢优秀教师奖。担任国务院学科评议组成员、教育部本科专业教学指导委员会委员、中国图书馆学会图书馆学教育委员会副主任委员、中国社会科学情报学会常务理事、中国科技情报学会常务理事/信息行为研究专委会主任等。曾任ASIS & T亚太分会主席、Information Processing & Management 副主编等。

我在国外学习获得博士学位，于2009年年底回到南开大学任教，2011开始担任行政职务，不管是科研团队还是行政团队，规模都在不断扩大。科研团队一如既往深耕信息行为与交互信息检索研究领域，不断吸纳学生、年轻教师加入；行政团队则一直在变化，从系行政到院行政再到学校机关的行政团队，不仅是人员规模的变化，更是工作性质、工作范围和边界的变化。在教师、科研人员、行政人员之间不断切换工作角色，成为我工作的常态。我调整心态和工作思路，迎难而上，在带领团队不断攻坚克难的过程中，个人也得到了锻炼和成长。

一、聚人心、求卓越：文化氛围建设的核心

不管是科研团队、教学团队还是行政团队，打造一种和谐向上、追求卓越的团队文化是十分必要的。2011年下半年，我担任了系里的领导职务，首要的任务就是把大家的精力、时间、热情聚焦到人才培养、科学研究、社会服务等高等教育的重要使命和工作上来。我做系主任的"第一把火"就是首推本科培养方案的改革，调动系里的优势力量，尤其是年轻教师，从做调研开始，一步步完成本科培养方案的全面更新和升级改造，其中贯穿了大量与师生的沟通工作，整个过程中做到了充分听取师生意见，发扬民主的工作作风。通过教学改革，大家的热情得以焕发，师生们对学科发展、专业内涵和外延的理解得以增强，师生的专业认同、满意度大幅提升。此后几年师资建设、人才培养、科学研究、社会服务等方面取得的成绩充分说明了这"第一把火""烧"得有效果。经过十余年的建设，整个团队呈现了和谐上进、团结协作、追求卓越的氛围：从系里的前辈到年轻教师，没有任何人"躺平"！大家始终开足马力，全情投入，学科发展取得的成绩获得了业内的广泛认可和赞誉。

文化氛围建设也是科研团队管理的重要手段。科研团队是人才培养的重要依托，为学生成长提供了重要的平台。因此，构建良好的团队文化，帮助学生学会协作、分享、互助和尊重是十分必要的。为更好地管理科研团队，我将大团队划分为几个研究小团队，学生们根据自己的研究兴趣加入不同的小团队，大家互帮互助，一起学习研讨，彼此出谋划策。我的主要工作是设定研究方向、检查各项研究的推动、把好科研质量关，同时带领大家一起撰写项目申请书和学术论文。除了集中学习研讨，我也定期和学生一对一交流，和他们讨论科研问题，形成可执行的科研项目，指导他们开展科学研究，同时帮助他们解决学习和科研工作中遇到的问题和困难。经常性的交流和研讨，使团队的科研能力得到了极大提升，我们成功申请到了多项国家级科研项目，包括国家社科基金重大项目、重点项目

等，多人次获得全国性和校级优秀论文奖，取得了丰硕的研究成果，形成了追求卓越的学术研究氛围，团队在相关领域的影响力也得到了极大提升。

二、明责任、勇担当：攻坚克难的利器

我回到南开后承担的第一项重要工作便是商学院的 AACSB 国际认证。成功通过这个认证，对商学院的发展，尤其是推动学院的国际合作交流至关重要。因而，对作为国内顶尖商学院之一的南开大学商学院来说，这是一项必须完成的工作。2010 年年初我接下这份工作时，完全不知道这一任务的艰巨和其中包含的巨大工作量。由于之前缺乏认证基础，一切工作都要从零开始。为了拿下初次认证，我们组建了认证团队，我担任这个团队的负责人，从一位普通教师一直到学院副院长，始终协助学院院长负责这个项目。完成初始认证需要跨过一道一道"关卡"，其间还要每年完成年度报告等。作为团队的负责人，我始终坚持和大家分担工作，不仅撰写各类报告，还承担修改和统稿的任务。在做这些工作的过程，我很清楚我承担的责任，作为团队的负责人，如果只是要求其他成员做，而自己置身事外，工作完成的程度和质量都会大打折扣。现场认证之前，全院师生都在期待着成功的那一刻，而我们团队成员承受的压力则快达到了顶峰，在这种情况下，我明确告诉大家：我们团队所有的成功都是大家努力的结果，成功了，功劳是大家的、学院的；如果失败了，没有通过，所有的工作中的不足和过错，责任都在我，你们不用有任何担心，只管一心往前做！此后的工作虽然繁忙，也很累，但我们的工作场所总是充满了欢声笑语。经过六年多的努力，我们最终如愿实现了既定目标！现在想来，作为团队的负责人，要有一颗勇敢无畏的心，不怕失败，如果认定这是一件有利于事业发展、必须要做的事情，个人的荣辱得失都不值得计较。只有这样，才能凝聚团队人心，带领大家前行！

三、尊重与信任：团队成功的基石

我国高等教育已进入高质量、内涵式发展阶段，落实到学校的各项工作上，具体明晰的发展方向和有质量的项目推进是作为团队负责人要考虑的重点。2020 年，学校根据工作需要，将我调到国际合作与交流处，负责南开大学国际合作交流工作，带领一支纯行政工作团队。纯行政团队和科研团队、教学团队

不同，其中的工作思路和逻辑大相径庭！处里的核心领导团队的各位成员行政经验丰富，都有着十余年甚至数十年的国际合作交流经验，相对于他们，我是新手，加之此前和他们并不相熟，如何领导这样一支队伍，对我而言是一个挑战。我本着虚心向大家学习的心态加入了这个团队。我们经常一起学习中央的各种重要文件，讨论当前高等教育的重要任务和国际合作交流工作对南开、对国家的重大意义。在讨论中，我充分尊重大家的观点和见解，凝聚共识，形成了聚焦新时期高校立德树人根本任务、服务学校"双一流"建设的核心工作目标。实际上，2020年以来的国际合作交流工作面临着前所未有的困难，如何冲破重重阻碍，破解这些难题？为此，我们主动出击，不纠结于"进不来""出不去"这些难题，围绕打造学生跨文化交流能力及国际视野，赋予他们全球胜任力，创新性地设计了多个项目，以帮助学生提升他们的能力和素质为核心，致力于培养未来有能力服务国际组织和人类命运共同体建设的人才。在推进这些项目的过程中，我充分尊重团队的创意，鼓励团队成员大胆创新。同时，项目的质量控制十分重要，要求方方面面细致的工作。这些项目的开展，体现了国际合作交流在切入和服务高校立德树人根本任务方面发挥的关键作用。此外，我们主动对接海外的优质教育资源，同时主动输出南开优质教育资源，实现了教育对外开放的"双向"互动。再有，如何释放人的潜能是作为团队负责人必须考虑的关键问题，要善于利用绩效考核这一杠杆，激发大家的工作热情和昂扬斗志。

通过采取一系列的措施及扎实有效的工作，在国际合作与交流处两年多的时间里，我们创造了南开国际合作交流史上的多个"第一"次，有的甚至是我国高等教育史上的"第一"次。和国际合作行政团队一起工作的这两年，作为团队负责人，凝聚大家的共识、引导大家正确认识高校国际合作交流的重要使命是卓有成效地开展各项工作的关键。同时，在一个团队中大家的身份、角色可以不同，但相互尊重和信任必不可少，这是打造一个高效的行政团队的重要因素。

2022年11月，学校又调整我的行政工作岗位，任命我为新组建的学校教务部部长，我觉得自己肩上的担子更重了。在带领各种性质的团队开展工作的十年里，我深刻地感受到团队是我工作和生活的重要依托，大家心往一处想，劲往一处使，形成了你中有我、我中有你的和谐、上进的团队文化氛围，我们相互尊重、彼此信任、不辞劳苦、不畏艰辛，追求卓越、创新引领！而作为团队负责人的我，也在团队中汲取了丰富的营养，和大家共同成长！

坚持面向人民生命健康
培养优秀青年医学人才

海军军医大学 廖 专

作者简介

廖专，男，1980年生，中共党员，海军军医大学上海长海医院院长、主任医师、教授、博士生导师，担任国家消化病临床医学研究中心副主任、免疫与炎症全国重点实验室副主任、上海市胰腺疾病研究所副所长、上海市航海医学和药械转化重点实验室主任。教育部"长江学者奖励计划"首届青年学者（2015），国家重大人才工程特聘教授（2021）。

长期从事胶囊内镜和胰腺炎相关研究，擅长胆胰和小肠等疑难疾病的临床诊治，医工结合成功研制我国首台具有自主知识产权的磁控胶囊内镜与用于治疗慢性便秘的振动胶囊系统。科技部重点研发计划首席科学家，兼任中华医学会消化内镜学分会委员及胶囊内镜协作组组长、胰腺病专业委员会常务委员及慢性胰腺炎学组组长、上海市医学会常务理事、消化内镜专科分会副主任委员等学术职务。上海市青年联合会第十三届委员会副主席。获上海市科技进步奖一等奖（2023）、上海市青年科技杰出贡献奖（2023）、树兰医学青年奖（2020）、上海市银蛇奖一等奖（2017）、"上海青年五四奖章"（2012）、首届中国卓越青年研究生导师（2023）。担任《中华医学杂志》、《中华消化杂志》、《中华消化内镜杂志》、《中华胰腺病杂志》、*JTIM*副主编。

习近平同志在《论党的青年工作》中指出:"青年是祖国的未来、民族的希望,也是党的未来和希望。代表广大青年、赢得广大青年、依靠广大青年,是我们党不断从胜利走向胜利的重要保证。"国家、社会、医院的发展都离不开人才,人才建设是医院发展的根本动力,亦是医院核心竞争力的体现,青年医学人才更是医院发展的基石,培养有能力、有担当、有理想的青年医师是医院可持续发展的关键所在。本文以长海医院培养体系为例,为优秀青年医学人才的培养提供参考。

一、坚持以病人为中心、道德为底线,全面培养青年医师的事业心、责任感和职业修养

2016年,习近平总书记在全国高校思想政治工作会议上指出:"高校立身之本在于立德树人。要实现全程育人、全方位育人。"医院开展临床教学应以综合素质为主导,坚持人文关怀,课程目标体现知识技术与能力素质协调发展,课程内涵体现科学精神与人文素养有机结合,课程设计体现知识传授与价值引领辩证统一,在授课中注重阐述产生背景、发展历史、重大意义、未来前景等内容,使青年医师在前沿探索的同时掌握历史追溯,引导先明是非曲直、后明道路方向、再明如何作为。临床诊疗中要不断加强"以人民为中心"的理念建设,全面树立为病患服务的意识,要求青年医师"从临床中来、到临床中去,一切以病人为中心",注重人文素质的培养,营造良好的育人环境。医学创新及科学研究要坚持"学术研究无禁区,学术研究有纪律"的政治道德底线,培养实事求是的科学精神和严谨高尚的学术道德,鼓励青年医师选树榜样,以建校以来"模范军医"吕世才、"中国肝胆外科之父"国家最高科学技术奖获得者吴孟超等医界泰斗和陈宜张、王红阳、廖万清、曹雪涛、夏照帆、李兆申等名师大家为代表,帮助青年医生树立救死扶伤、德才兼备的职业修养。响应健康中国、精准扶贫等国家重大战略,组织青年医师开展贫困地区医疗帮扶、偏远地区送医送药等活动,身体力行"坚守白衣职责,书写医者仁心"。

二、坚持以基础为根本、实践为导向,大力夯实医学生的临床功底

制定规章制度、从严管理教学秩序、优先保障教学设施是医学生教学的基

石。医院通过建立"临床教育中心"管理体系，加强各类教学过程管理，完善临床教学督导，提高临床教学综合管理效能，整合全院临床教学平台及资源，厘清机关教学管理部门与教研室、教学基地、临床教学培训中心等的职责分工，通过现有教学资源及平台整合方案的实施，实现医学生各阶段培训的无缝衔接，使临床教学培训更加系统化、规范化；教研室（组）、教学基地、培训中心等一线教员具体执行，简化教学流程；发挥好脱产教员队伍的作用，切实提高其培训期间的教学技能，发挥专家教授"传、帮、带"作用。完善教学管理体系，对促进教学型医院临床教学资源的共建与共享，使教学管理过程中的各类人员角色定位准确，充分调动专家教授参与教学的积极性，进一步规范临床教学质量，提高临床教学水平意义重大。

在临床教学过程中，医院坚持"三基训练"，坚持技能小班化教学、多元化考核，建立临床技能带教标准流程、迷你临床演练评估、临床步骤的直接观察、"以考促学"等先进教学理念，帮助实现医学生主动掌握、深度理解知识。在专业带教中，推行导师与住培医师"一对一"的培训带教模式，严格培养学生体格检查、技能操作、分析实验室及影像学检查报告等临床技能，培养学生的自主思维和临床思维能力。

三、坚持以科研为抓手、创新为方向，全力推动青年医师成长成才

党的二十大报告指出："坚持科技是第一生产力、人才是第一资源、创新是第一动力。"在青年医师的培养过程中，应时刻注重科研创新能力的培养，引导其密切关注研究领域新兴进展，保持好奇心和求知欲，提倡探究质疑，鼓励不畏权威、敢于探索，注重引导青年医师加强交流沟通，培养合作共赢的意识。

在本科教学中，坚持第一课堂和第二课堂有机融合、互为补充，鼓励医学生利用课余时间早期接触临床、接触科研，培养本科生临床科研思维，改变传统按疾病"理论—见习—实习"三段式固有模式，医院实行"早期接触、多科并进、床边教学"政策，如开展"八年制预选导师"，以临床症状引导训练医学生的临床思维能力，指导其利用课余时间参加教学查房、科研课题，广泛开展多学科融合式的第二课堂创新孵化活动，运用临床病例讨论和经典病例研究启发临床思维和创新思维。医院创新开拓"规培生导师制"，以本院高年资医师为规范化培训

导师，推行导师与住培医师"一对一"的培训带教模式，进一步突出教学中心地位，深化教学型医院的内涵建设，为提升住培医师培养质量提供制度保障。培养规培生的科研思维和科研素养，组织定期开展课题组会和前沿学术进展汇报，有力促进规培生的科研积极性和探索精神。为进一步提升医院临床科研人员尤其是青年医师的临床研究能力和水平，提高其撰写及发表临床研究论文的质量，浓厚临床研究学术氛围，医院围绕临床研究、研究设计、统计学问题、伦理问题、研究注册、论文发表、成果转化等内容，开展"临床研究技能提升计划"活动，开展国自然申请系列培训，打造学术精品活动，全面推动青年医师实现从好的临床医师到研究型医师的跨越，从遵守指南到引领指南、从学习新知识到创造新知识的突破。

通过"走出去"和"引进来"相结合，多方位提高青年医师的素质。各科室依托医院平台组织并召开多次国内外学术会议，邀请高水平团队进行专题讲座和学术交流，取长补短；促进搭建医工结合和转化医学研究平台，推动青年医师进行跨学科研究交流，从不同思维角度解决医学问题；鼓励青年医师参与国际、国内学术活动与培训班，面对面与国内外同行进行深入交流分享，全面提升创新能力与交流能力，第一时间掌握学术前沿动态、拓宽科研国际视野。

四、坚持以技术为指引、规范为目标，着力推动青年医师专业人才培育

以内镜人才培养为例，针对我国内镜技术发展现状，以及正规化培训和内镜专业人才缺乏的现实问题，中国医师协会内镜医师培训学院落户长海医院，采用"导师制"培训方式，依托"内镜医师规范化培训管理平台"网站，分理论学习、临床培训基地或中心培训、手把手辅导、基地（中心）回炉学习四个阶段开展培训。培训结束后，为经考核合格的学生颁发中国医师协会和国家卫健委人才交流服务中心的专项内镜技术培训合格证书，极大地促进了我国内镜医师的人才队伍建设；依托大型学术会议的举办，邀请国内外消化疾病领域知名专家进行专题报告和手术演示，着力推动消化内镜新技术的推广与消化内镜医护人才的培养，通过临床与基础热点问题的探讨，瞄准新前沿、掌握新模式、迎接新挑战，进一步规范我国内镜医

师培训体系，提高内镜质控质量，全面提升内镜技术，有力推动我国内镜技术、消化道癌筛查、防控和早诊早治；在全国范围内开展内镜相关赛事，广泛促进国内内镜医师间的学习交流，提升检查技术水平。

与此同时，医院持续给予资金平台全方位支持，如针对高水平成果、高质量论文、发明专利、国自然项目、人才项目进行赋分奖励；全面落实"十四五"学科固海计划，每年投入3000万元用于推动学科建设；推动青年启动基金、双青培育项目、基础研究专项、深蓝123军事医学专项、234攀峰计划等院级研究基金落地，为青年医师的全方位培养保驾护航，加强科研项目的规范管理，助力青年人员在科研道路上走得更顺、更远、更好。

医院的发展离不开人才队伍的培养和建设，特别是青年医学人才的培养，建立科学的培养体系，培养有丰富临床经验、强烈批判性思维、高度职业敏感性及突出研究能力的优秀青年医师，是医院可持续发展的关键。

防灾减灾，为国奉献科技力量

清华大学　陆新征

作者简介

陆新征，男，1978年生，无党派人士，清华大学土木工程系教授、博士生导师、防灾减灾工程研究所所长。教育部"长江学者奖励计划"首届青年学者（2015），国家重大人才工程特聘教授（2018），国家重大人才工程特岗学者（2019），国家重大人才工程科技领军人才（2016），首届"科学探索奖"获得者（2019）。

主要研究领域为城市防灾减灾和建筑结构智能设计，成果被国标、行标、美国混凝土学会规程、美国NSF重大项目平台及重要结构计算软件采纳，并应用于多个标志性工程和城区，曾参与汶川、玉树等重大地震灾害的抗震救灾工作。获国家自然科学奖二等奖（排名2，2013）、北京市科技进步奖一等奖（排名1，2022）、教育部自然科学奖一等奖（排名1，2020）。兼任《工程力学》期刊主编，Journal of Structural Engineering-ASCE、Journal of Computing in Civil Engineering-ASCE 等刊物 Associate Editor 等。

我国是世界上自然灾害较为严重的国家之一，每年因为地震、台风、火灾等各种自然和人为灾害造成了非常严重的人员伤亡和经济损失。考虑到建筑和各种基础设施在防范和减轻灾害方面的关键性作用，我国在"土木工程"一级学科下设立了"防灾减灾与防护工程"二级学科。清华大学按照"一级学科设立院系、二级学科设立研究所"总体规划，在清华大学土木水利学院下设防灾减灾工程研究所。在国家、学校、院系的亲切关怀和研究所全体师生的共同努力下，防灾减灾研究所多次被评为校先进集体，培养了一批优秀的骨干教师和研究生，为我国土木工程防灾减灾事业作出了重要的贡献。

一、传承院系优良传统，服务国家重大需求

清华大学土木工程防灾减灾学科源于20世纪60年代服务于国家重大国防需求的"0304"项目。由于当时严峻的国际形势，迫切需要开展核武器防护工程的研究。清华大学受国防科委委托，组织土木工程系陈肇元、沈聚敏、陈聆等一批骨干教师，隐姓埋名，为我国国防事业作出了重大贡献，形成了清华大学土木工程学科"顶天立地"、服务国家重大需求的优良传统。

进入20世纪七八十年代后，随着国际形势的缓和，特别是1976年唐山地震后，防范地震等自然灾害的需求日益凸显，清华大学防灾减灾学科开展了工程抗震、抗燃气爆炸、抗连续倒塌和城市综合防灾领域的研究，不仅为我国填补了大量的研究空白，也服务了我国很多重大工程建设。

几十年来，在陈肇元院士、聂建国院士等院系学科带头人的引领下，服务国家重大需求成为清华大学土木工程学科的重要特色，扎扎实实落实"把论文写在祖国大地上"。北京奥运会鸟巢、水立方、北京中国尊等重大工程，以及北京副中心、雄安新区等重要城区建设，防灾减灾工程研究所都在设计和规划中发挥了重要作用。在汶川地震、玉树地震、芦山地震、武汉新冠疫情等历次大灾难的应急和救灾过程中，以及泉州欣佳酒店倒塌事故、深圳赛格大厦异常振动事件等重大事故和事件处置过程中，防灾减灾研究所也发挥了重要作用。"为国家解决了什么重大难题，在工程界有什么样的影响力"，一直都是学科评价的核心议题。

二、相互欣赏、相互学习，营造团结共进氛围

清华大学土木水利学院防灾减灾研究所自成立以来，一直将营造"相互欣赏、相互学习、团结共进"的氛围作为研究所团队建设的核心内容。防灾减灾学科由于其自身的特点，存在研究对象多样、学科交叉活跃的特点。研究所每

位老师的研究方向都各不相同：有的专注于建筑抗震，有的专注于建筑抗火，有的专注于地下结构抗震，有的专注于连续倒塌。经过任爱珠、刘晶波、韩林海等几代研究所领导的不懈努力，形成了相互欣赏、相互学习的良好氛围，每一位老师都在保持自己特色研究方向的基础上，学习其他老师的研究特长，有效推动了研究所的科研活跃度和创造性，特别是为青年教师的成长提供了肥沃的土壤和宽松的平台。

三、学源多样、积极进取，青年人才队伍建设成绩斐然

考虑到防灾减灾学科涉及面广、学科交叉活跃的特色，防灾减灾工程研究所在青年人才引进上充分考虑学源的多样性，在职青年教师既有清华大学自己培养的博士生，也有来自美国麻省理工学院、英国帝国理工学院、德国汉诺威大学、日本京都大学等国际知名高校培养的博士生和博士后。不同的学源背景为研究所的国内外学术交流以及学科交叉提供了丰富的资源和信息。

青年教师入职后，为支持青年教师成长，研究所在可以管理的各项资源上向青年教师倾斜，在先进教师评选、研究生招生、实验室建设、学术机构推荐等方面充分考虑青年教师的需求，积极推荐青年教师申报各项科研项目和人才项目，院系和研究所的高年资教师都会给予指导和帮助。

防灾减灾工程研究所的青年教师也自强不息、积极进取，在教学、科研、管理等诸多岗位上取得了很多优秀成绩。李威副教授荣获"全国高校青年教师教学竞赛工科组一等奖（第一名）"和全国"五一劳动奖章"，王法承副教授入选"英国土木工程师学会（ICE）Fellow"，纪晓东副教授获得"清华大学青年教师教学优秀奖"，我自己也荣获首届腾讯"科学探索奖"。近十年来，清华大学土木工程系防灾减灾研究所青年教师连续入选国家级青年人才计划，部分青年教师进一步成长为国家级人才计划高层次人才。

在国家、学校及行业支持下，借助国家大发展的宏观有利条件，清华大学土木工程学科及防灾减灾学科方向一直保持着良好的发展势头，在国内外的学术界和工业界的影响力都在不断扩大，并形成了良好的老、中、青人才梯队，不断为重大工程建设和防灾减灾安全作出重要的科技贡献。

四、做一朵融入国家发展洪流的浪花，在服务国家重大需求中成长

2005年留校工作后，多位前辈教师鼓励我努力形成自己的独立研究方向。因此，我尝试在博士论文研究方向之外寻找新的机遇。在研究所多位前辈老师的帮助下，我发现当时我国建筑结构抗倒塌研究尚存在不少问题，并做了一些研究积累，特别是开发了可以较好模拟倒塌全过程的计算方法。2008年汶川地震后，我作为清华大学专家组成员，在震后第一时间前往灾区，在抗震救灾的同时收集了大量建筑倒塌破坏的资料，并利用自己积累的研究成果完成了很多震害问题的分析，为改进我国建筑抗倒塌设计提供了重要的研究资料。

随后我国开始了大规模超高层建筑的建造，而当时国内外普遍缺少在强震区建设500甚至600米超高层建筑的经验。面对这一强烈需求，我们课题组系统开展了超高层建筑相关计算程序和设计方法的研究，研究成果直接应用于世界抗震8度区第一高楼北京"中国尊"等多个标志性工程，取得了很好的效果，受到工程设计单位的高度评价。上述成果也成为我2012年入选首批"优青"和2015年首批"青长"的重要基础。

2012—2015年，我又先后参与了玉树、芦山、鲁甸、尼泊尔等多次重大灾害的抗震救灾工作。总结历次亲身体验的震害经验，我发现除了单体建筑的抗震和抗倒塌研究外，我国在区域灾后震害应急评估和灾前震害预测方面都存在不少问题。比如，在重大地震灾害发生后，一些领导、同事和新闻机构就会和我联系，希望在第一时间了解更多的灾情专业信息。但由于当时技术手段的限制，很难给出既快又准的评估结果。因此，基于此前的研究成果，我们课题组又提出了城市抗震弹塑性分析方法，并基于此方法建立了区域灾前震灾情景构建与震后应急评估方法。成果在北京副中心、雄安新区等多个重要新城区规划以及百余次国内外地震应急中得到成功应用，并被多个国内外重要科研和行政机构采纳。这些成果也成为我入选国家重大人才工程特聘教授、获得首届"科学探索奖"的重要支撑材料。

在开展城市抗震研究过程中，我们发现面向单一灾害的研究工作难以满足城市多灾害综合防御的需求，于是进一步开展了基于数字孪生城市的城市综合减灾

研究，成果先后在 2020 年武汉火神山、雷神山等抗疫医院建设，以及 2021 年深圳赛格大厦风致异常振动处置等重要项目中得到成功应用。

  回顾我的成长经历，如果没有这数十年来国家重大的工程建设和城市化历程，没有面临重大灾害时全国上下同舟共济战胜困难的斗志和支持，没有教育部、科技部、基金委、住建部等国家部门和各级政府机构从上到下对科技工作的重视和资助，我也不会有这些发展的机会和机遇。在我留校工作后近二十年间，我也亲眼见证了中国土木工程科技在国际上从跟随到超越的过程。前辈学者和师长们已经做了卓越的垂范，我们后辈更应学习他们坚毅开拓的精神，抱着"成功不必在我，功力必不唐捐"的精神，做一朵融入国家发展洪流的浪花。

建构中国自主知识体系，推动学科交叉研究和交叉学科建设

中国人民大学　杨　东

作者简介

杨东，男，1975年生，中共党员，中国人民大学法学院院长、教授、博士生导师、交叉科学学术委员会主任、区块链研究院执行院长。教育部"长江学者奖励计划"首届青年学者（2015），国家重大人才工程特聘教授（2018）。

主要从事经济法、数字经济与数字治理、金融科技与区块链治理、数据要素、元宇宙等领域的研究。荣获国内首个数字经济人才培养的国家级教学成果奖二等奖（排名1，2022）、教育部科学研究优秀成果奖二等奖（排名1，2020）、北京市哲学社会科学优秀成果奖一等奖两次（排名1，2018，2020）等奖励。

担任国务院反垄断反不正当竞争委员会专家咨询组成员、公安部党风政风整风监督员、教育部人工智能高层次人才培养委员会委员、工信部信息通信科技委员会委员、CCF数据治理发展委员会常务委员。

习近平总书记在中国人民大学考察调研时发表重要讲话，并强调"加快构建中国特色哲学社会科学，归根结底是建构中国自主的知识体系"。要始终以习近平新时代中国特色社会主义思想为指导，通过学科交叉融合与交叉学科建设，推动建构中国自主知识体系，努力回答好中国之问、世界之问、人民之问、时代之问。

一、坚持建构中国自主知识体系的学术道路

改革开放四十年，中国的经济社会发展取得了举世瞩目的成就。随着互联网通信技术的发展，中国面临着新技术带来的数字经济、互联网金融等诸多利弊相随的新现象。面对数字经济变革，中国凭借举国体制的优势，拥有数据生产要素的数量丰富、场景完整等优势，为建构中国自主知识体系提供了生产要素及制度体系的优势。

作为青年学者，需要时刻保持发现中国问题、提出中国方案的信念感，走在中国自主知识体系的前沿，形成数字经济与数字治理、区块链、金融监管等领域的自主知识体系，推动学科体系、学术体系、话语体系的建设。因此，我在数据生产要素、数字平台经济、监管科技等领域提出了自主性、原创性理论，并依托区块链研究院、交叉科学研究院、元宇宙研究中心等平台，从学科交叉、自设交叉学科到交叉学科三个层次逐步推进，形成了立足新经济、新时代的学术研究、人才培养、团队建设的自主道路。

二、提出扎根中国大地的原创性概念理论

学术研究方面，我提出了诸多原创性概念理论，并形成了应对资本、数据、流量三重垄断的数字元平台与PDA分析范式，在全球首次提出了"第五科学范式"。具体理论包括：作为理论支柱的"共票理论"（Coken）、数据作为生产要素的"数字文明"（Digital Civilization）、数字经济全球发展的"数据地球"（Data Earth）、互联网+金融的新型组织结构"众筹金融"（We-Finance），作为数字经济分析框架的"平台、数据、算法三维结构"（P-D-A Paradigm: Three-Dimensional Structure）、作为新型监管模式的"双维监管"（Twin-dimension Regulatory System）以及运用科技监管工具"法链"（RegChain）为具体形式的"以链治链"（Governance of Blockchain by RegChain）监管思路。

原创性理论扎根中国大地，基于中国面临的数字经济新问题提出形成中国自主知识体系的法律问题分析与回应模式。中国数字经济反垄断历史中，我曾参与2011年"3Q案"专家论证等相关过程，并于2012年发表了第一篇法学核

心期刊的互联网反垄断论文；在该领域于2014年承担原国家工商行政管理总局委托的互联网反不正当竞争条款的修改研究，起草设计的互联网不正当竞争条款被采纳；于2015年受聘为全国人大财经委电子商务法起草工作小组成员，起草了电子支付相关条款以及电子商务平台垄断条款（第22条）和滥用相对优势地位条款（第35条）的最初草案；此外还牵头发布了国内首个互联网、数据垄断等方面的研究报告。数字经济、金融科技与监管领域，我2015年以来赴中南海、全国人大等讲授数字经济、区块链、监管科技等相关内容，累计为数十万名干部和公务员作专题报告；2015年出版了中国区块链著作；2017、2018年分别出版了全球首部区块链法律和区块链监管著作；2019年出版了首部中国区块链的英文著作；2020年出版的《与领导干部谈数字货币》荣获第十一季"北京图书大厦·高级管理者书单"十大好书榜第三名；发表的论文为《中国社会科学》2012—2021年十年间数字经济领域仅有的两篇引用量在700次以上的论文；2019年在人民大会堂受到习近平总书记等领导人的亲切接见，数据、区块链相关文章获得中央领导长文批示。

三、创新交叉人才培养与产学研结合模式

习近平总书记在考察中国人民大学时指出，把中国人民大学打造成为我国人文社会科学研究和教学领域的重要人才中心和创新高地。在人才培养方面，随着中国数字经济发展的影响力提升，相关领域人才培养越发得到国家战略高度重视。我在中国人民大学率先针对该痛点问题予以人才培养的模式创新，及时向国家与社会输送合格的跨学科交叉人才。2023年，我的团队形成的教学成果"国家急需法学交叉人才培养模式探究——以区块链与数字经济为例"获国家级教学成果奖二等奖、北京市教学成果奖一等奖。

自2014年起，人大法学院开设"数字竞争的理论与案例""区块链与数字货币"等近10门课程，采取精英化小班培养模式，带领学生实际参与国家级课题研究，培养学生的跨学科法律实践能力。系列课程覆盖和辐射法律、管理、金融、经济、信息、数学等学科专业，成为我国最早探索区块链与数字经济体系化课程建设的高校之一。当前，中国人民大学已和国际电信联盟、联合国南南合作

中心、耶鲁、牛津、剑桥、东大、一桥大学等国际组织、高校开展了一系列区块链研究合作和学生交流活动，形成了较好的国际合作基础；开创了国家急需学科交叉领域的国际游学人才培养模式，2013年以来自筹经费组织学生500多人次赴美英日澳等地进行国际考察，获得了联合国国际电信联盟、英国央行、日本央行、金融厅等政府机构的认可并合作开展了各类研究和项目。

我非常重视利用产学研结合以提升学生理论与实践相结合、聚焦实际问题提出的能力；带领学生深度参与全国人大、工信部等机构的金融科技、数字经济等相关法律法规制定工作；与北上广深等地方政府合作开展实践基地，与中国网络空间研究院、中国互联网协会、京东、IBM、华为等机构和公司开展合作；通过课程帮助学生开展区块链创业，开发区块链钱包等应用，诞生了中国第一个区块链创业公司金股链。选课学生运用课程理论参与投资实践，创办了JDI区块链公司，实际收益以捐赠方式回馈母校。

四、依托校级研究平台进行团队建设

在团队建设方面，2020年5月，我的团队成立了国内最早的人文理工交叉区块链研究机构——中国人民大学区块链研究院，利用区块链技术实现数据利益分配等方面的突破，推动金融领域与服务领域的新业态、新组织、新治理以及监管结构信息传递高效化，推动数据传递高效化、社会服务均等化建设。

2021年年初，我推动成立了聚焦人文理工交叉的实体教学科研机构——交叉科学研究院，作为中国人民大学全面推进改革创新的"学科特区"和"人才培养特区"，并担任院长，带领团队开展跨学科人才培养、队伍建设、产学研合作与成果转化等工作，在以区块链与数字经济、未来法治等为代表的多个关键领域取得了原创性、标志性成果。我依托交叉科学研究院牵头组建了数据要素创新团队等横跨7个学院的跨学科团队，与国家发改委开展广泛合作，深度参与"数据二十条"研究起草与解读工作，在数据要素研究领域探索中国方案、解决中国问题。

此后，我的团队在交叉科学研究院的基础上，成立了国内高校中首家元宇宙研究中心，推进学科交叉、交叉科学学术交流和人才培养，让"数字+人文"的研究模式为探索元宇宙中国家治理过程中的法律问题提供具体模式。元宇宙研究中心与中国移动研究院、中国移动咪咕等开展合作，对于完善我国互联网领域的良法善治有着重要意义。

习近平总书记指出，"应当坚持马克思主义的指导思想，把马克思主义基本原理同中国具体实际相结合、同中华优秀传统文化相结合"。对于青年学者，努力构造原创性概念和理论，及时回应国家、社会、人民发展的实际需求，传承与创新相关领域学术研究责无旁贷。新时代赋予新一代青年人才新的责任，必须紧扣时代脉搏，将学术研究、人才培养、团队建设与建设现代化经济体系等一系列新部署相联系，在自主知识体系之下，不断推进知识创新、理论创新、方法创新，赋予学科更加旺盛的生命力，也赋予我国数字经济领域更好的发展环境、更多的话语权，为国家与社会发展作出更大的贡献。

潜心治学　润物无声
——深耕马克思主义哲学和政治哲学领域研究

武汉大学　李佃来

作者简介

李佃来，男，1973年生，中共党员，武汉大学哲学学院院长、教授、博士生导师。教育部"长江学者奖励计划"首届青年学者（2015），国家重大人才工程特聘教授（2018），全国文化名家暨"四个一批"人才（2017），国家重大人才工程哲学社会科学领军人才（2018），享受国务院政府特殊津贴（2016）。

主要从事马克思主义哲学和政治哲学的研究。主持国家社会科学基金重大项目、重点项目等10多项科研项目，出版《马克思的政治哲学：理论与现实》《马克思主义政治哲学的历史阐释与当代建构》等多部专著。在《中国社会科学》《哲学研究》等权威和重要期刊上发表系列论文，被《新华文摘》《中国社会科学文摘》及人大复印资料等转载90余篇次，连续三次入选人大复印资料重要转载来源作者。获全国高校人文社会科学优秀成果奖、中宣部"五个一工程奖"、湖北省社会科学优秀成果奖等各级学术奖励20余项，成果入选《国家哲学社会科学成果文库》。获"武汉大学研究生教育杰出贡献校长奖"，武汉大学"杰出青年""我心目中的好导师""师德标兵"等荣誉称号。

2015年入选教育部首届"青年长江学者"，是我学术和人生道路上的一个重要节点，一定意义上也是一个全新的起点。自此之后，我走上了学术发展的"快车道",教书育人的工作也取得了新的亮点。我很高兴现在以文字的形式,来回顾、梳理、总结八年以来的成长和发展历程。

一、潜心治学,为党和人民述学立论

立德树人是大学教师的根本职责和使命,前提是要有过硬的功夫和本领。正如钱伟长先生所说,不上课的老师不是老师,不搞科研的老师不是好老师。同时,我也深知,科研和学术不能沉迷在故纸堆里,不能封闭在象牙塔里,而应当积极对接国家重大理论战略,为党和人民述学立论。习近平总书记在中国人民大学考察时强调,加快构建中国特色哲学社会科学,归根结底是建构中国自主的知识体系。总书记的重要指示,是我做好"为党和人民述学立论"学问的根本遵循。我的专业是哲学,入选"青年长江学者"以来,我着力深耕马克思主义哲学和政治哲学领域,将加快构建中国特色哲学社会科学和建构中国自主知识体系的时代使命,具体落实为相互关联的两项学术工作——马克思主义政治哲学的建构和当代中国政治哲学的建构。

在马克思主义政治哲学的建构方面,我主持了国家社科基金重点项目——当代中国马克思主义政治哲学理论建构研究,开展了具有原创意义的理论探索,取得了一系列学术成果,并得到了学术界的充分认可和高度评价,我由此也被推认为国内马克思主义政治哲学领域的代表性学者之一。我主持的国家社科基金重点项目的结项成果《马克思主义政治哲学的历史阐释与当代建构》被评定为"优秀"等级,修改后入选《国家哲学社会科学成果文库》。这项成果在一定意义上见证了我在马克思主义政治哲学建构上的学术和心路历程。

与此同时,我这几年还致力于探索当代中国政治哲学的建构。在我看来,要将政治哲学的研究推进到根底,就应当责无旁贷地思考和探索当代中国本土政治哲学的建构这个重大问题。当代中国政治哲学的建构不仅是中国学术界政治哲学研究推向根底的最重要表征,也是中国学术界政治哲学研究走向成熟的最根本标志,同时还是政治哲学领域建构中国自主知识体系的题中应有之义。在这个方面,我主持了国家社科基金重大项目——当代中国政治哲学建构的价值前提、思想资源和实现路径研究,发表了一系列具有一定原创意义的论文,同样得到了学术界的充分认可和高度评价。

作为建构中国自主哲学知识体系的具体化，马克思主义政治哲学和当代中国政治哲学的建构，从现实上说有一个重要指向，就是要用最具"经验质感"的理论来回应最鲜活的实践。作为一名70后学者，我经历了改革开放以来中国伟大、深刻、独特的社会实践。我认识到，在这场从经济领域开始、进而牵涉整个社会的伟大实践中，一系列需要由政治哲学来回应和回答的重大规范性问题凸显了出来，主要包括两类：一是存在于收入分配等领域中的社会公平正义问题，二是从整体上构建社会伦理规范和行为规则，以此为社会生活树立价值目标、为法治社会的构建提供价值遵循、为政治体制改革确立价值前提的问题。这两类规范性问题不是改革开放实践逻辑中的细枝末节，而是当中深层次的问题；它们不会因为改革开放历史进程的推进而趋于沉寂，而是会长期存在于改革开放的历史实践中，甚至也可以说，在社会主要矛盾发生变化、以经济发展为重心转向以社会平衡发展为重心的新时代，它们比以往更加凸显。马克思主义哲学要持续彰显自己在重大现实问题面前的反思能力和旺盛的生命力，就必须实质性地介入这些重大的规范性问题，而不是回避这些问题。

对于我在建构马克思主义政治哲学以及当代中国政治哲学上的成绩，2021年2月5日《长江日报》曾以《武汉大学教授李佃来：身在书斋立足实践构建"中国哲学"》为题进行了报道。正如这篇报道中提到的，"立足中国问题研究马克思主义，以中国问题意识为轴心构建马克思主义政治哲学，这是很有意义的事情，值得我用一辈子的时间去把它做好"。"跳出西方中心的理论窠臼，用中国话语阐释中国道路、总结中国经验、思考中国问题，把文章写在中国的大地上，是学者们肩负的重要使命。"

二、润物无声，当好学生成长的引路人

我充分地认识到，作为一名教育工作者，必须做到敬业修德，坚守师者仁心；必须把教书育人作为义不容辞的本职工作，关爱学生，全心全意帮助学生全面发展。本着这一认识，我始终站在教学一线，不仅努力用一流的学术和过硬的本领来指导学生，而且不断探索教育教学规律，结合学科特点和学科要求，创新本科生和研究生的教育理念与教学方法。我不仅注重知识的传授，而且注重激发学生们的学术兴趣，撞击学生们的理论思维。我力争做到循循善诱，倾囊相授，

不仅注重锻造学生的文本功夫，而且注重锻造学生捕捉重大现实问题的敏锐度和能力。在马克思主义哲学的教学中，我不仅要求学生们在学理层面上准确理解马克思主义经典作家的观点，梳理马克思与思想史的复杂关系，从而建构起马克思主义哲学研究的"学术性"话语和视域，而且要求他们深刻领悟和把握马克思在批判资本主义、思考人类解放上所持有的价值立场、所彰示出的道义力量、所上升到的思想高度以及为我们研究当今社会重大现实问题所提供的根本启示，从而在深化和推进马克思主义哲学的"学术性"研究中坚定"四个自信"。

我不仅重视哲学专业教育，而且重视通识教育。在我看来，哲学并非高悬空中，而是与每个人密切相关。这种相关性在很大意义上来自哲学在人的成长、人的生命的"绽出"中所起的作用。正如冯友兰先生所说，"每个人都要学哲学，正像西方人都要进教堂。学哲学的目的，是使人作为人能够成为人，而不是成为某种人"。我认为，大学教育不能满足于"使人成为某种人"，而应把"使人成为人"作为更高、更重要、更根本的目标。要实现这个目标，就非常有必要通过通识教育来普及哲学教育。入选"青年长江学者"后的第一年，我作为武汉大学通识教育工作组组长，大力推动了武汉大学通识教育的改革，为今天武汉大学通识课程体系的建设奠定了重要基础。不仅如此，我还作为专业负责人，推动了武汉大学跨学科专业PPE（哲学、政治学、经济学）的创办，这在我看来也是哲学教育的一种有益延伸。正如《长江日报》的报道中提到的，我的这种努力的目的，"是培养对当代社会有深刻洞察力，能够引领未来的拔尖创新人才"。

令我深感欣慰的是，我在教书育人上的探索和付出取得了很好的成效。我指导的研究生在学校期间，大都有非常出色的表现。比如，多名研究生在《中国社会科学》《马克思主义与现实》《理论探索》等顶级、重要和核心期刊上发表了学术论文，有的被《中国社会科学文摘》及人大复印资料等转载，有的还获得武汉市社会科学优秀成果奖一等奖，等等。我指导的多名研究生毕业之后，快速成为所在高校或企事业单位的青年学术带头人、优秀青年骨干。

我于2022年荣获第七届"武汉大学研究生教育杰出贡献校长奖"，同年还获得武汉大学第十三届"我心目中的好导师"荣誉称号。2023年，我又获得武汉大学"师德标兵"荣誉称号。在"我心目中的好导师"颁奖典礼上，关于我的颁奖词是：

业精于勤,行成于思;

在理论和现实的平行交错中,他引领马克思主义政治哲学的前沿浪潮;

磨砥刻厉,承先启后,求知旋律余音绕梁;

循循善诱,倾囊相授,鼓励学子不遗寸长;

与时代同进,与真理同行,他用真理之水浇灌桃李满园;

专经研籍,喻理求真,笃守学术精神;

敬业修德,辛勤耕耘,坚守师者仁心。

推进"中国梦"的审美文化战略*

四川大学　傅其林

作者简介

傅其林，男，1973年生，中共党员，四川大学文学与新闻学院党委书记、教授、博士生导师。教育部"长江学者奖励计划"首届青年学者（2015），国家重大人才工程特聘教授（2018），国家重大人才工程教学名师（2017）。

主要研究领域为文艺学和马克思主义美学。主持完成国家社会科学基金重大招标项目"东欧马克思主义美学文献整理与研究"（结项等级为优秀），担任国家一级学会全国马列文艺论著研究会副会长，参加中央马克思主义理论研究和建设重点教材《文学理论》修订，出版学术专著《阿格妮丝·赫勒审美现代性思想研究》等10余种，在东欧马克思主义文艺理论和美学研究方面处于全国领先水平。

"中国梦"的提出是中国人民复兴中华民族美好愿望的表达，是中华民族历史记忆的当代表达与身份确证。它不仅是个体之梦想，更涉及国民宏大的政治愿望，可以说是国家在全球文化政治体系中彰显民族身份的重大战略。在这一重大战略布局与推进过程中，无疑不能缺失审美文化战略，否则"中国梦"就会成为一个理论概念和抽象的政治符码，难以真正被赋予丰富意蕴及实践作用。因此，推进"中国梦"的审美文化战略势在必行，关涉理论掌握实践的问题。

审美文化战略对推进"中国梦"理论体系建设具有重要意义。"中国梦"是全球文化政治中具有中华民族特质的心理愿望，是扎根于中华民族特色和现代创

---

* 原文刊登在《中国高等教育》2017年第17期，载入本书时有修改。

新意识的政治想象，是中国特色社会主义的治国理念。它既涉及"中国"这一具有世界民族国家的标志性问题，又关乎"梦""梦想""理想""意愿""愿望"等深层心理结构问题，体现中华民族独特的集体愿望。"中国梦"的推进与实施之所以必须强调审美文化战略，是因为审美文化战略着重解决"中国梦"的有效机制问题。审美文化以感性为基础，融合了感知、想象、创造、情感、内心精神与灵魂等元素，深入欲望和非理性的层面，触摸着民族的集体无意识，建构起个体存在与集体意识的强大的心理世界和意义归属感，获得人生的幸福感和存在的充实感。从某种意义上说，审美文化的生成机制与梦的工作机制是内在相关的，甚至是同一个问题。如果缺失审美文化战略，"中国梦"只能停留在符号能指的漂浮状态，无法凝聚成为中华民族个体存在的切身体验，无法激发"中国梦"的无穷的创造力和创意能力，无法在实践行为中将梦的愿望展现为巨大的推动力量。

"中国梦"的审美文化战略是创造符号区分标识的战略。"中国梦"的审美文化战略就是不断在全球民族梦想中区分出独特的标识，建立中国性的标识系统。"中国梦"的标识系统具有理论标识系统、实践形态的标识系统、制度性标识系统，从而确证中国特色社会主义的理论体系、道路与制度的符号空间，这些标识系统皆离不开"中国梦"的审美文化维度。审美文化符码在重要性方面有时甚至超过了其他系统，在全球化时代对集体和个体更能够产生深刻的影响力，更能够成为民族凝聚力的符号标识。

具体而言，推进"中国梦"的审美文化战略，主要涉及五个方面：

第一，加强中国政府和政党形象的审美文化建设，提炼中国共产党在革命战争和社会主义建设中形成的价值理念和创造精神，凝聚有中国特色社会主义的独特的理论话语和实践经验，以中国共产党强大的精神内涵鼓舞人民，激发人民发自肺腑的认同感和欣赏趣味，以求真务实的态度和规范的社会制度塑造国家政府形象的社会审美感，达到康德所谓的"共通感"（common sense）的根基性建设。

第二，以国家生态文明建设为推手，加强"美丽中国"的建设，营造温馨、美丽、空气清新、生活健康的生态环境，为中国人民提供良好的生存居住之世界，构筑美好的生活家园。这需要在城市建设、自然文化遗产保护与合理开发等方面强化审美文化维度，形成中国人向往的、乐于居住的人文地理空间，构筑中国人舒适的美好家园，形成使外国人来到中国就不想离开的梦想之伊甸园，把中国空间建设成为世界人民所渴求的美好愿望之对象。众所周知，生态环境问题是世界难题，也是当代人极为焦虑的生存问题。"中国梦"如果能够在这个维度勇于担当、积极应对，切实营造美丽中国的生存环境，将具有世界意义，"中国梦"也将因引领、吸引世界人民而焕发光彩，并拥有强大的凝聚力量，成为世界人民之梦想，融入世界之梦。

第三，推进"中国梦"的审美文化研究，探讨"中国梦"的审美文化价值体系、精神品格、人文关怀的话语体系。在这个领域人文学者大有可为，可以分析和甄别体现"中国梦"的优秀古典文化艺术作品与非物质文化遗产，可以深入研究现代性历史进程中"中国梦"的文化体现与审美创造，反思"中国梦"的历史发展过程中的成绩与问题。通过历史性的爬梳和系统的理论建构，建立"中国梦"的特殊话语体系和审美文化特征，尤其注重"中国梦"与传统审美文化的心理结构和民族审美趣味的密切关联，注重现代中国人在世界体系中的卓越的审美文化创新，注重以世界优秀审美文化来整合"中国梦"的审美文化建设。

第四，推动"中国梦"的审美文化创造，以货真价实的文学艺术作品及文化产品来推进"中国梦"的具体呈现，探索"中国梦"的多元意义，表现"中国梦"的绚丽世界，实现"中国梦"的宏大愿望。为"中国梦"的审美文化创造建立良好的制度及机制是一项重要的任务，尤其是要从国家高度认识到，"中国梦"的审美文化创造并非少数人能够解决的问题，而是涉及中华民族诸多个体的心理表达诉求、每个人心目中的国家形象与民族精神、每个人心中的文化审美想象与政治理想。全民创造活动自然而然地汇聚成一股强大的创造力量，从不同角度不同层次表达中国人的心愿，实现中国特色社会主义的发展道路，思考中华民族的生存机遇，彰显中华民族的审美情趣。一旦全民审美表达被激发出来，"中国梦"的民族文化身份也就得到了体现和强化，就在世界民族之林中独具一格，拥有自己的生命力、鲜明特色与文化实力，发散出势不可挡的文化政治意义和经济价值，这无疑是中华民族的尊严和人格的展现。也就是说，全民审美文化创造活动把"中国梦"内化于心，在创造中人民自己的愿望得到表达和探索，从内心深处喷发出的力量汇聚成为文化强流，既充实"中国梦"的内涵，又把中国特色社会主义的理念具体化、形象化、自然化，真正以詹姆逊（Fredric Jameson）所谓的"政治无意识"凸显文化自信和自觉，以文化创造的自信、以汉语表达的自信展现理论、道路、制度自信。事实上，在审美文化创造过程中，"中国梦"的文化创意无疑是核心维度之一。以互联网、手机、电影、电视等现代媒介形式创造"中国梦"的审美文化产品，在物质商品的文化设计中体现具有创意的标识，形成具有影响力的高品质的文化产品与标志性的文化符号，乃是当前的关键问题。我们应该以"中国梦"的文化创造实力吸引中国青少年，震动中国人民的心灵，逐步取代或抗衡"美国梦"的优势地位。

第五，加强"中国梦"的审美文化的全球传播。当代社会是信息社会，我们所处的是互联网时代，是全球文化交往与对话、博弈的时代。"中国梦"的创造与实践理应充分整合全球文化传播的最新成果，推进"中国梦"的审美文化创造的信息化处理，通过智能移动终端、互联网平台、电视电影等电子图像媒介占据更多的全球信息空间，为"中国梦"的审美文化创造提供全球公共领域平台，把个人内心的"中国梦"的力量扩大到社会关注、全球关注的领域，把"中国梦"的符号话语在全球自然化，构筑起既体现中华民族愿望又能进行国际传播的媒体力量，在世界传播空间形成"中国梦"的审美文化的媒介奇观。

总之，"中国梦"是中华民族的历史性的集体心愿的凸显，是中华民族的文化政治想象。审美文化战略无疑是"中国梦"具体化的举措及强有力的推手，是理论掌握实践的中介力量。它将不断深化"中国梦"，使之充满鲜活的源泉，激发生机勃勃的创造活力，为"中国梦"提供最具感性的日常生活根基，根深叶茂，则参天大树永葆青春，这亦是自然之肌理。

全球·全民·全媒：清华大学打造国际新闻传播教学科研团队的经验与展望

清华大学 史安斌

作者简介

史安斌，男，1971年生，中共党员，清华大学新闻与传播学院党委书记、长聘教授、博士生导师、校学位评定委员会新闻传播学分委会主席、清华－伊斯雷尔·爱泼斯坦对外传播研究中心主任、苏世民书院全球媒体与传播研究双聘教授。教育部"长江学者奖励计划"首届青年学者（2015）、全国文化名家暨"四个一批"人才（2017）、国家重大人才工程哲学社会科学领军人才（2018）、享受国务院政府特殊津贴的有突出贡献专家（2021）。

研究方向为国际传播、跨文化传播、政治传播、危机传播。主要著作有《国际传播与全球治理研究前沿》、China's Media Go Global、《危机传播与新闻发布：理论·机制·实务》等6部以及中英文论文200余篇。兼任中国新闻史学会常务理事、中国人权研究会常务理事、联合国教科文组织新闻教育与文明对话专家委员会委员、中宣部国际传播能力建设专家咨询委员会委员、教育部人文社科重大课题攻关项目首席专家。为国际传播和新闻发布制度建设提供了政策咨询和智库成果，对推动中国媒体文化走向全球、提升国家形象和推进社会治理能力现代化建设提供了学术支持。

1845年，德国作家罗伯特·普卢兹（Robert Eduard Prutz）出版了《德国新闻史》一书，首次使用了"新闻学"（journalismus）一词，用于区分对

"书籍""报纸"和"期刊"所进行的工具性的媒介研究。同时，他强调，新闻学研究不应聚焦单个记者（journalist）的单个文本，而是应当把"新闻学"视为一种"社会领域"。新闻学以及后来兴起的大众传播学应当始终把其研究对象置于全球政治、经济、社会与文化的宏大背景之下进行审视与考量。

正是从这个意义上来说，清华新闻传播学的学科建设从一开始就把"国际新闻传播"作为其重点发展的方向，体现了我们对"新闻学"（journalism）原义和题旨的理解与把握。作为清华国学院的四大导师之一，中国近代新闻业的开创者梁启超先生早在1901年发表的《〈清议报〉一百册视辞》中就提出了"有一人之报，有一党之报，有一国之报，有世界之报……以全世界人类之利益为目的者，世界之报"。梁任公所谓"世界之报"即当今新闻传播学者理想中的"全球媒体"（global media），代表了第一代中国新闻出版人对全球传播时代的美好憧憬。

在各级领导和外宣战线资深前辈的指导和关怀下，自2002年5月建院以来，我们在教学和科研工作中牢牢把握"全球、全民、全媒"这一新闻传播变局的核心取向，及时回应我国对外传播事业的跨越式发展、文化软实力和国际传播力的大力提升以及国家形象与品牌构建的时代需求，引领中国新闻传播学理论、实践和话语创新的潮头和学科建设的走向，体现了新闻传播与社会发展的核心取向。

全球——传统的国际新闻传播研究是以区域或国别为疆界、以比较视角为主展开的。随着以泛在受众为指向的全球媒体（如CNN和TikTok）代替了仅以目标受众为指向的国际媒体（如VOA和BBC），随着新闻生产走向"全球化"——从采集、编写、流通到接受等诸环节逐渐"去疆界化"，随着中国选择主动融入这一全球新闻传播的"话语场"，尤其是2021年5月习近平总书记发表的"5·31"重要讲话把国际传播能力建设上升到了国家战略的高度，中国新闻传播学的教学和科研应当紧紧围绕媒体与文化全球化的主题进行调整和变革。

全民——在移动互联时代，新闻不再囿于职业记者和意见领袖的"专业实践"，而是人类生存和发展的"基本权利"。社交平台媒体借助人工智能和算法的技术力量形成具有强大动员力的"信息茧房"和"回声室"，并将一场百年未见的大流行病演变为破坏力更强的"信息疫情"。在当下"微议政"乃至"微参政"的大潮当中,如何进行有效的"微执政",就成为各国政府必须面对的紧迫问题。正是在"人人都是记者""人人都是新闻发言人"的背景下,新闻舆论与国家治理能力现代化、社会化传播与全球治理之间的互动成为新闻传播学界应当关注的重要领域,催生出"建设性新闻""媒体执政""危机传播"等新的研究课题。从实践的层面看,政府新闻发布制度的建立和新闻发言人职务的常态化成为近年来中国政治和社会变革中的一个亮点和热点,我院师生以进行政策研究和实务培训为主要形式,积极参与到相关制度的建设和推广的过程当中。

全媒——2019年1月,习近平总书记主持中央政治局集体学习发表重要讲话,提出了以"全程、全息、全员、全效"为关键词的"四全媒体"理念,为我国媒体机构从外在形式上的"相加"到深层机制的"相融"、推动我国新闻传播业的内涵式可持续发展、打造具有国际影响力的新型主流媒体擘画了路径。

在"全球、全民、全媒"的前沿理念的引领下,经过二十多年的努力,清华大学在国际新闻传播方向打造了一支国内一流、国际知名的老中青"三结合"的教学科研梯队,以马克思主义新闻观和习近平文化思想为指导,以"一带一路"倡议的全面推进和加强媒体国际传播能力建设、提升国家文化软实力的战略推进为契机,把培育爱国主义情怀、夯实"人类命运共同体"理念和加强品德修养贯穿国际新闻传播人才培养的全过程,探索新闻传播史论、媒体实务和社会实践教育全链条贯通融合的新模式,积极引导学生把作品和论文写在中国大地上,讲好中国故事,传播好中国声音,为提升全球治理水平贡献中国方案和中国智慧。

在教材建设方面,团队参与撰写了中宣部、教育部的重点教材,其中《实践中的马克思主义新闻观》获得首届全国教材建设奖一等奖。作为教学改革体系的创新成果,《新闻与传播国际化教学改革与创新》获得2018年度"中国新闻学与传播学教育改革创新项目"等荣誉。

在人才培养方面,团队以学院现有的两个重点项目——中宣部、教育部的"国际新闻传播硕士人才后备项目"(简称"国新班")和中国内地第一个招收国际学生的全英文新闻学位项目"全球财经新闻"硕士项目（简称 GBJ）——为抓手，并带动兄弟院校提升我国新闻传播教育国际合作与交流的水准，培养一批具备"中国立场、国际表达"职业素养的国际新闻传播人才和"知华派"国际记者。我院还在全国同行中率先招收"全球传播"方向的博士生，有的已经担任国家重点高校国际新闻传播学院和研究机构的领导职务或业务骨干。

在学术研究方面，我们在全球传播、跨文化传播、公共外交、危机传播、政治传播、国家品牌传播等前沿领域取得了引人瞩目的成果，尤其是在承担政府决策部门的"智库"角色和与国际媒体、学术界的积极互动方面形成了清华的特色和品牌。国际传播研究中心被国内外评估机构列为全球最有影响力的"百家智库"，一年一度的"清华国家形象传播论坛""清华国际财经新闻论坛""中非新闻奖暨非洲报道论坛"成为在学界业界产生广泛影响的品牌。美国高等教育研究的重要期刊《学府》（*Academe*）和新闻传播学界的重要期刊、由哈佛大学编辑出版的《尼曼报告》（*Nieman Reports*）等也发表专文介绍清华大学新闻与传播学院在国际化办学和研究方面取得的成果。

我院国际新闻传播教学科研团队在北京"双奥"、历次党代会、全国"两会"、抗击新冠肺炎疫情等重大历史事件和节点的新闻发布工作中提供了不可替代的智力支持和决策参考。他们作为国务院新闻办的专家参与了近千场新闻发布会的咨询、策划、评估和近万名新闻发言人的培训工作，为国新办撰写工作手册和研究报告，设计了一套科学严谨的新闻发布工作评估指标体系，为我国新闻发布制度建设和新闻发言人队伍的培养作出了突出贡献，还被中宣部、中联部等单位选派到东南亚和非洲等国家进行相关培训工作。

在当今百年未有之大变局的背景下，国际舆论斗争日益复杂激烈，加强对外话语体系建设和国际舆论引导力成为国家重大战略之一。新闻传播既是清华战略性布局的学科，又要为国家发展和全球治理提供战略支撑。2020 年秋季学期起，学校为适应国内外形势的变化，对新闻传播学科的人才培养布局做出调整，取消本科专业招生，扩大研究生培养规模，其中包括国际新闻传播方向的硕士研究生，为应对国际舆论斗争和加强对外话语体系建设培养更多政治素质过硬、专业技能突出的高层次人才；同时还要在配合国家"强基计划"设置的本科生书院开设"国际传播与全球治理"的通识课程,提升学生应对国际舆论斗争的政治意识和传播素养。此外,在博士生培养方向"全球传播与跨文化传播"上,也需要按照国际舆论斗争的新变化调整培养方案,提升学生的理论水平和研究能力。按照国家的战略部署和学校学科转型升级的需要,按照立德树人的要求和"政治家办媒体"的原则,以习近平文化思想为指导,我们将对国际传播和全球治理的人才培养、学术研究和智库建设进行全方位调整和全链条再造,为新闻传播学科的教育教学改革树立标杆,为提升国际传播影响力、中国话语说服力和国际舆论引导力贡献智慧和力量。

探索体现时代精神的文科人才培养模式 *

上海大学　曾　军

作者简介

曾军，男，1972年生，中共党员，上海大学教授、博士生导师、校党委常委、宣传部部长、《上海大学学报（社会科学版）》主编。教育部"长江学者奖励计划"首届青年学者（2015），全国文化名家暨"四个一批"人才（2017），国家重大人才工程哲学社会科学领军人才（2018）。

主要研究领域为文艺学和文化理论与批评，主要聚焦巴赫金研究、西方文论中的中国问题研究、视觉文化研究等方面。先后承担国家社科基金重大项目（2016）、国家社科基金重点项目（2015、2022）等各类项目多项。已出版《接受的复调——中国巴赫金接受史研究》《城视时代——社会文化转型中的当代中国文学与文化》《巴赫金对当代西方文文学理论的影响研究》（2021，入选"国家哲学社会科学成果文库"）等。先后获得教育部第八届、第九届高等学校科学研究优秀成果奖（人文社会科学）二等奖（2019、2024）、上海市哲学社会科学优秀成果奖九次、上海市优秀教学成果奖1项（排名1）、上海市优秀教材奖（排名1）、"教育部国家一流课程"等，连续入选"人大复印报刊资料重要转载来源作者"（2017、2020、2023）。担任中国文艺理论学会副会长、中国中外文论学会副会长等。

在全球金融危机、国家经济结构转型和高等教育大众化普及化的背景下，人文学科人才培养面临着严峻的挑战和问题：优质生源倾向于报考应用性、技术性

---

*　原文刊登在《中国高等教育》2017年第18期，载入本书时有修改。

较强的工科、商科和社会科学等学科，人文学科生源质量大幅下降；商品经济和就业压力下，人文学科适应社会需求能力下降，专业不对口问题日益突出；人文学科人才培养质量的质性评价与现代高等教育中的量化评价缺乏兼容度。人文学科是中国优秀传统文化传承的重要载体，也是实现中华民族伟大复兴的重要力量，因此，积极探索重塑人文精神、传承传统文化、体现时代精神的文科人才培养模式是当前教育教学改革的重要任务之一。

人文学科如何结合专业特点，应对人才培养的现实困境，积极推进文科人才培养？具体做法是探索一条研究导向型教学和书院培养模式相结合的文科人才培养通识教育体系。

一方面，要形成文史互通、注重实践的深度专业化的通识教育人才培养理念，并制定相应的以研究导向型教学为目标的本科人才培养方案。

在处理通识教育和专业教育关系方面，始终存在诸多争论。比如，有的学者坚守专业教育为本、通识教育为辅的看法，将通识教育视为"点缀"与"补充"；有专家支持通识教育为本、专业教育为用的观点，认为大学教育最重要的任务是提升学生的素质而非专业技能；还有学者依据高校不同层次来分级，认为研究型大学应坚持通识教育和专业教育并重，而高职高专只需培养学生的"一技之长"。

针对这一问题，我们应该在长时段和现时代的双重语境中，以动态发展的眼光来处理专业教育和通识教育的关系。从长时段的角度来看，专业化的发展经历了三个阶段：前专业化阶段，即现代学科分科体制形成之前的从文艺复兴到启蒙运动时期，其表现是科学从神学中脱离出来，其知识形态是"百科全书"，一位学者同时在多个专业领域作出巨大贡献；专业化阶段，即现代学科分科体制形成并不断细化的工业革命阶段到20世纪这段时期，其表现为现代大学体制的建立，学科分科越来越细，专业化程度不断加深，边缘学科领域不断扩展，一位学者只精通某一狭窄的研究领域；20世纪八九十年代之后则是深度专业化发展阶段，一方面，新的研究领域和问题对多学科共同协作提出了需要，另一方面，专业细分之后产生了与其他学科领域知识融合的要求，学者跨学科、学科际意识不断增强。相对应的，通识教育与专业教育之间的关系由此表现出不同特点：在前专业化阶段，大学教育属于通识教育，专业化程度不高；在专业化阶段，通识教育成为抵抗、化解、弥补专业化的举措（我们现在对于通识教育的理解基本上停留在这个阶段）；在深度专业化阶段，学科边界日益模糊，问题意识不断交集，科学研究协同创新。因此，从现时代的角度来看，当前的通识教育的特点正在于追求"共享"（不同学科专业共享知识）、"共通"（解决不同专业领域问题共通的方法）和"共识"（通过文化自觉、文化交往而形成文化共识）。这里的"通识"不能简单理解为降低专业水平、满足激发兴趣的"通俗"，而应该意识到其深度专业化的、有跨学科意识的研究性特点。

基于上述思考，我们认为，在文科人才培养方面，应该坚持深度专业化的通识教育，并在培养方案上着力体现以下几个特点：

第一，人文互通。中国传统国学文史不分，人文学者既应该具有深切关怀人类命运的人文情怀，还应该具有以古鉴今继往开来的历史意识，更应该具备超越性的思辨性的理性精神。

第二，聚焦经典。文史经典是人文学科人才培养和学术研究的重要基础，也是中华优秀传统文化传承的核心内容。经典教学应该渗透在课程体系的方方面面，如全校的通识课程体系中，人文类的课程基本上都是以经典阅读为主的；专业培养方案中，除了中国史、世界史以及文学史等课程需要向学生提供必要的概貌和线索外，其他课程都应尽量围绕文史经典展开。经典研读不仅能帮助学生建立起一个专业领域的知识谱系和问题意识，更能够通过与大师的思想对话提升学生发现问题、分析问题和解决问题的能力。

第三，读书研讨。人文学科如何教，如何学？一言以蔽之，就是读书研讨。学校要从培养方案上对教师提出明确的读书研讨目标和要求。如与专业必修课教学大纲相配套的课外学分，明确要求有与教学大纲相配套的经典阅读篇目、读书笔记以及过程考核的指标。在专业选修课模块中，教师不仅要介绍前沿学术成果，还应该将研读方法的学习和研究能力的提升作为重要的教学目标。

另一方面，要发扬传统书院文化，着力打造书院制的课外人才培养平台，通过课内外联动，营造良好的育人环境和人文氛围。

书院是中国古代历史悠久的人才培养制度。在当前通识教育改革的浪潮中，书院制有机融合了现代大学的住宿学院制，发展出兼备古今融荡中西的书院文化。

2011年起，为配合上海大学大类招生通识教育改革，文学院组建了课外人才培养平台"启思书院"，邀请知名学者任书院院长，分别成立"国学部""西学部"和"当代中国部"，邀请知名学者作为责任教授，统筹规划学院后三年课外学习的内容。文学院知名专家学者群体、本科教学管理系统和分管学生的学工系统密切配合，充分调动起学术、行政、党委三方力量，整合三方资源，在现有各项课外学习形式的基础上进行系统规划设计。

以书院为载体，课外人才培养平台打造了一批在校内颇有影响力、专门为本科生设计的课内课外联动、师生多向互动的书院品牌项目。比如，人文学术讲堂是以本科生为主要受众群体的人文类讲座，以重拾基础教育中缺失的人文精神为宗旨，立足大学生成长发展的人文需求，坚持深层次的文化思考和精神追求，以师生对话的形式，为本科生讲述文化、历史和社会发展等方面的内容知识。该项目在开展的过程中不断完善，以鲜明的定位和浓郁的人文特色，成为人文思想汇聚与传播之地，跨越专业限制，持续为学生提供人文滋养，使校园人文气息更加浓郁。又如，本科生学术论坛旨在围绕学生课外学习能力和创新能力的培养，发掘学生在学术研究领域的潜力，提升本科生的学术意识，增强学术素养，开阔学术视野。再如依托学生自主成立的学术性社团，书院委派教师参与指导，使专业的学术社团成为指导学生课外学术活动的重要平台。从严格意义上说，这些形式并非书院制所特有的，但是因为有效整合了学术、教学和学工三方资源，在提升活动品质、调动教师和学生积极性等方面发挥了较大效用。

综上所述，人文学科应通过研究导向型教学助推文科学生读书研讨氛围的形成，通过书院制课外人才培养平台将滋润草木生长的阳光、雨露、土壤、空气等因素汇聚成有机统一、可持续发展的生态系统，通过深度专业化的人文学科通识人才培养模式，务实有效地推进中华优秀传统文化的传承、创新与发展。

加强食品安全研究　保障人民生活健康

江南大学　匡　华

作者简介

匡华，女，1981年生，民革党员，江南大学教授、博士生导师，食品科学与资源挖掘全国重点实验室副主任。担任全国青联委员、江苏省十三届政协委员。教育部"长江学者奖励计划"首届青年学者（2015），国家重大人才工程科技领军人才（2018），国家杰出青年科学基金获得者（2019）。

主要从事食品安全与健康研究。研究成果获国家科技进步奖二等奖（排名2，2017）、江苏省科学技术奖一等奖（排名1，2018）、中国发明专利银奖（排名3，2021）。担任 *Food Chemistry：X* 期刊副主编。获得亚太经合组织（APEC）科学创新研究与教育奖（2016）、中国青年科技奖（2018）、中国青年女科学家奖（2019）、全国三八红旗手（2024），以及"江苏青年五四奖章"（2018）、江苏省三八红旗手（2021）、江苏省三八红旗手标兵（2023）等荣誉。

江南大学食品安全研究团队成立于1999年，是国内较早开展食品安全科学研究的团队，发展至今，形成了胥传来教授领衔、具有重要国际影响力的多学科交叉研究团队。团队现有15名成员，其中教授6人、国家级高层次人才3人次、青年人才7人次。

一、自主创新，牵住核心技术"牛鼻子"

开展食品全链条风险监测，是提升我国食品工业绿色发展、保障人民生命健康的客观需求。胥传来教授自1984年考入无锡轻工业学院（现名江南大学），后留校任教，一直从事食品科学研究。1999年5月比利时发生肉鸡的二噁英污染事件和紧接着的"酱油风波"，让胥传来认识到了食品风险甄别和监测的重要性。他在自己擅长的食品分析的基础上开始探索食品污染物的准确识别和痕量检测技术。当时，学校里色谱和质谱均为进口设备，价格昂贵、数量稀少、运行成本高，无法满足食品安全日常检测需要。他注意到免疫检测具有快速、特异性、高灵敏的特点，非常适合食品安全检测。"十五"期间，免疫快速检测技术在食品安全中的应用刚刚兴起，国内市场上的食品安全快检产品主要是进口产品。抗体是免疫检测的核心试剂，国外产品广泛使用的是抗血清—多克隆抗体，存在批间差异大、稳定性差的缺陷。他在一片空白的基础上，钻研单克隆抗体筛选技术，从无到有建立细胞房，建立了食品安全免疫快速检测实验室，历经三十余年，成功突破了单克隆抗体稳定制备技术，研制了批间差异小、稳定性高的系列单克隆抗体，并应用于食品安全检测，在乳制品中三聚氰胺污染、鸭蛋苏丹红污染等应急事件中得到了广泛应用。2009年，我从中国农业大学博士毕业后加入了团队，五年时间里，团队进一步壮大，建成了集理论研究、技术开发和产业化应用以及人才培养于一体的食品安全创新团队，2014年成为科技部首批重点领域创新团队。如今，团队率先研发了满足粮油检测需求的重金属系列识别抗体，已建成国内外最大的食品安全用单克隆抗体资源库，库容量超过2万株杂交瘤细胞株，建成了匹配工程化应用的1000余种抗体生产线，获得国家授权发明专利260余项，覆盖了国家食品安全监测的全部类别。

二、源头创新，打造食品安全免疫快检技术"策源地"

团队致力于以前沿免疫学技术解决食品安全准确检测的关键科学问题。基础研究对于技术创新的作用不言而喻，免疫系统的激活是筛选高质量抗体的基础。团队系统研究了免疫应答中的佐剂效应及免疫活化的调控机制，发现了免疫细胞激活、成熟以及细胞因子表达过程的手性依赖性，提出了手性依赖的免疫应答调控理论和免疫佐剂手性设计的新思路，发明了各向异性因子高达 0.44 的强手性免疫佐剂，诱生抗体滴度较铝佐剂提升了 1000 余倍，实现了"从 0 到 1"的源头创新。研究成果于 2022 年 1 月 20 日发表在 *Nature* 上，新华社中、日、英等多语种对这项成果进行了报道，指出该研究为从源头上破解"免疫佐剂""卡脖子"技术提供了解决方案，为我国高质量抗体制备、新型疫苗研发等提供了理论基础和技术保障。近年来，团队与美国法医中心、泰国 FDA 等开展了深入合作，拓展了研发技术在特医食品、法医检测、环境检测等领域的新应用。

为了测试开发技术和产品的可靠性，二十年来，每逢寒暑假，团队老师都会带领研究生开展"市场行"活动，调研乳品、水产品、饮料、粮油等行业实际检测需求，既让学生真切地了解行业需求，也让团队找到了继续研发的方向，打通了从实验室到产业化应用的创新链条。目前，团队结合新型手性佐剂以及抗体进化技术，陆续攻克了高毒性、弱免疫原性污染物的抗体研制难题，免疫快速检测技术在食品、环境、临床体外诊断等多个领域均有良好的应用前景，研制的试剂盒、试纸条、亲和层析柱、快速检测箱等产品和装备在全国 30 余个省市地区得到广泛应用，服务于国家"优质粮食工程"、食品安全风险监测等国家行动计划；通过开展盲样比对测试，制定了标准化操作规程，制定了 20 余项国家、行业标准，累计为食品企业进行技术培训 5000 余人；研发的食品安全用检测抗体国内市场占有率达 80%，部分试剂打破了国外技术和产品垄断，引领了食品安全快速检测试剂产业的持续发展；研制的抗体试剂在欧、美、东南亚等 60 余个国家／地区广泛应用，跨国公司通过全球采集食品样本对团队研发的抗体进行测试，结果表明研制的抗体试剂全部满足要求，具有优越的适用性；实现了食品安全检测抗体"国产对进口的完全替代"并逆转为出口，走出了一条"服务全球"的自主创新之路。

三、开放融合，用好合作共赢"金钥匙"

胥传来教授自 2017 年起受邀担任英国 *Food and Agricultural Immunology* 期刊主编，我自 2022 年起担任 *Food Chemistry：X* 期刊副主编。团队重视学术交流，每年组织国内、国际会议 2—3 次，与来自全球的科学家深入交流，开展务实合作。团队与美国密歇根大学共建了食品安全快速检测国际联合实验室,与美国密歇根大学、新加坡国立大学、巴西圣保罗大学、俄罗斯莫斯科大学等保持了良好的合作和互访关系。此外,团队每个月至少邀请2—3位国内外同行来学校进行讲学交流,通过与国内外知名学者线上线下交流以及团队组会上的日常激烈讨论,营造了扎实苦干、融合创新的学术氛围,激发了青年人探索未知的热情,提高了研究生的思辨能力。

得益于团队的培养,我带领团队率先开展了手性纳米生物效应研究,从新原理、新材料和新技术的角度,独辟蹊径,探索了食品矿物质元素的手性纳米制剂的差异性生物过程,提出了面向神经退行性疾病、癌症等重大疾病治疗的新型手性纳米药物,手性纳米制剂展现出优越的生物安全性、靶向性和有效性,目前团队正在积极申报临床实验,希望手性纳米创新药物能尽快进入市场,惠及大众。近年来,我们团队在 Nature、Nature Nanotechnology、Nature Aging、Nature Biomedical Engineering 等国际顶级期刊上发表了多篇论文,荣获4项国家科技进步奖二等奖、2项中国发明专利银奖、7项省部级一等奖。

四、立德树人,夯实食品安全人才培养"新基石"

科技强国,需要更多青年科技人才脱颖而出。团队始终不忘立德树人初心,牢记为党育人、为国育才使命。自2005年始,团队在国内率先为食品科学专业本科生开设食品免疫学课程。2007年,团队编撰的《食品免疫学》教材被多所兄弟高校采用,以此教材为基础,团队制作了网上英文慕课平台,入选了江苏省精品课程,吸引了大量学生在网上学习。2019年,团队结合国家对"新工科"建设的核心要求,重新编纂、出版了英文教材。

团队带头人胥传来教授指出:"青年人出成绩的黄金期有限,抓紧时间,静下心来,与学生们在一起,全身心投入科学研究和培养研究生工作,做真科研、解决真问题,才能作出真贡献。"青年教师必须始终在一线,到实验室去是团队的传统。至今,团队已培养博士70余名、硕士180余名,大部分已成长为食品安全检测行业科技骨干或单位的中坚力量,团队青年教师徐丽广、孙茂忠相继入选青年拔尖人才计划,团队指导的本科毕业生入选福布斯30岁以下精英榜单,指导的博士生获得中国未来女科学家奖。

团队聚焦教书育人的主责主业，以培养具有国家意识、人文情怀、科学精神、专业素养和国际视野的高精尖缺人才为目标，鼓励研究生围绕食品学科和行业需求，在跨学科领域开展创新研究；积极探索面向国际学科前沿的拔尖创新人才培养新路径，以父母之爱、手足之情关爱学生，以创新、求实的态度潜心研究。江南大学食品安全创新团队身体力行地诠释了求真务实的科技创新精神和勇攀高峰的探索精神，展现了新时代高校教师的使命担当。

扛起饲料工业大旗，走在生命科学前沿

中国农业大学　王军军

作者简介

王军军，男，1976 年生，中共党员，中国农业大学动物科技学院副院长、教授、博士生导师。教育部"长江学者奖励计划"首届青年学者（2015），国家重大人才工程科技创新领军人才（2018），国家杰出青年科学基金获得者（2021）。

长期从事宫内生长受限（IUGR）猪新生期肠道发育缺陷与微生物定植干预、断奶后营养代谢利用特征解析及基于血浆代谢组营养评估和消化发酵动力学平衡的配方体系构建与精准营养研究。近五年以第一/通讯作者在 Microbiome、Gut Microbes、Nature Communications 和 Journal of Nutrition 等期刊上发表高水平论文 50 余篇，主编/副主编出版专著 3 部。获得 2018—2019 年度神农中华农业科技奖一等奖（第一完成人）、第十四届中国青年科技奖（2016）。兼任北京畜牧兽医学会副理事长、动物营养学分会猪营养专委会主任、国家生猪产业技术体系岗位科学家，担任 Animal Nutrition 副主编、Animal Models and Experimental Medicine 共同主编。

我所在的中国农业大学饲料工业中心团队，由李德发、谯仕彦两位院士领衔，我和 10 余位国家级人才为代表，组成了高质量师资队伍和人才梯队。团队先后搭建了包括农业农村部饲料工业中心、国家饲料工程技术研究中心、农业农村部饲料效价与安全监督检验测试中心（北京）、河北丰宁动物试验基地、中国饲料博物馆、涿州生猪智能养殖科研试验示范基地等平台，获得国家科技进步/

技术发明奖二等奖 4 项、全国创新争先奖 1 项、中国青年科技奖 2 项、神农中华农业科技奖一等奖/优秀创新团队奖 3 项。

一、围绕产业重大需求，助推畜牧行业发展

"长太息以掩涕兮，哀民生之多艰"是屈原《离骚》中的名句，其中寓含了深沉的忧患意识和强烈的社会责任感，几千年来一直感动并激励着中国知识分子为国为民殚精竭智。

饲料工业中心团队自 1996 年成立以来，一直聚焦我国畜牧业"卡脖子"问题，围绕猪营养与饲料科学进行基础理论研究与应用技术研发。团队构建了中国猪饲料原料营养价值数据库，创建了饲料原料有效养分动态预测模型，建立了中国首个猪营养需要动态模型和中国饲料原料营养价值数据库应用平台系统 FeedSaaS。面对饲料蛋白质资源严重短缺，团队研发出了基于氨基酸平衡的低蛋白日粮技术，可替代进口大豆 15% 以上，年节约大豆 1470 万吨，氮排放减少 20%，突破了核心关键技术瓶颈，为中国养殖业和饲料业的可持续发展作出了重要贡献。

此外，我们团队一直致力于通过深化基层合作开展社会服务，促进产业转型升级。如依托国家生猪技术创新中心华北分中心、国家生猪产业技术体系，积极推动和参与体系示范县科技帮扶工作，对接大型饲料企业和养殖场，对口支援陕西省洛川县畜牧兽医服务中心，进行猪健康养殖技术指导服务；对口支援西藏农牧学院，进一步推动其畜牧学科的发展建设。未来，团队还将依托全国动物营养指导委员会、国家生猪技术创新中心以及饲料资源开发与高效利用创新引智基地，继续加强高端智库建设和行业标准制定，开展猪精准营养、猪营养代谢与免疫、猪饲料安全性和营养价值评估，猪舍环境控制、废弃物资源化利用等创新性教学和科研工作，为国家生猪产业的转型升级提供有力支撑；同时将利用新技术助推具有中国特色的猪低豆粕多元化饲料配方落地实施，减少养殖业中的玉米豆粕消耗，支撑与保障我国饲料粮安全，为国家粮食安全、食物安全作出中国科学家团队新时代新的贡献。

二、打造学术互动交流平台，多元协同助力人才培养

  团队依托丰宁动物试验基地与涿州生猪智能养殖科研试验示范基地，建设了拥有自主知识产权的猪专用间接呼吸测热装置——净能评定设备、营养代谢室、猪专用屠宰间和 SPF 级动物房，开展研究生教学和科研工作；依托团队牵头成立的全国性"三全育人"组织——"青年 i 猪联盟"，通过举办饲料行业创新论坛、研究生创新论坛、JASB 期刊学术交流会、青年 i 猪云端学术沙龙和青年 i 猪挑战赛等学术活动，搭建了围绕生猪养殖与饲料领域的全国性研究生学术交流平台，推动包括团队在内的全国农林院校青年学者和研究生之间的学术互动。饲料工业中心团队还创办了中国畜牧领域首个英文期刊 *Journal of Animal Science and Biotechnology*（JASB），2023 年影响因子达 6.3，在全球农业奶业与动物科学领域相关期刊中排名第 2（2/80）。

  截至 2024 年 6 月，饲料工业中心团队累计培养了研究生 535 人。团队培养的研究生以第一作者发表的高水平学术论文有 800 余篇，获批授权专利达 57 项，2002 年以来中国农业大学每年从约 3000 名研究生毕业论文中评选 10 篇优秀博士学位论文和 10 篇优秀硕士学位论文，该团队迄今已有 22 篇论文入选，平均每年 1 篇，约占全校的 1/20。其中，有 2 篇论文获评全国百篇优秀博士学位论文、2 篇获评北京市优秀博士学位论文，为国家输送了大批德才兼备的优秀人才，许多学生已蜚声中外学术界及企业界。

  能够取得如此丰硕的成果，我认为与团队在研究生培养上做到的几点用心之处有关。一是强调时间管理与严谨态度。研究生入学一个月之后，导师团队就会组织论文开题，使学生尽快进入科研状态。自 2003 年起，为加强研究生学位论文写作的规范性和严谨性，团队汇总了学生们在毕业论文写作中出现的问题，编写了《研究生论文撰写指南》，并每年更新一版供研究生参考。据悉，每个毕业生的论文必须经过导师、团队老师以及毕业生之间三个层次的多轮修改。二是采取分类培养。针对学术型研究生的培养，导师团队严格把关论文选题的科学意义和创新性、产业意义以及方案的可行性与完整性；对于专业型硕士研究生培养，团队则建立了以导师和企业（如正大集团、新希望六和股份有限公司、大北农集团等）共同指导的联合专家委员会，积极推动专业硕士的应用型、

全产业链培养。三是多方位培养国际化视野与全球化眼光。疫情之前，饲料工业中心团队每年会聘请动物营养学领域的国（境）外专家开展英语口语辅导和学术研讨，并聘任外教开设全英文课程"Nutritional Biochemistry"，以全面提升研究生对营养代谢相关生化理论的认知，在课程中感受国际化的专业课堂；依托111创新引智基地项目，团队举办了"猪肠道微生物与饲料资源高效利用"国际研讨会，促进学生对外积极交流；并且，该团队二十六年来每周六上午都举行Seminar，由1个博士生和1个硕士生轮值用英语分享课题领域的前沿进展，从未间断。

三、弘扬畜牧特色文化，认真坚守使命担当

一个博物馆，就是一所大学校。2016年，以"传承过去、记载当代、激励后学、引领未来"为宗旨，世界首个、中国唯一的公益性饲料博物馆在饲料工业中心团队的推动下建成。这座农大人心中的新地标内设序厅、综合厅、科教厅、原料标本厅、机械厅，外加阅览室和放映室，采用实物、展板、影像、虚拟等陈列技术，动静结合，全息展示动物营养与饲料行业的物质和精神文明。博物馆承载了体验式教学、科学研究、科普宣传和文化传承等多项功能，已有5门课程在博物馆开讲，是独特的现场教学和科学研究的基地。同时，饲料博物馆也创建了一个帮助人们了解动物饲养、认识食品安全源头的大平台。2017年，饲料博物馆被评为"北京市科普基地"，2021年入选中国科协"全国科普教育基地"。团队推动这座饲料博物馆建立的原因之一是希望以此作为教育阵地，记录和展现饲料行业发展历史以及一代又一代畜牧人推动新中国饲料产业发展和研究历程做出的坚持和努力，引导与鼓舞前来参观的访客尤其是年轻一代继承传统、直面现实、古为今用、洋为中用、引领未来。

在2022年伊始的青年i猪云端学术沙龙新年特别活动上，团队"北京市师德标兵"李德发院士借助直播平台寄语年轻学子把个人理想追求融入国家和民族事业，以兴农强国为己任。"解民生之多艰，育天下之英才"是中国农业大学的校训，数代农大人情系乡土、忧患苍生，为实现中国人千百年来的温饱和富庶之梦不遗余力。饲料工业中心团队也是如此，多年来，中心每周六的Seminar上，

团队师生都会唱响《MAFIC之歌》:"诚信协作、挥洒青春,超越创新、拥抱世界","扛起饲料工业的大旗,走在生命科学的前沿",句句歌词也正是这个团队在国富民殷、强农之梦的逐梦征程中每一位成员自我激励、勇担使命的坚守!

加强政策倾斜，助力西部高校青年人才成长

重庆大学　曹华军

作者简介

曹华军，男，1978年生，中共党员，重庆大学教授、博士生导师，现任科学技术发展研究院院长、前沿学科交叉研究院院长、制造工程研究所所长。教育部"长江学者奖励计划"首届青年学者（2015），国家重大人才工程特聘教授（2022），国家重大人才工程科技创新领军人才（2018）。

主要从事绿色制造装备与系统领域的研究工作，先后获重庆市科技进步奖一等奖（排名1，2019）、山东省技术发明奖一等奖（排名2，2018）、中国机械工业科学技术进步奖一等奖（排名1，2019）、中国产学研合作创新成果奖一等奖（排名1，2018）等。入选2023年度科睿唯安全球高被引科学家、国家重点研发计划项目首席科学家等。兼任国家重点研发计划高性能制造技术与重大装备重点专项总体专家组副组长、国家产业基础专家委员会委员、中国机械工程学会绿色制造分会副主任委员等。

党的二十大报告指出"教育、科技、人才是全面建设社会主义现代化国家的基础性、战略性支撑"，强调"坚持科技是第一生产力、人才是第一资源、创新是第一动力"。高校是我国科技创新、学科建设、人才培养的主战场，青年人才是我国科教兴国战略、人才强国战略、创新驱动发展战略的宝贵资源和重要力量。而西部高校是国家实施西部大开发、"一带一路"、西部陆海信通道、成渝双城经济圈等重大战略的中坚力量，加快高校青年创新人才培养，是西部高校深

化改革和人才工作的核心任务，将为西部发展提供重要人才支撑。我长期在西部高校学习、工作，现结合自己的成长谈谈体会和看法。

一、现状及问题

近年来，西部高校抓住历史机遇，主动作为，正在大力实施各种人才战略，积极探索岗位管理制度改革和分类考核，很好地激发了人才队伍的主动性、积极性和创造性。这一系列探索为西部高校人才队伍注入了新的活力。但西部地区地理位置偏僻，社会经济相对欠发达，青年人才队伍出现了引进难、留住难、人才断层以及高端人才缺乏等问题。

第一，青年人才引进难、留住难。西部高校实施"非升即走"的人才管理制度与西部高校自身拥有的科研资源不完全匹配，引才、育才效果未能达到预期。与西部地区相比，东部地区在自然、历史、经济、文化上都处于相对优势地位，从一开始中西部高校在吸引优质生源和高层次人才引进等方面就先输一城，东部地区优渥的物质条件和发展前景不断吸引着中西部人才"东南飞"。

第二，青年人才断层现象。西部高校的人才培养陷入了"流失—培养—再流失"的怪圈。老一辈的学科带头人正在逐渐老去，新一代的青年人才却在不断流失，高层次人才队伍青黄不接乃至彻底断档。如此一来，西部高校的科研团队规模普遍较小，承接大项目的能力偏弱，严重限制了西部高校服务国家战略和地方经济的能力。

第三，高端人才少。以2019年国家优青、杰青数量为例。2019年国家杰青建议资助人名单共300位，华东地区以38%的占比领先，西部地区共15位学者入选，仅占5%，远低于1/5；2019年国家优青建议资助人名单共625位，其中有477人来自大陆地区高校；西部地区来自20所高校的共58位学者入选，约占大陆高校总人数的12%，也远远低于1/5。西部地区在国家杰青、优青人才入选情况中很不乐观，国家杰青等人才产出少，意味着学校的高端师资力量将青黄不接，对学校的发展有重大影响。

二、成长体会

第一，青年人才的成长离不开党和国家的关心与支持。习近平总书记一再强调青年科技人才在科技创新和科研攻关中的重要地位，指出"青年人才是国家战略人才力量的源头活水"，要求把培养国家战略人才力量的政策重心放在青年科技人才上，给予青年人才更多的信任、更好的帮助、更有力的支持，支持青年人才挑大梁、当主角。近日，中共中央办公厅、国务院办公厅也印发了《关于进一步加强青年科技人才培养和使用的若干措施》，旨在更好地推进青年科技人才的成长，加快实现高水平科技自立自强。党和国家的关心支持是青年人才成长的最大红利，青年人才承载着新思想、新知识和新动能，西部高校应顺势给予青年人才更大的发展舞台，赋能青年人才的成长。

第二，青年人才应凝练学术方向，主动投身服务国家战略。学术方向是青年人才成长的轨道，直接决定着青年人才未来的成长空间和成才高度。青年人才应凝练学术方向，主动投身国家战略科技发展需求和场景。西部是国家的大后方，资源禀赋，具有重要的战略地位。凝练一个合适的学术方向，一是要考虑其先导性、创新性、前沿性，二是要符合国家战略需求，三是要有基础平台支撑。我所在团队早在1997年就开始从事绿色制造方面的研究，具有超前性，学术周期长，符合国际和国内可持续发展需求。但绿色制造是一个大的领域，相对比较宽泛，作为一名青年教师，我将自己的研究方向定位于齿轮高速干切滚齿工艺基础理论及其数控装备，一方面属于典型的绿色制造工艺装备，另一方面与高档数控机床与基础制造装备国家重大专项相契合，同时也符合重庆大学机械传动国家重点实验室的研究方向，从而为我十余年在该领域的研究工作奠定了良好的学术基础。

第三，凝心聚力，传承创新，依托团队造就青年人才。西部高校青年教师成长离不开团队的支持。导师刘飞教授早期在绿色制造领域的研究基础和学术影响力，为我后续的学术发展搭建了良好的学术平台，包括高效低碳制造教育部创新团队、重庆机床集团多年来产学研合作基础，以及团队中老师们之间的相互协作与帮助等，让青年人才更能集中精力专注于学术创新研究，申请到重要的国家项目等。同时也正是因为团队的力量，让我们能够坚持绿色制造研究二十五年，服务于国家绿色发展战略。目前团队已在绿色制造方向培养出"青年长江学者"、国家重大人才工程特聘教授、"万人计划"科技创新领军人才、青年拔尖人才等国家级人才5人次。

三、建议

国家启动"双一流"建设战略以来，"985工程"和"211工程"高校人才竞争之激烈已经到了"白热化"程度，与东部和中部地区高校相比，特别是与这些地区的"985工程"和"211工程"高校相比，西部高校在竞争中明显处于不利地位。西部高校只有主动出击，才能在未来取得主动。

第一，希望国家政策向西部倾斜，设立西部人才专项计划。在国家实施"一带一路"的战略背景下，西部发展的重要性日渐凸显，西部地区有许多重大科学问题亟待深入研究。长期以来，西部高校围绕本地区独特的社会、经济、文化、生态等问题，形成了一大批特色和优势学科，有条件和能力开展这些重大问题的科学研究。建议国家在"万人计划""千人计划""长江学者""杰青""优青"等国家人才计划中，设立"西部人才专项计划"，在进入会议评审名单中，给予更多的单列指标，支持愿意留在西部或调动到西部工作的优秀人才。

第二，强化地产学研协同创新，构建教育—科研—人才一体化西部模式。西部地方政府应结合地方特色和需求，强化地产学研的深度融合与协同创新，充分发挥地方政府、高校、企业各自优势，推动人才链和创新链、产业链深度贯通融合，实现以人才链促进创新链、以创新链服务产业链、以产业链集聚人才链，围绕西部发展战略需求，构建教育—科研—人才一体化西部模式。建议在国家重大专项等计划中专门部署"国家西部发展重大专项"，通过省部共商，定向于西部发展战略中部署专门的重大专项，重点支持包括高校在内的西部科技力量参与重大专项工作，以重大项目为平台支持西部高校教育—科研—人才一体化发展，形成西部模式。

第三，开展有组织科研，以大科研大团队构建高层次青年人才培养。建议主动聚焦国家战略和行业共性技术需求，与地方政府、大型头部企业、科研院所联合搭建"大平台""大团队""大项目"，积极探索"大科创"研究模式。在团队组织上，组建"大带小""老带新""结对子"等形式的高层次人才教学、研究关键组织，建设战略科学家梯队，培育青年科技人才后备力量；在科研方向上，依靠学校优势学科开展关键领域技术攻关，服务国家重大战略，如围绕新一代飞机、航天工程、雷达等多种国家重大工程型号任务开展技术攻关，着力解决关键核心技术问题；在青年人才培养上，设立多部门、跨学科的培养机制，努力推进拔尖创新人才培养体系化，形成拔尖创新人才的多层次、多梯队培养结构，采取科教融汇、产教融合的培养方式，建立应用牵引、目标导向的科研模式和长周期稳定支持机制，不断提升青年人才的原始创新和科技攻关能力。

加强精准和转化医学研究，服务人民生命健康

中山大学　贝锦新

作者简介

贝锦新，男，1977年生，肿瘤学和分子医学博士生导师、二级教授，现任华南恶性肿瘤防治全国重点实验室课题组组长、中山大学肿瘤防治中心研究员和实验研究部副主任、中山大学教育发展与校友事务办公室副主任（挂职）、新加坡国立癌症中心兼聘教授。教育部"长江学者奖励计划"首届青年学者（2015），国家重大人才工程特聘教授（2019），国家重大人才工程青年拔尖人才（2015），首批国家优秀青年科学基金获得者（2012）。

主要从事精准医学和转化医学研究，发现与肿瘤精准诊断相关的分子标志物，筛选针对肿瘤微环境和异质性的治疗靶标，为个体化精准防诊治提供有效解决方案。担任香港心理学协会和大湾区医疗专业发展协会名誉顾问、广东省青年联合会医药卫生界别副主委、广东省精准医学应用学会长青人智库分会副主委以及单细胞科技分会主委、国际淋巴瘤遗传学研究组织和国际鼻咽癌遗传学研究组织发起人。

"谈癌色变"——癌症是我国居民的主要病死因素，给患者、家庭和社会带来了沉重的负担。针对癌症表征个体差异大、防治手段有限等临床问题，我带领一批年轻研究人员组建了中山大学肿瘤精准医学和转化医学团队，中山大学肿瘤防治中心曾益新院士和林东昕院士为团队顾问专家。经过多年努力，形成了临床和基础学科背景有机融合、以优秀青年为骨干、结构合理的青年研究团队，在国内外相关领域具有一定的影响力和竞争力。

团队围绕精准医学理念，利用个体、组织和单细胞、空间等不同层次的基因

组、表达谱、表观遗传修饰等不同维度的组学信息，挖掘与肿瘤发生发展和异质性表征相关的分子基础，进而揭示肿瘤发生、肿瘤微环境演化进展的重要机制，筛选与肿瘤精准诊断相关的分子标志物，鉴定针对肿瘤微环境和异质性的治疗靶标，转化研究成果，为实现肿瘤的个体化精准防诊治提供有效解决方案。团队承担包括"十二五"863计划、973计划、国家重点研发计划、国家自然科学基金等多个项目课题，至今在学术期刊上发表SCI论文100余篇，包括国际著名专业杂志 Cell、Lancet Oncology、Nature Genetics 等。

一、坚持立德树人，注重思想教育与科研素质相互促进

立德树人是教育之本。我有幸得到林浩然、曾益新和林东昕三位院士的教导，耳濡目染，受到优秀模范学者的熏陶，深刻体会到指导学生不仅要传道、授业、解惑，更要将社会主义核心价值体系融入教育事业，引导学生树立正确的世界观、人生观、价值观。团队引导组员树立远大的理想目标，在临床工作中救死扶伤、甘于奉献、大爱无疆，用实际行动践行医者仁心，在科研工作中不懈奋斗、心无旁骛、不负韶华，以创新性成果展现科学家锐意进取初心，立志肩负起人类进步和民族复兴的时代重任，让每位学生都能够成为德才兼备、具有家国情怀的创新型栋梁之材。

2019年年底新冠肺炎疫情暴发，我作为广东省青年联合会（省青联）医药界别副主任，一方面组织海外朋友联系运输抗疫物资，积极配合省青联组织的疫情防控相关动员活动，另一方面发动组员积极投入新冠肺炎相关的科研工作。团队两位博士后刘树强和何帅作为共产党员，主动请缨承担该项任务，冒着感染病毒的风险，收集患者样本并开展科学研究，最终获得了珍贵的数据，共同为我国完成一项最大规模的新冠肺炎患者免疫系统反应研究和潜在的新冠肺炎抗疫策略作出了一份重要贡献（成果发表于国际著名专业期刊 Cell）。这个经历令他们为自己所学知识和技术能够服务于人民生命健康重大需求而感到自豪，同时也获得多项科研成果和国家自然科学基金课题，实现了思想教育和科研素质相互促进。

二、聚焦前沿临床医学痛点，推动学科创新发展

"临床实践与基础研究有机融合"是中山大学肿瘤防治中心快速发展的核心动力，也是曾益新院士当年建设该中心的重要理念。团队秉承这一理念，聚焦肿瘤临床实践工作中的患者临床表现、治疗反应和预后效果存在差异等异质性表征，利用高通量组学技术平台从个体遗传背景、基因改变、肿瘤微环境等多个维度，解析肿瘤异质性的分子基础并探究其作用机制，筛选肿瘤异质性相关的分子标志物和诊治靶点，进一步推动研究成果的临床转化应用，以创新科研成果助力肿瘤及其相关学科的发展。团队围绕我国高发的鼻咽癌、NK/T细胞淋巴瘤等恶性肿瘤，组织包括中国、美国、韩国、新加坡等地区在内的过百个单位的国际鼻咽癌、淋巴瘤遗传学研究联盟，解析这些恶性肿瘤易感性的遗传学基础，研究成果陆续发表于 *Nature Genetics*、*Lancet Oncology* 等国际著名学术期刊，提升了我国在相关领域的影响力和话语权。

团队注重建设前沿技术平台，在原有的高通量基因分析平台的基础上，还发展了表观修饰组、单细胞组学等平台。利用这些技术平台，团队先后揭示了影响肿瘤治疗效果不良的遗传背景和基因变化，也揭示了肿瘤微环境的复杂性及靶向肿瘤微环境的新型治疗策略，为肿瘤有效诊治提供了理论基础。也正是得益于这些技术平台，团队能够为新冠疫情防控相关研究作出一份贡献。同时，针对EB病毒致癌机理尚未明确的肿瘤领域关键问题，团队利用鼻咽癌作为研究模型，揭示了EB病毒通过感染上皮细胞，改变其生物学功能，并激活其招募免疫细胞的能力，共同营造复杂、高度免疫抑制的肿瘤微环境，为EB病毒致癌的生物学机制提供参考，为研发靶向肿瘤微环境的新型治疗方案提供了重要证据。

三、建设独特团队文化，培养优秀青年人才

人才是强国之本，人才是圆梦之基。随着全球意识形态和经济发展的变化，人才优先发展战略对社会发展的作用不断增强。党中央反复强调人才是中国开创未来最宝贵的资源，要求各级聚天下英才而用之。我注重以"志存高远、传承发展、精诚合作"理念建设团队文化，引育优秀青年人才。"志存高远"即引导团队成员聚焦领域科技前沿，学习传播为国家发展和科技进步作出重大贡献的钱学森、黄大年、黄旭华等优秀人物事迹，激发主观能动性，引导培养组员潜心钻

研、坚持奋斗的基本素质和精神,解决领域关键科学问题。"传承发展"即坚持学术传承,注重培养合理年龄结构的人才梯队,做到"传、帮、带",培养青年人才从入门到成才;坚持因材施教,根据个人兴趣和优势,给予年轻人自由发展空间和支持,鼓励并创造与优秀学者的交流机会,培养质疑和批判的"审问、明辨"精神,敢于提出独特见解并付诸科研证实或证伪,让年轻人逐渐拥有独立的研究方向和管理带队能力;充分尊重其贡献团队成员,培养对团队发展的主人翁意识和自豪感。"精诚合作"即创造临床实践和基础研究相结合、医学与理工等多学科交叉的模式,围绕某研究方向或特定课题,形成联合攻关小组;同时,通过每周定期组织课题进展、课题总结、高水平成果分享等报告,不定期的小组研讨、团建等活动,提高团队成员相互沟通、学习、合作的能力;此外,加强管理和技术人员能力培训,为研究人员创造更多的有效工作时间。

通过建设独特的团队文化,团队成员同心协力,整体资源优势得到充分发挥,引育人才成效显著,培养了多名博士、硕士和博士后,部分现已具有副高、助理职称,在临床科室、科研院所、企业等不同的岗位服务人民生命健康事业。其中,陈树伟和廖伟博士毕业后晋升副主任医师,获得国家和广东省自然科学基金资助,具有独立开展科研的能力;林国旺博士期间获得了突出的学术成果,毕业后任职副教授,继续利用多组学分析经验和新方法开展肿瘤学研究;罗春玲博士后期间获得国家自然科学基金资助,现已转聘副研究员,在研究肿瘤异质性的表观遗传学基础方面陆续获得出色的成果。何帅和刘洋博士阶段主要承担了单细胞、时空组学分析平台的搭建和优化,在免疫系统发育分化、肿瘤免疫微环境等方面积累了丰富的经验知识,在单细胞水平解析疾病发生发展机制方面获得多项研究成果,申请了多项相关技术专利。他们都逐步成长为具有优秀科学素质的年轻人才,有的成为团队发展的中坚力量,有的则出国继续深造。此外,我注重本科生培养,主讲"精准医学概论"课程,面向全校不同学科专业本科生,并提供医学研究实践平台,使得本科生能够有一个接触前沿医学科研的环境和机会,为人民生命健康事业培养具有优秀思想品德和交叉学科背景的新生力量。

科学无止境,服务人民生命健康更是我们终身追求的崇高事业。我将带领团队按照党的二十大报告提出的"四个面向"的要求,继续努力攻坚克难,攀登医学科学高峰,争取作出更大的贡献。

致力于精神影像科技创新与临床转化，
为人民身心健康服务

四川大学　吕　粟

作者简介

吕粟，男，1978年生，中共党员，现任四川大学华西医院放射科主任、研究员、教授、博士生导师。教育部"长江学者奖励计划"首届青年学者（2015），国家重大人才工程特聘教授（2019），国家重大人才工程青年拔尖人才（2015），首批国家优秀青年科学基金获得者（2012）。

作为一名放射科临床医师长期从事临床医、教、研工作，实现了基于影像对精神障碍患者的个体化区分和疗效预测，牵头制定了《精神分裂症MR脑结构成像技术规范化应用中国指南》，推动精神影像在国内外规范使用。成果实现了精神疾患脑异常改变的可视化及量化。以第一或通讯作者发表高质量论文百余篇，先后获弗劳恩霍夫－贝塞尔研究奖（2019）、树兰医学青年奖（2018）、国家自然科学奖二等奖（排名4，2015）、四川省科技进步奖一等奖（排名4，2017）等4项省部级一等奖。

四川大学华西医院精神影像科技创新研究团队是一支致力于研究精神疾患临床关键问题的先进团队。经过十多年沉淀与发展，形成了以龚启勇教授和吕粟为学术带头人、多位高层次人才为团队骨干，各类优秀青年人才组成的多学科交叉、结构层次合理的研究团队，目前团队成员50余人。

团队深耕脑科学领域，聚焦"重大精神疾病的脑影像表征"这一重大前沿科学问题，基于磁共振新技术，开展了多项以精神分裂症、重症抑郁、双相障碍等为代表的重大精神疾病的大样本、系统性的纵向及横向研究，并取得了一系列研究成果。2016 年，团队受邀在放射学排名第一的杂志 *Radiology* 上发表综述，率先提出精神影像学（Psychoradiology）这一概念，开创了影像学领域的新分支，这一全新命名被国际放射学百科全书收录并获得了国际同行的认可及积极使用。

团队在精神病学及神经影像学领域权威杂志上发表高质量学术论文，成果被牛津手册、剑桥教科书等多部国际共识、手册和指南收录，获得了国家自然科学奖、教育部科技进步奖、德国洪堡基金会弗劳恩霍夫 – 贝塞尔研究奖、吴阶平医药创新奖、全国创新争先奖及四川省科技奖等奖项，在精神疾病放射影像领域做出了系统创新性工作。

一、千磨万击还坚劲，任尔东西南北风

2004 年龚启勇教授回国后组建了四川大学华西医院华西磁共振研究中心并担任主任。次年，我师从龚教授攻读博士学位。长期以来，精神类疾病都面临着复发率高、致残率高、求治率低和治愈率低的严峻现状，社会公众对精神疾病患者往往持排斥态度，但我认为他们只是生病了而已，我希望可以探索出这其中的关键，帮助他们更好地生活。因而，我非常坚定地选择并确定以精神影像为研究方向，就此开启了科研生涯。

医院的临床工作向来繁重，我攻读学位期间坚持科研扫描和数据分析。为提高病患依从性，我与精神科医生长期不论节假日都积极到访患者家中，询问患者疾病情况、指导康复、听取患者及家属的意见和建议，只为更深入地了解疾病对患者及其家庭的影响，从而有针对性地去解决精神疾病最迫切的临床问题。

漫长的受试者招募、繁复的科研数据采集、数据分析和处理最初都是在那个不到 20 平方米的实验室内完成的。"千淘万漉虽辛苦，吹尽狂沙始到金。"十多年的努力没有白费，团队的研究陆续揭示了多种精神疾病的发病机制、影像标记物、药物作用靶点等，在本领域作出了一系列重要贡献。

二、路漫漫其修远兮，吾将上下而求索

团队日益壮大，吸引了越来越多的优秀同仁。目前团队拥有具有计算科学、生物医学工程、神经科学、医学物理学、脑网络认知科学、核医学等各类学科背景的人才，团队架构逐渐完善，结合多方优势，具备了从技术开发、基础研究到临床应用的系统性的研究能力。

团队按照习近平总书记"健康是促进人的全面发展的必然要求""没有全民健康，就没有全面小康"的指示精神，以《"健康中国 2030"规划纲要》提出的"到 2030 年，常见精神疾病防止和心理行为问题识别干预水平显著提高"为阶段目标，不断进行探索研究，为提升人民获得感、幸福感而努力。

我的研究被"功能磁共振之父"美国新泽西理工大学 Biswal 教授评价为"提出精神影像放射领域新分支，被广泛用于脑功能评估"，被哈佛大学 Kubicki 教授（AJP 编辑）评价为"填补了当前抗精神病药物疗效研究领域的空白"，被哈佛大学 Keshavan 教授（*Schizophr Res* 主编）评价为"里程碑式发现"（milestone discovery）。基于研究的创新性，我于 2018 年获得树兰医学青年奖，2019 年被聘为国家重大人才工程特聘教授，同年，德国洪堡基金会授予我弗劳恩霍夫–贝塞尔研究奖，我成为国内首位在医学领域获此奖项的研究者。

团队氛围融洽，团结合作。学生们表示，"大家的鼓励和帮助，让我有了面对困难的勇气，文章成型的全过程，离不开导师关键性的建议和伙伴们共享的资源"，"我在 2019 年国家公派到澳大利亚新南威尔士大学联合培养期间，参与了两项影像相关的研究课题，希望能将博士阶段所学的神经外科的知识应用到未来的工作中，发挥交叉学科背景的优势"，"有一位慢性长期治疗的患者，每次做测评时都会热情地陪着我们聊天，那种乐观积极的生活态度感染了我，我希望我的研究真的能带给他们帮助"。

值得一提的是，团队中有一位因病导致瘫痪的学生赵倩楠，是一位很干练豁达的女生，凭着一股不服输的韧劲顺利完成了博士学业，目前留院做专职博士后。赵倩楠说："我已经做好了从事科研工作的准备，这是需要花一辈子的精力去完成的事情。当我投入一项科研任务时，我仿佛沉浸在一场美梦之中，沿着科学问题，投入自己的好奇心、专注力，每当发现一个结果或是解决了一个棘手的

问题，总能收获满满的成就感。我从不抱怨命运不公，我要做的是过好今后的人生。"

三、大鹏一日同风起，扶摇直上九万里

团队坚持以培养世界一流学生为己任，采取智育加德育的培养模式，以加强品德修养、增长专业知识、厚植爱国主义、增强综合素质为育人目标；在教学过程中，注重培养学生科研思维和自主学习能力，引导学生积极参与科研课题和临床工作；同时，注重提高学生各方面能力，如英文阅读、撰写、口语表达等，鼓励并大力支持学生积极参加国际会议、交流访问和出国留学，力争培养具有国际视野的临床—科研复合型人才。

为激发思维创造力，加强沟通协作，团队制定了一系列培养计划。例如，每周举行一次组内学术讨论会、临床病例分析和读书报告；实施"老带新"的小组模式，定期讨论研究思路和研究计划；坚持临床技能和科研思维同等重要的理念，将临床需求反馈到科研问题上，从而促进临床水平和科研素养的共同提高。

团队培养的学生已在 Radiology、JAMA Psychiatry、American Journal of Psychiatry、Molecular Psychiatry 等本领域顶级杂志上发表多篇研究论文，在国际医学磁共振学会（ISMRM），北美放射学会（RSNA）等本领域主流国际会议上发表论文摘要60余篇，口头发言20余次。研究生中，7人获得国家奖学金、3人获得国家留学基金委资助赴美国哈佛大学医学院等国际知名高等学府进行交流学习。博士后中，7人获得国家自然科学基金青年基金的资助、1人获得德国WWU Fellowship奖、1人获德国洪堡基金会"青年洪堡学者"称号等荣誉称号。

多年以来，团队不仅局限于培养自己的学生，也积极参与了授课、教学改革及教材编著等教学工作。近五年来，团队总计授课超过1000学时，负责了"医学影像诊断学""精神影像学"等从入门到精通的多项课程；积极参与四川大学华西临床医学院的教学改革项目，如《整合影像技术学（全英文）》等；参与撰写10余本研究生及本科生教材、临床工作参考书、著作等。

团队定期开展党组织活动，开展下乡帮扶教育、社会公益活动。为了促进基层医院放射学科的发展，团队还会有针对性地进行影像检查规范、影像诊断思路等方面的指导，切实培养了团队成员的家国情怀。

目前，团队研究成果的转化应用也有了一定成效，以临床需求为导向，以提升临床影像服务效率为目标，在四川大学华西医院开设了精神影像门诊，同时开展了个性化、针对性强的影像后处理图像的培训和结构化报告的推广；先后推动国内 30 余家医院开展"精神影像检查"，并应用于临床诊断工作，对精神影像技术的普及和规范化应用起到了极大的推动作用。团队不断努力实现科技创新的价值和使命，打通科技创新"最后一公里"。

纵使疾风起，人生不言弃。我们将贯彻落实党的二十大报告"坚持面向世界科技前沿、面向经济主战场、面向国家重大需求、面向人民生命健康，加快实现高水平科技自立自强"的要求，继续坚守自己的热爱并努力为人民身心健康服务，四海纵横，即刻启程！

培养新时代学科交叉人才，引领数字孪生智造国际发展

北京航空航天大学　陶　飞

作者简介

陶飞，男，1981年生，中共党员，北京航空航天大学教授、博士生导师，现任北京航空航天大学国际前沿交叉科学研究院院长、党委人才办副主任。教育部"长江学者奖励计划"首届青年学者（2015），国家重大人才工程特聘教授（2019），国家优秀青年科学基金获得者（2015），国家重大人才工程青年拔尖人才（2017），科技部中青年创新领军人才（2017），"科学探索奖"获得者（2023）。

主要从事数字孪生与数字工程、智能制造、工业软件领域研究。第一完成人获国家科技进步奖二等奖2项（2020，2024）、教育部自然科学奖一等奖（2022）。担任国家智能制造专家委员会委员、"十四五"国家重点研发计划"工业软件"重点专项总体专家组成员。2021年入选美国SME（美国制造工程师协会）颁布的Top 20 Most Influential Academics in Smart Manufacturing；2019—2024年连续六年入选科睿唯安全球高被引科学家。担任国际生产工程学会CIRP通信会员（Associate Member）、*Digital Engineering*国际期刊创刊主编、国际期刊*RCIM*副主编。在Taylor & Francis创办*Digital Twin*国际期刊并任Chief Advisor。获中国青年科技奖（2016）。

我带领的北京航空航天大学数字孪生智造研究团队，是一支活跃在智能制造交叉学科领域的青年科学家团队。我们团队面向智能制造国际学术前沿和中国制造 2025 重大战略需求，在数字孪生和智能制造领域做出了系列创新工作：发表 *Nature* 首篇数字孪生评述文章，第一作者出版学术专著 7 部，其中英文专著 5 部，ESI 高被引论文 20 余篇；被 50 余位院士、100 多位 Fellow 等引用 3.9 万余次；产生重要国际影响，受邀在美国、日本等做大会报告 70 多次，在 Taylor & Francis 出版集团创办 *Digital Twin* 国际期刊、在 Elsevier 创办 *Digital Engineering* 国际期刊；发起数字孪生国际会议和在线国际论坛，牵头国内 12 所高校共同发起的"数字孪生与智能制造服务"学术会议目前已连续召开 7 届。经过多年的努力和探索，团队发展成为以中青年学者为主力、产研联合、科教融通、多学科交叉、在国内外数字孪生领域有积极影响力的研究队伍。我也因在"数字孪生理论与技术"方面作出的贡献而获得 2023 年度"科学探索奖"。

一、心系家国，初心不改育人才

团队围绕坚定理想信念、厚植爱国主义情怀等育人目标，密切关注所在领域"智能制造"交叉学科研究发展及创新人才培养的国家战略需求，将立德树人融入人才培养的各环节。

团队以立己德、立人德为先，明确并坚守学术道德准则用以严格要求自我，建立并拓展以满足我国当前制造领域发展需求为理念、以服务我国智能制造学科发展建设为担当的人才培养目标；针对课程／教学／实践育人等体系建设，注重学生辩证思维、自主学习、社会实践等综合能力的全面培养和提升，从多方面不断探索"智能制造"交叉学科创新人才的培养方法和激励机制，形成了"教学平台—实践课程—科技竞赛"的多层次实践培养体系；承担多项教改项目，发表的一篇教改论文被教育部科技发展中心评为"五星级论文"（最高星级）。

为师者以德为先，我们一直紧抓德育教育不松懈，作为班主任，我所指导的 110326 班级获得"北京市先进班集体""校十佳班集体""校优良学风班""新生最佳班集体一等奖"等集体荣誉 11 项。团队程颖老师和左颖老师也多次担任本科生学业导师、班主任等，并荣获"北航学院优秀导师"称号。科研诚信教育是给学生们上的第一课，更渗透学生的日常学习生活，团队对从科研立意、研究过程到论文撰写的整个过程进行细致的过程监管和诚信教育。另外，团队以发掘学生科技兴趣为第一要义，让学生在兴趣的驱使下提升创新能力、培养团队协作能力、增强综合素质，包括坚持"项目申报—实施—结题等全过程贯穿硕士培养"和"基金选题—撰写—国际交流及访学等多方位覆盖的博士培养"的理念，不断构筑和完善自己的研究体系，不要仅仅为了发表一篇论文而开展研究，更不要简单为了完成任务和获取经费而开展研究。团队培养的博士生入选"香江学者"、青年托举人才多名，相关教学成果获北京市教学成果奖二等奖。

二、着眼国际，敢为人先辟蹊径

我带领团队瞄准国际前沿研究方向，秉持勇于创新、敢为人先的创新精神，通过团队成员的共同努力和协作，积极开展创新性研究，并活跃于国际化科学研究舞台。

探索和创新是科学研究的核心和本质，科研不可囿于固有，要勇于创新、敢为人先。基于多年的研究基础，我带领团队在智能制造理论与技术创新方面，发明了复杂装备实况大数据"采集—传输—处理—使用"软硬一体化技术和装置，制定了系列国际和国家标准，获 2020 年度国家科技进步奖二等奖（排名 1）；在数字孪生理论与技术创新方面，创建了数字孪生五维模型，首次提出了数字孪生车间的概念，发表的首篇论文被剑桥等国内外 100 多所高校跟踪研究。同时，团队发挥科研引领作用，牵头法国、瑞典、澳大利亚等 5 国学者建立了数字孪生技术体系；牵头 18 家标准研制应用单位建立了数字孪生标准体系，支撑立项国际标准 2 项；牵头 12 所高校发起"数字孪生与智能制造服务"学术会议，是国内外第一个数字孪生主题会议，至今已连续成功举办 7 届，参会人员数量持续攀升。

我常对团队成员说："做科研就是要一直保持饥饿感，既要敢想，更重要的是行动。"敢于发声、勇于开拓新领域、提出新思路，从而保持科研人员对所从事工作的新鲜感。"我们要做的事情不只是为了写一篇文章、跑一个算法，要把眼光放远些、放高些，以国家的需求为己任，追求并保持本领域在国际上的影响。"至今回想起数字孪生与制造融合研究首次出现在脑海中的那段时间，我依然很兴奋，尤记当初带领团队在会议室里逐字推敲，无数的草稿被推翻重写。坚持文化自信、科技自信，把论文写在祖国大地上，也是我一直以来坚持在做的事情。首篇数字孪生车间论文于 2017 年发表于《计算机集成制造系统》期刊上后，掀起了一番学术界的研究热潮。随后受邀连续五年在《计算机集成制造系统》期刊上发表系列开年首篇封面文章《数字孪生及其应用探索》(2018)、《数字孪生五维模型及十大领域应用》(2019)、《数字孪生十问：分析与思考》(2020)、《数字孪生模型构建理论及应用》(2021)、《未来装备探索：数字孪生装备》(2022)。从数字孪生的理论概念向着数字孪生应用研究发展，推动科研持续发展、与同行者共同进步、保持国际学术前沿引领是我追逐的目标。

我在数字孪生概念、关键技术及应用领域开展了大量且深入的研究，相关工作形成了重要的国际影响。我于 2021 年入选美国 SME（美国制造工程师协会）评选的 20 Most Influential Academics in Smart Manufacturing；同年受邀在 Taylor & Francis 出版集团创办 *Digital Twin* 国际期刊，成立了由来自 18 个国家的 75 位专家组成的数字孪生国际专家委员会，指导期刊发展；2019—2024 年连续六年入选科睿唯安全球高被引科学家。

三、奋斗青春，引领团队踏征程

我自己是一名 80 后教授，学术团队成员总体还比较年轻，在带领团队发展的过程中，团队成员也在共同学习和成长，曾经的师生变成了优秀的合作者。团队注重文化建设和党建工作，以文化建设促党建，以党建引领文化发展，形成了强大的思想工作合力，促进团队成员"传帮带"共同成长。通过课题组会议、特色社会实践活动等，团队引导团队成员和学生了解世界大势、关注中国发展、掌握科技前沿，培养创新发展和团队合作意识，争做有理想、有追求、有担当、有作为、有品质、有修养的社会主义合格建设者和可靠接班人。团队成员多人获得北京市优秀毕业生、"香江学者"、优秀学生干部、三好学生等称号。

团队近年培养了一支教学与科研并重、学术创新能力强、位居国际前沿方向的创新团队和学术梯队，团队成员先后入选科睿唯安全球高被引科学家、教育部"青年长江学者"、国家级人才计划青年拔尖人才、国家优青、中国科协青年托举、北京市杰青、北京市科技新星等。面向智能制造国际学术前沿和中国制造 2025 重大战略需求，我们团队是国内最早开展数字孪生研究的团队之一，一直引领智能制造、数字孪生车间国际前沿方向,并研发了智能制造急需的实际装置和系统。

我带领团队一起取得了一批具有国际影响力的科研成果,并积极为政府及行业提供智能制造和数字孪生技术研发、ISO 标准和国家标准制定、制造企业运营和发展等方面的咨询和专业服务,相关服务和建议受到业界和政府的高度重视和广泛采用。我多次受邀在 CCTV 科教频道、BTV 科学家跨年夜、北京电视台科教频道、中国科协做数字孪生专题讲座。

展望未来,我会带领团队落实党的二十报告中提出的"四个面向"的要求,继续在数字孪生智造领域深耕,把科研和论文写在祖国大地上,为国家重大战略需求和科技发展继续作出应有的贡献。

打造优秀马克思主义哲学研究团队

南京大学 胡大平

> **作者简介**
>
> 胡大平，男，1969年生，中共党员，南京大学教授、博士生导师、马克思主义学院院长。教育部"长江学者奖励计划"首届青年学者（2015），国家重大人才工程特聘教授（2019）。
>
> 主要研究领域为马克思主义史、社会理论、当代资本主义研究、文化理论和文化研究、都市研究。

在人文社科研究领域，少数精英引领着知识创新和观念的更新，这是不争的事实。不过，无论一个国家的整体研究能力和创新水平，还是各个机构的人才培养和知识生产，团队的意义越来越不能被忽视。近十年，我国高等教育无论是战略规划还是实际投入，各个学科都将团队视为重中之重，这也给团队建设提出了不少需要深思的新问题。在这里，我结合自己的"南京大学马克思主义哲学"研究团队的经验，简要谈谈三个问题：传统的捍卫、理论核心竞争力的打造和队伍打磨。就我个人的经历来说，没有这个优秀的团队，就没有我的今天。

一、继承学术传统，引领马克思主义理论研究

关于南京大学马克思主义哲学研究团队，外界都知道胡福明，1978年由他主要撰写的《实践是检验真理的唯一标准》一文，对当时的思想解放运动起到了非常重要的推动作用。胡老师集中体现了我们这个团队的许多优点，例如坚持理

论联系实践、关怀天下、独立思考、坚持真理等。这些都是马克思主义理论研究应有的东西，但真正将之滋养成团队的优秀传统并不容易，既非一人之功，亦不是一时之力。由于胡老师的历史贡献，他的精神早已成为激励学科后学的宝贵财富。不仅如此，虽然他很早就离开了南京大学的教学研究岗位，但却从未离开学科，每年都召集学科的全体老师在一起聚会，了解情况，关怀大家，这使得青年学子倍受鼓舞。实际上，早在20世纪60年代，刘林元教授的论文《唯物辩证法与调查研究》就曾得到毛泽东主席的充分肯定。20世纪80年代中叶，经过二十多年的探索，孙伯鍨在我们马克思主义哲学史叙述方面提出了"二次转变和双重逻辑"说，这是代表着摆脱苏联学徒地位的中国学者的独立思考。他的《探索者道路的探索》一书形成了在全部马克思主义理解史上都具有重要地位的具有学派意义的"文本学历史分析"研究方法。正是一代又一代学者的开拓，形成了具有方向和定力的紧密型研究团队。20世纪90年代，在张异宾教授的带领下，团队不仅开辟了国外马克思主义哲学研究新方向，而且成为国内最活跃和最优秀的马克思主义哲学团队，在文本学、发展史、国外马克思主义和当代中国马克思主义研究四个方向上持续引领国内学术界。尽管团队成员也是人来人往，但风格始终如一，理论研究接续不断，也产生了一批有代表性的中青年学者。团队培养了全国百优博士学位论文获得者2人、国家重大人才工程特聘教授6人、"百千万人才工程"以及其他国家级人才10多人，获得过多人次全国"青教赛"第一名（全国"五一劳动奖章"获得者）、宝钢优秀教师奖、教育部思政课展示特等奖等在全国有重要影响力的教学奖励。在这样的优良传统和团队中成长，是一件幸福的事。也因为这一点，团队培养出来的学生具有鲜明的学术"忠诚"，绝大多数在学术界耕耘的毕业生都打上了团队的烙印，并与团队保持着良好的学术联系。

二、坚持"两条腿"走路，打造理论核心竞争力

团队不仅形成了具有学派性质的研究风格和方法论，而且形成了鲜明的学术主题和理路。一是在学科方向上坚持"两条腿"走路。一手抓基础，抓住思想史

和文本学研究不放；一手抓前沿，引领中国的当代国外马克思主义研究。基础研究，打造了马克思主义发展史研究强项；前沿研究，在当代资本主义和马克思主义中国化最新成果研究上，位于全国前列。二是以集体力量打造核心竞争力。例如，从1997年左右，整个团队主要都是以集体方式打造标志性成果的，如《走进马克思》《马克思的思想原像》《资本主义理解史》等，整个团队研究都是在共同方向上展开分工的。这一点，为年轻人的成长、为他们在学术界影响力的建构，搭建了最好的平台。就我个人来说，《回到恩格斯》得益于《回到马克思》代表的文本学研究"回到"系列成果，在国外马克思主义哲学上为同行关注和认同，则是从张老师带着我进行《西方马克思主义哲学的历史和逻辑》研究和教学开始的。这样，在整个团队中，每个人的主要研究方向就不是任意的，而是根据学科规划分工协作，形成互补。同时，团队的包容性也很强，鼓励每个人的个性和长处的发挥，比如，我本人就没有认真捍卫文本学研究这个学科的命脉，而是跑到都市研究、文化研究这些新领域去折腾了，不仅拓宽了自己的视野，也为团队的成长注入了新的资源。

三、举贤、合作，打磨学科和人才队伍

在队伍建设上，南京大学马克思主义哲学团队真正做到了"打磨"。队伍建设有两个显著的特点。一是共同进步。比如，曾经以每两周一次的频率全体成员集中讨论学术和学科发展问题，每个学期结束都要封闭两天，团队的每位成员，无论长幼，都一一汇报过去的一个学期干了什么、怎么干的、获得何种成果，然后大家进行评议。因为这一点，甚至被知情的国内同行戏称为"家长制团队"。是的，是有家长制的味道，但家长不是某个人，而是马克思主义理论和学术研究事业！二是举贤能不论亲疏、重合作不避竞争。孙先生在1993年左右选择张异宾教授作为新一代学科带头人，张老师不是他的入室弟子；张老师把学科发展重任交给唐正东教授，唐老师也不是他的入室弟子。薪火相传，唯贤者兴；竞争创新，唯能者胜。在此，特别感谢孙伯鍨先生和张异宾教授，他们"功成无我"的境界是我们学科建设最宝贵的财富。

或许，南京大学马克思主义哲学研究团队是相对较为传统的团队，但正是通过传统的捍卫、理论核心竞争力的打造和队伍打磨，10余位团队成员都成长为在本领域研究活跃、教学过硬、集体意识强大的高素质学者，在各自的年龄段都位于全国的前列。

构筑两岸文教交流的桥头堡*

福建师范大学　李小荣

作者简介

李小荣，男，1969年生，中共党员，福建师范大学中文系教授、博士生导师，兼任文学院院长、教育部人文社会科学重点研究基地福建师范大学闽台区域研究中心主任。教育部"长江学者奖励计划"首届青年学者（2015），国家重大人才工程特聘教授（2020），"百千万人才工程"国家级人选暨"有突出贡献中青年专家"（2017），享受国务院政府特殊津贴（2018）。

主要研究领域为中国古代文学、古典文献学、敦煌学和宗教文学艺术。2023年获国家级教学成果奖二等奖2项（基础教育排名1、高等教育排名2）。

2016年11月，习近平总书记在会见中国国民党主席洪秀柱时强调："中华传统优秀文化植根在两岸同胞内心深处，是两岸同胞的'根'和'魂'。""两岸教育各具特色，要加强交流合作，尤其要加强学校、教育工作者之间的交流。"作为祖国东南沿海文史研究与教育的重镇，近十年来，福建师范大学文学院致力于开展两岸文化与学术交流，为夯实两岸学人特别是台湾青年学生对中华文化认同、历史认同的根基，为寻绎两岸人民的文化血脉、共筑两岸人民的精神家园作出了突出贡献，海内外对此反响强烈。

一、精品入台，切磋琢磨

中华文化，源远流长，博大精深，是中华儿女共同创造的思想宝库和艺术瑰

---

* 原文刊登在《中国高等教育》2017年第9期，载入本书时有修改。

宝，也是两岸同胞共有共享的文化遗产。为传承中华优秀文化，尤其是增进台湾新生代学人对中华文化、中华民族的认同，学院在副校长汪文顶等领导的精心策划下，与台湾著名出版社"万卷楼"精诚合作，签署协议，隆重推出了《福建师范大学文学院百年学术论丛》10辑共115册。论丛内容广博，涵盖中外，贯通古今，比如，关于传统文化与文学者，有黄寿祺的《周易译注》、陈祥耀的《古诗文评述二种》、穆克宏的《六朝文学研究》、孙绍振的《月迷津渡》、齐裕焜的《中国古代小说演变史》、陈庆元的《福建文学发展史》、张善文的《象数与义理》等；关于现当代文学、文学理论及中外文学关系者，有俞元桂的《中国现代散文史》、姚春树的《中国近现代杂文史》、南帆的《后革命的转移》、郑家建的《透亮的纸窗》、葛桂录的《中英文学交流史》等；关于语言文字或文学教育者，有马重奇的《汉语音韵与方言史论集》、潘新和的《中国语文学史论》、谭学纯的《广义修辞学研究》、林志强的《古本〈尚书〉文字研究》等。在"百年学术论丛"各辑出版发行的同时，学院还在台北等地与台湾师范大学国文系等学术单位联合召开了7届"两岸中国文学研究座谈会"，著名学者徐富昌、许学仁、许俊雅等既与作者代表深入交流学术见解，又对各辑作品予以专题推介。曾永义认为，仅凭一院之力就入台传播如此丰厚的学术著作，在两岸文化交流中属于首创。

二、文学创作，心灵相契

学院历来重视学生文学创作与文学批评能力的培养。1958年，在中文系主任黄寿祺的关怀下，学院创办了"闽江文学社"并发行了校园文学刊物《闽江》。刊物以"我们的，原创的"为口号，广纳省内外兄弟院校来稿，集文学性、思想性、深刻性、独创性于一身，由此培养了王光明、陈晓明、谢有顺等一大批著名作家和批评家。2012年，学院把各期《闽江》结集重刊出版，取名《沙漏无言》，作为105周年校庆之献礼赠送有关校友及社会知名人士。对此，孙绍振由衷赞叹道："《闽江》至今仍在坚持出版，这种现象且不说在福建地区，即便扩大到全国范围，恐怕也是不多见的。"自2009年起，学院又举办学生年度文学创作大奖赛，并将获奖作品结集出版。尤值一提的是，为了扩大学生创作的社会影响，并为两岸青年文学爱好者搭建一个良性的交流平台，学院和"万卷楼"合作，从已出版的近500篇学生年度获奖作品中再精选出47篇，于2015年4月以《镜子的背面》之名在台北刊行，所出1000册作品全部用于和台湾地区高中学校及各大学中文系之交流，此举极大地增进了台湾学子对大陆学生情感世界的认知，拉近了彼此的距离，由此不再陌生和隔阂。

学院还与台湾著名杂志《国文天地》共同策划了"两岸学术与文学创作专栏"，自2015年1月起，该刊定期登载学院文学创作大赛中的优秀作品或文艺批评，至今已刊10多期100多篇。大赛评委余岱宗评论道："这些获奖作品，结集成书，其意义超过了获奖本身。我想，将来的人写'大学史'，不见得都只是学术史或行政史，而是很有可能出现'学生史'。那么，这本集子，就可以作为一种重要的档案而获得历史价值。"

2015—2023年暑期，学院又多次组织青年教师带队优秀学生赴台考察，并举办了"两岸榕缘·文学行脚：海峡两岸大学生文学研修营"和"两岸榕缘·文创之旅：海峡两岸大学生文创研修营"。在台期间，两岸教授共开设80多场讲座，就文学创作、理论研究等方面交流心得；两岸学子就文学采风、文创体验等生活实践共同切磋，互通有无。社会各界对此极为关注，如福建省海峡两岸高校交流促进会会长罗萤称赞此举极有助于两岸青年学生的交流，真正体现了"两岸一家亲"。

三、联合培养，共谋发展

《中共中央关于制定国民经济和社会发展第十三个五年规划的建议》中，明确要求文化创新，全面推动文化产业成为国民经济的支柱性产业，发展骨干文化企业和创意文化产业。因此，学院顺势而为，与时俱进，利用福建省"先行先试"的优惠政策，加快对外开放办学的步伐，主动吸收海峡对岸的优质师资。早在2014年年初，学院就与台湾淡江大学合作，开设了全国首个闽台联合培养文化产业管理人才的专业。该专业采用"3+1"模式（即第三学年到淡江大学学习），旨在培养具有丰厚人文综合素质的复合型、应用型之文化产业管理人才。2016年9月，首届学生进驻淡江大学。双方师生关系融洽，教学效果显著。至今，学院已在"万卷楼"出版学生创意文案四辑，反响颇佳。

与淡江大学的联合培养，一方面给学院带来了应用文科专业办学的新理念，并由此开设了"海峡文创精英大讲堂"，定期邀请两岸经验丰富且业绩突出的文化产业专家莅临指导，面授实战经验，既提升了学生文化创意方面的实践能力，也开阔了青年教师的知识视野。另一方面，双方合作的深入也扩大了学院在境外的学术影响力，提高了学术声誉，近年到学院攻读硕博士学位的台籍学生有30多人、台籍专任教师有6人、在站博士后有4人。

四、两岸联袂，语文教改

中学语文师资的培养，一直是学院人才教育的工作重心之一。孙绍振带领的全国高校黄大年式教师团队"两岸文学教育与交流教师团队"，始终对青少年的心智成长充满人文关怀，他们在长期深入调研中学语文教学实践的基础上，领衔发起了"闽派语文"改革，在语文教改的重点领域、前沿领域组织实施了一系列理论与实践紧密结合的改革创新，取得了系列重要成果。如孙绍振主编的《初中语文课标实验教材》，前后总使用量近2000万册，300多万学生受益。同时，该团队撰写了800多篇中学课文的分析案例，出版了理论探索新成果《语文课程理论与应用》《文本解读与语文教学新论》等，在大陆语文教师中深受推崇，有力更新了教学理念，引领了新一轮中学语文教改的走向，并有3项教改项目获国家级优秀教学成果奖二等奖。

为了强力推动两岸语文教育改革、共同探讨课改规律、更新教学内容及教学观念、更好地弘扬中华人文精神，学院于2015年4月主办了"海峡两岸语文专家教学评点"专场活动，极大地促进了两岸语文教育的互通、互动和共同发展。同年5月起，孙绍振与台湾"中华语文教育学会"理事长孙剑秋开始合作主编普通高级中学国文教材，编写宗旨坚持"九二共识"、母语教育和中华民族的文化立场，至2019年，共完成教师手册、教学用书等教材共52本近2000万字。台湾达人女中等五所中学曾正式使用，现虽遭民进党当局打压，但仍有不少师生用作辅助教材。这表明，着力强化中华语文教育和历史共识的合编教材之举，对遏制"文化台独"和增进台湾新生代对中华历史文化的认同，具有极其重大而深远的意义和作用。

习近平总书记指出：两岸同胞同根同源、同文同种；两岸是割舍不断的命运共同体。福建师范大学文学院对台文教交流合作的各项活动，正是为贯彻这一指示而开展的。我们注重两岸学人尤其是青年学生的心灵沟通，积极推动与台湾高校各中文系科之间多方位、多层面的交流，力争早日实现"两岸花开共芬芳"的美好局面。

成为首届"青年长江学者"的一点成长感悟

清华大学　邢　飞

作者简介

邢飞，男，1979年生，中共党员，清华大学精密仪器系教授、博士生导师，担任微米纳米技术中心主任、启元国家实验室智能微系统中心首席科学家。教育部"长江学者奖励计划"首届青年学者（2015），国家重大人才工程特聘教授（2020），国家优秀青年科学基金（2015）、"科学探索奖"（2021）获得者，剑桥大学selwyn学院Visiting Bye-Fellow。

主要从事智能微系统与微纳卫星技术研究，承担重大科研仪器专项、科技部重点研发、国家工程专项等项目，研究成果在我国探月工程、高分专项、卫星互联网等重大任务中成功应用，并在国际上形成了中国品牌。研究成果获国家技术发明奖二等奖（2019）、首届国家卓越工程师团队奖（2023），入选北京市战略科技人才等。

2015年，我非常荣幸入选了教育部"长江学者奖励计划"首届青年学者，2016年4月底在井冈山参加了教育部人事司组织的为期一个星期的国情教育培训班，认识了一批优秀的同学，以及热衷于培养和团结青年学子的班主任赵老师，并在以后的日子里面形成了长期活动、不断交流、互相成长的一个大集体。七年多的时间，我深刻地感受到了这个集体前进的步伐和蓬勃的生命力，以及自己在集体中潜移默化的成长。

在入选"青年长江学者"之前，我是一个非常内向的青年教师。多年的单一领域钻研，使自己的学术走向了封闭。现在听起来有些不可思议，我当时竟不知有优秀青年科学基金、青年拔尖人才等人才类项目。也可能限于研究的特殊性，我很少也很难与别人交流，偶尔聆听一些学术报告也难以产生共鸣，且时常以"独上高楼""不闻窗外事""甘坐冷板凳"自我安慰，完全沉浸在自己的独立研究空间里，导致在知识的广度、观察的角度和认知的深度上都显著不足。

一、板凳要坐十年冷，学术更需他人评

2016年春天，我参加了教育部人事司组织的"青年长江学者"井冈山国情研修班。在两周的时间里，与100多位不同领域的青年学者在轻松的环境中进行了深入的交流，使我深深地感受到了研究中的组织与个体、学术上的广博与关联，特别是"长江学者"团队具有的文理深度融合、学科高度交叉特质，使我更加了解了广大优秀人才良好的学术习惯、广博的知识体系、钻研的科学精神、凝练的科研成果是学术成功必不可少的核心因素。

在研修班，我们自然形成了一个团结融洽的大班级，赵老师也自然成了我们亦师亦友的班主任。研修结束后，大家各自回到自己忙碌的岗位，脚踏实地地推进自己的工作。班主任赵老师更是想方设法、竭尽全力，组织青年学者论坛等一系列大型学术团体活动，邀请"长江学者"举办文学、健康等讲座，还组织了奥森健步走、羽毛球、篮球等体育活动。大家在自由轻松的气氛中互相交流，从学术到日常等各类开放性话题，在繁忙的工作之余，倾听一下不同门类学术研究和思想感悟，似有一种仰望星空之怅怅然。久而久之，形成了深化认识、深入了解，深度融合、共同成长的集体。

在与大家长时间的深入交流中，我逐渐认识到了工科研究的具体性和普适性，自己遇到的具体问题在其他工程领域几乎都会存在，工程性问题的背后才是自己对科学的理解和认知，无法产生共鸣更是自己对知识体系归纳和总结的欠缺。作为精密仪器领域的青年学者，我不但要对本领域的工程性问题有所掌握，更要对背后的知识体系、技术内核等有深刻理解。慢慢地，我逐渐养成了自己看待工程性问题的视角和认知背后科学技术问题的习惯，并将自己的具体研究工作逐渐泛化，在不同的学术交流中吸取养分，表达观点更加自信，也更易与同行形成共鸣。更重要的是，我将总结出的教学方法融入课程体系，将自己讲授的看起

来不相关的两门课程"测控电路与系统"与"微米纳米测试技术"的内涵统一，并将自己的工程研究提升到了一个新高度，做到"教"与"研"的统一。

二、守正笃实、循序渐进，精益求精、久久为功

班主任赵老师退休后仍不遗余力地为青年人才成长发声，承担了教育部哲社重大研究课题"高校青年人才培养和选拔机制研究"，带领课题组到各地高校调研访谈时，经常召开青年学者座谈会，充分听取青年人才的意见建议，继续为青年人才发展建言献策。我有幸参加了班主任在清华的座谈会，从一个工科学者的角度，深入理解了自己的学术和科研。

每个学者都想自己的学术研究能"顶天立地"，提出原理创新，发顶刊文章，被广泛引用，实现成果落地，产业转化，服务国家。青年学者需有冲天之志，更需脚踏实地，甘坐冷板凳。应用上虽日新月异，学术里却举步维艰，选定一个意义深远、苟利国家的研究方向作为学术的第一坚守，并虔诚敬业、脚踏实地地坚持下去。尽管如此，我深感自己的思想定力不足，凭"心灵鸡汤"难以维系长远，循序渐进才是我认知的捷径。在自己的工作中，我常以季度为节点来规划自己的工程类研究，以年为节点来提炼深化自己的学术类研究，以五年为期总结自己的科研成果，并以取得的科研成果为基础，循序渐进保持前进动力，才能"不为浮云遮望眼"，实现持之以恒。

在与班主任和大批成功学者的交流中，我深刻体会到了成功学者都有一种把工作当成责任的心态，精益求精地做好每件日常工作，把专业作为事业的行事风格，痴迷于自己的专业研究，不以物喜，不以己悲。我的亲身体会是，在学术的成长之路上失败是常态，得不到认可和认同也时有发生，投机取巧和快速成功的诱惑更是无处不在。为了心中的坚持，既要有目标，更要有方法。工科的研究要在合适的科学背景下，采用当时的合理方法来执行。中国特色的三步走模式在我的科学研究中起到了非常大的作用，一定程度上滋育了我久久为功的动力。

三、树立报国的梦想，做好有组织科研

工科研究远不是一支笔、一张桌、一本书就可以实现的，需要精准的设备、大量的实验和持续的支持。个人的研究服从国家的需求是前提，讲好自己的故事

是方法，做好有组织的科研是目标，要做到"功成不必在我，功成必定有我"。在大工程任务中，每个研究往往具有较强的独立性。在研究中，我逐步意识到了自己的科学研究在整体研究中的独特性和通用性，在交流中有了共同的语言，学会面向不同的人去讲好自己的科研故事和讲好中国故事。可以说，在导师和院系的培养下，我更多的是专业知识和专业能力的提升，而在"长江学者"的队伍中，我面向不同人群的社会交流能力和科研交流能力有了较大的提升，逐步从"独善其身"的自我式科研状态升华到了"兼济天下"的学术交流式科研状态。在跟随团队成员申报杰青、长江特聘等环节的磨炼中，我更加认识到了交流的重要性。我的科研方向逐渐跨出了单一的应用范畴，得到了推广和高度凝练，将科学性、普适性与应用性联动起来，形成了良性循环，并实现了在多个领域的工程应用，建立了特有的科研自信和成果自信。这是我一个从事非常工程类研究的人能在科学研究中获得各项荣誉和快速成长的关键。

在融入"长江学者"优秀集体的过程中，我更加坚定了自己的研究目标和努力方向，先后获得三次省部级一等奖和国家技术发明奖二等奖，2020年入选国家重大人才工程特聘教授，2021年获得"科学探索奖"，2023年获得首届国家卓越工程师团队奖。我融入了中国的良好科研氛围，理解和认识了大部分学者的科研内涵和科研方法，也更知道了自己的学术研究所处的地位和价值，更加激励我对科研方向、学术方向的专注，更加夯实我对科技强国、科技强军的脚步，充实我对伟大复兴中国梦的信心和动力。

与国家需求同频共振，
在机器人化智能制造领域开展有组织科技创新

华中科技大学　陶　波

> **作者简介**
>
> 陶波，男，1977年生，中共党员，华中科技大学机械科学与工程学院副院长、二级教授、博士生导师。教育部"长江学者奖励计划"首届青年学者（2015），国家重大人才工程特聘教授（2020），教育部新世纪优秀人才（2011），国家重大人才工程首批青年拔尖人才（2012），"科学探索奖"获得者（2022）。
>
> 主要从事智能制造与机器人技术研究，先后主持国家自然科学基金"共融机器人"重大研究计划集成创新项目、重点基金、国基金重大项目课题、国家"智能机器人"重点研发计划课题等项目。现任"十四五"国家"智能机器人"重点专项总体专家组成员、中国机械工程学会机器人分会总干事、中国自动化学会共融机器人专委会秘书长、全国机器人标准化技术委员会常务委员等。研究成果获国家科技进步奖二等奖（排名2）、国家技术发明奖二等奖（排名4）、国家级教学成果奖一等奖（排名6）。在本领域权威期刊上发表高水平论文100余篇，授权国家发明专利50余项。曾获全国优秀博士学位论文提名奖（2009）。

我所在的华中科技大学机械科学与工程学院是国内最早开展智能制造研究的高等院校。在杨叔子院士等多位老前辈的带领下，一代代"华科大机械人"敏锐把握学科发展动向，与时俱进，通过把文章写在祖国大地上、写在车间里，赓续奋斗七十年，传承、铸就了一种特殊的科研精神，我们称之为 STAR "星"文化：自强不息（Striving）、团结协作（Teamwork）、敏捷响应（Agility）、尽职尽责（Responsibility）。自 1995 年入学，我在机械科学与工程学院先后完成了本、硕、博士学习，博士后出站后留校工作至今，算是一个不折不扣、土生土长的华科大人。下面，我结合本人近十年来"星"光之下的科研经历，与大家分享我在机器人化智能制造领域的科研体会。

一、科研选择：将个人成长融入时代发展

我们常说，买房子选择"Location"，做科研选择"Direction"。对于科研工作者而言，最大的困惑莫过于如何选择研究方向。2013 年 6 月，我赴美国加州大学伯克利分校公派访学一年。出国前我参与的研究工作已经开始产业化转化，在国外期间，我一直在琢磨下半场的职业生涯做什么，是选择围绕前沿学术方向做"顶天"的研究，还是围绕国家重大需求做"立地"的应用探索。一年内我听了多场学术报告，发现制造领域未来的研究越来越关注绿色、环保，机器人是一个非常重要的载体。

2013 年，麦肯锡全球研究所发布了《引领全球经济变革的颠覆性技术》报告，认为机器人将影响全球制造业战略格局。美国发表了《从互联网到机器人——美国机器人发展路线图》，断言机器人是一项能像网络技术一样对人类未来产生革命性影响的新技术。同年，德国提出了"工业 4.0"计划，支持发展基于机器人技术的智能制造系统。2014 年 6 月，习近平总书记在两院院士大会上提到"机器人革命"，认为机器人是"制造业皇冠顶端的明珠"，其研发、制造、应用是衡量一个国家科技创新和高端制造业水平的重要标志。同年 12 月，国家自然科学基金委启动"共融机器人基础理论与关键技术研究"重大研究计划的论证，并于 2016 年 7 月发布实施。本人有幸作为秘书组成员，全程参与了论证工作，感受到了国家对于机器人基础理论与关键技术研究的迫切需求。同期，科技部亦启动了"智能机器人"重点研发专项，进一步为机器人技术突破与应用探索提供支撑。

基于国内外形势分析，我敏锐地感觉到机器人化智能制造将是我们先进制造

领域未来的前沿研究方向。事实证明，在后来的基金委"共融机器人"重大研究计划、科技部"智能机器人"重点研发专项、工信部高质量发展专项等国家科技计划中，机器人化制造均被列为重点支持方向。2023年，中国科学院第五届"雁栖湖"会议发布的"高端制造前沿"十大科学问题"机器人化制造如何影响未来制造范式""如何实现面向未来制造的机器人系统"均名列其中。因此，我常常和学生以及青年教师讲："将个人成长融入时代发展，做国家需要的研究，是我们工程学科科研方向选择的指路明灯。"

二、科研攻关：核心技术突破需要久久为功

选定研究方向之后，如何系统深入地开展研究工作成为我们面临的现实问题。应用基础研究是为了更好地解决实际工程问题，机器人化智能制造核心技术的突破，一定要扎根在制造产业需求的土壤上，坚持以行业需求为导向，以解决行业"痛点"或"瓶颈"为首要目标。只有将制造技术与产业需求深度融合，才能产生新的制造原理和技术，引发制造模式的重大变革。大型复杂构件是国家重大战略装备的核心部件，其高效高品质制造是世界性难题。通过调研走访制造业龙头企业，与行业专家、一线工人进行深入交流与探讨，我们发现，现阶段我国能源、轨道交通等领域大型复杂构件广泛采用以机床为主体的"零部件分散加工再集成装配"模式或者人工生产模式。受限于机床作业空间、地域限制以及人工作业质量，普遍面临制造效率与品质瓶颈，已成为制约相关战略与支柱行业核心构件高性能制造的"卡脖子"难题。在国家重大需求与行业瓶颈的共同牵引下，我们最终将研究工作聚焦在"大型复杂构件机器人化集群制造"这一新方向，希望通过研发不同形态的加工机器人装备，并以其作为制造执行体实现战略与支柱行业大型复杂构件制造模式变革。

在国家项目的持续资助下，近十年来团队"十年磨一剑"，围绕交通、能源领域大型复杂构件机器人化集群制造等领域重大需求，从机器人集群制造理论、技术到装备应用开展了系统的研究。针对大型复杂构件高效高品质制造难题，我们提出了多机器人协同自律制造新原理与新模式，建立了"运动空间—操作空间—切触空间"分层调控的机器人移动加工精度保障理论，攻克了全场景跨尺度感知、自律跟踪控制、多机器人协同自适应加工等核心技术，研制了轨道式、轮

式、吸附式等多种原创性机器人加工装备，开发了"测量—建模—加工"一体化的多机器人协同智能制造系统，实现了大型复杂构件从"铁打的机床、流水的工件"制造模式向"铁打的工件、流水的机床"制造模式转变。

研究成果已在轨道交通、能源等国家战略与支柱行业得到应用，产生了显著的经济和社会效益。团队研制出国内首台套大型构件多机器人协同智能制造系统，应用于大型风电叶片（64.5米）、高铁白车身的批量生产，成果以2109万元转让给中国中车，入选2018年中国智能制造十大科技进展。研发的机器人测量—打磨一体化系统成功应用于商业交付的C919翼身装配，被列入C919整机装配必选装备。相关成果先后荣获国家科技进步奖二等奖、机械工业科学技术发明奖特等奖等，同时锻炼成长了一支青年科研队伍，多人次入选国家级人才计划。

三、科研创新：与国家制造业需求同频共振

科研工作不仅需要"脚踏实地"，还应记得"仰望星空"。在国家重大需求创造的时代浪潮中前行，也要潜心观察，善于转化，保持不断创新的初心。如何从具体的工程实践中剥离出本质的科学问题并实现突破，是形成高水平学术成果的关键。在开展机器人化制造应用探索的过程中，我们切身体会到了传统机器人加工装备的诸多局限：最初的导轨式移动机械臂无法适应径向大尺寸变化，而后续重点发展的"AGV+机械臂"复合机器人仍然无法覆盖大型船舶、大飞机等三维尺寸均巨大的构件。在研究过程中，我们逐渐认识到，这一切的根源来自现有机器人装备"可达性"的缺陷，继而引发灵感，创新性地提出了吸附式移动加工机器人的新思想，形成了"蚂蚁噬骨"式机器人集群制造变革性制造模式，与上飞、东方电气等龙头企业围绕飞机、风电叶片等典型大型构件开展了应用验证。在此基础上，围绕海上装备在航运维等重大需求，团队率先提出了两栖吸附式移动作业机器人构想，突破了制造尺度、地域与时间限制，拓展了移动加工机器人跨介质作业能力，有望实现机器人化全域制造：利用无处不在的机器人，实现无处不在的制造。我也因"两栖吸附式移动加工机器人"研究设想获得2022年"科学探索奖"。

回顾十年的发展历程，我深切感受到，将个人成长融入时代发展，与国家需求同频共振，敢于创新、善于突破、快速响应，开展有组织科研，才能实现高

水平科研成果的产出与落地。青年作为新时代民族复兴重任的开路先锋和事业闯将，在实现民族复兴的伟大征程中有着重要的历史使命。未来，我将带领团队，传承前辈们自强不息的精神，聚焦国家发展战略，发展新质生产力，围绕"四个面向"，继续深耕机器人化智能制造方向的研究和应用探索，把论文写在祖国大地上、写在工厂车间里，以"敢担大任、勇攀高峰"的勇气为国家科技自立自强做出新的、更大的成绩！

我和"微纳米纤维功能纺织品"团队在创新中成长

东华大学　覃小红

> **作者简介**
>
> 覃小红，女，1977 年生，中共党员，东华大学纺织学院院长、教授、博士生导师。教育部"长江学者奖励计划"首届青年学者（2015），国家重大人才工程特聘教授（2020）。
>
> 主要从事多维度微纳米纤维集合体介质诱导成形理论与技术产业化领域研究。获国家技术发明奖二等奖（排名 1，2020）、国家级教学成果奖二等奖（排名 6，2022）、中国青年科技奖（2020）、中国科协求是杰出青年成果转化奖（2022）、中国青年女科学家奖（2023）、中国纺织工业联合会科技进步奖一等奖（排名第 1，2019、2022、2023）、全国三八红旗手（2023）、宝钢优秀教师特等奖提名奖（2022）、中国纺织工业联合会科学技术奖特别贡献奖（桑麻学者）（2022）、中国纺织学术大奖（2022）、中国纺织学术带头人（2018）、上海市优秀技术带头人（2017）、上海市巾帼创新领军人物（2021）、上海市三八红旗手（2021）等。

纺织是我国国民经济支柱产业和重要民生产业，纺织品出口额占全球近 40%，并为众多产业提供关键基础材料。纺织纤维微纳米化是我国占据国际纺织巅峰的关键，也就是将纤维做细到头发丝的百分之一，使其具备特殊的功能效应，只有这样才能作为长效防疫、安全防护等领域的关键材料。但国际上其产量每小时仅 0.5 克，如何实现高品质产业化，是我二十年来埋头深耕的主攻方向。

为攻克多维度微纳米纤维集合体产业化关键技术，我组建了"微纳米纤维功能纺织品"创新团队，包含教授 3 人、副教授 2 人以及博士后、博士生、硕士生 60 余人。团队围绕"纺织科学与工程"一流学科建设任务，一直从事微纳米纺织纤维材料与纺织品设计领域的科研及教学工作。历经二十年的深耕专研，团队突破了高品质微纳米纤维宏量制备核心技术，为国家抢夺了首发权；创建了高品质静电纺非织造材料从纺丝、铺网到成型的产业化技术体系，大幅提高了产能和产品均匀性，降低了制品成本，开创了非织造材料微纳米化的新格局，引领我国非织造产业高品质化革新。我作为第一完成人获国家技术发明奖二等奖，2021 年在人民大会堂受到了总书记的会见。基于该技术开发的系列高效低阻过滤材料和定向导水卫材，已广泛用于防疫防护、民用过滤、特种领域过滤、日用卫材、医疗卫材等方面。我们的研究，力助我国非织造产业结构升级、提升我国应对公共卫生安全需求能力、支撑健康中国战略及军民融合发展战略。

在教书育人方面，我大力推动以"课程思政"为目标的课堂教学改革，充分发挥团队的交叉学科背景，优化课程设置，完善教学设计，梳理专业课程所蕴含的思想政治教育元素和所承载的思想政治教育功能，融入课堂教学各环节，实现思想政治教育与知识体系教育的有机统一。在教学过程中，我及时了解授课班级学生对知识的掌握情况来进行因材施教，根据学情修订教学安排并改进教学方法，虚心接受同学们对课堂效果的反馈；深入挖掘综合素养课和专业课中的思想政治教育内涵，走上东华大学《锦绣中国》讲堂，为学生展示最新的课程思政建设成果，传播创新意识与方法；同时，将课堂理论教学和配套实验教学有机结合，建立了完善的"理论—实践复合"教学体系，有效推进纺织学科教育的多元化、生态化，培养更多复合型、创新型人才，提高学生科研水平；指导学生创新团队获国家、上海市大学生创新创业项目 40 余项，获挑战杯全国大学生课外学术科技作品竞赛和创业计划大赛、中国国际"互联网+"大学生创新创业大赛、中国纺织类高校大学生创意创新创业大赛等全国级学科竞赛奖 20 余项；指导学生获上海市优秀毕业生 8 人、东华大学优秀毕业生 32 人、王善元优博基金 5 人、国家奖学金 30 余人次。

同时，我立足东华大学纺织科学与工程"双一流"学科和上海高校高峰高原学科建设任务，带领团队聚焦新型纤维材料、先进纺织加工技术、纺织新材料等领域，以拔尖纺织创新人才培养为学科建设中心任务，构建多学科交叉的人才培养体系，遵循"全球视野、需求导向、创新引领、特色发展"原则，实施"强纺织中国梦"战略，建立了德育引领、课程强化、工程训练、研究创新的纺织高层次人才培养体系，以重大项目为牵引，将纺织研究热点与工程前沿融入培养过程，将学生培养方案与国家重大战略需求及纺织产业需求对接，实现卓越纺织人才培养过程的改革；整合学科近年所获国家/省部级科技奖项，建设"纺织科奖平台"，把优秀科研成果转化为高水平的专业实验平台，打造纺织、机械、材料、化工、服装等一体化融合实验平台，培养学生构建系统、分析解决复杂问题的能力。

作为团队负责人，我始终把立德树人成效作为检验一切工作的根本标准，把师德师风作为评价教师队伍素质的第一标准，不断提高思想政治素质和师德师风水平，充分发挥党员教师的先锋模范作用，塑造了一支有理想信念、有道德情操、有扎实学识、有仁爱之心的青年人才队伍纺织团队。团队成员坚持"以研促教，教研相长"，及时将最新科研成果和学科发展信息融入理论和实践教学环节：鼓励学生积极参与国内外学术交流，注重科研创新和实践能力培养，获得多项中国纺织工业联合会教学成果奖。同时，团队加强国际合作与学术交流，为青年骨干教师发展搭建高起点平台，整体提升了团队教学科研能力。团队成员先后入选国家高层次人才计划，以及中国科协、上海市人才计划。

在文化建设方面，我建立了"一带一路"教育培训基地、主办纺织服装产业"一带一路"国际纺织人才研修班，连续十年举办中非纺织服装国际论坛，增强了学科在相关领域的国际影响力，近五年共培养了63名"一带一路"共建国家留学生获博士和硕士学位，并活跃于各国教育科研一线；连续十年组织"全国大学生纺织援疆团"，帮助新疆大学和塔里木大学提升纺织学科水平，援建喀什职业技术学院纺织服装专业，获"一带一路"全国大学生暑期社会实践优秀团队奖和上海市大学生社会实践大赛一等奖、"上海青年五四奖章集体"，获首批国家级社会实践一流课程。

面向未来，我将带领团队继续在以下几方面努力奋斗：

一是加强思想教育。积极培养自身"德才兼备,以德为先"的优良品质,以身作则;注重以人为本,引导本科生与研究生热爱和拥护中国共产党,践行社会主义核心价值观;从遵守学术规范、秉持公平诚信、坚守廉洁自律、积极奉献社会等方面规范自身的职业行为,明确师德底线,使团队成员成为有理想信念、有道德情操、有扎实学识、有仁爱之心的好老师。

二是推动学科发展。组织带领青年学者团队瞄准国际前沿和国家需求,提升解决重大问题和原始创新的能力;坚持纺织特色、拓宽基础,凝聚和组织学科力量积极承担国家任务,提升纺织工程学科国际地位;积极推进"双一流"建设工作,培养"一流纺织"拔尖创新人才,构建多学科交叉的人才培养体系,为建成世界一流纺织学科、培养一流纺织人才、开展一流纺织研究作出贡献。

三是创新团队建设。继续加强团队内外的纺织、力学、材料、机械等多学科交叉与融合,强化国际合作与学术交流,建成一支学科结合紧密、交叉互补、科研创新能力强的高水平青年学术团队。

四是加强社会服务。积极组织承办有国际影响力的学术活动,参与完成中国工程院重大咨询项目;与大型现代纺织企业联合推动协同创新,推进与相关企业组建技术创新中心;关注重大国计民生问题。

五是文化传承创新。提升道德和思政教育,使学生具有正确的价值观和健全的人格,建立文化传承创新基础;科学知识与传统文化相结合,增强学生民族意识和国家自豪感,确定文化传承创新导向;主办中非纺织服饰国际论坛,把纺织服饰文化辐射到"一带一路"共建国家和地区;推进完善"非遗"服饰文化传承与创新设计培训体系,推动纺织非遗文化走向世界。

六是国际学术交流合作。继续积极响应国家"一带一路"倡议,强化在"一带一路"共建国家的影响力;从学术交流与合作、国际学术高地建设、国际化高层次人才培养、国际师资引进、留学生教育等方面开展国际合作交流工作;结合自身留学经历及已建立的学术合作,组织团队成员及学生访学,扩大国际高校与东华大学的国际联合办学。

无私奉献 胸怀祖国
——建设航空科技国际一流团队

西北工业大学 索 涛

作者简介

索涛,男,1979年生,中共党员,西北工业大学航空学院院长、教授、博士生导师,兼任极端力学研究院常务副院长、强度与结构完整性全国重点实验室副主任。教育部"长江学者奖励计划"首届青年学者(2015),国家优秀青年科学基金(2015)、国家杰出青年科学基金(2020)获得者。

主要从事材料与结构冲击动力学实验方法、先进材料力学行为与飞行器结构抗冲击设计、生物冲击损伤与防护等研究工作,成果应用于航空、航天、轨道交通等领域。担任中国航空学会计算与仿真分会主任、鸟撞分会副主任、青年工作委员会副主任,中国力学学会青年工作委员会副主任,《西北工业大学学报》副主编等。发表论文110余篇。获授权中国发明专利20项、自主软件著作权4项,美国、法国、日本、韩国发明专利4项。获中国航空学会青年科技奖(2017)、教育部自然科学奖一等奖(排名3,2020)、陕西省科学技术奖一等奖(排名3,2017)和中国力学科技进步奖一等奖(排名3,2018)。

西北工业大学飞行器结构/材料冲击动力学团队的奠基者是我国著名力学家、航空教育家、西北工业大学飞机系创始人黄玉珊先生。团队负责人李玉龙教授20世纪80年代师从黄玉珊先生和刘元镛教授,在国内航空界率先开展了冲击与断裂动力学研究。2000 年，李玉龙教授放弃国外固定教职毅然回国，受聘为教育部第三批"长江学者奖励计划"特聘教授。此后，一些青年才俊陆续从海外归来，我和一批青年教师留校任教，逐渐形成了一支以李玉龙教授领军，多位国家级人才、优秀中青年为骨干，年龄结构合理、多学科交叉，具备很强创新力、凝聚力、战斗力和重要学术影响力的团队。

团队始终传承黄玉珊先生等老一辈科学家的航空报国精神，以推动国家航空科技自主创新发展为目标，围绕其中的关键冲击动力学问题，瞄准学科前沿，取得了一批世界原创性基础研究成果，解决了我国飞行器研制中的多项关键技术难题，获教育部自然科学奖一等奖、中国力学科技进步奖一等奖、陕西省科学技术奖一等奖等 20 余项奖励，多次被央视、《人民日报》、《光明日报》等主流媒体报道。

一、信仰与使命相融合，树新时代师德师风典范

团队以华航西迁精神（华东航空学院，西工大前身之一）为传承，弘扬坚定的爱国主义精神、严谨求实的治学态度，着力打造自由、平等的一流育人环境。团队始终坚守"为党育人，为国育才"，围绕立德树人根本任务，努力培养"德才兼备，以德为先"的"四有"新人。2018 年，以团队党员为骨干的党支部入选首批"全国党建工作样板支部"，2024 年入选全国高校"双带头人"教师党支部书记工作室及"强国行"专项行动团队。

李玉龙教授对学生的培养不仅限于学术和科研能力，还体现在对学生的价值引领和关爱帮扶上。对生活有困难的学生，他总是主动资助，帮助他们专心学业。他始终与学生保持着深厚的感情，无论他的学生回西安出差或回国探亲，还是逢他出差到异地，学生们都会想方设法和他见面、交流。

真诚关心爱护学生，将他们视为亲人，帮助他们成长，关心他们的思想动态、学习和生活，已成为团队文化，也铸就了团队高凝聚力与强战斗力。作为教学科研和师德师风的典范，李玉龙教授先后入选全国优秀科技工作者、陕西省"三五人才"等。团队多位成员获学校优秀党员、最满意教师、优秀研究生导师、优秀班主任等。

二、教学与实践相融合，人才培养服务国家需求

团队始终以培养我国航空工业高层次人才为己任，践行探究式、引导式、开放式的培养理念。在李玉龙教授的带领下，团队先后创建了111创新引智基地、国际联合研究中心、教育部"长江学者"创新团队等5个国家级、省部级研究平台，建立了3个校企联合实验室（研究中心），形成了国际一流的冲击动力学科技创新平台。在这些平台的支撑下，团队成员围绕我国航空航天等领域对创新型人才的迫切需求，瞄准学科前沿，创立了"本—硕—博一体化"课程群教学模式，以高水平科研项目促进"工程应用型"人才培养、以高水平平台建设促进"创新型"人才培养、以国际合作促进"国际型"人才培养，形成了"基础扎实、学术育人、追求卓越"的人才培养模式，推动了人才培养从"单一型""技能型"向"创新型""国际型"和"领军型"转变。团队教师注重学生严谨科学态度的形成、自主探索和独立创新意识的激发，形成了"理论学习—创新思想培养—分析能力提升"良性思维过程。

三、知识与创新相融合，基础研究引领学科前沿

团队重视基础研究。李玉龙教授常强调："我们要以国家需求为牵引，通过基础研究，推动学科发展。要做别人没做过的事，耐得住寂寞，敢啃硬骨头。"在这一理念引领下，团队成员都将获得国家自然科学基金作为走上科研道路的第一步，并坚持基金"不断线"。十多年来，团队成员先后主持重大仪器项目、重点项目、杰出青年科学基金、优秀青年科学基金等各类国家自然科学基金项目60余项。在基金项目的支持下，团队在材料极端高温、高速冲击耦合下变形过程原位观测与变形场测量方面实现了"从无到有"的突破，破解了材料动态多轴加载国际难题，拓展了对材料在冲击载荷下力学行为的新认知。相关成果先后获教育部自然科学奖一等奖等，授权发明专利30余项，美、日等国发明专利4项，为国内外高校及院所研制实验装置，成为国际上该领域的一支重要力量。

四、继承与开拓相融合，团队建设实现可持续发展

团队非常重视青年人的成长。李玉龙教授说，"要学会'基础'和'工程'

两条腿走路","要走出去看看外面的世界有多大,要与国际顶尖团队交流"。他鼓励并支持青年教师参加国内外会议、到行业院所交流,并把他们推介给院士学者、行业专家。他像对待自己的孩子一样关爱每一名成员,不仅在工作上,还体现在生活的方方面面。他多次把工资拿出来,帮助刚留校的青年教师。他重视并指导青年教师确立自身长远发展规划,主动提醒团队青年骨干出国访学提升学识。他全力为新入职的青年教师提供经费支持,帮他们快速投入工作。在他的精心培养和指导下,青年人才不断涌现,一大批青年学者在这里找到了充分施展自己才华的舞台。我自己先后获国家自然科学基金优青、杰青,入选"青年长江学者",几位青年教师入选国家青年人才计划。国外知名高校的多位学者也被团队的氛围和李玉龙教授的人格魅力感染,十多年来一直与团队保持密切的合作,并取得了突出成绩。

笃定前行　不负时代
——以个人经历浅谈青年人才成长之路

上海交通大学　陈彩莲

作者简介

陈彩莲，女，1979年生，中共党员，上海交通大学自动化与感知学院特聘教授、博士生导师，巴黎卓越工程师学院中方院长，上海市第十二届党代会代表。教育部"长江学者奖励计划"首届青年学者（2015），国家优秀青年科学基金（2016）、国家杰出青年科学基金（2020）获得者。

主要研究领域为工业互联网和工业网络系统。成果获国家自然科学奖二等奖（排名3，2018）和中国青年女科学家奖（2023）。担任《国家科学进展（NSO）：信息科学》副主编。

作为教育部"长江学者奖励计划"首届青年学者，我受到了教育部和各级领导的亲切关怀和各方面的大力支持，深感幸运。我们凝聚成了一个特殊的群体，相互激励、支持、合作，共同为祖国的科技事业和教育事业努力奋斗。我本人一直工作在教学科研一线，在班主任的一再鼓励下，我结合自己的经历，谈谈女性科技工作者和教师的成长成才体会。

一、国家的政策，我们赶上了好时代

每次青年长江同学相聚，我们都会由衷感叹"生在一个伟大的时代，是时代给予了我们机会"。本人2015年入选教育部"长江学者奖励计划"首届青年学者，2016年获得国家优秀青年科学基金支持，2020年获国家杰出青年科学基金支持。我们这个群体赶上了近年来国家大力推进科技创新和高水平自立自强建设的好时期，科技人才规模不断扩大，通过政策顶层设计、积极推进产学研合作、不遗余力促进国际交流等举措，使得科技工作者有了更大的舞台，施展才华、贡献力量。为解决科技创新领域的性别差异问题，国家十三部委联合印发了《支持女性科技人才在科技创新中发挥更大作用的若干措施》，各省市和高校也相应制定了具有针对性的政策保障，旨在消除文化障碍和刻板的性别偏见，同时给予女性更宽的成长和成才通道。

为了响应国家号召，上海市科技工作党委、上海市妇女联合会等17个部门和单位联合印发了《关于支持女性科技人才在上海市建设具有全球影响力的科技创新中心中发挥更大作用的若干措施》。2022年，上海交通大学也印发了《关于支持女性科研人才在科技创新工作中发挥更大作用的16条措施》，在学校自主实施的科研计划与人才项目和奖励中，将女性申请人的年龄限制原则上放宽3—5岁。在校级科研计划、人才项目、重点项目等评审工作中，女性专家比例原则上不能低于25%；同时成立专项基金，以支持女教师、女学生进行国际学术交流等。这些实实在在的政策和举措，为女性科技工作者的成长提供了更广阔的空间。

在上海交通大学举办的"老中青三代女教师话匠心""巾帼劳模主题分享会"等活动中，我代表女教师，谈到了自己作为女科技工作者的体会。搞科研的理工科女性占比不高，很多时候性别会被看作劣势，也的确在工作中遇到过困难。之前我去钢铁厂调研，经常受到现场工人师傅的质疑，他们会问："真的要去现场吗？条件很艰苦。"每次在厂里开研讨会，我和我的女学生们都是仅有的女性。后来他们熟悉了，也了解了我们的工作作风，就再也没有质疑过。所以我认为，女性要更加了解自己，在团队协作、长期科研攻关中发挥自己的角色优势。我自己带的女博士生比例明显高于其他博导，在外出差时常常会和女同学住一个房间，和她们一起聊天谈心，讨论如何对待科研这份苦差事。"不给自己设限"，这是我经常跟学生说的一句话，也是勉励我自己的话，是我从不同领域优秀女性身上学习和感悟到的最宝贵内涵。

二、我们的责任，站在国家的高度去思考

入选国家级人才对我最大的意义，是让我更加清楚地认识到，"我们代表国家队，要敢于为中国发声，并且要有领跑世界的勇气"。

从求学到教书育人，我切切实实感受到了国家科技综合实力的上升。经过近几十年的发展，国际上对中国高校科研水平的认知已经有了明显的变化，也越来越承认中国的水平和影响力，但是在很多领域也要正视差距，未来科技竞争需要更大的勇气。国际标准是科技创新的规则之争，其重要性不言而喻，我们在标准领域与欧美发达国家的差距还很大，可能需要一代人甚至几代人的努力。

我主持的一项国家重点研发计划项目要争取工业物联网关键设备的国际标准立项和制定，我便切切实实地亲历了"没有硝烟的战争"。目前我国在高端工业自动化设备方面的市场份额还是很低，西门子、罗克韦尔等国际知名企业的产品在国内重点制造行业占据着主导地位。"我们有责任代表国家队坚持去闯，绝不能遇到阻力就认输！"我代表团队与国外组织唇枪舌战之时，只有一个信念："哪怕弄得头破血流，哪怕最后没成功，也得让外国人知道，这里有中国方案！"经过努力，我们的标准获得成功立项，目前还在努力排除万难，争取通过标准草案的多轮审核。我的项目在综合绩效评价中获得了同批项目中唯一一个"优秀"，得到了专家们的一致好评，认为"牵头制定的3项国际标准对我国工业互联网相关技术体系取得国际话语权作用大，建议加快技术成果的宣贯，强化产业化和应用推广"。我本人也于2022年获得N2Women"全球十大计算机网络和通信学术之星"，并与团队共同获得国际IEEE TCCPS工业技术卓越奖。我们深刻体会到，这些荣誉的获得都是国家的支持，是对中国科技发展整体实力的认可。

三、传承的力量，朝着世界一流奋进

科研是不断积累新知识、发现新问题、解决新挑战的过程，科研团队对于理工科研究人员具有重要意义，可以提供协作的平台、经验传承与学习的机会、激励与支持的环境，以及学术交流与合作的渠道。我本人就是在科研团队中获得了攻坚克难意志的磨砺，不断感受到团队成员之间相互激发的科研热情和创造力。

上海交通大学控制科学与工程学科朝着"世界一流"奋进的征途上，需要集

体智慧和力量。其中，申报国家自然科学基金创新群体是老一辈上海交大自动化人长久以来的梦想。我主动承担了材料的收集、申请书的撰写工作。从认真阅读10位教授近年来的重要论文开始，深入理解每一位"大咖"的学术和技术创新，再结合自身平时积累的学术素养，我花了整整一个寒假的时间写出了初稿。在此基础上，我夜以继日、全力以赴准备答辩的各个细节材料，反复改了30多稿，为最后获得"国家自然科学创新群体"的支持作出了重要贡献。老教授们竖起大拇指，评价我是"自动化系的希望"，那时候我深刻感受到了责任，历史的接力棒已经交到我们这一辈人手中。

科研团队可以在不断发展和进步中保持稳定和创新，保证科研成果的可持续性和积累效应。科研团队的传承对于培养优秀的科研人才、推动科学进步和社会发展具有重要意义。近几年，通过承担国家重要科研课题，我的科研能力和科研素养得以提升，并快速成长为青年学术带头人，正在将良好的科研态度和精神传递给新一代科研人员，希望他们能在有"导师"指导的环境中得到更好的培养和磨砺，顺利开启自己的职业生涯。

我的成长离不开国家的培养、同行的支持和身边人的帮助。科技人才，不仅要拥有广博的学识、专业的知识和精湛的技艺，更要有家国情怀。坚定信念，笃定前行，为国奋斗，不负时代！

人文社科旗帜下的自然科学青年教师成长之路

中国人民大学　季　威

作者简介

季威，男，1980年生，中国人民大学物理学院吴玉章讲席教授、博士生导师、青年教师科学技术协会主席。教育部"长江学者奖励计划"首届青年学者（2015），国家重大人才工程特聘教授（2021），国家重大人才工程青年拔尖人才（2015）。

长期致力于发展和应用独特的第一性原理计算方法，紧密围绕未来信息功能材料及器件和原子级制造技术中的表界面问题，开展相关基础科学研究。研究成果入选2013年度中国科学十大进展、2013年度《自然》年度图片等。入选爱思唯尔（2021年至今）中国高被引学者和科睿唯安全球高被引科学家（2023）。现任《物理学报》、Chinese Physics B、《科学通报》、Science Bulletin、2D Materials、Frontiers of Physics 等期刊编委。

中国人民大学是中国共产党创办的第一所新型正规大学。她从延安走到北京，经过八十七年的发展，有着光荣的办学传统和厚重的学术积淀，是我国人文社会科学研究的一面旗帜。在人文社科这面旗帜下，青年教师应当如何"向科学进军"，助力国家实现高水平科技自立自强，是值得思考和探索的问题。我拟基于自己在中国人民大学从教十三年并从讲师晋升为中国人民大学首名80后二级教授的经历，分享个人成长道路上不同阶段的五个故事，与青年教师们共勉。

一、与君初识，走进中关村大街59号

2009年，我已在加拿大麦吉尔大学工作了三年，计划回国寻找固定教职。当时的岗位竞争远没有现在激烈，另蒙海内外三位院士的错爱和推荐，北京大学、清华大学、中国科学院物理所和中国人民大学都愿意给我入职的机会。TOP2的光环和对母校的依恋让这个选择对我尤为困难。最终让我下定决心选择中国人民大学的重要因素是其物理学系的大团队下独立PI（首席研究员）制度。选择了独立PI这条道路，意味着我一方面可以独立开展自己喜欢的工作，另一方面也得"摸着石头过河"，自己做自己学术生涯的第一责任人，而无法像加入研究团队那样，"站在队友的肩膀上"。两权权衡，还是自由、自主的工作模式对我吸引力更大。2010年2月，我正式入职中国人民大学物理学系，下半年成为副教授，获批国家自然科学基金青年项目，并招收了两名研究生，开始了我作为"学术个体户"的创业之路。

二、守正笃实，静待花开结果之日

在任职之初的三年内，在教学方面，我接手了两门新课，慢慢找到了一些教学相长的感觉。然而，在科研方面，这一阶段我未能发表任何有主要贡献且署名为中国人民大学的论文，仅有一篇基于博士后期间合作工作的《自然·化学》。这也并非我不努力，而是我将大量精力投入了一些至今仍未开花结果的项目中，这可能也是一部分像我一样"不幸"的青年学者都会经历的过程。现在回头想想，我并不认为这些都是弯路，不论是试错还是积淀，科研没有白走的路，每一步都算数。

在厚重的人文社会科学研究氛围下，中国人民大学从上到下鼓励教师们做"十年磨一剑"式的研究，这种教师业绩考核政策，给了我下一步厚积薄发的时间和空间。虽然最初三年我成果不多，但在这期间我读了不少文献，构思了不少异想天开的事情，也组织了不少学术活动，结交了不少世界各地的知名学者和青年力量，为后来的厚积薄发埋下了伏笔。同时，我也常"不务正业"地参加很多学校组织的青年教师学术交流活动，了解了很多其他学科有趣的研究方向，沉浸式地感受了不同学科的思想特点，更是妄加揣测，给这些特点找到了些自圆其说

的起源，这也促使我思考物质世界和人文世界运行规律的差异及它们的互动关系，对我个人全面成长起到了关键作用。

三、因势利导，多做"聪明"的研究

进入中国人民大学这片人文社科沃土开展自然科学研究是需要勇气和策略的。人们总会怀疑：中国人民大学真的能研究物理学？这个问题的答案是因人而异的，有的人看到了无处不在的困难，有的人看到的是不一而足的解决办法。在我看来，中国人民大学不但能做物理学研究，而且能做出独具特色的物理学研究。

我的研究工作主要是采用基于量子力学的第一性原理方法，使用高性能计算机，在原子尺度上模拟一些小量子体系和物理化学过程。这类研究手段对场地和投入的要求相对较少，然而，苦于没有资金更新，实验设备已经"超期服役"。如何找到合适的研究方向？我想起一位"老"朋友，加拿大著名物理化学家和社会活动家、1986年诺贝尔化学奖获得者John C. Polanyi说的话，要做"聪明"的研究（do something smart）——思考那些旁人尚未关注的重要问题，用他人尚未想到的"鬼点子"解决这些重要问题，尝试开拓新的领域。2011年我已经进入中国人民大学工作一年了，一直在寻找那些尚未被别人注意到的"聪明"研究领域。2009年，《科学》发表了一篇qPlus nc-AFM成像领域的里程碑工作，该技术首次拍摄了有机分子内的共价键照片。我现在的同事也是我的博士师兄程志海教授反复跟我谈及qPlus nc-AFM技术，而他当时在国家纳米科学中心的同事裘晓辉研究员也对这项技术非常着迷。我们三个当时年龄加起来刚过100岁的青年人没有太多羁绊和顾虑，直接选择了国际上尚为空白的分子间相互作用成像问题进行探索。志海和晓辉利用国家纳米科学中心已有的一台低温扫描隧道显微镜，通过自己升级和改造，实现了高质量的成像功能；我则从理论计算上发展了一些实用的模拟方法并加深了对成像机制的认识。2013年，《科学》发表了我们利用qPlus nc-AFM在实空间观察分子间氢键的工作。该工作被评为"中国科学十大进展"，还被《自然》选为最震撼的三幅年度图片之一。在过去的十年内，我又相继探索了多个此前未被人关注但重要且有趣的问题，拓展了几个小的研究领域。目前活跃在这些领域的研究者们所取得的成果比我们之前的更加耀眼。现在，我也在寻找其他"聪明"且人迹罕至的研究领域，尝试在认识的荒漠中再次开垦出科学的沃土。

四、因地制宜，换位思考培养人才

高水平研究成果可能是高等学校的重要价值之一，但其核心价值是高水平的人才培养，其中本科生培养更具代表性。大多数传统人文社科优势高校对数学学科在本科人才培养上的作用是有共识的，但对物理学科在本科生培养中作用的认识就不尽相同了。2018年以来，中国人民大学对本科人才培养体系进行了大胆、有益的改革。

教育任务就是第一推动力，我与两位系内同事开设了"诺贝尔物理学奖和现代物理学"课程。我们三人竭尽所能、反复推敲，确定了授课范围、制作了课件、完成了一个学期的课堂讲述，取得了较好的效果。在学校教改项目的支持下，我与两位同事创新授课模式，同这门课共成长。目前，经过5个学期的教学实践，已经形成7位教师组成的教学团队，每年开设8门以上课堂，可以满足近千人选课，初步实现了我们的预设目标。这门涵盖了现代物理学大多数重要进展的课程帮助了不同层次的人文社会科学专业本科生认识了现代物质科技的前世今生，既满足了他们对相对论和宇宙的遐想，又满足了他们对量子力学和微观世界的好奇，也让他们了解到了很多生活现象背后的物理规律，还使得多位富有人格魅力的国内外物理学家形象跃然课堂。我也凭借本课程获得了北京市青年教学名师称号等荣誉。

五、驰而不息，成长路上不忘初心

回望我的十三年从教经历，从2010年入职到2013年发表第一篇《科学》论文，我走过了懵懂、彷徨的三年，适应了中国人民大学的"土壤"与"水分"，打牢了教学基础，找准了科研方向。在随后的第一个五年（2013—2018）期间，我发表了一些有一定影响力的研究成果，获得三个国家级青年人才称号、创新项目，学校首届"科研标兵"称号，从一名副教授晋升为三级教授。在第二个五年（2018—2023）期间，我有幸入选了国家高层次人才奖励计划"特聘教授"岗位，在学校人才培养和选拔制度的支持下，荣幸成为中国人民大学首位80后二级教授。

自由科学探索的选题方向众多,但党和国家对中国人民大学人才培养任务提出了新要求。下一步驱动我继续前进的是探索未知的科学初心和培养"复兴栋梁、强国先锋"的育人初心,未来五年甚至十五年的前沿研究方向、人才培养目标、学科发展责任日渐清晰。在今后的新征程中,我力求把自己过去的成果归零,继续埋头苦干、追逐梦想、勇毅前行。

"立德树人"是青年学者历史使命*

北京大学　王兴军

> **作者简介**
>
> 　　王兴军，男，1976年生，中共党员，北京大学博雅特聘教授、博士生导师、电子学院副院长、先进技术研究院副院长、区域光纤通信网与新型光通信系统国家重点实验室副主任、纳光电子教育部前沿科学中心副主任。教育部"长江学者奖励计划"首届青年学者（2015），国家重大人才工程特聘教授（2022）。
>
> 　　主要研究领域为光电子集成芯片与信息系统，在硅基光电子集成芯片以及光通信、光传感、微波光子和光计算等系统应用等方面取得了系列研究成果。国务院学科评议组成员、美国光学学会会士、科技部重点研发计划项目首席科学家，主持国家自然科学基金委重大仪器项目、国家自然科学基金重点项目（两次）等20余项国家级项目。以第一/通讯作者在Nature、Nature Photonics等高水平期刊发表论文200余篇，SCI他引4000余次，代表性成果入选中国十大科技创新奖、中国光学十大进展、中国信息通信领域十大科技进展、中国光学十大社会影响力事件、中国芯片科学十大进展等奖项。

　　"要坚持把立德树人作为中心环节，把思想政治工作贯穿教育教学全过程，实现全程育人、全方位育人，努力开创我国教育事业新局面。"习近平总书记在全国高校思想政治工作会议上的重要讲话明确了我国高校的主要任务，也给青年

---

* 原文刊登在《中国高等教育》2017年第17期，载入本书时有修改。

学者指明了方向：必须将"立德树人"作为青年学者在新时代背景下的历史使命与责任。"师者，所以传道授业解惑也。"为师者，必先明、必自明。青年学者必须加强理想信念教育，明确历史责任，自觉承担历史使命，以德立身、以德立学、以德施教，使自己成为有理想信念、有道德情操、有扎实知识、有仁爱之心的老师，以正确的知识和价值观教育塑造学生。

一、坚持教书和育人相统一

坚持教书和育人相统一，要求青年学者要时刻把"教书育人"作为第一使命。"教书育人"是指教师关心爱护学生，在传授专业知识的同时，以自身的道德行为和魅力，引导学生树立正确的价值观和人生观，实现人在社会生活中应有的价值追求，塑造自身完美的人格。教书只是一种手段，育人才是真正目的。教书为育人服务，"立德树人"是教育的中心，贯穿教育的全过程。坚持教书和育人相统一，传道、授业、解惑，才是教师的最高境界。

在新的时代背景下，作为高校教师骨干力量的青年学者应该时时刻刻把"教书育人"作为第一责任，做到学术和教学相协调统一，在不断提高自己科研能力的同时，努力增强教书育人的能力。一名优秀的高校青年学者应该至少讲授一门课，并和自己的专业知识结合起来，把自己的专业知识和最新的科研进展融入教学，注重教学经验的积累、教学方法的改进以及教学内容的更新，使教学更适应现代社会的发展。另外，青年学者要主动将"以教为主"的传统教学思想转变为"以学为主"的教育观念，在教学过程中突出学生的主体性，充分调动学生上课的积极性，在课堂上积极和学生互动，努力重视培养学生上课的主动性和独立创新能力，提高教学效果和人才培养的能力。同时，教师既要重视对学生的知识传授，又要重视学生的能力培养、心理辅导、品德发展，在课下多和学生沟通，帮助他们解决学习和生活中的问题。教书和育人是一个不可分割的完整的教育过程，教书育人是教师的天职。这既是教师工作的历史传统，又是新时期赋予教师的光荣使命。

二、坚持言传和身教相统一

坚持言传身教相统一，要求青年学者既要用语言教育和感染学生，更要以身作则成为学生的表率。言传与身教相辅相成，教师不仅要善于言传，而且要善于身教，让学生眼见为实，激起思想共鸣，进而促进对教师言传的认同和接受，最终实现对学生美丽心灵和完美人格的塑造。"桃李不言，下自成蹊。"教师不仅是知识的传授者、智慧的启迪者、人格的影响者，而且是良好道德品格的实践者和示范者。在良好师德师风的影响和带动下，学生才会亲其师、信其道，进而乐其道。教师在学生心目中是具有优良品质、渊博知识和丰富阅历的人，教师的世界观、价值观、人生观，甚至言谈举止、气质特征等都会对学生产生影响，一位好的老师往往会培养出一大批为国家、为社会、为民族作出突出贡献的优秀人才。因此，教师的师德影响着高校人才培养的质量和水平，决定着未来的国民素质，关系着高校生存和发展的走向。

"师者，人之模范也。"严于律己，以身作则，乃为师之本。高校青年学者作为高校教书育人的主力军，更应该不断学习，提高自己的道德修养，树立以德立教的思想，真正担当起社会正义的责任和真理的捍卫者。作为高级知识分子，必须以天下为己任，乐于奉献，脚踏实地，勤奋工作，以身作则，严谨治学，为人师表，关爱每一位学生，以高尚的师德风范感召学生，做好学生价值的导向者。

三、坚持潜心问道和关注社会相统一

坚持潜心问道和关注社会相统一，要求青年学者在潜心做学问的同时，必须时刻关注国家社会的发展。潜心问道，不是闭门造车、坐而论道。青年学者要跟上时代的步伐和"道"的发展，就要走出书斋、走出实验室、走出办公室，关注社会、国家、民族的发展变化，加强对社会发展实际的认识和了解，特别是关注新时期国家重大方针政策的变化。自己的学术研究要符合国家的发展战略大局，紧紧围绕国家社会的发展需求开展研究工作，这样可以实现书本知识和实践知识的更好结合，让知识更好地服务社会，既可以让理论联系实际，避免知识传授概念化、空洞化，增强教育的吸引力、说服力和感染力；又可以使教师所传之"道"满足社会的需要，使培养的学生毕业后能更好地融入和服务社会。

高校教师除了教书育人外，还肩负着社会服务的功能。因此，青年学者要具有强烈的社会责任感和使命感，密切关注社会，并用这些来引导学生、影响学生。在科学研究和教学的同时，应积极参与社会实践。人文社会学科的青年学者可以通过现场考察、专题报告、小组研讨等，加深对党情、社情、国情的认识，使自己的研究更接地气，更关注社会的发展，更能启迪学生的灵魂；理工科做基础研究的青年学者应该紧紧围绕国家重大科学问题开展工作，做国际前沿的基础研究；做应用研究的青年学者应该围绕国家的重大工程需求开展工作，实现重大技术突破，也要积极同相关应用需求用户展开合作，进行实践，让自己的工作落地。同时，所有青年学者都要积极学习党的大政方针，增强中国特色社会主义道路自信、理论自信、制度自信和文化自信。

四、坚持学术自由和学术规范相统一

坚持学术自由和学术规范相统一，要求青年教师在坚持学术自由的同时，必须坚守学术规范。学术繁荣离不开学术自由，学术自由才能迸发出思想内在的火花。高校青年学者从事学术活动，应建立在学术自由与学术规范两大基础之上，二者缺一不可。一方面，高校应给予青年学者自由、宽松的学术环境，让青年学者在一种真正自由的学术环境中进行研究，才会不断产生创新成果。另一方面，学术自由必须是在一定的规约和限制条件下的学术探究自由，青年学者必须在一定的规范下进行学术活动。

学术自由是大学科学研究的灵魂，如果想要确保自由不受侵犯，就要求青年学者必须拥有为科学而工作的志向与热情，拥有为科学而献身的高贵品格；另外，必须牢记学者的责任，正确、合理行使自由的权利，坚守学术规范。由于知识的创新具有长期性、艰巨性和曲折性，真理的获得必须通过反复的科学验证和批判。青年学者须对研究中所获得的数据和结果进行反复论证和试验，并保持独立的判断精神。这要求青年学者耐得住寂寞，脚踏实地，不为外部利益诱惑，严守学术规范，坚守为学术而学术的使命，拥有独立的人格和意志，不惧怕任何权威，在研究工作中以充分尊重和借鉴已有研究成果为基础，全面调研并掌握相关文献资料和学术信息，用科学的研究方法进行缜密论证和精确表达。作为研究高深学问的学者，必须具备为学术而献身的精神，坚持严谨、细致、诚实、公正的品格，遵守规范，探究宇宙真理，为人类创造宝贵的知识财富。

总之，新的历史时期要求青年学者坚持"立德树人"，不忘初心，以教书育人和学术诚信为己任。教学上认真准备好每一堂教学课，时时刻刻把教书育人放在首位，明确教书育人是党和人民赋予高校青年教师的神圣使命；科研上努力钻研科学的本质，做到严谨对待每一次实验、每一个数据，做一个诚信的科研工作者；加强修养、精修业务，树立以德立教、博学于教的思想，自觉地科学践行教书育人的神圣职责，为国家和人民培养德、智、体全面发展的社会主义事业建设者和接班人。

道阻且长　行则将至

空军军医大学　王　琳

作者简介

王琳，男，1981年生，中共党员，空军军医大学西京医院肝胆外科主任、主任医师、教授、博士生导师。教育部"长江学者奖励计划"首届青年学者（2015），国家杰出青年科学基金（2023）、国家优秀青年科学基金（2014）获得者，国家重大人才工程青年拔尖人才（2017）。

主要从事肝胆胰开放及微创手术治疗以及肝脏损伤修复再生、代谢性肝病、肝脏衰老的基础研究。担任国家重点研发计划负责人（2016），入选军队及空军高层次人才、军队创新人才工程（2022）。获美国肝病学会青年学者奖三次（2015、2017、2020）、树兰医学青年奖（2022）、国防生物优秀青年科技人才基金（2023）、陕西省青年科技新星（2014）、青年科技奖（2019）、青年科技标兵（2019）、中青年科技领军人才（2020）、高校青年创新团队（2020）。

2023年夏末，我有幸获得了国家杰出青年科学基金，这是我所在的学校和医院时隔七年后再次斩获"国家杰青"。在十五年前初涉医学科学研究伊始，我曾暗下决心，要像我的老师一样，不断攀登医学科学高峰，努力成为一名对国家、对军队、对学校和医院有用之人。

一、"青青子衿，悠悠我心"

我的医学科研生涯始于2007年的那个夏天，我的启蒙老师正是一位资深

"国家杰青"——空军军医大学基础医学院的韩骅教授，他也是我推崇的一位大师。韩教授曾在日本师从诺奖获得者本庶佑先生，学习工作了八年之久。韩教授秉承了他的老师的那份严谨、笃实，把他对科学研究的感悟、理解和热爱倾力传授给了我。"笃实"二字是我对韩教授为人的诠释，也是我一直恪守的信条。从加入韩教授团队的第一天起，我便时刻提醒自己，要踏踏实实做人、老老实实做事，因为科学研究容不得"山寨"。实验数据返工、重复，与其说是求真，不如说是在考量我们的良心。科学假设破破立立，与其说是折磨，不如说是在考验我们的耐性。摒弃急功近利，自然水到渠成。在韩教授的悉心指导下，我心里那扇科研兴趣之门悄然开启，我开始逐渐发现科研之美、科研之趣、科研之妙。我会为了一个问题想不明白而整宿辗转反侧，也会为了自己的发现和既有报道不符而茶饭不思。那段时间，科研工作于我而言就像恋人一般，让人依依不舍、欲罢不能。经历了"初识、热恋、磨合"之后，我在 2008 年生日当天收到了一份无与伦比的馈赠，我初涉科研的第一份成果被国际肝病学顶级期刊 *Hepatology* 接收发表，我们首次揭示了肝脏内皮细胞在维系肝脏稳态和功能中的重要作用。这是全校研究生在影响因子 10 分以上期刊上发表的第一篇研究论文，也是韩教授实验室发表的第一篇 10+ 论文。还记得论文发表后韩教授语重心长地对我说："虽然你将来会是一名临床医生，但一定要始终保持一个聚焦的研究方向，要把研究坚持做下去。"韩教授的这句话几乎成了我之后十几年的行为准绳，也正是从那时起，我笃定自己要坚守科研之路，成为一名像韩教授一样的师者和研究者。

二、"昔我往矣，杨柳依依"

未曾想到我在博士一年级发表的这篇 *Hepatology*，会像多米诺骨牌一样，触发了之后学习、工作经历的一系列改变。博士二年级，我为自己制定了更高的要求和目标——出国深造，去感知一下国际肝病研究的最新前沿。于是我斗胆给我后来美国的指导老师 Laurie DeLeve 教授发出了求学申请的邮件，并很快收到了她的确认邀请。我们双方之所以一拍即合，正是因为她对我发表的文章保持了很高的关注和兴趣。DeLeve 教授是一名典型的犹太人，睿智而干练。她对学生要求近乎苛刻，也是她让我认识到了"执拗"也是一种品质。不服输的个性使得我们师徒二人间经常PK出火花，彼此之间无休止地否定之否定，却最终得到了科学事实的肯定，智慧的火花得以在异国燎原。我们辩驳和"争吵"出了一类全新的肝脏内皮特有的前体细胞，这一新发现得以相继在国际肝血窦研究大会和美国肝病学年会被专题汇报。凭借优异的学术表现，我也收获了自己第一个海外科研奖励——美国南加州大学Keck医学院"院长奖"。这一份研究成果后来被投送到国际医学顶级期刊JCI。然而事与愿违，我生平的第二次投稿经历并不顺畅。外审过后，我们的工作被无情地"毙掉"了。起初结果我尚能接受，但是细读审稿意见则让我大大地不服，我发现某位专家的评议存在严重的认知偏颇。于是我第一时间给编辑部写信申辩，据理力争。之后经过两个月的书信辩论，我们师徒二人的"执拗"终于赢得了转机，在经过长达一年共计四次的修回后，我的第二份研究成果终于成功在JCI上获得发表。这也是美国南加州大学肝病中心在JCI上发表的第一篇研究论文，导师和我也因此登上了南加州大学的官方主页。

如果说博士一年级我初识科研、小试牛刀，领略到了科学研究的精彩和快乐，两年的美国求学经历，则让我体会到了医学研究的价值和意义，让我陡然间明白了一个道理：一台手术可以治愈一位患者，但一个好的医学研究可能解救芸芸众生。博士三年，中西两种文化和研究经历的碰撞和交融，让我渐渐确立了自己的科学研究方向——血管微环境介导的肝脏疾病。这段时间的学术业绩积累也支撑我入选了教育部"长江学者奖励计划"首届青年学者、国家重点研发计划青年科学家、国家优青和国家万人计划青年拔尖人才，从此迈进了国家级青年人才的队列。

三、"济济多士，维周之桢"

回国之后，我开始努力适应临床医生的新角色，在临床工作中不断磨炼临床技艺，并学习和尝试新技术、新业务，在国内较早开展了机器人辅助肝胆胰微创手术。就在那时，国家对综合医院发展提出了全新的要求，国家研究型医院协会顺势成立，我也在努力让自己成为一名真正意义上的"研究型医生"。治病救人的同时，我始终不忘当年韩教授的教诲，"把研究坚持做下去"。凡事贵在坚持，这"坚持"二字也正是我的行业领路人、我的导师空军军医大学西京医院肝胆外科窦科峰教授身上最为珍贵的品质。二十年间，我目睹了他是如何通过坚持从一名战士成长为一名将军，从一名护士成长为一名院士、医学大家的。他的坚持体现在二十年雷打不动、风雨无阻，坚持每天健走一小时；他的坚持体现在虽为院士专家，在大动物临床试验后，可以身先士卒坚守一线值班数十天；他的坚持还体现在力排众议，善于把不可能变成可能，率先开展了多项国际国内首创的器官移植术式。二十余年耳濡目染，"坚持"也或多或少成了我所秉持的一种习惯。善于"坚持"让我逐渐成为同龄人中的佼佼者，工作以后，我相继破格成为医院最年轻的副教授、教授。我的成长之路，始终都有名师在侧，都有贵人相助。2017年我受邀出席了美国肝病学会年度颁奖典礼，并荣幸成为"国际青年学者奖"的五位获奖者之一。我在收获荣耀的同时也收获了前所未有的信心，坚守初心、坚持科研的信心。我的坚持也最终得到了回报，相继实现了在 *Cell Metabolism* 和 *Nature Aging* 等相关领域顶级期刊上发文的重大突破。如果说2022年的树兰医学青年奖是对我这些年默默坚持的小小褒奖，那么2023年的"杰青"则是给我过去十五年医学科学研究生涯的一份无与伦比的馈赠。

十余年间，我的每一点进步固然需要自己的努力和坚持，但是国家层面对青年人才不遗余力的支持和诸多利好政策的出台，也是支撑我快速成长的关键助推器。2015年，我在入选教育部"长江学者奖励计划"首届青年学者参加井冈山国情研修期间，初次结识了班主任赵老师。赵老师心系天下英才的那份真情和用心，让我无比动容。也正是从那时起，我深刻认识到我们青年人的发展赶上了一个前所未有的大好时代。感恩国家对我们青年人才的扶持，感恩赵老师这样心怀大爱的人才工作者对我们青年学子的关爱，感恩文中提到的三位导师对我的倾心指导、言传身教。医学科学领域还有太多的未知和无解，我的研究还要坚持做下去，工作不息、研究不止，道阻且长、行则将至！

全方位培养具有国际竞争力的高端经济金融人才

厦门大学 周颖刚

> **作者简介**
>
> 周颖刚，男，1973年生，无党派人士，厦门大学经济学院与王亚南经济研究院院长、教授、博士生导师，政协第十三届福建省委员会委员。教育部"长江学者奖励计划"首届青年学者（2015），国家重大人才工程特聘教授（2023）。
>
> 主要研究领域为资产定价、金融风险、国际金融、中国金融市场、房地产金融等，部分成果发表在 Management Science、Journal of Econometrics、Journal of Banking and Finance、Journal of Empirical Finance、《中国社会科学》、《经济研究》、《管理世界》等国内外权威报刊上；撰写系列智库报告，获得中央有关部门采纳认可。担任国家社科基金重大项目首席专家（2019）。荣获国家级教学成果奖一等奖（排名3，2022）、教育部第八届高校科学研究优秀成果奖一等奖（排名2，2022）。主讲的"金融经济学"获国家级一流本科课程，荣获纽约证券交易所与泛欧交易所金融市场最优论文奖、芝加哥数量化联盟学术优胜奖，相关成果被写入 Routledge 系列高级经济与金融教科书 Real Estate Economics。担任中文核心期刊和国家社科基金资助期刊《中国经济问题》主编。

日前，2022年高等教育（本科）国家级教学成果奖颁布，厦大经济学科国际化人才培养体系荣获一等奖。这个兼具国际化与本土化的厦大经济学科国际化人才培养体系，经过了逾十年的实践，以建设高素质、高水平的师资队伍为主要抓手，贯彻落实师德师风建设，聚焦人才引进、教学和科研激励、课程改革和创新、师资成长等关键问题，全力打造一支具有良好家国情怀、高尚道德情操、扎实专业知识的高端师资队伍，为党育人，为国育才，全方位培养具有国际竞争力的高端经济金融人才。

一、立足本土，放眼世界：立体化师资引育显成效

党的二十大报告和中央人才工作会议都明确指出"深入实施新时代人才强国战略""加快建设世界重要人才中心和创新高地，促进人才区域合理布局和协调发展，着力形成人才国际竞争的比较优势"。厦大经济学科积极响应和实践人才强校强院战略，打造一支具有国际视野和国际竞争力，且熟悉中国国情的一流师资队伍，着力形成人才国际竞争的比较优势。

针对厦门大学经济学科有众多"海归"青年学者，学院召开了"以青春韶华报效祖国"为主题的教职工午餐会、教工党支部"固定党日+"和双周政治理论学习活动，深入学习领会习近平总书记给南京大学留学归国青年学者重要回信精神，表示要胸怀家国情怀，涵养师德潜心育人，坚守爱国主义精神，投身科教讲好中国故事，弘扬留学报国传统。

习近平总书记在哲学社会科学工作座谈会上指出："要加快发展具有重要现实意义的新兴学科和交叉学科，使这些学科研究成为我国哲学社会科学的重要突破点。"由厦门大学王亚南经济研究院与中国科学院预测科学研究中心共同申报的国家自然科学基金委员会"计量建模与经济政策研究"基础科学中心项目是发展学科交叉的典范。该项目结合了中国科学院与厦门大学在预测科学、计量经济学、统计学、政策研究等方面的学科优势，旨在搭建新的学术高地，产生国际领先水平的研究成果，服务国家在经济管理方面的重大战略需求。

二、铸魂育人，传承文化：师资团队开创思政育人新模式

厦大经济学科坚持在课程思政建设过程中以经济学人才培养能力作为核心点，通过理论学习、主题研讨、经验分享等方式，让教师对课程思政理念达成广泛共识，引导教师主动思考、积极创新，将思政育人融入专业课堂、第二课堂、学业竞赛、社会实践等育人全过程。教师们深入挖掘经济学科各类课程和教学方

式中蕴含的思想政治教育资源，构建全员全程全方位育人大格局，从而培养深怀爱国之情的高质量经济学科专门人才，使其更好地服务于社会主义建设，促进经济高质量发展。

学科引导全院专业课程探索课程思政新模式，在授课过程中注重融入"中国案例"、分析"中国模式"、总结"中国经验"，以教材建设为抓手，突出政治引领、思政育人，从师资队伍建设、课程设置、课程内容、教学方法、考核方式等方面入手，创新课程教学，积极探索行之有效的教学方法。广大教师倡导启发式、参与式、互动式、案例式教学方法以及研究性学习，努力实现思想政治理论课由传统的应试教育向素质教育转变，大力推进思政育人与专业课程教育的有机融合。

此外，通过开发具有德育元素的课内外活动建设，将课程思政延伸至课堂外。通过组织知名教授、教学骨干、科研骨干开展具有学科特色的系列讲座，宣传我国经济建设、理论建设、学科建设等多方面成果，坚定"四个自信"，激发学生爱国主义情怀和民族自豪感；通过组织开展经济发展与传统文化系列讲座、政治经济学系列讲座、杰出校友系列讲座等特色讲座，激发学生传承民族文化、弘扬民族精神的历史责任与担当；综合运用第一课堂和第二课堂，将"读万卷书"与"行万里路"相结合，深入开展多种形式的社会实践、志愿服务、实习实训活动，不断拓展课程思政建设方法和途径；重视突出学生素质教育，强化中华民族优秀传统文化教育，践行社会主义核心价值观教育，在教学环节将诚实守信、家国情怀等个人素养内容有机融合。

三、多元激励，发挥效能：创新课程体系和自主培养模式

2011年，经济学院与王亚南经济研究院（WISE）利用经济学科优质的国际教育资源，成功创办经济学本科国际化试验班。金融学、统计学、财政学和国际商务本科国际化试验班，采用与国际接轨培养方案，课程体系课程难度和前沿性并重，旨在培养立足中国大地，对接、服务国家战略需求，培养具有国际视野、通晓国际规则、熟谙国际事务、具有国际竞争力、能在国际交流中传播中国声音的专业人才。经济学专业入选"厦门大学基础学科拔尖学生培养计划"2.0项目，在国际化班的基础上创办了王亚南经济学本科创新实验班、邹至庄经济学本科创

新实验班,不断探索和创新拔尖人才的自主培养模式。

为践行立德树人的根本目的,厦大经济学科定位"双一流"、坚持育人为先,在创新教学管理体系方面努力探索,从细处着眼、从小事着手,着力提升高校教育质量,例如启动"一流课程"提升项目,以教师为主导,以教学改革课程立项和教改项目立项奖励的形式,打造系列"金课";严格围绕"两性一度"(高阶性、创新性和挑战度)的"金课"标准,注重设立知识、能力、素质有机融合、反映前沿性和时代性的课程,重视建设新技术新方法下体现互动性和探究性的教学创新课程,加快改革学科建设急需的挑战性课程,鼓励师生投入有温情的国情思政和有激情的创新创业社会实践项目。

建立多元评价体系,鼓励教师上好每一堂课、对每一位学生负责,激发教师们不囿于方寸课堂,在线上课程、体验式教学、实验教学等方面大展拳脚。新冠肺炎疫情期间,经济学科教师与时俱进,自主开发和录制,在不同平台推出多门视频公开课,除保障经济学科学生停课不停学外,也为世界各国大学生提供优质在线课程资源,并提供尽可能的学习指导与服务,以实际行动支持世界高等教育共渡难关。

四、明确方向,主动作为:积极谋划人才队伍与平台建设

当前,百年未有之大变局和中华民族伟大复兴战略全局相互交织、相互激荡,技术和社会变革正在深刻改变经济学的研究范式,数据、方法、理念三者缺一不可。大量互相关联的微观主体行为高频大数据不断产生,加强了经济学实证研究范式的趋势,使经济学研究日益呈现科学化、精细化、跨学科与系统化的趋势。其中,理念是最重要的。中国创造了世界上最大的经济奇迹,还有超大经济体的规模优势和数字经济的快速发展,但目前所缺的恰恰是将已有的发展经验和理念提炼出来,构建具有深厚学理基础的原创性中国经济理论。

厦大经济学科顺应技术变革和社会变革的大趋势,把握主流研究范式发生的变化,主动靠前对学科发展进行布局,在学校的全力支持下实现学科内涵式发展。我们将继续发展方法论学科,彰显特色,建设一流。要凝练自己的学科特色,一定要有应用学科的根基;同时要推动传统优势学科深挖潜力,争创一流,例如成立厦门大学习近平经济思想教研中心,深入研究习近平经济思想在福建的

孕育与实践，推出一批有深度、学理性强的创新成果，并融入教学；还要推动新兴与交叉学科加快发展，融入一流。2022年，"数字经济与数据科学交叉研究中心项目"获学校"双一流"学科交叉培育项目立项。

在明确发展方向的基础上，厦门大学经济学科将积极主动作为，加强师资队伍建设的顶层设计，优化人才学科结构，进一步提升队伍整体层次；继续以搭建多元平台的方式，践行学术品牌和多元化发展战略，激发创新能力，推动学科内核强化、内涵提升，打造战略经济学术力量，服务国家创新驱动发展。

立足四个面向，
建设交叉科学一流国际化科研团队

复旦大学　梅永丰

作者简介

梅永丰，男，1976年生，中共党员，复旦大学材料科学系教授、博士生导师、副系主任，韩国延世大学顾问教授。教育部"长江学者奖励计划"首届青年学者（2015），国家重大人才工程科技领军人才（2024），上海市优秀学术带头人。

主要研究领域为薄膜材料及先进沉积装备和多学科应用。首创薄膜材料生长、加工和卷曲组装的新方法，厘清三维卷曲微结构的多物理场耦合机制，实现柔性光电器件、高效红外探测和环境传感系统；推动先进微纳尺度机器人新原理和新技术的发展。代表性成果曾获2020年度中国半导体十大研究进展提名奖、中国材料研究学会科学技术奖一等奖（2020年度基础研究奖及2023年度科技进步奖，均排名1）。担任中国材料研究学会理事、中国科协第十次全国代表大会代表、《应用物理快报》国际期刊副主编和《材料化学》等国际国内学术期刊顾问编委等。

复旦大学材料科学系纳米薄膜团队成立于2010年。团队立足祖国大地，放眼世界，继承和发扬"科学家精神"，追求卓越，深耕交叉科学研究。在中国科学院许宁生院士、褚君浩院士、中国工程院董绍明院士和德国科学与工程院施密特院士的培养和指导下，经过十余年的发展，由我为学术带头人，黄高山、索洛维夫、崔继斋、宋恩名四位优秀青年人才为骨干的科研团队，建设发展成为交叉科学一流国际化团队。

团队以习近平新时代中国特色社会主义思想为指导，深入贯彻习近平总书记在科学家座谈会上的重要讲话精神，立足"四个面向"，围绕后摩尔时代人与机器、人与环境的智能交互，在微纳机器人、先进光电、柔性传感等领域取得了诸多国际一流原创性成果，获联合国工业组织第五届全球科创奖-科创进步奖、中国材料研究学会科学技术奖一等奖、高等学校科学研究优秀成果奖自然科学类一等奖和中国半导体十大研究进展提名奖等，为我国前沿交叉科学研究贡献了重要力量。

一、以党建激发家国情怀，促进团队高水平发展

多年的海外学习和工作经历，让我清醒地认识到了"科学无国界、科学家有祖国"的深刻含义。作为复旦大学材料科学系党委委员，我围绕科技强国、立德树人根本任务，大力加强思想政治建设，引导团队成员牢固树立许党报国、服务人民的崇高理想，激发团队成员科研报国的热情，持续推动团队高水平服务国家战略。我积极参与中国材料研究学会工作，被推选为中国科协第十次全国代表大会代表。

秉承全心奉献、以德树人的教育理念，我和团队在实践中锤炼党性，培养出一批爱党爱国、专业扎实、德才兼备的高科技人才，荣获复旦大学"十佳三好研究生导学团队"称号。其中，优秀学生代表获"上海青年五四奖章标兵""中国大学生自强之星"等荣誉。团队十多年来共培养了50余名学生，其中7人获国家奖学金、5人获上海市优秀毕业生。

二、聚焦世界科技前沿，创新交叉科学研究

聚焦世界科技前沿，努力实现从0到1的突破。围绕超越摩尔的集成化功能器件和智能系统，团队获国家发明专利授权30余项，发表国内国际高水平学术论文300余篇，编撰《纳米薄膜》学术专著1本。针对人体器官深层组织的癌变诊断需求，团队将力学制动器和柔性应力传感器高度集成，开创了生物组织杨氏模量实时监控与病变组织识别的新技术。围绕智能水凝胶材料，团队创制了一种可自主运动的水凝胶材料家族，为柔性软机器人和药物缓释应用提供了新

的材料选择。成果发表在《自然·生物医学工程》和《科学·机器人》等国际顶级期刊上，并被作为重要亮点评述。

瞄准国家重大需求，积极开展重点攻关研究。团队积极承担国家重要课题。针对微型化传感系统的需求，团队提出了融合信号检测和分析功能一体的集成电路芯片全新概念，为智能数字微尘和微纳机器人提供了核心部件。

立足交叉科学研究，不断提高创新原动力。在复旦大学名誉教授、德国科学与工程学院院士施密特教授的支持下，团队主导建设智慧纳米机器人和纳米系统国际研究院，打造从应用基础到产业开发的一流国际化融合创新研究机构。团队与德国罗森多夫研究中心合作研究水凝胶微纳机器人，与韩国延世大学合作开发先进气体传感器，与泰国朱拉隆功大学合作开展新型光电器件研究。团队成员入选欧盟玛丽居里学者，上榜《麻省理工科技评论》"亚太区2021年35岁以下科技创新35人"等。

三、产学研服务经济主战场，医工结合保障人民生命健康

我和团队高度重视产学研结合，积极推动从科研到产业的平台搭建，切实提升科技成果转化水平。在许宁生院士和褚君浩院士的指导和支持下，团队努力建设复旦大学义乌研究院新材料新器件新装备高精尖缺制造中心，实现了从应用基础到产业研发的一体化创新平台。团队引进了德籍教授，指导哥伦比亚和巴基斯坦等国家的多名博士后，为"一带一路"科技创新共同体建设贡献力量。团队注重工程人才培养，积极为中国船舶集团和上汽集团等国家重点单位培养工程应用导向的硕士和博士研究生，支持国家重点产业发展。

立足医工交叉科学背景，团队致力于脑科学与类脑技术及其病理信号检测的应用开发；与上海中山医院合作开展癫痫病理信号检测的柔性电极研发，实现生理数据的实时采集；与上海华山医院合作开发全脑维度微电极阵列与脑机接口系统，发展脑电信息数据采集与监测研究；通过医工结合保障人民生命健康，为健康中国梦保驾护航。

四、做精做优教学工作，培养德才兼备科技人才

我和团队牢记育人初心，围绕立德树人根本任务，做精做优教学工作，为国

家培养德才兼备的科技人才；夯实教学功底，培育精品课程，荣获复旦大学"钟扬式"教学团队称号。团队主讲的"固体物理导论"获评复旦大学精品课程、上海市重点建设课程和上海市一流本科课程。

习近平总书记指出："我国经济社会发展和民生改善比过去任何时候都更加需要科学技术解决方案，都更加需要增强创新这个第一动力。"团队注重培养学生的科技创新能力，推动学生从科创大潮中增长智慧、提升才干；指导学生获得"挑战杯"中国大学生创业计划竞赛上海区银奖、上海市新材料创意大赛一等奖和首届全国博士后创新创业大赛金奖等奖项。

五、传承科学家精神，追求卓越团队文化

团队继承和发展科学家精神，践行追求卓越的团队文化，秉持开拓进取、融合创新的发展理念，以放眼世界、科教报国的胸怀实现团队高水平发展。

作为团队带头人，我注重传播科学种子，发扬科学精神，传承科学思想。我带领团队撰写"十三五"国家重点出版物、安徽省科普作家协会优秀科普作品、由中国材料研究学会组织编写的《走近前沿新材料》丛书中的多个章节，普及新材料相关知识。团队主导编撰的学术专著《纳米薄膜：材料、性质和应用》，凝练和传承了团队多年来在纳米薄膜材料、性质和应用等方面的科研进展与成果。

桃李不言，下自成蹊，我注意做好言传身教，引领一批学生进入高校和科研院所，投身科教事业。一位博士生说："关于回国的信念，我从未有任何动摇。每一位科研工作者只有把个人理想融入实现国家建设的宏伟进程，才能抓住发展机遇，找到实现人生价值的广阔舞台。"

业求精深，志求高远；心有山海，步履不停。我们这支成长中的科研团队，将继续以科研报国的高远站位，勇攀科学高峰，在追求科学真理的道路上砥砺前行，为将我国建设成为世界科技强国积极贡献力量。

见自己　见天地　见众生
——人文教养的三境界琐谈

北京大学　贺桂梅

作者简介

贺桂梅，女，1970年生，中共党员，北京大学中国语言文学系现当代文学专业博士生导师、教授，现任北大中文系党委书记，兼任中国丁玲研究会会长。教育部"长江学者奖励计划"首届青年学者（2015）。

主要从事20世纪中国文学史、当代思想与文化批评、女性文学与性别文化领域的研究，重点关注当代中国文化主体性建构问题。著有《"新启蒙"知识档案——80年代中国文化研究》（2010、2021）、《女性文学与性别政治变迁》（2014）、《书写"中国气派"——当代文学与民族形式建构》（2020）、《重述中国——文明自觉与21世纪思想文化研究》（2023）等，承担马克思主义理论研究与建设工程重大项目、国家社科基金重大项目"推进中国式现代化与巩固文化主体性研究"（2024）等。曾获国家级教学成果奖本科二等奖（集体，排名3）、北京市第十七届哲学社会科学优秀成果奖二等奖、第九届教育部人文社会科学哲学优秀成果奖三等奖等奖项。

新武侠电影《一代宗师》中有这样一句话："习武之人有三个阶段：见自己，见天地，见众生。"欧洲中世纪手工业者也有学习时代、漫游时代、为师时代的说法，歌德据此写出了经典之作《维廉·麦斯特的学习时代》和《维廉·麦斯特的漫游时代》，通过维廉·麦斯特的人生游历展示现代人文思想中"完整的人"

的样态，从而开创了欧洲文学史上一个重要的小说类型，即"修养小说"（或称"教育小说"）。

三个阶段既是个人性的主体修养，也是普遍性的人文教育目标；是不同年龄的生命段落展开的过程，也是因教养的层次而达到的不同境界。其中包含的朴素辩证法哲学，能融通古今中西，成为一种普遍的人文教育理想。这里仅结合我个人的经验和理解谈一些看法。

一、学习时代，见自己

对于选择文学专业的人来说，反思自我是必修的"功课"之一，因为文学与人生、自我体验有着密切关联。所谓"见自己"，就是在自我认知中寻找适合自己的职业和专业领域，同时也在自己的研究中体悟并表达对生命的理解。这是一个将自我认知与专业研究连接、打通并相互转化、提升的过程，也可以说是"学习时代"的根本任务。

1989年我考入北京大学中文系，燕园求学十载，使我从一个文学爱好者变成了文学专业的研究者。从"爱好"到"研究"的转型，是在初读硕士研究生的阶段。此前，我把阅读和研究对象都看成"我的化身"，我借他们来说自己的话，用我自己的体验来表达研究对象的逻辑和内涵。这种"六经注我"的方式常使我不能深入体认研究对象的复杂性，也缺乏相应的文学史知识来赋予这些体验和想法以恰当的学术表达。因此，从读研究生开始，我需要完成一个转变，就是抑制自己的主观感受而去获取更多的文学和理论知识，从而把我的感性体验相对化和客观化。这是一个学会"戴着镣铐跳舞"的过程，我因此获得了真正的学术训练，可以站在前人研究的基础上推进和深化学术问题，并进入专业研究的"知识共同体"之中。

我花费了很多精力和时间去学习和理解现当代中国文学史、思想史和学术史的各种知识和研究成果，同时开始学习诸多文学理论和文化理论，并努力将它们锻造为我思考问题的"武器"。文学专业的学生常有的毛病，是将自己局限在一种"小清新"式的趣味评价和感性判断中，而无法把文学问题放到更大的历史和理论视域中加以讨论。20世纪90年代我在北大求学期间，现代中国学术界和思想界极具创新性的一些研究思路，如洪子诚老师的文学史研究、钱理群老师的思想史研究、戴锦华老师的文化研究和女性研究、陈平原老师的学术史研究……都曾让我着迷。我后来着力于摸索一种跨学科、跨领域地处理文学史问题的研究思路，都获益于20世纪90年代北大校园的整体学术氛围。

我的博士论文选定的题目是《80年代文学与五四传统》，尝试将思想史、学术史、文化研究的思路融合到文学史问题的研究中。2000年，我通过博士论文答辩，并有幸留校任教。我的"学习时代"结束了，开始了以教学和科研为核心的教师生涯。

二、漫游时代，见天地

在专业领域内"见天地"，对我来说，是从参加各种学术会议开始的。在不影响教学工作的同时，赴各地参加学术会议，见识不同的研究思路，并在与别种观点的碰撞中反思和提升自己，这很像歌德所说的"漫游时代"。由此，我才从某一院校、某种流派或某种风格中跳出来，见到学术与思想的天地之广阔、之博大。

这实际上是一种开放性地与各种研究对话的能力。我会在与他人交往的过程中，触摸到一种在场的思想氛围、一个时期学术思想的共同议题及其边界，进而更准确地判断自己的位置。人的生命历程是有不同阶段的，如果说青年需要的是自我和热情，那么中年需要的或许是沉潜和包容。学术亦如此。唯有舍弃自我之执，方能见到世界之大。缺少这样一个"见天地"的过程，要形成自己独特的研究思路和风格，恐怕也是很难的。

在我的专业研究过程中，有三个令我印象深刻的节点：

第一个课题即2003年出版的《转折的时代——40—50年代作家研究》，完成于我刚刚留校任教期间。我开始学会放弃自己的先入之见，理解作为我研究对象的作家们的精神素养和文学创作逻辑，体认他们在特定历史语境下的行事方式和应对时代的态度，在此基础上提出尽可能靠近历史真实的结论。我所研究的对象，不再是一堆枯燥的史料，而是真正有血有肉的人，我与他们在精神上发生交涉，进而把历史研究变成我获取思想的途径。

第二个课题即2010年完成的《"新启蒙"知识档案——80年代中国文化研

究》，是我做了十年之久终于出版的博士论文。我觉得自己终于能够消化和融通求学阶段获得的各种理论与知识，并用它们创造性地建构出关于当代文化思想实践的历史"叙事"，这种叙事是立足于坚实的史料基础之上的。我所尝试的"知识社会学"的方法，将诸种知识、观点和理论还原到特定的历史语境中，显示它们自身的历史逻辑，进而形成我叙述历史的研究路径。

第三个课题即 2020 年完成的《书写"中国气派"——当代文学与民族形式建构》，使我更深入地体会以"改造世界"为初衷的人民文艺家的内在精神境界。无论赵树理、周立波、柳青、梁斌等的小说，还是毛泽东诗词，既在塑造中国文学的民族形式，也在创造一种可称为天地境界的文学世界。"见天地"作为主体修养的真正含义，是将天地之大涵纳进"我"作为实践者的主体构成之中，并将其创造为一种可供他人理解的人生样态和思想形式。由此，个体性的人文修养才能进一步成为普遍性的人文教育的基础。

三、为师时代，见众生

人文教养的第三阶段或第三境界指向的大都是一种人文教育。"教育"的本义是一种可以让后来者模仿、学习的文化实践行为。知识和文化的可传承性、再生产性，构成了教育的核心内涵。让学生学习一种知识或技能可能是容易的，但要让他们领会、体验和再生产一种人文思想，特别是人格素养却是很难的事情。"教书"同时也在"育人"，这意味着你教给学生的，是那些你认为最有价值并对维系人类社会生存发展不可或缺的精神内涵。

我从 2000 年开始成为一名教师。这既是一种职业身份，也是一种师者的主体修养和文化传承的实践行为。"见众生"这一说法，显然源自佛学，但表达的却是一种普遍的人生智慧。这意味着你不再以你的个我为念，而能真正胸怀天下，站在"佛"一样的位置包容、担当和培育后来者。这并不是一般常人所能为的。唯其如此，才见出教育者之难。能见到众生的人，必是拥有大胸怀的人，既因成熟的生命体验而超越个我之小，又能因对人性的深刻理解而看到人群与人世之广大，因而能从总体的社会公义出发担当培育后人的责任。

歌德在完成《威廉·麦斯特的学习时代》与《威廉·麦斯特的漫游时代》之后，并没有写出他计划中的《威廉·麦斯特的为师时代》，但他在许多地方还是会提到"人的教育"的理想。他并不想给出关于"完整的人"的模板,而是要教会人们一种生存的态度。他说:"为师者的职责并不是警戒你莫入迷途,而是引导迷途的人。"所谓"为师",是勘透人之为人的丰富、复杂、神秘和可能的边界之后,用属人的人文理想来塑造自我并影响他人。歌德同时代的思想家、也是最早将人文理想实践于大学教育的教育家洪堡,曾这样谈到教育的真义:"真的道德第一个法则:自修;第二个法则:影响他人。"就其论及的实质性含义而言,仍是今天人文教育的最高境界,也是为师之"德"的确切含义。

以国际学术话语讲述中国宗教故事*

中央民族大学　游　斌

> **作者简介**
>
> 游斌，男，1973年生，中央民族大学哲学与宗教学学院教授、博士生导师，现任中央民族大学宗教研究院院长、"一带一路宗教研究"创新引智基地主任。教育部"长江学者奖励计划"首届青年学者（2015）。
>
> 在宗教中国化研究领域，尝试较系统地构建起基督教中国化的学科体系、学术体系和话语体系。基于中国宗教和世界宗教史的深入研究，提出宗教文明间对话的"互鉴通和"模式，以实现不同宗教在现代社会的创造性转化和创新型发展。作品先后获得北京市第十届哲学社会科学优秀成果奖（2008）、国家民族事务委员会社会科学研究成果奖（2012），多部著作以英、俄、意大利、韩文等在海外知名出版社如 Bloomsbury、Wipf and Stock 等出版。担任中国宗教学会副会长。

向世界讲好中国故事，必须要讲好中国宗教故事。讲中国宗教故事，其实质是向世界讲这些中国智慧、中国价值，阐述中国经验的宗教多元通和模式，为文明对话问题提供有益方案。

习近平总书记在哲学社会科学工作座谈会讲话中，把宗教学视为"对哲学社会科学具有支撑作用的学科"之一，提出要加快完善发展。这是在对宗教之于人类文明所具意义进行深刻理解的基础之上作出的重要论断。一个完善的中国宗教学学科体系，既会对中国特色的哲学社会科学体系产生广泛的

---

* 原文刊登在《中国高等教育》2017年第10期，载入本书时有修改。

辐射作用，又在中华文明与世界文明交流互鉴、向世界讲述中国故事中扮演着重要的角色。

中国是一个多宗教国家，宗教对中华传统文化的形成与发展起到了重要的作用。佛教、基督教、伊斯兰教先后来到中国，既把异域文化的鲜明特色带到中国，又在与中华文明的相摩相荡中实现本土化，成为中国宗教大家庭中的一员。如果说中国故事是一首动人的乐章，那么中国宗教故事就是其深沉而悠远的旋律。要向世界讲好中国故事，必须要讲好中国宗教故事。那么，如何以国际学术话语讲述中国宗教故事？

一、讲述中国宗教故事应具备的三个意识

在国际学术话语与中国宗教故事之间寻找对接口，首先应该具备三个方面的基本意识。

一是问题意识。什么是问题呢？按马克思的提炼，问题就是时代的呼声。随着全球化和信息技术的发展，"每一种宗教出现在每一个地方"，随之而来的众多新问题，如如何处理多元宗教群体之间共存的问题、主流社会如何对待作为少数族裔的信仰群体、如何容纳外来的宗教文明、世俗政府与宗教群体之间的关系如何开展、宗教间的对话如何进行等，实际上构成了决定国际宗教学学术话语的"元问题"。意识到这些"元问题"，很大程度上能使我们还原和分解那些宗教学理论大家们"提出问题、筛选问题、解决问题"的过程。以这种还原和分解之后的国际学术话语来讲述中国宗教故事，就不是生硬地将两个不相干的话语体系拼接在一起，而是一种有机的衔接。

二是价值意识。中国宗教故事中蕴含着中国智慧所特有的价值与理念。所谓以国际学术话语讲述中国宗教故事，不是说中国宗教的理念与实践只是一个消极的对象，等待着人们去把它"翻译"成一种国际学术界可以接受的话语体系。讲中国宗教故事，其实质是向世界讲述这些中国智慧、中国价值。当今世界面临的诸多宗教问题，在作为多民族多宗教的统一国家的中国历史上都有所显现。中华文明以其独特的智慧为这些问题的解答提供了价值理念，诸如"神道设教""和而不同""因俗而治""美美与共""修己安人"等。以这些价值理念为引领，我

们才有可能在国际宗教学术话语体系中，如习近平总书记所强调的，"提炼标识性概念，打造易于为国际社会所理解和接受的新概念、新范畴、新表达，引导国际学术界展开研究和讨论"。

三是理论意识。中国宗教故事具有非常丰富的素材，也体现了中国文化的独特智慧与精神，但在理论的系统建构与完整表达方面较为缺乏。以国际学术话语讲述中国宗教故事，需要先对国际知名宗教学家的理论体系加以拆解，梳理出它们的逻辑理路，理清其核心术语之间的架构方式，体会其理论力量之所在，之后才能在中国价值的引领之下，通过对中国宗教故事的生动叙述，搭建起一个新的理论体系。在此意义上，我们讲述的是中国宗教的故事，实现的却是中国宗教理论体系的搭建。

二、具有世界普遍意义的中国宗教故事

中国宗教故事丰富而精彩，其理念又深刻地蕴含着中国智慧与中国价值。对于当今深受宗教与民族问题困扰的世界来说，这些理解、面对和处理宗教问题的中国智慧、中国价值具有普遍意义。那么，中国宗教故事的哪些方面可能具有特别的世界性普遍意义呢？国际宗教学术界的哪些学术话语能与这些中国宗教故事相互对接呢？

首先是在政教关系领域。政治与宗教间的关系，居于宗教与一切社会文化因素之关系的首位。如何认识宗教的社会文化功能，发挥其在社会文化建设中的积极作用，是人类文明共同面临的问题。西方社会在长期的探索之后，确立了"政教分离"的基本原则。但是，正如人类的精神生活与物质生活不可能截然分开一样，对于政教分离的确切边界、分离之后的政教之间又该保持一种什么样的关系，西方社会也仍然处于探索之中，不同国家也按照各自的国情发展出了不同的模式。

对于政治与宗教之间的复杂关系，中国的哲人们很早就形成了深刻的认识，早在《易经》中就提出了"神道设教"的理念。它的基本精神就是：对于各大宗教的神灵世界，政治家应采取存而不论、远而敬之的态度，但更重要的是发挥宗教的人文教化功能，使百姓目有所观、耳有所听、心有所感、感而化之、化而

行之，达到治理天下的目的。这是一种对宗教的人文主义理解，也可以说是一种"精神人文主义"。在此理论基础之上，中国政治家和宗教家发展出了一种政治与宗教之间良性互动的政教模式，也就是说："道（即宗教）非圣（即政治）不弘，圣非道不大，道圣符契，天下文明。"

其次是在宗教间关系领域。中国自古以来就是一个多宗教多族群的国家，并且作为欧亚大陆的重要一员，与其他民族和宗教长期交流互动，欧亚文明的各种宗教都先后进入中国。多元宗教的交流、共存与互鉴，构成了中国宗教故事的斑斓底色。如何处理多元宗教之间的关系，使各个声称终极真理的宗教能够和平共处、彼此接纳，进而共同致力于人群的福祉，"多元宗教"这个对于欧美文明来说的现代问题，一直就内在于中国智者们两千多年的思考与实践之中。他们的理念提炼和实践操作，可被统称为"宗教多元主义的中国经验"。其中最重要的两条原则，即《中庸》所谓的"万物并育而不相害，道并行而不相悖"，以及《论语》所讲的"修己安人"。

多元宗教之间的相互欣赏与彼此学习，正是当代国际宗教学界在讨论宗教对话、文明互鉴时推崇的价值理念。自 20 世纪末以来，人们意识到了以往宗教对话中追求所谓"全球伦理"或某个共同的"终极实在"的不可行。当今以经文辩读和比较神学为代表的宗教对话思想认为，文明间的互鉴不应是"求同"，而应是"求通"，即所谓"美美与共"。这些学术潮流的话语是新颖的，但其理念却与古老的中国智慧是一致的，即以比较为"修己"之途、以"安人"为比较之果。2011 年，中央民族大学设立了"比较经学与宗教间对话"引智基地，致力于对中国宗教的这些本土经验加以国际学术话语的表达，从而以中国智慧引领世界人们对共同问题的解答。

最后是在宗教的中国化领域。习近平总书记在联合国教科文组织总部讲话中曾指出："2000 多年来，佛教、伊斯兰教、基督教等先后传入中国，中国音乐、绘画、文学等也不断吸纳外来文明的优长。"在这些外来宗教进入中国前，中华文明已经发展成独立而成体系的文明形态，因此，这些外来宗教的中国化，与中国文明吸收这些外来宗教的优长，构成了中国宗教故事一枚硬币的两面。

就此而言，与欧洲世界长期奉行"归化"政策不同，中国文化政策的基调是"万物并育而不相害,道并行而不相悖"。各种宗教既保持了它们原有的特色,又从思想、制度到礼仪经历了深刻的中国化过程。外来宗教的中国化,以及各种宗教彼此之间的深度学习与互鉴,共同构成了中国宗教既多元并立又彼此通和的局面,我们可称之为"中国宗教的多元通和模式"。

胸怀巾帼志 绽放"她风采"

华南农业大学 王少奎

作者简介

王少奎，女，1979年生，中共党员，华南农业大学植物育种系教授、博士生导师，广东省植物分子育种重点实验室主任。教育部"长江学者奖励计划"首届青年学者（2015），广东省科技创新领军人才（2017）。

长期从事水稻遗传育种相关的教学与研究工作，近年来承担国家级和省级研究任务8项，发表研究论文40余篇，申请和授权专利6件，申请植物新品种权2个。获得中国农学会青年科技奖（2023），参与获国家自然科学奖二等奖（排名3，2021）、广东省科技进步奖一等奖（排名10，2022）和大北农科技奖一等奖（排名10，2022）。主持国家级和省级教改项目4项、校级项目5项，副主编教材4部，获省级和校级教学奖励8项，被聘为教育部教指委委员、广东省教指委主任委员。获得广东省先进女职工（2022）、广东省委教育工委优秀共产党员（2021）、广东省三八红旗手（2019）、南粤优秀教师（2018）等荣誉。

入选教育部"长江学者奖励计划"首届青年学者，对我而言，不只是一份荣誉，更是一份沉甸甸的责任与嘱托。承载着教书育才、乡村振兴的时代责任，我始终坚守在教学一线，深耕教学研究，致力于培养"知农爱农强农兴农"的新农人才；始终潜心水稻设计育种研究，情系"三农"，为维护国家粮食安全贡献力量。

一、潜心育人，匠心筑梦：坚守一线教书育才"她奉献"

作为一名涉农高校教师，我牢牢把握"立德树人"这一根本任务，潜心育人工作，教学工作量连年位列单位前茅。课堂上，我做润物无声的"思想引领者"，注重价值塑造、能力培养、知识传授三者的有机统一，引导学生掌握专业知识，增强专业认同，培养"知农爱农强农兴农"的新农人才；生活里，我当一名关怀备至的"温暖型导师"，工作再忙，也会与学生保持密切联系。在与学生日常交往的过程中，我注重发挥人文关怀，时刻关心学生的成长需求，努力成为学生的爱心人、知心人、领路人。

作为一名高校教师党员，我始终牢记党员第一身份，以学科前辈、"全国优秀共产党员"卢永根院士的先进事迹为指引，以实际行动诠释卢永根同志爱党爱国、胸怀"大我"、情系"土地"的精神。2020 年 12 月，我受邀出席广东省委颁授卢永根同志"全国优秀共产党员"称号仪式，并讲述了个人学习卢永根精神的心得体会。我将卢永根同志的先进事迹融入了学生培养的全过程，引导学生传承红色精神。

"十年树木，百年树人"，长期的坚守换来了育人累累硕果。近年来，我指导的学生荣获"广东省大学生年度人物""自强之星""优秀毕业生"等荣誉数十项；指导的本科生屡屡被保研至中科院、北京大学、浙江大学等著名院校深造；作为班主任，我带领班级获得学校首批"星级班集体""优秀团支部"等集体荣誉；多名出站博士后和博士获聘高级职称。我的育人工作也获得了师生的广泛认可，获聘为学校课程思政研究中心研究员，获得广东省"南粤优秀教师"、学校首届"师德师风"标兵、"最受研究生喜爱的导师"等荣誉。

二、精益求精，教学相长：深化教学改革贡献"她力量"

我始终秉持"精益求精、教学相长"的原则，带头优化教学设计、打磨精品课程、深耕教学研究。无论上了多少次的课，每次课前我都会重新备课；授课过程中的每个细节，我都反复推敲、用心打磨，以求实现最优的课堂效果。我主讲的"遗传学"入选国家级一流课程，主讲的"分子生物学"入选广东省一流课程、省级在线开放课程。出色的教学表现，让我获得了业界的屡屡嘉奖：获得省级教学竞赛二等奖一次，课程创新奖二等奖一次、优秀奖两次；获得校级"教学名师""大北农卓越教师奖""卢永根·徐雪宾"教学优秀奖、学校青年教师教学优秀奖一等奖（第一名）、本科课堂"十佳教师"等一系列荣誉。

在长期的教学研究中，我作为副主编出版教材 4 部，主持省级和校级教学改革课题 7 项，荣获校级教学成果奖一等奖 1 项、二等奖 2 项。作为农学专业主任，我积极承担新农科建设任务，带领农学专业入选国家级一流专业建设点；深化改革专业研究生培养模式，牵头建成省级研究生联合培养示范基地。我还被聘为教育部高等学校教学指导委员会委员、广东省本科高校教指委主任委员等。

三、胸怀"国之大者"：维护国家粮食安全彰显"她智慧"

"民为国基，谷为民命。"粮食安全是维护国家安全的重要基础，我长期从事水稻遗传学及遗传育种研究，致力于为"中国人的饭碗任何时候都要牢牢端在自己手上"作出应有的贡献。

开展水稻育种研究，需要经常忙碌于田间地头，"5+2"、"白 + 黑"、没有周末、没有节假日早已是工作常态。我与团队创建了迄今单一亲本受体的最大水稻染色体代换系文库，有效解决了野生稻基因资源利用难的困境，为水稻复杂农艺性状解析奠定了坚实基础。我在 *Nature Genetics*、*The Plant Cell*、*TAG* 等期刊上发表研究文章 30 多篇，相关研究成果已经被应用到水稻育种实践，并于 2021 年荣获国家自然科学奖二等奖（排名 3）。

我坚持始终服从国家战略目标，认真把握农业科技创新方向，牢记农人"顶天立地"的使命，将人才培养和科学研究与国家需要和人民需求密切结合，在普通岗位上作出成绩和重要贡献，努力诠释"献身、创新、求实、协作"的科学精神，充分展示新时代教师的良好精神风貌和优秀业务素质。

后记

《高校青年人才发展报告》终于付梓出版了，课题组衷心感谢各方面的关心、指导和支持！

感谢课题顾问们对课题研究的悉心指导。课题组长赵丹龄多次当面拜访、请教罗俊院士、李言荣院士，他们给予了亲切鼓励、热忱指导；李志刚局长出席北京大学法学院优秀团队访谈，并就如何把握国内国际两个大局、做好人才工作谈了重要意见；王浦劬教授针对课题研究提出了建设性、指导性意见；张福贵教授随课题组到上海调研，出席同济大学和复旦大学优秀团队访谈并作精彩点评和指导；康震教授作为首届"青年长江学者"的优秀代表，对课题研究出谋划策，并就本书第三部分"笔谈篇"作了精彩述评并撰写文章分享自身成长体会；蒙曼教授深入武汉大学、华中科技大学出席优秀团队访谈，并为在汉高层次人才做了精彩的中国传统文化讲座。七位顾问的题词，是对青年人才的真诚鼓励和殷切期望，是"聚天下英才而用之"的时代之声。

感谢中国高等教育学会原会长、中国农业大学原党委书记瞿振元教授欣然提笔作了高屋建瓴的序言，为本书带来了精彩的开篇。

感谢教育部社科司等司局领导对课题研究的关心、指导和支持！

感谢所有参与本课题研究的高等院校！62所高校积极配合课题组承担了相关研究任务，其中53所高校完成了本校人才工作书面调查，60所高校协助完成了本校青年人才个人问卷调查，17所高校配合完成了优秀教学科研团队访谈任务，为课题研究取得丰富成果奠定了重要前提和坚实基础。

感谢首届"青年长江学者"研修班集体！课题组就调研报告特别是青年人才问卷调查分析报告多次小范围征求青年学者意见，他们结合自身的成长和环境，充分肯定了问卷调查的积极意义，并对结果进行了深入专业的分析，提出了许多真知灼见，增强了课题组将成果公开分享的信心。40多位优秀青年学者积极响应课题组的笔谈邀请，从多领域多角度分享自己成长成功的故事，为本书贡献了16万字的精彩篇章。

感谢清华大学、中国农业大学、对外经济贸易大学、北京科技大学、武汉大学、大连理工大学、西安交通大学、中山大学等高校高度重视课题研究工作，在校组织人事人才部门工作任务重、人手少的情况下，克服重重困难，派出工作骨干加入了高效精干的课题组。感谢设在清华大学人事处的课题组秘书处出色的联络服务工作。

感谢课题组全体成员的共同努力，大家在繁忙的工作之余，牺牲周末、假期宝贵的休息时间，秉持"吃苦耐劳、攻坚克难，敢于担当、勇于奉献"的信念和精神，按照课题研究的目标和计划，加班加点顺利完成任务。正是以上所有单位和成员的积极努力和无私奉献，才使得很多研究成果超出了我们的预期，为成功出版本书打下了坚实的基础。感谢参与和协助课题研究的其他同志，恕不能一一列举，在此一并表示真诚感谢！

最后，特别感谢中国传媒大学从课题研究的前期调研到后期出版等多方面的大力支持！感谢党委书记廖祥忠教授、校长张树庭教授高度重视课题研究，在课题经费困难的情况下，积极支持课题成果出版。感谢时任党委书记陈文申教授支持学校派出专业技术力量，为课题组赴北京、上海、武汉、西安等地高校调研优秀团队拍摄影像图片资料。感谢中国传媒大学出版社高度重视出版任务，派出最强编辑力量，责任编辑于水莲女士给予了课题组很多具体指导和帮助，她的负责精神和专业素质保证了本书的质量，相信能得到读者的肯定和喜爱。

真诚地、衷心地感谢大家！

高校青年人才培养与选拔机制研究课题组

2024 年 7 月

图书在版编目（CIP）数据

高校青年人才发展报告 / 高校青年人才培养与选拔机制研究课题组编. — 北京：中国传媒大学出版社, 2024.12.（2025.10重印）

ISBN 978-7-5657-3857-9

Ⅰ. G649.2

中国国家版本馆CIP数据核字第2024YB7030号

高校青年人才发展报告
GAOXIAO QINGNIAN RENCAI FAZHAN BAOGAO

编 者	高校青年人才培养与选拔机制研究课题组
责任编辑	于水莲
责任印制	李志鹏
出版发行	中国传媒大学出版社
社 址	北京市朝阳区定福庄东街1号 邮 编 100024
电 话	86-10-65450528 65450532 传 真 65779405
网 址	http://cucp.cuc.edu.cn
经 销	全国新华书店
印 刷	北京中科印刷有限公司
开 本	710mm×1000mm 1/16
印 张	黑白24.25 彩插0.75
字 数	400千字
版 次	2024年12月第1版
印 次	2025年10月第3次印刷
书 号	ISBN 978-7-5657-3857-9/G·3857 定 价 88.00元

本社法律顾问：北京嘉润律师事务所 郭建平

2019年4月,课题组与中山大学中文系对谈《人文学者的成长之路》

2019年4月,课题组访谈东南大学优秀团队

2019年5月,课题组访谈北京大学法学院优秀团队 / 蓝榉鑫、陆泓宇摄

2019年6月,课题组访谈大连理工大学优秀团队

2019年8月,课题组访谈同济大学优秀团队 / 陆泓宇、蓝桦鑫摄

2019年8月,课题组访谈华东师范大学优秀团队 / 蓝桦鑫、陆泓宇摄

2019年9月,课题组访谈西北大学优秀团队 / 陆泓宇、蓝榉鑫摄

2019年9月,课题组访谈西安交通大学优秀团队 / 蓝榉鑫、陆泓宇摄

2019年9月,课题组访谈西安电子科技大学优秀团队 / 陆泓宇、蓝榉鑫摄

2019年11月,课题组访谈武汉大学优秀团队 / 陆泓宇、蓝榉鑫摄

2019年11月,课题组访谈华中科技大学优秀团队 / 蓝桦鑫、陆泓宇摄

2019年11月,课题组访谈华中农业大学优秀团队 / 陆泓宇、蓝桦鑫摄

2022年9月,课题组访谈中国农业大学优秀团队

2022年9月,课题组访谈吉林大学优秀团队

以上照片除署名外,均为被访谈单位提供。